体育新闻学概论

毕雪梅 著

北京体育大学出版社

策划编辑：佟　晖
责任编辑：佟　晖
责任校对：吴　珂
版式设计：李沙沙

图书在版编目（CIP）数据

体育新闻学概论 / 毕雪梅著. -- 北京 : 北京体育大学出版社, 2021.4（2022.8重印）
ISBN 978-7-5644-3078-8

Ⅰ. ①体… Ⅱ. ①毕… Ⅲ. ①体育 - 新闻学 - 概论 Ⅳ. ①G210

中国版本图书馆CIP数据核字(2018)第251281号

体育新闻学概论　　**毕雪梅　著**

出版发行：北京体育大学出版社
地　　址：北京海淀区农大南路1号院2号楼2层办公B-212
邮　　编：100084
网　　址：http://cbs.bsu.edu.cn
发 行 部：010-62989320
邮 购 部：北京体育大学出版社读者服务部 010-62989432
印　　刷：北京昌联印刷有限公司
开　　本：787mm × 1092mm　1/16
成品尺寸：185mm × 260mm
印　　张：22
字　　数：560千字
版　　次：2021年4月第1版
印　　次：2022年8月第2次印刷
定　　价：80.00元

序
撬动中国体育全速发展的那根杠杆

在探讨体育新闻学理论之前，需要面对并力求解释三个难题：第一，体育新闻传播给体育实践带来了什么；第二，体育新闻学理论是否存在完整性和独立性；第三，体育新闻传播将会给中国体育的未来带来什么。

第一个问题解答的是大众传媒与体育实践相结合的结果，当然，不仅仅是停留在传播效果，而是深层地融合并可能产生更新的体育实践模式；第二个问题关乎体育新闻教育甚至体育新闻行业的生存前景，特别是在新媒体环境下，如果体育新闻学理论不足以撑起属于自己的知识体系，那么，随时可以被取代或者被淹没；纵观历史，就会产生第三个疑问，在中国体育需要真正的助力得以全面变化并全速发展的时间点上，体育新闻传播到底起什么作用呢?

一、体育新闻传播兴起的后果：观赏体育与实践体育在新闻实践中的注定分野

大众媒体的出现和兴起，首先是改变了体育实践的原有形态，形成了观赏体育与实践体育鼎足而立的格局。[1]

观赏体育，是指以吸引大量观众观看赛事为特点的一种体育活动。足球、橄榄球、棒球、板球、曲棍球、F1 赛车、冰球、英式橄榄球、手球、排球等观众可以全景观赏的比赛都属于观赏体育类型，而狩猎和水下曲棍球这类体育项目，由于观众无法全面观赏，则不属于观赏体育类型。[2] 观赏体育是在实践体育的基础上发展起来的，其中产业化是最重要的动力，体育的娱乐功能是产业化的引发点，观赏体育的背景是大众文化时代的到来。

实践体育，是指参与者亲身投入到体育活动或者体育比赛中的行为。实践体育保持了体育产生初期的形式，但随着现代体育的出现，实践体育也产生了诸多的变化。

---

〔1〕 毕雪梅．从二次体育媒介化过程探讨新媒体引发体育传播格局与体育参与的变迁［J］．新闻传播，2014（4）：17－18.

〔2〕 王雪峰．美国观赏性体育的演变［J］．体育文化导刊，2007（5）：74－75.

（一）从历史观察的视角发现，观赏体育与实践体育的分野是体育新闻传播业发展的必然结果

大众媒体的介入壮大了观赏体育，随着电视的出现，还催生了媒介体育，媒介体育为体育产业增添了强大的基础。这一结果使得观赏体育与实践体育具有了明显的界限，分属于两种不同的类型。显然，国内传统三分法的体育分类（学校体育、群众体育和竞技体育）已经不能适应新闻传播介入后给体育带来的变化。

现场观赛形式在古代体育中就已经出现。公元前 6 世纪到公元前 4 世纪是古希腊城邦的全盛时期，以古代奥运会为代表的体育赛会进入了繁荣发展的鼎盛时期，不仅竞赛项目丰富，而且组织和形式也较为规范。在这个时期出现了最早的成规模的赛会观众。

观赏体育与大众媒体的结合是从报纸开始的，到了电视时期进入了黄金期，成了名副其实的媒介体育。这里媒介体育指的是在优质赛事的基础上，大众媒体凭借其专业化运作而衍变的体育内容媒介平台，可以说，媒介体育依托于赛事，但更有其独立属性。

媒介体育造就了体育产业规模的激增，体育产业的繁荣就是建构在体育新闻传播业提供的平台之上，二者的融合是历史的趋势。观赏体育也是在全球化的过程中具有了前所未有的影响力。今天，当谈论体育产业威力时，也是在全球化的话语框架里进行的。

（二）从新闻实践的视角考察，观赏体育与实践体育的提出是体育传媒业实操业务的现实需求

观赏体育的异军突起，导致其与实践体育之间的差异愈发明确，最直接地反映在体育新闻实践的操作层面。新闻学关注的是新闻实操流程中的原理和规律，所以观赏体育与实践体育差异化的制作和传播过程就是体育新闻学研究需要澄清的核心问题之一。

首先，观赏体育与实践体育在新闻传播过程中存在差异。从传播类型分析，观赏体育多为共享传播过程，是依据体育符号体系作为载体进行的意义共享活动。而实践体育则多为信息传递过程，信息的告知作用更加重要。传播观的不同，导致在制作环节上的差异。[1]

其次，观赏体育和实践体育在制作环节的内容定位、理念和成果均存在不同之处。观赏体育的目的就是为体育迷提供收看内容，这是观赏体育存在的基础，也是媒介体育产生的先决条件，因此，媒体内容占据核心的位置。体育电视与体育赛事的关系最为紧密，进而发展成一项独立的媒介产品，并通过媒体转播权的方式实现商业价值，体育电视从开始出现时就被归属于娱乐产业，已不再是纯粹的新闻媒体，在制作理念和制作流程中，电视体育逐渐建立了自身的标准和规范。而实践体育媒体内容制作的目的是推广比赛吸引更多的参与者，甚至可以归属于公共关系的范畴。突出人际互动的新媒体为实践体育的推广创造了新手段，并产生了体育新媒体平台上的各类实践体育内容。

---

〔1〕 许静．传播的社区［M］．上海：复旦大学出版社，2013：16.

最后，体育受众的参与方式以及对媒体内容的期待是有差异的。观赏体育提供的是一种以观看为主的间接参与方式，实践体育是传统意义上的亲身参与方式。体育传媒的繁荣让观赏体育成了固定的类型，甚至可获得与亲身参与方式同等重要的地位。到了大众媒体时代，观赏体育造就了体育迷群体，吸引了大批不分国界和地区的体育迷。无论是现场观看还是媒体观赏，这些体育迷对观赏体育的期待都是完整而精彩的内容。而实践体育迷则是通过媒体内容，认识、了解和更加便捷地参与到体育活动之中的。

观赏体育与实践体育分类是体育新闻传播业兴起的必然结果，大众媒体特别是电视与高水平赛事的融合，造就了媒介体育，同时，也成就了声势浩大的体育产业，并使得以提供观赏内容为主的观赏体育在运作上具有了自身的逻辑，体育传媒业也更加兴旺。

这种变化在体育新闻的实践操作中反映了出来，观赏体育与实践体育的媒体内容在操作理念、操作过程以及传播效果上都存在不同。在新媒体阶段，这些差异还在不断地加大。观赏体育与实践体育的媒体操作差异是体育新闻传播的现实需求对体育新闻学理论提出的问题，也是体育新闻实践特殊性的重要表现。

二、体育新闻实践的独立性、独特性和体育新闻学自有的知识体系框架

（一）体育新闻实践的独立性和独特性

体育新闻实践是围绕着体育实践主体（运动员和体育比赛，体育项目的组织管理者和赞助者，观众，评论家）之间进行的，带有自我循环的属性。另外，体育实践是在限定的活动时空里进行的，如比赛场地、比赛时间等，具有高度“情境化”特征。同时，体育规则、体育价值观等原则的制定，与具体情境相结合，构成了体育实践的自身语境。

总之，体育实践的图景可以概括为：具有相对封闭的与现实生活相“间隔”的活动时空情境，在此情境中显见的载体是活动时空和竞赛程序，它们受到体育价值观和体育规则的限定，并与四类实践主体构成了带有传承性和周期性等特征的自我循环系统（可以理解为体育新闻实践的特定语境），共同完成体育这项人类社会文化活动。

在体育实践基础上的体育新闻实践的独立性和独特性可以有如下分析。

体育新闻实践的独立性强调的是时空上的操作性，体育新闻实践同样存在于自我循环的“间隔空间”的情境当中，具备自我独立的、与现实生活隔离的空间活动范围，体育新闻从业者活跃在这个空间内部进行信息加工，在空间、时间上都具有绝对意义上的独立性。

体育新闻实践的独特性是相对于体育新闻自有知识体系而言的。在实践环节的独立性，使得体育新闻信息制作和传播理念发生了变化，体育媒体的定位也被嵌套在体育实践语境和实践主体构成的自循环系统之中。因此，一般新闻理论不可能解释体育新闻传播规律，即体育新闻实践具有自带的专业逻辑。例如，新闻的时效性，对于一般新闻而言，时效就是正在或者将要发生的事件；而在体育新闻中，越是受到媒体争相报道的重要赛事，

其比赛的时间、地点、对阵双方等信息越会提前公布，即新闻事件的各个“W”事先可知，所以体育新闻的时效性不同于一般新闻的时效性，带有自身的特殊性。

（二）体育新闻学自有知识体系框架

体育新闻实践决定了体育新闻传播规律的特殊性，从而造就了体育新闻学知识体系的诞生，即体育新闻学是一门具有独立性的特殊学问。

新闻学呈现为一套完整的知识体系，它来源于新闻实践提出的问题，并通过对这些问题的解决积累而成。新兴媒体的出现，导致众多学者撰文指出新闻学知识体系需要更新甚至重建，主要路径就是提升新闻学研究的学理层次。首先关注实践的新变化和新问题，其次历史而全面地梳理新闻学已有概念和理论，特别是对专业逻辑的把握和概括；另外，在使用社会学科基本方法的同时，需要符合专业思维和学术规范。

体育新闻学知识体系框架有三个研究来源：一是对体育新闻实践的观察、分析和把握，体育新闻规律首先是由体育规律决定的，其次才是新闻传播规律，两者共同构成了体育新闻实践的专业逻辑，体育新闻学核心就是该专业逻辑的提取和概括。二是作为新闻学的一个分支，体育新闻学虽然拥有自身的制作和传播逻辑，但还是需要回答新闻学理论中重要的核心问题，如体育新闻定义、体育新闻真实性、体育新闻娱乐性、体育新闻价值等。其原因在于，新闻传播理论在知识点构成上具有共同性，区别在于知识点的专业逻辑阐释。三是新媒体给传统新闻业带来的冲击同样影响到了体育新闻领域，在传统新闻学理论需要改变的情况下，体育新闻学知识体系也应该关注新媒体技术给体育新闻实践带来的转变。

具体而言，如图 1 所示，体育新闻学知识体系框架包括三个部分：

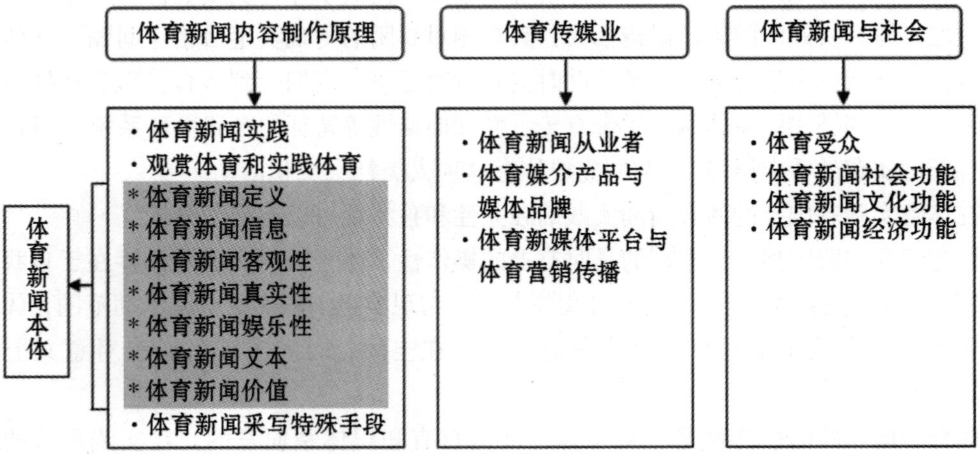

图 1　体育新闻学知识体系框架

第一部分是体育新闻内容制作原理。这部分在探讨与体育新闻本体相关的主要概念和理论（如体育新闻定义、体育新闻信息、体育新闻真实性和体育新闻娱乐性等）；以及在此基础上进行体育新闻内容制作应该遵循的原则和规律（体育新闻实践、体育新闻采写特殊手段等）。

第二部分是体育传媒业。这部分首先关注的是体育新闻从业者的职业素养、职业道德等新闻学领域核心课题；二次体育媒介化、体育媒介产品的诞生实质上是体育传媒业发展简史；而新媒体平台与观赏体育、实践体育的融合更新了内容生产模式，注重媒体品牌建设更是未来行业趋势。

第三部分是体育新闻与社会。体育实践具有相对独立的“间隔”现实，类似封闭语境。体育实践同时还是一种重要的人类社会文化活动，体育实践在人类社会的方方面面发挥着作用，通过多媒体平台，这些作用被逐步放大和延续。这部分主要分析体育新闻的社会、文化和经济功能。另外，体育受众作为具有鲜明特征的群体，无论对于新闻传播还是社会本身，都需要进行科学的认识和研究。

三、体育新闻传播——撬动中国体育全速发展的那根杠杆

当前，中国体育正在寻找全速前进的助力和适合的道路。旧有的举国体制发展模式以及“大跃进”式的赶超模式似乎都不能帮助中国体育真正变强。

2018 年 3 月载于《体育科学》上的《新时代电子竞技和电子竞技产业研究》一文写道：

电子竞技和网络游戏的最大不同是，电子竞技产业是围绕电竞赛事传播产生的产业，而传统网游是围绕游戏版权和游戏时间而产生的产业。电子竞技产业的主体是电竞赛事传播（包括线上与线下），用户是以观众而不是玩家的角色参与电子竞技产业，这一点与篮球、足球的赛事产业没有区别。就当前电子竞技产业链而言，已经远远超出了一般网络游戏的范围，更加接近于职业体育范畴。[1]

电子竞技作为新兴的体育项目，饱受争议，但由于参与者众多，又不容小觑。该文作者敏锐察觉，电子竞技产业核心环节是多平台传播。如果使用前文表述过的概念，电子竞技属于观赏体育，而网络游戏属于实践体育，它们对传播的需求是不同的，但传播本身又给它们注入了真正的活力，类似于职业体育。

正如上文分析的那样，赛事传播是电子竞技的主体部分；20 世纪中后期，电视给体育产业腾飞插上了翅膀；中国体育希冀全速变大变强，体育新闻传播业就是撬动体育三驾马车（竞技体育、全民健身、体育产业）的那根杠杆。

最后感谢为本书提供直接或者间接帮助的那些年轻人。我教授“体育新闻学概论”这门本科课程已经 20 个年头了，感谢每年每届学生全方位反馈，这些 360 度无死角的反馈

---

〔1〕 杨越．新时代电子竞技和电子竞技产业研究［J］．体育科学，2018，38（4）：8－21．

让一个知识体系从模糊、零乱、分散变得清晰、明朗而完整。我承认，我是教学相长的直接受益者。感谢研究生团队全体成员，难忘我们共同奋战的那些日日夜夜，但愿毕门曾经的“严苛”能让你们有一点点受益。

未来可期！

毕雪梅
2021 年 1 月

目录 CONTENTS

第十二章　体育新闻的经济功能

第一章　绪　论

内容提要

体育新闻理论是否是一套相对独立的知识体系？这个问题涉及体育新闻学学科的构建，更是专业逻辑起点。在解答这个问题之前，首先需要明确现有新闻理论是否解释了体育新闻传播中提出的主要疑问。答案是否定的，究其原因，主要在于体育新闻实践的特殊性。体育新闻实践依赖于体育社会实践的特殊性，对此中外学者对不同历史阶段的体育实践均有过精辟分析。体育新闻实践的特殊性决定了体育新闻理论的独立性和完整性，作为学习者，应该掌握理论学习的方法，并关注体育新闻行业的职业发展以及岗位要求。

本章通过介绍体育新闻实践的特殊性、体育新闻理论的主要内容两个小节，分析了体育实践与体育新闻实践的发展脉络和特殊内涵、体育新闻理论的主要内容和学习方法等内容，以此作为理解和掌握体育新闻理论的导入课程。

学习目标

首先理解体育实践的特殊性、体育新闻实践的特殊性；其次把握体育新闻理论的主要内容；最后了解体育新闻从业现状以及从业要求和体育新闻理论的学习方法。

关键术语

新闻理论、体育新闻理论、体育实践、体育新闻实践、文化产业、体育产业、体育传媒业、职业规划、职业要求、学习方法

第一节 体育新闻实践的特殊性

导 入

体育新闻有约定俗成的概念。《专业采访报道学》是2003年修订的中国人民大学出版社出版的新闻专业教材，作者蓝鸿文。这本书的第十三章讲解的是体育采访报道，可以代表着在新闻报道领域对体育报道的权威解释。体育新闻同样也是从新闻视角确定的提法，但随着对体育新闻理论与实践的探索，逐渐发现了体育新闻传播与报道中的特殊规律。这些规律越清晰，越会发现体育新闻与一般新闻之间的差异。事实上，体育新闻更多地表现为以体育为主的媒介内容，在体育发达国家和地区，属于娱乐产业的一部分，没有体育媒介内容就没有体育文化产业蓬勃发展的现状。体育新闻实践来源于体育实践，体育新闻理论也是依赖于体育实践的发展，并在其基础上总结和归纳知识体系。

体育新闻属于新闻的一个门类，在本书的开端需要解答一个问题：是否需要独立创建一套体育新闻理论，或者说带有自身逻辑体系的体育新闻理论存在吗？上述问题可以从两个方面来解答。

首先，新闻理论是否可以涵盖体育新闻理论的全部知识体系。一般认为，新闻理论不仅是新闻学专业知识的重要组成部分，而且还自成逻辑体系。随着大众传播学研究的不断深入，新闻理论的内容愈加丰富和务实。但是，通过观察发现，新闻理论不能完全阐释体育新闻规律，甚至在有些方面体育新闻与一般新闻的判断标准会产生差异。因此，深入研究和挖掘体育新闻理论是十分必要的。

其次，体育新闻实践是否具备特殊性。体育新闻实践决定了体育新闻规律，因此，体育新闻理论是否具备一套自有的知识体系同样由体育新闻实践来决定。具体来讲，体育新闻实践是否具备不同于一般新闻的特殊性是关键。现代体育是现代社会的产物，在发展过程中，带有诸多人为特性，这些特性决定了体育作为社会文化现象的特殊性，也进一步决定了体育新闻实践的特殊性，而体育新闻理论就是建构在体育实践之上的知识体系。因此，挖掘体育新闻规律、构建体育新闻理论体系是一项重要的基础工作。

一、体育实践的特殊性

（一）体育是一种特殊的群体文化活动

体育是人类创造的一种社会文化活动。在各种教科书里，有较多体育起源的介绍，究其本质，均围绕着体育是在身体活动基础上的一种有别于现实生活的群体互动行为。

在美国学者威廉·约瑟夫. 贝克（William Joseph Baker）所著的 *Sports in the Western World* 一书中，提出了一个至关重要的观点：无论在哪个历史阶段，和体育（竞技体育）有关的往往有四类人，或者说重要的体育活动由四个方面组成。

第一类：运动员和体育比赛。贝克（Baker）认为，无论是惨烈的古罗马角斗士还是当代文质彬彬的高尔夫球选手，无论是中世纪农民还是当代体育巨星，无论是古希腊个人选手还是当代著名球队，运动员和他们的运动项目永远占据着舞台的中央。

第二类：体育项目的组织管理者和赞助者。站在运动员身后的往往是这样一群人——体育组织联盟的官员和俱乐部的老板，他们和远古时期的部落祭司、首领、国王、富人们的作用是一样的——组织管理、赞助赛事。甚至乡村民间游戏也需要村里年长者的有效管理，他们的作用是保持传统和强调规则，有些规则甚至是不成文的。

第三类：观众。高水平的体育赛事是一种展示，运动员的表演需要观众。无论是古奥林匹克运动会、古罗马竞技场、中世纪竞技场或 18 世纪的拳击比赛，还是如今的“超级碗”，观众追求的永远是在激情澎湃中享受比赛，他们要为英雄欢呼，为精彩呐喊。

第四类：评论家。在古代，史诗、诗歌和哲学家描述和阐释各个时代的体育价值和意义。在中世纪，神学家接过评论家的接力棒，又传给了工业化之前专门写体育小册子的小众作者。今天，报纸记者、广播播报员、电视解说员对体育事件给予了带有时间周期的描述、分析和评论。

从上述的分析中可以看出，体育活动是一个群体事件，而且由四类基本人群构成。现代体育发生了巨大的变化，但是这四类人群的基本构成没有变化。

（二）现代体育诞生之时更加凸显特殊性

从古代体育过渡到现代体育，作为社会活动的特殊性更加突出。荷兰文化史学家约翰·赫伊津哈（Johan Huizinga,1872—1945）和他所著的《游戏的人：文化中的游戏成分的研究》一书是一项里程碑式的研究成果，在这本书中，他概括了现代体育创建之初的一些规律。

1. 体育竞赛是一种特殊的“间隔”活动

赫伊津哈认为，游戏不是“平常的”或者“真实的”生活，它是对生活的暂时中断，进入一个临时的别具一格的活动领域。

游戏最重要的特征之一是它在空间上与平常生活的脱离。一个封闭的空间有明显的标记，既可能是物质标记，也可能是想象中的标记，这个封闭的空间与日常的环境“间隔”开来。例如，在某场比赛开始和结束之间，赋予了一个临时的时间和空间“间隔”，在这个时空“间隔”中，“它不作为平常生活，而是独立于欲望和要求的当下满足之外。实际上它打断了欲望的进程。它作为一个暂时活动添加进来，自娱自乐”。①

另外，所有的游戏展开均具有固定的游戏场所，这种时空的限制引发无限的遐想。这个场所无论出于何意，或从理想上或从实际中都被预先标画出来。正因为游戏和典礼之间没有形式上的差别，所以，“圣地”在形式上与游戏场所并无区别。

典礼仪式的神圣内涵虽然已经被消解掉很多，但“圣地”的严肃性还是被继承了下来。例如，四年一次的奥运会无论在世界哪个国家的城市举办，其火种的采集必须在希腊的奥林匹亚赫拉神殿遗址前的广场举行。现代奥运会的“圣火”来自古希腊传说中的普罗米修斯为人类偷取火种的神话。第一次使用火炬被认为是在公元前776年第一次古奥运会时期，炽热的灰烬被保存在女灶神赫斯提的避难所，每四年由最优秀的运动员将灰烬复燃成火焰。

显然，现代奥运会只是“重演”了古奥运会的仪式，但“圣地”和“圣火”的实质被继承了下来。

综上所述，体育比赛或体育活动的这种“间隔”时空里，包含着比赛、场地、仪式、参赛者和观看者以及他们的情绪变化，这一切在封闭的时空中独立开展，与现实生活暂时隔离开来，它是一种特殊的社会资源。

2. “游戏体育”依据规则完成

虽然并不是“真实的现实”，但体育（游戏）中的规则带有比现实层面更加严苛的管制作用，一旦违背了规则，轻则退出比赛，重则丧失道德和荣誉，这是“非现实游戏”中更加真实和有力的打击和惩罚。“尽管他有强烈的欲望去获胜，但他必须遵守游戏规则。”②同时，不论何种运动，其规则带有一致性，都是从各自的运动项目出发，分别落在公正公平和发挥人类潜能的底线原则上。

“运动性比赛的基本形式在各时代都是一致的。在某些形式中，对力量和速度的考验是整个竞赛的本质，如跑步和滑雪、马车和赛马、举重、游泳、潜水、射击等。带有竞技原则并有一些有组织比赛的特点，但还是游戏。球类游戏则沿着运动项目的路子发展下去。”③

现代生活运行所依据的法律、规则的原型，均在体育游戏中有所表现，没有规则就没有比赛，没有对规则的尊重和执行，就没有比赛的完成。

3. “游戏体育”中的行为互动和价值观传递

体育给人们带来的情感体验，使人可以全情投入、痴迷和获得愉悦。不仅如此，体育

---

① 约翰·赫伊津哈．游戏的人：文化中的游戏成分的研究［M］．广州：花城出版社，2007：10.

② 同①：12.

③ 同①：230.

对人的精神方面的冲击还有很多。

“游戏是对人的勇气、韧性、才智的考验，最后一种但非最不重要的考验是对游戏人精神力量即‘公平竞赛精神’的考验。”①

赫伊津哈还认为，“有风险”才是游戏的本质。任何比赛的输赢都带有不确定性，因此，体育比赛的“风险”无处不在。但其中的“风险”并不是游戏的结果，因为比赛的目的不仅是赢球，在正常比赛中获得精神上的满足才是根本。可以说赢得比赛（而不是赢球）意味着真正的成功，它代表着人生理想，而游戏的结束则是以实现理想为标志的。这里的理想可以解释为：从童年时代的个体生活到人类文明的最高成就，人们追求完美的最大刺激是渴望赞扬，渴望受人尊敬，个体是这样，全社会也是这样。②

在现代体育中，这些价值观是与体育家精神（sportsmanship）相联系的，成为体育重要的精神资源。同时，传统赛事也有着可以传承的精神价值观。例如，在对现代奥林匹克运动的诠释中，顾拜旦减弱了宗教色彩，更多地赋予教育和追求个人更快、更高、更强的理想定位。要达到这种理想，非功利原则同样重要，因此，他倡导的奥林匹克运动始终坚守非商业、非政治、业余化的原则。③

4. 体育实践是本着自愿、自娱自乐和非功利性的参与原则

按照赫伊津哈的观点，游戏首先是自主而自由的，体育活动出发点也是以个人兴趣为基础的自发参与。可以说，体育迷是最有激情的群体之一，这种激情就是来自自发的对体育的热爱。

“首要的是，一切游戏都是自愿的活动。服从命令的‘游戏’不再是游戏：这样的游戏不过是强制而为的模仿。游戏绝不是身体之必需或道德之责任强加于人的。游戏从来就不是什么任务。游戏是在休闲中进行的，是在‘空余时间’进行的。只有当游戏被认为是文化功能，比如仪式或典礼时，游戏才与义务和责任之类的观念联系在一起。”④

其次是游戏的非功利性。这是包括赫伊津哈在内的许多学者对游戏的重要认知，游戏和物质利益没有直接的关系，游戏中的人不能够从中获利；游戏在特定的时空内展开，遵守固定的规则，井然有序；获胜得到的是精神赞美。

在体育领域，许多重要的体育实践家对体育的理解也是如此，顾拜旦坚持现代奥运会的非商业化、业余化、非政治化就是在坚持体育的非功利性原则。需要注意的是，20 世纪体育的商业化运作，是人类大众文化产生并发展的重要组成部分，同时，“商业”和“公益”一直是体育实践中悖论属性的议题。

总之，现代体育是在古代体育四类成员的组成的基础上，逐渐产生和发展其规律的，到了大众文化被创造出来的时代，体育的这些规律被极大化地挖掘出来，形成了席卷全球、声势浩大的体育产业化潮流。

---

① 约翰·赫伊津哈．游戏的人：文化中的游戏成分的研究［M］．广州：花城出版社，2007：12.

② 同①：65.

③ 熊斗寅．顾拜旦体育思想研究系列之三顾拜旦与奥林匹克理想［J］．体育与科学，2003（5）：45－49.

④ 同①：9.

（三）20 世纪体育产业迅猛发展是挖掘体育实践规律的结果

古代体育呈现出与一般社会活动有差异的独特性，现代体育是把这些特性提炼出来，使得体育走进了人们的日常生活，成为现代社会的组成部分。进入 20 世纪后，随着大众文化的兴起，文化产业成为迅猛发展的产业类型。体育正是因为与文化产业的结合，在一些体育发达国家，不论是从个体的生活方式、公益的社会组织、大众媒体的固定内容、国民产值的占有比例，还是从国家软实力的组成部分等方面，体育始终占据着重要的位置。

1. 文化产业的兴起是 20 世纪至今重要的人类实践

文化产业的出现和发展，是 20 世纪人类重要的社会实践。什么是文化产业呢？按照美国学者斯科特的定义，文化产业是指基于娱乐、教育和信息等目的的服务产出和基于消费者特殊嗜好、自我肯定和社会展示等目的的人造产品的集合。这个定义是从产品的角度对文化产业的概括。①

英国文化研究资深学者贾斯廷・奥康纳教授（Justin O'connor）认为，文化产业是以符号性商品为主的活动，这一领域的主要经济价值来源于文化价值。他还概括了经典的（classical）文化产业：广电媒体、电影、出版、唱片、设计、建筑、新媒体，以及传统艺术（traditional arts）——视觉艺术、手工艺、戏剧、音乐剧、音乐会和表演、文学、博物馆和画廊。

对于熟悉传播学的人来讲，接触文化产业这个概念，更多的是从法兰克福学派学者的文字中，或者说是从接受对文化产业负面评价开始的。

文化工业是法兰克福学派学者主要的批判对象。1947 年出版的《启蒙辩证法》一书中，法兰克福学派代表人物霍克海默和阿多诺把“文化工业：作为大众欺骗的启蒙”作为一个章节，认为文化工业抹杀了人的个性，丧失了文化的思辨精神，彻底遗弃了艺术的本质，进而沦为了进行意识形态控制的手段。②

法兰克福学派学者的确指出了文化工业的弊端，但从另一方面也应该看到，随着科学技术特别是大众媒体的发展，文化产业在经济领域逐渐占据了突出位置，并深入到人们的日常生活，成为普通人离不开的生活构成。

从全球范围来讲，美国无疑是文化产业的发起国，也是目前为止文化产业最先进的国家，在产业规模、行业门类以及综合竞争力方面，都位于世界前列。美国文化产业的发达离不开两点，一是发达的科学技术，二是巨大的资本投入。在这两点的支持下，美国形成了规模强大的文化产业群，主要的产业形态包括电影、电视、报刊、体育、动画等。美国不仅是产业内容的生产地，还垄断了遍布全球的销售渠道，许多国家的电影院线、出版机构及销售网络都控制在美国人手里。同时，美国还充分利用其技术上的优势，加快创新的步伐，使得优势不断扩大，形成了全球文化产品美国化的局面。据统计，美国最盈利的

① 邓安球. 论文化产业概念与分类［J］. 湘潭大学学报（哲学社会科学版），2008（5）：144－147.

② 王安琪. 文化产业理论研究综述与展望［J］. 商业时代，2011（8）：114－115.

400家公司里面文化企业占了72家，其年产值早已超过了飞机、汽车和计算机等传统行业。①

在东方国家，如日本和韩国，对文化产业的重视也是由来已久。以日本的动漫为例，日本动漫产业开始于20世纪20年代左右，主要是漫画与动画的结合。1917年的《芋川掠三玄关》被认为是第一部动画片，1933年的《力与世间女子》是第一部有声动画片，第二次世界大战后的1960年手冢治虫的虫制作公司制作的《铁臂阿童木》是第一部长篇电视动漫作品，1965年完成的第一部彩色电视动漫《森林大帝》被看作日本动漫产业实质上的开始。动漫产业早已是日本的支柱产业，如今广义动漫产业占到国民经济的18%。经过30多年的建设，动漫影视平均年收益达到1210亿日元，动漫票房占到整体电影票房的12%，动漫书刊年销售约为40亿日元；另外，还有动漫衍生品和周边产品的收益。对外出口方面，日本也是全球最大的动漫制作和输出国，全球60%以上的动漫产品出自日本，并形成了出口产业链。②

我国的文化产业虽然发展较晚，但潜力巨大。2004年开始，我国的文化产业年平均增长速度都在15%以上，这个增长速度高出同期的国内生产总值（GDP）6个百分点。可以说，中国的文化产业前景利好，不仅有广阔的市场优势，而且附加值高、低碳环保等特点将会更加展现。③

2. 体育产业是文化产业的重要组成部分

根据美国《体育新闻》周报和沃顿计量经济预测协会的数据统计，在1998年，当时全美体育产业的总产值是631亿美元，其中占据55.34%的是竞赛表演、体育广告、赛事转播权以及健身娱乐业。体育用品的产值是190亿美元，占总产值的30.11%。④

上述统计结果中的健身娱乐、竞技表演、体育广告和赛事转播权均符合文化产业的范畴，提供的是社会服务和符号化的精神产品，其中竞技表演、体育广告和赛事转播权与大众媒体有着千丝万缕的联系，或者说是在大众媒体的平台上实现的。

从20世纪80年代开始，在欧美一些体育产业发达的国家和地区，体育产业在经济产值中所占的比例越来越高，成为一支不可小觑的经济力量。还是以美国为例，在20世纪80年代，与体育有关的产值刚刚超过GDP的1%，在全美各行业排行榜中排名第22位；到了20世纪90年代中期，全美体育产业的市场价值达到了1520亿美元，在GDP中的比例上升到了2%；而到2015年，全美体育产业的总规模为4984亿美元，在GDP中的比例上升到3%，体育产业已经是促进美国经济增长的驱动力。

体育产业的迅猛发展依靠的是对体育实践特殊性的挖掘。在威廉·约瑟夫. 贝克（William Joseph Baker）所列举的四类人群中，观众成了消费者，体育管理者成为体育产

① 霍步刚. 国外文化产业发展比较研究［D］. 大连：东北财经大学，2009.

② 刘瑶. 日本动漫产业的发展历程、驱动因素及现实困境［J］. 现代日本经济，2016（1）：63－75.

③ 韩永进. 中国文化产业近十年发展之路回眸［J］. 华中师范大学学报（人文社会科学版），2011（1）：85－90.

④ 张瑞林. 我国体育产业结构的优化研究［J］. 体育学刊，2011（2）：21－26.

业的运行者，运动员和赛事演变为职业体育的主力，大众媒体在其中起到了至关重要的推动作用。对于体育活动本身特点而言，赫伊津哈所归纳体育赛事的“间隔”特征、体育规则及体育价值观均得到了继承和放大，同时把商业运作和营利注入了体育赛事中，营销和推广目的是刺激更多体育迷的参与。可以说，对非功利、非营利模式的打破，是体育产业化的核心点，也是给体育带来革命性转变的原因。

专栏1-1 奥运会的商业营销开端

现代奥运会本着非商业、非营利的原则，给主办方带来了巨大的财务负担。1984 年奥运会只有洛杉矶和德黑兰申办，后来，也是出于经济原因，德黑兰撤出了申办，只有美国洛杉矶一座城市愿意承办奥运会。

1984 年洛杉矶奥组委实际上是由私人公司和美国奥委会联合组成的，他们与洛杉矶市政府签署了合同，以民间集资的形式举办这届奥运会，不会花费洛杉矶的财政和纳税人的钱。

合同签订后，以尤伯罗斯为首的洛杉矶奥组委制定了一套集资方案，他们预计 5 亿美元的预算计划，限制了 30 家以内的投标公司，最低投标额度是 400 万美元，投标的公司是用 400 万美元来购买奥运会期间的广告权限。这种方法一直沿用至今，中标的公司产品成为奥运会期间的指定产品，可以在奥运会期间使用奥运会标识进行各种广告宣传。这一方案在当时得到了积极的响应，各家大公司踊跃参与。IBM 提供了大会使用的计算机设备；AT & T 和摩托罗拉提供通信设备；通用提供车辆；Levi's 则提供了工作人员服装；麦当劳在奥运赛场周围设立了店铺；可口可乐花费了 1260 万美元的赞助费成为大赛指定产品，另外，还投入 3000 万美元在赛事节目中做了广告。不仅如此，洛杉矶奥组委还向 40 家企业发放了许可证，持有许可证的厂家可以在奥运会期间销售带有五环标志的自家产品。①

美国电视广播公司（ABC）当时斥巨资（2.25 亿美元）购买了 1984 年奥运会独家转播权，开创了赛事转播权的新局面。观众不仅包括来到洛杉矶比赛现场的观众，还包括更加广泛的电视机前的观众。这是一个巨大的消费人群，遍布世界各地，包括当时刚刚开放的中国。

1984 年洛杉矶奥运会是奥林匹克运动的转折点，从此，国际奥委会不仅接受了商业化操作手段，还进一步将其规范化，成了一套带有创新特点的营销模式。奥运会又一次成了举世瞩目的人类文化盛典，也是非营利组织进行商业开发的经典范例。

---

① 裴东光. 历史的转折——1984 年洛杉矶奥运会［J］. 体育文史，1996（5）：44，43.

二、体育新闻实践的特殊性

（一） 体育新闻实践的特殊性来源于体育实践

体育新闻实践是以体育实践为依托的，上文提及了体育实践的特殊性，它也是体育新闻实践特殊性的来源。

威廉·约瑟夫. 贝克（William Joseph Baker）在 *Sports in the Western World* 一书中概括组成体育比赛的四个部分是体育实践的基础，如果以体育媒体为中心，可以发现这四者之间的信息传播关系，这也是体育新闻实践的具体表现。

1. 体育赛事和体育明星决定了体育新闻报道的对象和内容

体育新闻报道与一般新闻报道的最大区别在于，报道对象是具有规定性的。运动员和他们所从事的运动项目是体育新闻报道的主要对象和媒体内容。随着体育产业的不断发展，运动员已经通过媒体的报道成了体育明星，无论是在场上或者场下，这些体育明星的一举一动，都是重要的体育信息资源。

体育明星和体育项目的结合形成了体育赛事，构成了体育新闻报道另一个重要的报道对象和报道内容。由于重要的赛事都是周期性的，因此，这些赛事的报道也是在规定的时间和地点完成的。

2. 体育迷决定了体育新闻受众的特质以及传播效果

体育新闻的受众同样带有规定性，这就是以现场观众为源头渐渐形成的体育迷。体育迷是一群特殊的群体，他们对所喜爱的球队或者球员有着极高的忠诚度。可以说，这些带有忠诚度的体育迷才是核心体育受众。

从传播效果分析，体育新闻报道的效果决定于体育迷的期待是否被满足。由于体育迷对所喜欢的球队或队员的情况早已了如指掌，因此，他们对每一场比赛都有事先的预期，体育新闻报道只有把握受众的这种预期，才能得到良好的传播效果。

3. 赛事组织和管理者决定了体育新闻的合作格局

随着职业体育的不断发展，商业化运作渐渐渗入了各类体育赛事。在这种背景下，拥有体育赛事的体育组织就显得尤为重要，可以说，体育组织才是体育新闻信息资源的最终拥有者。因此，体育新闻报道可以说是一种合作的格局，体育媒体和体育组织之间在信息交换上的合作，体育组织的属性不同，这类合作也有所差异。纯粹商业化的职业体育，在合作上更加趋于商业化的管理和运作；而商业化属性较弱的体育组织，如国际奥委会，也在逐渐借鉴商业的管理方式和运作方式。因此，可以说，体育新闻报道越来越演变为合作方式下的媒体呈现，媒体就像一个大舞台，供各类明星队员和球队进行表演，而体育迷则在现场或者围坐在屏幕前欣赏比赛并等待欢呼胜利的时刻。

（二） 体育新闻实践的巨大动力来自体育产业、传媒产业的交叉融合

1. 传媒业也是文化产业的生力军

对于传媒业的界定，可以从行业分类的角度来理解。一般认为，传媒业的所属门类包括：电视、广播、报刊、杂志、图书、电影、音像制品及互联网。此外，从生产流程分析，传媒业涵盖了基础设施、内容生产、加工和传播等领域。

从历史分析，传媒业的腾飞是在20世纪中期以后，随着通信技术的快速发展，出现了两次传播革命。第一次是在20世纪中叶，无线广播和电视等电子媒介的出现，打破了原来人们对时间和空间的认知，也摆脱了对报刊等印刷媒介拘于“物质”的束缚，实现了地球村的理想，让异地收听和收看成为现实。第二次传播革命发生在20世纪末，主要表现为数字传播的变革，依托的是互联网技术给人们提供的速度和容量，这场革命还远未结束，并正在改变着人类的生存和发展方式。

在我国，较为公认的观点认为传媒产业共有十大行业：广播、电视（广告、有线电视网）、电影、影像、报业（广告、发行）、期刊（广告、发行）、图书出版、网络（广告、其他）、移动媒体、广告公司。

在2007年，根据测算，我国传媒产业的总产值是4811亿元，比2006年增长了13.6%。如果把总产值划分到各个行业内部发现，图书出版是最大的一个门类，而且在2005—2007年连续3年的产值规模均超过1100亿元。电视广告、报纸广告和报纸发行等也都是年产值超过200亿元的行业门类。移动媒体和网络媒体是增长最快的门类，2007年移动媒体总产值就达到了1053亿元，其中包括了手机电视、手机短信、手机游戏以及移动电视等。网络媒体也有不俗的表现，总收入是297亿元，包括网络游戏、网络视频、网络广告、博客以及各种下载业务等。①

时间到了2014年，传媒业在这一年最重要的一个关键词是媒介融合。2014年8月18日，中央全面深化改革领导小组第四次会议审议通过了《关于推动传统媒体和新兴媒体融合发展的指导意见》，可以说，媒介融合是上至国策、下到市场的行业发展趋势。媒介融合的目标就是打造以新媒体为平台的新型主流媒体。

在2014年，媒体生态的变化主要表现在传统媒体与新媒体在广告市场中的争夺。CTR媒介智讯的研究数据显示，截至2014年10月，中国广告市场同比增长了2.5%，但其中，传统媒体的广告同比下降了4.4%，电视广告刊例花费同比下降4%，报纸广告刊例花费连续单个月同比下降20%左右，报纸和杂志的广告面积同比下降22%。再来看看传媒业的行业门类构成的变化，2014年从产业体量和发展势头来看，传媒业已经被分成了四大板块：印刷媒体、广电媒体、PC互联网媒体、移动互联网媒体。这与2007年十大行业门类相比，已经发生了很大的变化。②

---

① 李霞．传媒文化创意产业资本运作研究［D］．上海：复旦大学，2009.

② 崔保国．2014年中国传媒业回望［J］．新闻战线，2015（1）：2－6.

2. 体育新闻实践是体育产业、传媒产业的交叉融合

古代的体育评论者和体育组织管理者，演变为体育媒体和体育组织，双方的合作是体育新闻产生的基础，可以说，体育新闻是体育产业和传媒产业交叉融合的产物，在这个平台上进行的就是体育新闻实践。在当今体育产业的核心分类中，竞技表演业、体育广告业和赛事转播权等需要依靠大众传媒来实现。从传媒业考虑，体育新闻是传媒业重要的内容产品，不同的媒体形式都需要体育作为基础性的信息内容。

昝胜锋的研究结论显示，电视媒体通过播放美国职业篮球联赛（National Basketball Association，NBA，简称美职篮）提高了收视率，同时，由于电视媒体播出的影响，也反过来刺激了美职篮整体水平的不断提升。最终的结果是传媒方和赛事方两个非同类型平台的市场竞争力和垄断力都得到了保障和强化。① 美职篮历年来转播权销售情况见表 1－1。

表 1－1 美职篮历年来转播权销售情况（美国国内）（1953/1954—2024/2025 赛季）②

签订时间	合约时长（场次）	转播权签约机构	转播权收入（美元）
1953/1954 赛季	1 年(13 场)	NBC	3.9 万
1973/1974—1975/1976 赛季	3 年	CBS	2700 万
1986/1987—1989/1990 赛季	4 年	CBS	1.74 亿
1998/2000—2001/2002 赛季	5 年	NBC，TNT	17.5 亿
2002/2003—2007/2008 赛季	6 年	TNT，ABC，ESPN	46 亿
2008/2009—2015/2016 赛季	8 年	TNT，ABC，ESPN	74.4 亿
2016/2017—2024/2025 赛季	9 年	TNT，ESPN	240 亿

① 昝胜锋．体育赛事与电视平台互联问题实证研究——基于美职篮的统计数据［J］．体育与科学，2011（1）：69－73.

② 王晓东，田欣鑫．美职篮电视转播状况的研究分析［J］．新闻知识，2016（7）．

第二节 体育新闻理论的主要内容

导 入

理论课程是否重要？特别是像新闻学这类实践导向的专业，传统意义上被称为“新闻无学”，是否还需要认真学习理论课程？同时，体育新闻理论的重要性体现在哪些方面？

首先，新闻理论是对新闻实践的提炼和概括，如果不从更高的理性层面来理解和掌握新闻规律，那么，在实践工作中只能被束缚在操作务实之中，而不能更加宏观地看待每一次采写制作经历。新媒体的涌现，让传统新闻业发生了巨大的变化，这些只能说明新闻是与社会各个方面密切相联的，只有从理论原理的层面对新闻操作自身具备透彻的认知，才能胜任这项工作。

其次，体育新闻理论具有独特性，这里所指的独特性是从原理角度而言的，而不仅仅体现在实际操作之中。许多立志成为体育记者的年轻朋友，往往是从球迷开始的，这些年轻朋友有着很长的看球经历，积累了大量的体育知识和观赏体验，说起自己喜爱的球星和赛事如数家珍，这些都是非常宝贵的经验。但如果不完成从球迷到职业从业者身份的转变，就很难成为优秀的体育报道者。改变只能从学习开始！这里的学习出发点是把体育新闻当作一门科学，而不是一门手艺。

一、体育新闻理论的主要内容

在学习体育新闻理论之前，需要对体育新闻知识体系有一个清晰和准确的了解。在本章的第一节，较为详细地阐释了体育新闻理论独立存在的可能性以及对其研究的必要性，究其根本，还是在说明体育新闻传播学是个独立存在的学科体系，它有自身的知识体系和专业逻辑。体育新闻理论是该知识体系中的核心，属于体育新闻传播学的基础部分。

体育新闻学与一般新闻学的异同点在哪里？

从相同的方面看，第一，新闻理论中提出来新闻制作的总原则是一致的，如新闻的真实性、新闻的社会功能及新闻价值的判断功能等；第二，新闻学是注重实践的专业学科，新闻职业也是以工作经验为重要的专业积累，这个特点对于体育新闻专业更加重要，因为，体育新闻行业对实践经验的依赖性更大；第三，随着技术的发展，新闻行业在社会中发挥着越来越重要的作用，新闻学也渐渐与传播学中的大众传播学相融合，从一个更加带有学理性的角度看待专业问题，同样，体育新闻也拓展到体育新闻传播的视野中完善知识体系。

从差异的方面看，首先，虽然体育新闻理论中提出的总原则是确定的，但在体育新闻理论的具体解读中，也有自身的规律，其中最为典型的就是体育新闻真实性和娱乐性的理解。在以往的研究中，新闻学者一般以新闻真实性的标准去衡量体育新闻，造成了对体育新闻真实性的误判。在本书中，对这类体育新闻自身呈现的特殊规律性，将进行较为细致的分析解答。其次，体育新闻行业是以产业化为引导而进行的信息传播活动，从体育产业发达的欧美国家来看，体育传媒是娱乐业的有机组成部分。可以说，产业引领是体育新闻理论研究的出发点，这是体育新闻实践最为特殊的一点。在本章第一节中，具体分析了体育新闻理论独立的根基在于体育实践的特殊性，而体育实践之所以脱离了“游戏”，成为重要的社会现象，归功于产业化的进程。因此，产业化也是体育传媒业的主导力量，体育新闻制作可以看作是内容生产，而不是单纯的体育事实的呈现。最后，对于一般新闻来讲，突发事件是重要的新闻，而每天发生在世界各地的新鲜事也是新闻媒体最大的素材库。但对于体育新闻来讲，情况就迥然不同了。体育新闻中的重要赛事、体育明星都带有事先的规定性，或者说，体育新闻实践的规律性更强，因此，体育新闻理论所能揭示的行业规律也就更多、更系统以及更可操作化。从这一点来讲，体育新闻理论之于体育新闻实践，带有更多的针对性和指导性。

总之，体育新闻理论可以这样描述，它属于体育新闻专业知识体系的核心组成部分，来源于体育社会实践的特殊性，这些特殊性具体表现为以产业化为引导的体育文化产业的生产过程。体育新闻理论就是在揭示这个过程中大众媒体的参与规律、媒体自身的行业规范以及可能产生的社会功能。

由上文可知，体育实践具有特殊性，同时决定了体育新闻实践的特殊性，体育新闻实践与一般新闻报道，不论是从操作层面还是信息传播角度，二者的差异都较大。因此，体育新闻理论不仅真实存在，还需要进一步研究和挖掘，为体育新闻报道提供理论依据和操作指导。

体育新闻理论由三部分组成，分别是体育新闻定义和内容制作原理（本书第一章到第六章）、体育传媒行业的由来与变革以及体育新闻从业者的职业要求（本书第七章到第九章）、体育新闻与社会发展（本书第十章到第十二章）。

（一） 体育新闻定义和内容制作原理

这是本书的第一部分，也是体育新闻理论的出发点和基础理论部分。主要从媒体内容的角度探讨体育新闻定义和操作原理，主要内容有观赏体育与实践体育的分类、体育新闻信息和体育新闻定义、体育新闻真实性和娱乐性、体育新闻文本和体育新闻价值、体育新闻采写的特殊性。

1. 观赏体育与实践体育的分类

上文已经分析过，现代体育的社会实践是以产业化为导向的文化产业过程，体育传媒是这个过程的重要参与力量。在我国，对体育的分类带有计划时代的色彩，一般观点认为，体育分为竞技体育、学校体育和大众体育（群众体育或者社会体育）。但这样的分类显然不适用于体育新闻传播领域。对于体育新闻来讲，在传统媒体时代，大众媒体主要对那些适合转换为媒体内容的体育事件或者体育人物感兴趣；到了新媒体时代，情况变得较为复杂，特别是自媒体出现后，媒体不仅可以作为内容呈现平台，还可以作为工具使用平台，因此，更多的体育事件或体育参与者开始主动地“使用”媒体。但无论在哪种情况下，体育的现有分类形式都无法解释新闻制作或者媒体使用的成因和趋势。体育新闻传播领域需要对体育进行重新划分。实际上，国外已经出现从传播角度对体育进行的分类，这就是观赏体育（spectator sport）的提出，主要是指那些为了获得观众的收看而进行的比赛。相对于观赏体育以外的其他体育活动，可以统称为实践体育，指那些亲身参加到体育活动或者比赛中的体育类型。

2. 体育新闻信息和体育新闻定义

体育新闻信息是体育新闻理论核心概念之一。信息是传播过程的主要因素，没有信息，任何传播均无法实现。在新闻传播领域，对信息的解释有诸多视角，对于体育新闻报道而言，把体育新闻信息理解为符号与意义的统一体。这里的体育符号还可以分为动作符号、规则符号和体育文化符号，这类符号以及意义构成了体育新闻报道的根基。如果没有对体育符号的深刻认知，就无法把握体育新闻报道的本质规律。

在新闻学领域一般采用的是陆定一的定义：“新闻就是新近发生事实的报道。”通过观察发现，体育新闻的内涵发生了一些变化。首先，这个定义强调的是时效性，对于体育新闻而言，重要的体育比赛具有时间上的周期性，体育明星的出现也有预见性，因此，没有时间上的突发性产生。其次，新闻报道是对事实的转述，记者需要接近事实的真相，并传递给受众。而对于体育记者而言，体育赛事或者明星本身就是展示和表演，因此，体育新闻需要更多的渲染，才能把比赛的气氛传达给受众。最后，也是因为体育事实带有表演和展示的成分，因此，新闻记者工作实质是在媒体中通过体育符号再造一个表演或者展示的场景，让媒体内容和比赛现场具备相同甚至更强烈的体育魅力。

3. 体育新闻真实性和娱乐性

体育新闻的真实性和娱乐性是学界争议最大的两个问题，特别是在体育新闻学科创建之初，以这两个问题为对象的研究文章出现的频率很高。研究者多从负面看待体育新闻失实和过度娱乐化的问题。随着研究的不断深入，体育媒体报道内容的逐渐丰富，特别是受众对媒体内容的接纳也越来越符合体育自身规律，对于这两个问题进行争论的数量在逐渐减少，程度也在逐渐降低。

实际上，就如前文提到的，体育赛事本身就带有表演性和展示性，不同于一般新闻的事实，因此，不能用一般新闻的真实性来衡量和检验体育新闻事件。从娱乐性角度来讲，体育产业从属于娱乐业，体育传媒理应是娱乐业的一部分，因此可以说，娱乐性是体育新闻产生和存在之本。体育新闻的娱乐性深植于体育的娱乐性之中，这正是体育可以产业化的原因，挖掘娱乐因素并展示出来，让更多的观众作为消费者前来观看，因此，体育媒体挖掘和表现体育比赛的娱乐性是其专业化的表现形式，或者说，越是专业的体育媒体越知道如何更好地展现报道对象的娱乐性。

4. 体育新闻文本和体育新闻价值

体裁是新闻理论中重要的概念，决定着新闻内容的形式分类。新闻体裁一般分为消息、通信、特写等，但是这些分类不适应体育新闻内容的呈现方式。从体育新闻实践出发，体育新闻文本可以分为四类：观赏体育文本、实践体育文本、体育受众文本和社会新闻文本。这四类文本的分类，主要是从体育分类（观赏体育和实践体育）、体育写作主体、体育对社会的影响等方面对体育新闻内容进行的分类。

一般认为，新闻价值是记者判断新闻事实的标准，时效性、显著性、重要性、接近性和娱乐性是新闻价值的五要素。体育新闻价值以及选择过程显然有别于一般新闻价值，因为娱乐性是体育新闻的首要因素；其次，体育新闻的前期规定性在很大程度上消解了时效性；另外，体育迷基本都有各自拥护的球队和球星，在对结果的预期上也会先入为主。因此，体育新闻价值需要考虑体育本身的特殊属性，在这个基础上，才能归纳总结体育新闻价值，如体育符号表达的准确程度、球迷情绪的体验和疏通等，均是体育新闻价值以及判断的核心内容。

5. 体育新闻采写的特殊性

体育新闻采写的特殊性是较为微观的操作层面的特征，可以说，在宏观或者理论层面的特殊性也会影响到微观的实务层面。主要表现在体育新闻写作中对背景性材料的深度依赖性；大型赛事采访权限的限制；体育数据的使用；文学化写作手法的运用等。上述内容是体育新闻采写中经常遇到的、与一般新闻采写差异较大的部分。

本书的第一部分内容是对体育新闻报道规律的抽象概括，其特点是理论性较强，因此，这些内容才更加具有解释力和指导性。如果希望更好地认知和把握这部分的理论知识，可以进行一些拓展阅读，以备更好地理解体育新闻实践中的经验规律，第一部分中所探讨的这些理论知识同样也是建构在这些实践经验之上的。

（二） 体育传媒行业和体育新闻从业者

体育新闻理论的第二个组成部分是体育传媒行业的由来与变革以及体育新闻从业者的职业要求。当初学者希望进入某个行业时，需要了解的是该行业的历史由来、运作规律和规范、对从业者的职业素质要求以及从业者需要履行的行业法律法规和遵守的职业道德。第二部分内容主要包括：体育媒体的二次体育媒介化和体育媒介产品的形成；体育新媒体；体育从业者的职业素养和职业道德规范。这三个部分内容是关于体育媒体的自身运作和规范。

20 世纪大众媒体共发生了两次传播革命，这两次革命也是体育的二次媒介化过程，第一次是20世纪60—80年代，电视与体育的结合，产生了媒介体育，扩大了观赏体育的空间。第二次是20世纪末，以互联网为代表的新媒体出现，又一次改变了人们的互动交流方式，媒体作为人际交流的工具成为了可能，使得实践体育与媒体融合在了一起。二次媒介化的过程实质上就是体育媒体的历史发展进程，了解这两次的变化以及带来的深远影响是体育新闻理论学习的重要环节。

体育新闻的内容制作实质上是媒介产品的生产过程，这是体育传媒与体育产业融合的关键环节。在这一部分中，首先，要明确体育新闻的报道对象；其次，要明确报道的一般工作流程；最后，要对主要的内容呈现形态有初步的了解。在以往的学习中，较少把体育媒体内容直接定义为媒介内容产品，但从转播权购买以及大型赛事的营销方式等角度分析，体育媒介产品无疑是其中重要的形式之一，它是职业体育赖以壮大发展的基础，也是现代体育文化产品的重要组成部分。

体育新媒体代表着体育新闻的未来趋势。新兴媒体对体育新闻报道而言，不仅是增添了媒介融合的手段，更是增加了内容平台。实际上，体育新媒体的出现是催生第二次体育媒介化的主要原因。在体育新媒体平台上，体育内容得到了充分释放，这些体育内容更多来自对体育受众的原创能力的挖掘，在此基础上，体育新媒体涌现出了带有社会和经济双重效益的平台品牌，如虎扑网、腾讯体育等。

体育新闻从业者是体育传媒业的基石，人才是决定事业成功的关键。从中外媒体发展来看，似乎有这样一种偏见，似乎体育就是“玩”，体育记者与专业记者的职业水准相差较大，在同行中并不被认可。但实际上，体育记者作为文化记者的一个分支，也应该具有较高的职业威望。对体育新闻从业者的职业要求可以从职业素养、新闻敏感、岗位分工等几个方面去探讨，另外，还要了解体育新闻行业的职业道德以及法律法规的要求。

本书第二部分的内容，主要是对体育新闻行业的历史、现状、未来趋势以及从业者自身的职业素养、法律法规和职业道德要求进行全面的了解，并在此基础上，能够把握行业的运行规律和未来发展的趋势。

（三）体育传媒与社会发展

体育新闻理论的第三部分主要把体育传媒放到更加宏观的社会层面，探讨体育媒体与社会发展的关系，主要包括体育受众、体育新闻的经济功能以及体育新闻的社会和文化功能。

从新闻传播学来讲，媒体的受众就是接受媒体信息的对象，因为现代人对新闻信息的需求很大，因此，受众与大众媒体有一种天然的黏合。对于体育媒体受众而言，与一般受众的需求有较大的差异。可以说，体育受众与体育迷是一种交叉融合关系，对体育受众的了解，实际上就是对体育迷的研究，二者不能切分开来。体育迷在社会生活中，是一群固定的群体，体育发达的地区，体育迷群体不仅固定还有传承，但对于中国体育迷来讲，其群体形成和壮大才刚刚开始，需要大力扶持和培养。

在新闻的社会功能中，诸如监控环境、经济功能、教育功能、娱乐功能等都是主要的功能实现内容。美国社会学家罗伯特·金·默顿从功能—结构理论角度出发，倡导中层社会理论，他与拉扎斯菲尔德一起提出了大众传播的功能在于强化社会规范、为社会组织或个体赋予社会地位以及对大众的麻痹作用“三功能”说。体育新闻作为社会文化的一部分，又带有商业运作的属性，其社会功能的分析应倾向于默顿的研究取向，较为中观并可操作化。我国体育媒体社会功能，受到体育的功能以及中国媒体的共同影响，第一注重体育公共职能的提供；第二需要保障媒体喉舌功能的完成；同时还要实现体育媒体自身社会功能。[①]

虽然大众文化的研究以批判学派为主，但从20世纪法兰克福学派的大师开始，大众文化的研究已经呈现了多种研究取向，并产生了许多重要的研究成果。表征是在同一个文化中，人们使用语言及各种记号来表述事物并产生和交换意义的过程，斯图尔特·霍尔认为，这个过程是社会性的、公共化的，即社会成员共同构成的。这里的语言和各种记号，即各种表征系统，是人们进行意义结构或者构成的途径，是与物质世界平行的最重要的文化现象，也是文化研究的重要对象。体育作为文化现象的一部分，也是一种表征系统，同时它也是大众文化的一部分。[②]

文化产业和创意产业是在不同时期出现的两个概念。文化产业出现得较早，伴随着大众媒体特别是影视的发展而出现。美国学者斯科特给文化产业的界定是满足消费者精神需求等目的进而提供的娱乐休闲、教育培训和信息需求等人工产品的集合。斯科特特别强调传统产业主要是用来满足人们物质需求的，而文化产业中的产品则是用来满足精神需求的。[③] 对创意产业的定义，不少专家学者认为始于20世纪90年代以互联网技术作为引擎出现的新经济现象，统称为创意产业。它不局限在艺术创造方面，而是指由新媒体技术带来的一切创新性经济活动。体育文化创意产业就是这两种类型的产业形态在体育产业中的具体表现，其共同点在于，不论是文化产业还是创意产业，均离不开大众媒体平台。体育媒体版权是近期关注的焦点，实际上，体育版权范围内，所保护的商业价值最大的也是争议最多的就是媒体版权。对体育媒体版权的来龙去脉有所了解和认识是十分必要的。

可以说，中国体育面临着前所未有的大好时机。首先是政策驱动，2014年10月国务院印发《关于加快发展体育产业 促进体育消费的若干意见》，体育成为中国经济发展新的增长点。从操作层面分析，新媒体背景下媒介融合带来的新机会，让所有新老媒体站在了同一个起跑线上，也给各方社会资源提供了广阔的发展空间，未来将会是中国体育展现无限生机的时期。

体育新闻理论第三部分的内容显然受到了大众传播学研究的影响，是从社会理论研究的视角审视体育传媒的社会功能和社会影响，可以说，这是对新闻理论知识框架的延续，是近30年来中国新闻理论研究的扩展在体育新闻研究中的表现，掌握这部分的知识内容

---

① 许多澍. 罗伯特·金·默顿传播思想及其影响研究［D］. 长春：吉林大学，2012.

② 斯图尔特·霍尔. 表征——文化表象与意指实践［M］. 徐亮，陆兴华，译. 北京：商务印书馆，2003：15，25－26.

③ 曾贵. 基于文献综述的文化产业概念反思［J］. 创新，2010（5）：114－116.

可以更加深入地认知体育新闻内容、体育媒体的定位以及应发挥的功能，进一步推进体育新闻从业者和体育媒体的专业化建设道路。

二、体育新闻理论学习方法

（一）体育新闻行业和职业现状

从传统媒体的发展看，新闻行业中的职业规划主要指在媒体内部的工作，尤其是采编工作。体育新闻传播专业的许多学生，在开始进入本专业学习的第一天，对未来职业的展望似乎都是停留在采、写、编、摄这些操作环节上。

体育传媒业是宽广的行业，以体育产业为龙头，在其中与信息传递有关的职业岗位基本都与体育新闻传播有关。

美国学者保罗·M. 佩德森等在2007年所编著的《体育传播策略》一书中，对体育新闻传播专业学生的未来就业做了一个统计，共有五大领域适合该专业方面的学生就业。（图1－1）

管理	大众传媒	支持服务	娱乐	其他
•团队沟通副总裁 •体育传播副主管 •体育转播网首席执行官	•体育转播从业者 •体育执行编辑 •体育文字记者	•体育信息主管 •媒体关系协调员 •公共和社区关系主管	•电子游戏设计师 •体育电影制作人 •软件开发人员	•媒体研究员 •体育媒体采购专员 •体育传播教育者

图1－1　体育新闻传播专业学生主要从业方向①

大众传媒是以前公认的体育新闻就业领域，其他领域则是体育行业中与体育信息交换有关的职业选择。美国是体育产业发达的国家之一，可以说，代表着未来体育产业对体育新闻传播专业的人才需求。

（二）体育新闻从业者的职业要求

20世纪末，《中国记者》杂志对当时国内重要的体育记者进行了一个访谈，其中有一个调查题目提及了体育记者的专业素质。时任新华社体育部主任许基仁的回答具有一定的代表性，他认为体育记者应要求自己既是“内行”也是“外行”。

许基仁认为，内行是对体育的历史和现状应有较为深入的了解，因为许多当下的新闻，其实是历史事件的延续和折射，如果记者对历史一无所知，那么在重要的体育新闻或体育人物出现时，也会熟视无睹，错过重要的时刻。热爱并熟悉足球的许基仁举了足坛方

---

① PEDERSEN P M, MILOCH L S, LAUCELLA P C. Strategic Sport Communication[M]. Champaign: Human Kinetics Publishers, 2007: 27.

面的例子，如巴西队和阿根廷队、日本队和韩国队等都属于“冤家”球队，只要是两队的比赛，必然由于历史渊源引起各方球迷的兴趣，因此，有这些“冤家”队伍出场的比赛，无论比赛的级别高低，都会是球迷关注的焦点。如果把“内行”的要求提升到学理层面，就会发现，对内行的要求实质上指的是需要掌握包括历史在内的体育新闻传播的理论知识和内在规律，在这个基础上，才能够对眼前的新闻事件和人物做到心中有数，才能不放过任何一条宝贵的新闻线索。

许基仁认为，做“外行”，似乎有些费解。实际上，他针对的是那些资深的体育记者，由于具备过于丰富的业内经验，在每场比赛前早已经有了写稿框架，并以不变应万变，从而忽略了需要认真挖掘的重要线索。许基仁提及的问题，正是体育新闻界最容易遇到的难题，因为体育实践和体育新闻实践带有较强的规定性。因此，如果仅仅从表面看，每一场比赛或者每个队员发挥都有固定的几个角度，长期报道该项目的记者，早已对比赛或者队员烂熟于心，因此，凭借经验完全可以“应付”稿件的写作。因此，做“外行”是要记者保持职业新鲜感，或者一方面要带着职业理性去报道比赛，另一方面不要失去像球迷一样的热情和兴趣，要感同身受地去体验比赛，这样才能不断地挖掘新的元素，不断地写出优秀的稿件。①

总之，对体育新闻从业者的要求是多方面的，不仅有知识储备的要求，更有个人意志品质的锻炼，不断地挑战和战胜自我是一名体育记者的基础功课。

（三）体育新闻理论学习方法

对于新闻专业来讲，关注新闻实践的意义往往大于关注新闻理论，但是，在体育抑或体育新闻行业专业化程度越来越高，科技含量也越来越高的趋势下，对理论知识的学习就越发显得重要。新媒体出现后，传统媒体以及职业记者受到了严重的冲击，提高专业化程度也将是媒体行业的必然出路。

1. 学习过程中注重理论与实践的螺旋式上升

虽然“新闻无学”的提法一直流行于新闻界，但许多传统的新闻院校仍然突出提倡的是新闻理念和新闻伦理的坚守。对于体育新闻领域来讲，因为体育的规律较为集中和鲜明，因此，体育新闻理论的知识体系具有自身的框架体系，相对于一般新闻理论，便于系统地掌握体育新闻的行业规律和制作原理等。

但在学习过程中需要注意的是，体育新闻理论是建立在体育实践的基础之上的，因此，在学习了理论之后，要在具体的实践过程中去反复体会，加深理解。同时，更要在取得了一定的实践经验后，主动使用体育新闻理论的内容和框架去比对，找出问题及解决方案。只有在这种从理论到实践、再从实践到理论的反复中，职业素养才能螺旋式地上升。

① 本刊调查．素质的较量——体育记者工作情况调查（上）[J]．中国记者，1997（9）：48－51.

2. 学习者应该认识到体育是一门综合科学

在学习中，还应注意的一点是，体育新闻理论属于体育学的一部分，是在体育学的基础上建立起来的。体育学是一门综合学科，是以体育为研究对象的所有学科的集合，比如说生物学、训练学、管理学、历史学、社会学等，当然也包括新闻学和传播学。从学科的角度去理解和把握体育学是具有相当难度的，特别是体育人文社会学科方向，不仅要文理兼备，还要熟悉体育社会实践的过程，对学习者的要求是很高的。

3. 大量的专业阅读是良好职业素质的起点

虽然说记者是杂家，需要对各行各业的专业知识和常识有初步的了解，但体育新闻记者有自己的专业方向，这是体育记者安身立命的根本和法宝。体育记者如果希望成为体育领域的专家，需要储备大量的专业知识，而专业阅读是必经的提升道路。体育学是一门综合学科，因此，体育专业的大量阅读是面对体育学而言的，体育新闻传播学知识只是其中的一个视角，而更为宽广的是体育学研究中的大量中外优秀成果。一名具备良好职业素养的体育记者，将是在体育学领域潜心涉猎并能把握趋势的专业报道者。

专栏1-2 国外新闻院系体育新闻本科及硕士学位课程介绍

近年来，体育新闻教育正在国外高校陆续开展，大多数学校是以独立形式开设体育新闻报道方面的本科或者硕士课程，使之成为新闻教育整体中的一个单元。在有些学校也开设本科、硕士的学位教育，下面介绍两所设有体育新闻本科（硕士）的高校。①

- 亚利桑那州立大学（专业：体育新闻）②

亚利桑那州立大学的瓦尔特·克朗凯特新闻与大众传播学院增设了体育新闻学士和硕士学位，并在2015年秋季开始招生。该专业旨在通过开设体育写作、体育摄影、体育战略沟通、体育伦理学等方面的相关课程，使学生具备体育媒体与传播领域的专业技能。专业计划中的学生有机会参与棒球大联盟春季训练、奥运会以及与学院具有合作关系的主流媒体所承担的大型体育赛事的报道活动。此外，学生还可以在菲尼克斯或洛杉矶的学校体育部门进行实习，获得专业实践经历。

该专业在具体专业课程开设方面，本科生和硕士研究生略有不同。本科课程有120学分要求，其中，多数课程为体育新闻的基础和业务课。而到了硕士研究生阶段，学生除了要对本科部分重要课程进行深入学习外，还需要学习数据新闻和媒体法两门课程。（表1-2）

① Journalism Schools Add Courses in Sports, Emerging Technology [EB/OL]. https://ajr.org/2014/12/18/journalism-schools-add-courses-sports-emerging-technology/. 2021-01-25.

② Arizona State University. Sports Journalism, BA [EB/OL]. https://webapp4.asu.edu/programs/t5/majorinfo/ASU00/CSSPJBA/undergrad/false? init=false&nopassive=true. 2021-01-25.

表 1－2 亚利桑那州立大学体育新闻具体课程列表

学位	学时阶段	具体课程
学士	0～16 学分	新闻写作（Grammar for Journalists）
		新闻史与新闻原则（Principles and History of Journalism ）
	17～32 学分	新闻报道与写作（News Reporting and Writing ）
		多媒体新闻学（Multimedia Jouralism）
	33～49 学分	体育报道（Sports Reporting）
		体育伦理与多元化（Ethics and Diversity in Sports Journalism）
	50～65 学分	体育视频（Sports Videography）
		体育新闻摄影（Sports Photojournalism）
	66～80 学分	高年级体育高级技能（Upper Division Sports Advanced Skills Course）
		21 世纪体育与媒体中的高等问题 （Advanced Issues in 21st－Century Sports and Media）
	97～108 学分	大众传播法（Mass Communication Law）
	109～120 学分	高年级专业项目（Upper Division Professional Program）
硕士	23 学分核心课程	新闻技巧（Journalism Skills ）
		媒体法（Media Law）
		数据新闻（Data Journalism）
		21 世纪体育与媒体中的高等问题 （Advanced Issues in 21st－Century Sports and Media）
		体育伦理与多元化（Ethics and Diversity in Sports Journalism）
		体育报道（Sports Reporting）

- 佐治亚大学（专业：体育媒体）①

该专业依附于佐治亚大学的格雷迪新闻与大众传播学院。作为东南联盟（美国的大学体育联盟之一）的首个体育媒体专业，“体育媒体”本科学位证书是由两位曾经的资深体育媒体行业工作者牵头设立的。专业主任维奇·米里斯教授（Prof. Vicki Michaelis）曾在体育媒体行业中工作20年，并且拥有负责《今日美国》奥运报道工作长达12年之久的从业经历。专业副主任韦尔奇·萨格斯教授（Prof. Welch Suggs）则有在《高等教育纪事》和《史密斯体育商业杂志》任职的媒体工作经历。

这项跨学科专业于2014年秋季推出，旨在为学生提供有关体育和体育媒体的社会影

① University of Georgia's Grady College. Sports Media Certificate at UGA：About［EB/OL］. https：//gradysportscertificate. wordpress. com/about/. 2021－01－25.

响方面的基础知识，并对学生进行媒体技能的深入培训。而在课程设置上，该专业设有顶点课程、核心课程、话题课程三类课程，分别具有培养实践能力、提升业务水平以及扩展知识面的作用。(表 1 -3)

表 1 -3 佐治亚大学体育媒体专业具体课程列表

课程类型	具体课程
顶点课程	体育媒体顶点（Sports Media Capstone）
核心课程	体育报道与写作指南（Introduction to Sports Reporting and Writing）
	多平台体育故事叙事（Multiplatform Storytelling for Sports）
	体育产业报道与写作（Sports Enterprise Reporting and Writing） 体育媒体关系（Sports Media Relations） 体育播报和制作（Sports Broadcast and Production） (三选一)
话题课程	体育、媒体和社会（Sports, Media and Society）
(任选两门)	体育媒体中的高级话题（Advanced Topics in Sports Media）
	体育管理专业（Sport Management Program） 该专业中的一些可供选择课程： 体育哲学与道德（Philosophy and Ethics in Sport）；体育法律管理（Managing the Legal Aspects of Sport）；体育和黑人文化（Sport and the Black Culture）；体育财经（Sport Finance）；体育社会（Social Aspects of Sport）；体育政策和治理（Sport Policy and Governance）

总 结

体育实践是人类一种特殊的社会文化活动，美国学者威廉·约瑟夫. 贝克（William Joseph Baker）在他所著的 *Sports in the Western World* 一书中把原始体育比赛分解为运动员和体育比赛、管理者和赞助者、观众及评论家。荷兰文化史学家约翰·赫伊津哈在《游戏的人》中勾勒了现代体育参与的轮廓，体育实践是群体化的、以兴趣为出发点的、自愿的、非功利的、注重规则和精神满足的文化活动，体育实践最为特殊的一点在于它是对现实生活的间隔和中断，属于一种亲身参与的人造活动。体育新闻实践的特殊性是由体育实践决定的，20 世纪后发展成为规模巨大的体育文化产业。

体育新闻理论是对体育新闻实践特殊性的挖掘、概括和分析，本书主要包括三个部分内容：体育新闻定义和内容制作原理、体育传媒行业的由来与变革以及体育新闻从业者的职业要求、体育传媒与社会发展。

在体育新闻理论的学习中需要重视理论与实践的结合，同时更要明确体育新闻学的学科基础之一来自体育学，体育学是一门综合性的学科，在学习中应主动涉猎体育学的相关知识。

对于立志从事体育传媒等相关行业的学习者，需要设计详尽的职业规划，并了解从业者的职业要求。

思考题

1. 如何理解体育实践的特殊性？
2. 如何认识体育实践决定了体育新闻实践的特殊性？
3. 体育新闻理论主要包括哪几部分内容？
4. 体育新闻专业学生的职业规划和职业要求有哪些？
5. 体育新闻理论主要的学习方法是什么？

拓展阅读

1. 约翰·赫伊津哈．游戏的人：文化中的游戏成分的研究［M］．广州：花城出版社，2007.

2. BAKER W J. Sports in the Western World[M]. Illionois:University of Illinois Press,1988.

3. 刘海龙．大众传播理论：范式与流派［M］．北京：中国人民大学出版社，2008.

4. 李良荣．新闻学概论［M］．上海：复旦大学出版社，2013.

5. PEDERSEN P M, LAUCELLA P C, KIAN E M, GEURIN A N. Strategic Sport Communication[M]. Champaign,IL:Human Kinetics Publishers,2017.

第二章　观赏体育和实践体育

内容提要

本章所涉及的是“观赏体育和实践体育”的内涵，这是从新闻传播视角对体育进行的重新分类。国内以往对体育分类的共识，集中在竞技体育、学校体育和群众体育的三分法。新闻传播介入以后，对体育的改变是巨大的。首先体育形态发生了变化，媒介体育出现了；最为重要的是体育参与方式也在变化，以观看为主的参与方式成了一类不可忽视的体育参与方式。由此可见，体育三分法不能继续解释在体育新闻传播领域里发生的诸多现象，迫切需要从新闻传播理论出发总结和概括体育分类及界定。

本章包括两节：第一节重点讲解观赏体育和实践体育的分类原则以及界定；第二节的主要内容是观赏体育和实践体育的差异，以及观赏体育、实践体育与大众传媒之间的关系，并重点分析媒介体育的诞生过程。

学习目标

了解传统体育的三分法以及体育传媒的兴起对体育三分法提出了新问题；掌握观赏体育与实践体育的界定，观赏体育、实践体育与大众传媒的关系；熟悉媒介体育的产生。

关键术语

观赏体育、实践体育、体育三分法、竞技体育、精英体育、职业体育、媒介体育、现场观众、媒体观众

第一节　体育新闻传播视角的体育分类

导　入

西方学者把现代体育总结为 7 个方面的自然属性：①世俗性；②平等；③专门化；④科层化；⑤理性化；⑥定量化；⑦追求突破和保持比赛纪录。[①]显然，这是实践体育的全部特征。当大众媒体介入现代体育之后，体育形态与参与形式均发生了巨大的变化。对于期望挖掘体育新闻规律的研究者和学习者来讲，有些无所适从，因为无论是从竞技体育、学校体育还是从社会体育，都找不到媒介体育的位置。那么给体育带来巨大影响力的体育传媒在哪里呢？本节就是从寻找体育传媒业的位置开始的。

一、传统的体育分类满足不了体育传媒的发展

在现代社会中，体育是一项喜闻乐见的社会活动，而且，随着体育产业的蓬勃发展，体育已经冲破了文化领域，在经济生活中占有了越来越多的份额。这一切的变化，依赖于大众媒体与体育的密切融合，并形成了声势浩大的媒介体育。但从国内实际的情形看，以观赏为主的媒介体育并没有受到应有的重视，更为重要的是，现有的体育分类并不适合体育新闻传播视角，或者说，现有分类并没有媒介体育的一席之地。

（一）传统的体育分类

对体育的分类离不开对体育概念的理解。在体育人文社会学科的研究中，体育的概念以及体育分类就是学者们关注的重要焦点问题。

熊斗寅在 1989 年、1990 年发表的一系列文章中，较好地概括了传统意义上学界对体育概念以及体育分类的共识。

首先，熊斗寅归纳了体育的定义以及分类的原则，主要有三点。

第一，符合体育实践的规律。体育实践是人类自古有之的社会活动，显然除了历史研究，古代体育不属于现代社会科学之列，现代体育则是体育科学的主要研究对象。现代体

① GUTTMANN A. From Ritual to Record: The Nature of Modern Sports[M]. Columbia: Columbia University press, 2004.

育是伴随着人类现代化过程而产生的社会文化产物，带有其实践的自身规律，因此，体育分类应该建立在现代体育实践的基础上。另外，还应该关照中国体育实践的特殊性：由于种种原因，中国体育具有发展的跨越性，因此，需要兼顾国内体育实践的具体情况。

第二，符合体育的功能以及实现的可能性。体育的功能也是被关注的焦点问题，特别是现代体育，学界普遍认为其功能是一个多方面的混合体，如文化、经济、政治、教育、娱乐、健身等。现代体育之所以有这些复杂的多元化功能存在，是因为现代体育的存在方式具备多层次、多形态的特点，是一个复杂的社会系统。这个系统还是动态的，在不同的领域，其功能会有所侧重和变化。

第三，符合全球化的规范。体育本身就是一种人类共通语言，在全球化不可阻挡的21世纪，体育正是人类相互融合的实验田。特别是以奥林匹克运动会为代表的国际赛事，以突出文化实践为主题，显示出了在全球化背景下，体育赛事的优势和魅力。可以说，现代体育实践更是一种国际视野下的人类共同实践。

根据上述的三个原则，对体育的分类可以有两种。一种是二分法：群众体育和竞技体育；还有一种是三分法：学校体育、群众体育和竞技体育。其中，三分法是被我国体育界广泛接受的体育分类方法。

学校体育属于义务教育的范畴，带有一定的强制性，是一种必修的身体教育课程。

群众体育也称社会体育，也被称为大众健身。一般认为，群众体育是以强身健体为目的、以身体锻炼为方式的社会文化活动，体育作为一种生活方式可以提高个体的生活质量。

竞技体育又称为精英体育，是在遵循规则的基础上进行的系统化训练和竞赛，其目的是不断提高运动成绩。

一般认为，三分法的体育分类之间也是相互联系的系统，学校体育和群众体育是前提条件，竞技体育是在前两者的基础上不断发展起来的，三者的协调发展是体育可持续发展的目标。

传统意义上在三分法下面还可以进行细分，如竞技体育可以分为奥运项目与非奥运项目；学校体育可以分为体育课程、体育活动、课外训练、特殊体育，或者幼儿体育、小学体育、中学体育和大学体育；群众体育可以分为职工体育、农民体育、社区体育和军队体育等。①

从国外的研究成果来看，对体育的分类也有所涉及。由于国内外体育的发展水平和程度有差异，因此，在体育分类上的着眼点也有所不同。国外对体育的分类主要是从中观层面揭示三类体育社会运行方式之间的关系。体育社会运行的主体是体育组织，而且这三类不同的运行方式是彼此联系的，构成了一种伙伴关系，或者说体育本身就可以看作是由三个不同部分构成的整体。

第一部分是国家或公共机构，包括国家、省、地区政府以及特殊专业机构。这部分机

① 熊斗寅．对体育概念与分类的探讨［J］．上海体育学院学报，1990（3）：1－5，90.

构的目标是完善体育政策方针，为其他部门筹集资金，同时这些机构还充当了专家的角色，如支持精英运动员的职业发展、开展兴奋剂控制等。

第二部分是非营利组织或志愿机构，由社区基础俱乐部、项目管理协会和国际体育组织组成。它们可以调节和管理各类体育法规的遵守和执行，并组织大型赛事等。

第三部分是职业或商业的体育组织，包括职业联盟和所属俱乐部球队，以及相关联的其他商业组织，如体育服装、设备制造商和传媒公司，还有体育场馆运营商和赛事管理机构等。

上述的三个部分不是孤立运作的，在许多情况下三者是明显重叠的。图 2 – 1 解释了这三个部分之间的关系交叉点。例如，政府机构为了发展体育，常常筹集资金给培养精英运动员的项目和非营利体育组织。作为回报，非营利体育组织为活跃社区体育提供许多机会，如发动运动员、教练员、管理者来推动大众的体育参与。

同时政府也参与到商业体育之中，主要表现有支持体育场馆的建设来扩大职业体育的展示空间，为竞技体育发展提供监管和法律框架，并协助制造业和赛事运行机构承办商业比赛。

非营利体育组织为职业体育提供诸多核心技术，如通过培养教练员、行政人员以及管理层的技能来提高竞技体育和精英赛事的水平。

实际上，在很多情况下体育治理是个关系网络，一方面，非营利技术机构以及在这些机构支持下的职业队员和职业经理人是这个治理网络的一部分；另一方面，职业体育组织通过营销吸引了大量观众，由此获得的电视转播等商业收入可以用作非营利组织所需要的资金支持。

从上述不同的管理机构可以判断，国外的体育至少可以分为以商业为主的职业体育、以公益为主的非营利体育和公共体育。（图 2 – 1）

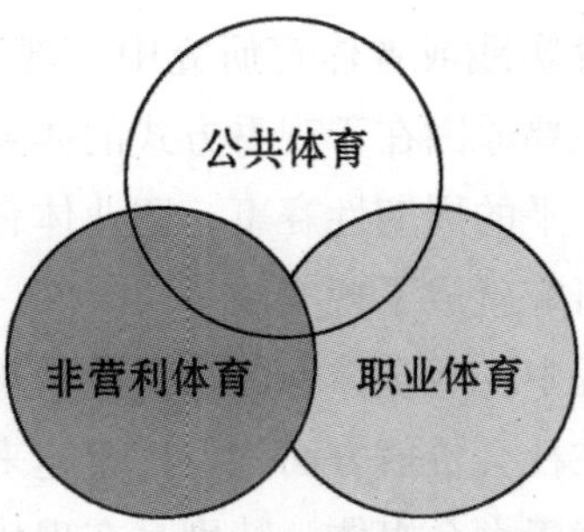

图 2 – 1　国外体育机构分别管理不同的体育种类①

① HOYE R, SMITH A, WESTERNEEK H, et al. Sport Management Principles and Applications [M]. London: Elsevier Ltd., 2006: 7 – 8.

（二）体育传统分类的局限与体育传媒的兴起

1. 体育传统分类关注的是亲身参与的体育实践，以观赏为主的体育参与被长期忽视

我国传统的体育三分法，把体育当作社会活动的一个整体来看待。竞技体育、群众体育和学校体育是体育社会活动的三个区域，或者说，人们的体育行为就是在这三个社会空间里完成的。

随着体育规模的扩大，特别是体育产业的异军突起，传统的体育三分法已经涵盖不了当下中国体育的发展全貌。

首先，从整体体育观到个体参与观切入点的变化。传统的体育分类，均是从整体的角度对体育进行分解的。在这一点上，国外的研究也不例外。上文提及的国外研究者对体育的分类（职业体育、公共体育、非营利体育三部分），其主体是体育组织，虽然这也是从现代体育管理的角度来看问题的，但同样是把切入点落到组织行为层面。

实际的情形是，随着体育与社会经济的紧密结合，个体参与者的视角越发重要，而传统的体育三分法脱离了个体体育参与方式，不适于涵盖当下体育的前沿进展。

一般而言，从个体的角度参与到体育活动中，大致可以分为三类：第一类是亲身参与到某一体育活动或者体育比赛之中，这是体育产生初期主要的参与方式和表现形式。第二类是通过现场观赛来参与体育活动，这种参与方式是对体育的挖掘，并提取出适合现代商业社会发展的因素后逐步确立的。现场观众后来又被扩大为媒体观众，带动了体育产业的整体扩张。第三类是前面两类的混合，一般情况下，体育参与者会选择两种方式并行使用，特别是在新媒体的普及背景下，体育的推广更加离不开两种方式的交替利用。

其次，熊斗寅提出的三项原则正在发生变化。体育实践方式的变化。事实上，在我国传统的体育三分法中，只概括了亲身参与的体育实践这一种方式，观看方式的体育参与并没有被包含其中。在长期的体育实践或者体育研究中，观看方式的体育参与被严重忽视，几乎没有被系统地关注过。其主要原因在于观看方式的体育参与具有长期性、地域性和周期性，而中国国内长期缺乏高水平的周期性赛事，职业体育处于刚刚起步阶段，因此，长期忽视对观看方式体育参与的研究就成了现实。

在体育社会功能的实现过程中，观赏体育的功能越来越成为一股不容忽视的力量。观赏体育无论是在经济价值还是在社会价值方面均发挥着越来越大的作用，人们对体育的认知、了解和熟悉可以更多地依赖于大众媒体。特别是在现代体育不发达的地区，观赏体育是人们接近优质体育资源的重要渠道。总之，观赏体育这种体育实践方式已经成为体育功能实现的重要途径。

观赏体育正是在全球化的扩散中兴起的。自从出现了观赏体育，就出现了球迷群体。到了大众媒体时代，已经培养了大批的不分国界和地区的球迷。可以说，观赏体育正是借助全球化的到来，具有了前所未有的影响力。今天，当谈论体育产业威力时，也是在全球化的话语框架里面进行的。

2. 体育新闻传播业的兴起与后果

观赏体育的壮大源自大众传播业的兴起。现代体育的巨变来自体育产业的出现和扩张。众所周知，体育产业的繁荣是建构在体育新闻传播业提供的平台之上，二者的融合是历史的趋势，可以说，体育传媒业的兴起成为一种不可阻挡的因素。体育传媒首先提供的是一种以观看为主的间接参与方式，与传统意义上的体育参与有所差异。或者说，体育产业的兴起造就了一种间接的体育参与方式，而体育传媒的繁荣让这类体育参与成为固定的类型，甚至可获得与亲身参与方式同等重要的地位。

第一阶段，平面媒体的兴起让体育产业初步领略了迅速扩张的成果。这时体育迷的观看方式还是以现场观赛为主，平面媒体提供的是赛场外的附加价值。在最初的时期，各球队俱乐部的老板们对报纸刊登体育新闻采取警觉的态度，唯恐报纸抢去了他们的观众和门票。但他们渐渐地发现，报纸上的体育报道不仅起到锦上添花的作用，而且极大地促进了人们产生对比赛的热情和期待，体育写手和赛事经营者们联手打造了体育媒体最初的辉煌。

第二阶段，电视媒体让体育产业和传媒产业成了文化产业的巨人。在电视成为主流媒体的时间段内，体育产业被推向了巨无霸的规模。或者说，没有电视，就没有体育产业如今的辉煌。电视真正做到了扩大赛场的效果，让观众人数激增，特别是观赏性强的职业比赛，成了人们日常生活的娱乐方式。在中国，也是沿袭着这个规律，电视赛事直播培养了第一批铁杆球迷，因此，在中国球迷逐步专业化的过程中，那些陪伴着他们的体育解说员和体育评论员也是观众心目中的娱乐明星。

未来，新媒体平台的发展更加不可限量。随着新媒体的出现，这种单纯的观看方式又在发生着变化。新媒体不仅改变了传播互动方式，更把两种参与体育的方式联系在了一起，许多参与实践体育的人们在互联网上建立了互动平台，可以说，这种参与早已超越了被动的观看，而是把现实空间的体育实践活动与虚拟的沟通平台有机地结合在一起。

总之，我国传统的体育分类不能涵盖和解释观看方式的体育参与行为，而随着技术的不断创新，由大众传媒进一步区分和强化了新的体育分类，按照这一标准，体育被分为实践体育和观赏体育，上述二分法侧重解释大众传媒带来的体育新的生存形态。

二、观赏体育与实践体育——体育新闻传播视角下的体育分类

由于体育新闻传播深度介入到体育实践环节中，需要对体育进行重新分类，以适应大众传媒引发的体育新变化。实践体育和观赏体育二分法正是在这一逻辑框架下，对体育的重新认识。

（一）实践体育

怎么理解体育的本质？针对这个问题，国内学者的观点较为一致：一般认为体育是人

的实践活动，其目的是以提升人的物质属性意义上的身体健康水平为主。① 这是从传统的体育三分法的角度，对体育本质进行的诠释，实践体育就是从这一角度对体育进行的分类。

具体而言，实践体育指的是参与者亲身投入到体育活动或者体育比赛中的行为。实践体育保持了体育产生初期的形式，但随着现代体育的出现，实践体育也带来了诸多的变化。

1. 现代体育的开端是以实践体育为基础的

实践体育来源于现代体育的发源地欧洲大陆，19 世纪初期现代体育的雏形渐渐形成，主要集中于三种运动形式：瑞典体操、德国体操和英国现代竞技。②

瑞典体操强调清晰的运动顺序，即在身体活动和练习的过程中，遵守由简到繁、由易到难的规律。因此，瑞典体操强调运动的完整性。例如，包括准备运动、脚运动、肩胛运动、跳跃运动等一系列运动内在的顺序和逻辑。③

德国体操最早的雏形包括赛跑、跳跃、攀登、平衡和搬运等身体活动。在之后的演变过程中，增加和发展了器械练习实践，包括双杠、木马、跳箱等。④

英国现代竞技是现代体育的真正开端。众所周知，英国是最早完成工业化及城市化的国家，并带动了全球其他地区的现代化进程。英国的现代竞技包括两个种类：一是对传统体育项目规则的变化和统一，如板球、足球、网球等；二是新兴的体育项目，如曲棍球、乒乓球等。⑤

最终这些项目成了现代体育重要的组成部分。英国现代竞技强调身体的运动，并需要个体对参与的每个项目掌握一定的技能和技巧，同时，英国现代竞技追求身体的极限，并由此诞生了运动项目的纪录。⑥

从上述分析中可以看到，现代体育起源初期是典型的实践体育，强调身体亲自参与。在体育活动中，无论是徒手还是借助器械，都是围绕身体训练为中心，当然，个人的身体和精神的协调发展也是追求的目标。

2. 实践体育的构成

实践体育的主要特征是需要人们亲身参与到体育之中，离开了直接的参与行为，实践体育的价值就无法实现。如果从国内传统的体育三分法来看，实践体育主要由两类组成：第一类是群众体育，或称社会体育、休闲体育或大众健身；第二类是学校体育。（图 2－2）

---

① 田菁，杨金田，贾文彤，等．体育本质实践论［J］．体育学刊，2007（1）：15－19.

② 花勇民．欧洲体育文化研究［D］．北京：北京体育大学，2006.

③ 李信．近代世界体操发展概况［J］．西安体育学院学报，1992（4）：75－79，81.

④ 李永智．近代世界体操两大派系的兴起与发展［J］．洛阳师专学报，2000（2）：103－105.

⑤ 李琳．现代体育兴起于英国原因之探析［D］．上海：华东师范大学，2011.

⑥ 同②.

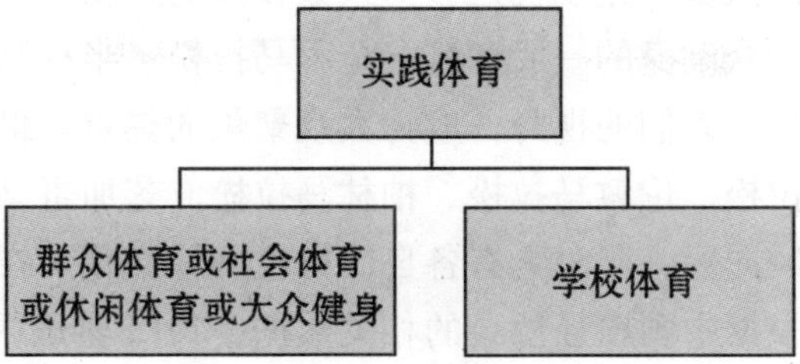

图 2－2　实践体育的组成

群众体育或社会体育或休闲体育或大众健身强调的是大众参与的各类体育活动，目的是强身健体，从而获得更加健康的人生状态。休闲体育或大众健身是每个社会积极倡导的个体生活方式，是一个民族健康良性发展的有效路径。

大众健身带有公共属性，也可以认为是一种公共服务的提供。在我国，政府管理部门会制定基础的全民健身政策和方针。在这些文件政策的指导之下，我国大众健身事业自 20 世纪 90 年代起步，并处于持续发展的进程之中。

1995 年，国务院颁布实施了《全民健身计划纲要》，这是我国最早的关于发展全民健身事业的纲领性文件，分阶段和步骤设计制定了自 1995 年至 2010 年 15 年间有关全民健身的一系列工作，并采用整体规划和逐步实施的原则开展和推进。同时，在此基础之上，国务院于 2010 年 2 月颁布了《全民健身计划纲要》第二期工程（2001—2010 年）规划，并在 2011 年 3 月颁布了《全民健身计划（2011—2015 年）》。

2015 年，国务院新闻办发布了《全民健身计划（2011—2015 年）》实施效果评估总体情况，并认为我国较为健全地建立了覆盖城乡的全民健身公共服务体系。从具体数据上看，截至 2013 年底，全国体育场地数达 169.46 万个；截至 2015 年底，我国人均体育场地面积至少达到 1.57 平方米；同时截至 2014 年底，社会体育指导员已超过 170 万人，职业社会体育指导员达到 12 万人；但我国全民健身发展依然不平衡，存在较大的地区和城乡差异，全民健身公共服务体系尚需完善。①

近年来，大众健身热潮兴起，从本质上是伴随中国经济发展而产生的必然现象，同时也暴露了日益增长的体育健身、娱乐和社交需求与体育资源缺乏之间的主要矛盾。应该承认，我国大众健身项目形式丰富，种类繁多。从蕴含传统文化精髓的龙舟、龙狮，到太极拳、健身气功、毽球、壁球、门球、保龄球、拔河等，再到当下流行的广场舞和体育舞蹈等，大众健身已然成为现代人生活中必不可少的组成部分。

相关资料显示，2006 年大众健身运动中参与率最高的是散步和跑步，其次是羽毛球、棋类活动、足球、篮球、排球，以及交谊舞、体育舞蹈、游泳、气功、太极拳。2010 年，

① 曹彧．《全民健身计划（2011—2015 年）》实施效果喜人［EB/OL］．http://www.sport.gov.cn/n317/n10506/c566816/content.html.

排名第一的是羽毛球，而散步、跑步仍是参与人数较多的运动。①

近年来，跑步热是大众健身的一股潮流。全程马拉松、半程马拉松、十公里跑以及各式各样的跑步赛事逐渐进入人们的视野，成为大众聚焦的热点。世界六大马拉松赛事，即东京马拉松、波士顿马拉松、伦敦马拉松、柏林马拉松、芝加哥马拉松和纽约马拉松已经成为马拉松界的旗帜和风向标，同时具有各自的特色品牌文化。在我国，马拉松赛事也成了体育圈的时尚项目。根据中国田径协会的相关数据，2015 年国内共举办了 134 场马拉松比赛。②

2016 年 2 月，人民网与人民网舆情监测室联合发布了 2015 年国内最具影响力马拉松赛事排行榜。北京马拉松、厦门马拉松、上海马拉松、兰州马拉松、广州马拉松、扬州马拉松、杭州马拉松、重庆马拉松、大连马拉松和黄河口马拉松成为国内最具影响力的前十项马拉松赛事。③

学校体育是实践体育重要的组成部分，是青少年参与体育的主要途径。近年来，校园足球的开展是学校体育方面最为显著的现象。

2015 年 3 月 16 日，国务院办公厅正式发布了《中国足球发展改革总体方案》，一举将发展足球上升到“国策”的高度。其中的中期目标之一，便是实现青少年足球人口大幅增加。

2015 年 8 月 13 日，教育部正式公布《教育部等 6 部门关于加快发展青少年校园足球的实施意见》。校园足球的工作目标是到 2020 年基本建成符合人才成长规律、青少年广泛参与、运动水平持续提升、体制机制充满活力、基础条件保障有力、文化氛围蓬勃向上的中国特色青少年校园足球发展体系。

2015 年 9 月，教育部经综合遴选，认定并命名北京崇文小学等 8627 所中小学为全国青少年校园足球特色学校，北京市延庆区等 38 个县（区）为全国青少年校园足球试点县（区）。

教育部体育卫生与艺术教育司司长王登峰表示，选择校园足球作为学校体育改革的突破口，不仅因为足球运动特点，还因为足球备受大众关注，而且中国足球水平相对落后，要提高中国足球水平，必须从娃娃抓起，让更多孩子参与到足球运动中去。因此，发展校园足球对于中国足球事业的发展和提高中国足球的水平起着基础性的作用。④

实践体育的本质是亲身参与，强身健体是主要的参与目的，但随着体育渗透到人们日常生活的方方面面，体育的社会价值也变得丰富起来，但其基础仍然是实践体育奠定的。

---

① 顾杰．浅谈大众体育健身运动的发展现状［J］．辽宁行政学院学报，2013（4）：144－145.

② 人民体育，人民网舆情监测室．图解：2015 最具影响力马拉松赛事排行榜［EB/OL］．http://sports.people.com.cn/n1/2016/0214/c402041－28122336.html.

③ 人民体育，人民网舆情监测室．图解：2015 最具影响力马拉松赛事排行榜［EB/OL］．http://sports.people.com.cn/n1/2016/0214/c402041－28122336.html.

④ 李小伟．以校园足球带动学校体育工作［N］．中国教育报，2014－12－20（002）．

（二）观赏体育

观赏体育是在实践体育的基础上发展起来的，其中产业化是其最重要的动力，体育的娱乐功能是产业化的引发点，观赏体育的背景是大众文化时代的到来。

观赏体育，是以吸引大量观众观看赛事为特点的一种体育活动。足球、橄榄球、棒球、板球、曲棍球、世界一级方程式锦标赛、冰球、英式橄榄球、手球、排球等观众可以全景观赏的比赛都属于观赏体育类型，而狩猎和水下曲棍球这类体育项目，由于观众无法全面观赏，则不属于观赏体育。①

1. 观赏体育出现的原因

（1）挖掘和放大了体育的娱乐因素。体育的娱乐因素正是体育产业化的关键因素，美国是体育产业化的发源地，也正是在美国，体育的娱乐因素被挖掘并不断扩大。

现代体育在英国诞生后，很多项目随着新大陆的发现被带到了美国，娱乐因素包含在这些新兴的体育项目之中。到了 19 世纪前期，美国人钟爱的赛马、驯兽、斗鸡、棒球、业余球类运动和草地保龄球等体育活动逐步主导美国体育。因为这些体育活动集中在闹市举办，于是商人们看到了其中的商机，他们会定期赞助举办此类比赛，这也是商业化体育赞助的开端。

随着参加者的逐渐增多，竞争和胜负就成了参赛者和观赛者共同关注的焦点。有些比赛是区域性或者全国性的，如 19 世纪初的赛马，参与者除了凭借直觉判断胜负，更会以个人的喜好去期盼比赛结果。在这样的背景下，观众会根据地理和心理上的接近性分成不同的“粉丝”阵营，体育娱乐性被进一步挖掘出来，比赛的参与者逐渐增多，观赏体育的位置更加确立了。可以说，观众的认可程度和观看人数决定了体育比赛的成功。

（2）体育的娱乐性刺激了体育产业化。19 世纪晚期，以现场观看为主的观赏体育规模开始增大，赛跑和赛马会吸引成千上万的观众。在 20 世纪中期，拳击虽然不合法但却成为底层群体最乐于参与的体育比赛。古老的民间棒球游戏开始在大城市流行起来，例如纽约当时是人口聚集的大城市，不同职业和社会地位的人群在这里淘金，潜在观众人数众多。体育俱乐部容易形成，职业体育也出现了，一些队伍开始关注优秀球员并为其提供工资。

娱乐性刺激了体育产业化进程，最初的营利方式是门票收入。1892 年 9 月 7 日，一场重量级拳击在昆斯伯里伯爵规则（Marquess of Queensberry Rules）下进行，这些规则包括了拳套的使用和时间限制的回合制。这场比赛在室内举办，观众超过千人，体育终于成了娱乐业中举足轻重的商业活动。

（3）体育规则的标准化。统一的规则是观赏体育的必备条件，在业余体育阶段，体育爱好者可以自发组织自己的队伍，还可以自主寻找并确定对手开展比赛。但在观赏体育中，观众对参赛队伍的竞技水平有着极高的预期，可以说，球迷对所支持和喜爱球队的竞

---

① 王雪峰．美国观赏性体育的演变［J］．体育文化导刊，2007（5）：74－75.

技成绩是最为关注的。因此，球队和比赛不再是随意的，球队之间需要统一的赛事规则就成了竞赛的前提。对运动项目有着共识和标准是比赛公平开展的前提，也是比赛精彩并能吸引观众的条件。于是，体育规则开始逐渐标准化。

上文提到的1892年第一场重量级拳击运动员冠军争夺赛中，当时的昆斯伯里伯爵规则包括了拳击手的拳套规定以及每轮比赛的时间。比赛结果是名噪一时的拳王约翰·沙利文在挑战赛中失败，吉姆·卡贝特作为新晋霸主在新的规则中获胜。这段历史被记载了下来，也是现代拳击规则的开端。

（4）体育管理的规范化。观赏体育的成熟让商业老板们获得了丰厚的利润，在这一过程中，体育管理的规范化也是一个重要的原因。体育管理的主体是体育组织，体育俱乐部就是适应了观赏体育运行管理模式的体育组织。体育俱乐部有着规范的制度，当球员加入某一俱乐部后，需要接受统一的规范管理。俱乐部老板往往会在管理球员、统一出售门票等关键的体育资源运行上大动脑筋，这正是体育职业化的重要环节。

这种管理方法渐渐地暴露了弊端：球员只能为所在的俱乐部服务，这势必形成严重的垄断行为，这种垄断造成的直接后果就是观赏体育的精彩程度下降，直接威胁到商业利益。为了更好地赢得先机，协调各个俱乐部之间的利益尤为重要，这时体育联盟就应运而生了。体育联盟的管理宗旨是维护和扩大各个俱乐部的经济利益，至此，观赏体育伴随着体育产业的经济利益扩展而迅速腾飞。

（5）大众传媒更新了观赏体育。20世纪20年代被喻为美国体育的黄金时代，毋庸讳言，大众传媒是促进体育黄金时代到来的主要推手。也可以说，大众传媒更新了观赏体育，使得20世纪20年代体育娱乐产业呈现一枝独秀的局面。在这个时期的美国，国家广播网充斥着高水平的各类系列比赛或者冠军对抗赛事，报纸上连篇累牍地报道这些比赛，就连电影业也往往把体育明星的生活编成剧本进行拍摄。大众传媒再造了一个观赏体育空间，体育明星成为世俗世界魅力、名望和美好生活的象征，各大城市为了留住著名球队，积极为观赛提供基础设施。可以说，名人崇拜、休闲消费是观赏体育的核心内涵。

20世纪中期，大众传媒对观赏体育的影响主要表现在电视方面，体育赛事的直播几乎改变了体育的格局，电视合同动辄数百万美元甚至数亿美元，进而影响着比赛的时间、运动员的影响力，甚至比赛的规则。电视直播带来的效果也是明显的，电视直播进一步扩大了观众数量，把体育比赛直接带进了全球化的视野。

2. 观赏体育的构成

观赏体育是以吸引观众为主要目的的体育竞赛形式，一般以竞技体育为出发点，以精英体育的高水平表演为核心，以职业体育为主体的体育类型，主要包括现场比赛和媒介体育（图2－3）。

图2－3 观赏体育组成

在国外学者的研究中，竞技运动对应英文 sport 一词，是指具有竞争性的身体活动或者游戏。人们通过临时或者组织化的参与，以使用、保持或提高身体能力和技巧为目标，同时为参与者提供体育乐趣；某些情况下，也可以为观看者提供休闲乐趣。这类身体活动或游戏过程存在于双方之中，一方试图超越另一方。有些运动允许战成平手，有些运动则提供打破平局的方法，以确保最终产生一个赢家和一个输家。很多这样的双方竞赛可以被安排为联赛，同时制造冠军。

竞技运动，国内一般也称为竞技体育（competitive sports）。卢元镇在《体育社会学》中有完整的概括，即竞技体育是在全面发展身体，最大限度地挖掘和发挥人（个人或群体）在体力、心理、智力等方面的潜力的基础上，以攀登运动技术高峰和创造优异运动成绩为主要目的的一种运动活动过程。①

长期以来，国内对竞技运动和精英运动的概念有所混淆，错误地以竞技运动的概念替代精英运动。任海在《“竞技运动”还是“精英运动”？——对我国“竞技运动”概念的质疑》中清晰地论述了两者的区别。我国所定义的竞技运动，是将国外定义的带有广泛性的竞技性身体活动或游戏固化为争取高水平成绩的运动。实际上只有具备天赋和能力的运动精英才能达到高水平的运动成绩。这才是国外所研究的“精英运动”（elite sports），即运动精英或未来的运动精英们参与的高水平的竞技比赛，亦称“高水平竞技运动”（high performance sports）。②

任海认为，精英运动为社会提供高质量的体育产品（即高水平运动表演或成绩）是其存在的前提，精英运动员的价值体现在体育产品上。事实上，精英运动与竞技运动关系密切，在外在形式上并无区别。例如，同样的项目规则既适用于顶尖运动明星参与的高水平比赛，也适用于普通中学生和业余俱乐部组织的自娱自乐的比赛。精英运动具有明显的功利性，而国外学界所指的竞技运动，多具有玩耍、游戏关系。③

基本上，所有较为流行和人们广泛参与的竞技运动项目都涵盖在奥运会项目中。当然，在奥运会项目之外，竞技运动还包括一些非奥运会项目，如保龄球、围棋和台球等。竞技运动项目按照不同的分类标准，还可以分为男子项目和女子项目、热门项目和冷门项目等。

---

① 卢元镇．体育社会学［M］．北京：高等教育出版社，2010：200－201.

② 任海．“竞技运动”还是“精英运动”？——对我国“竞技运动”概念的质疑［J］．南京体育学院学报（社会科学版），2011（6）：1－6.

③ 同②.

任海认为，精英运动在当今社会主要表现为两种形态：为市场服务的职业运动和为政治服务的专业运动。①

另外，陈萱在《精英体育中的民族情绪问题研究》中，将竞技体育明确为竞争性运动，同时进一步区分为高水平竞争体育和大众竞争体育，并将高水平竞争体育区分为职业体育和精英体育两种。② 这样的分类方式符合国外的基本定义。职业运动（professional sports），亦称职业体育，是指运动员通过体育参与或表现，获得相应的报酬，一般与业余体育（amateur sports）相对应来呈现。③ 职业体育高度专业化和商业化，以竞赛表演为核心，其运作和管理具有高度组织化的模式。④

职业体育运动员通过训练以提高自身的运动水平，同时通过比赛或表演来获得相应的报酬，并以此激励自己更好地训练和比赛，从而形成良性循环过程。这一过程中，掺杂了自身的经济利益因素，并以此作为谋生的手段。伴随着大众传媒和体育之间的融合与发展、观众对体育观赏性和娱乐性需求的增加以及体育观众数量的大规模增长，体育组织和团体随之获得了更多的收益。这在促进职业体育发展之外，为职业体育运动员提供了更好的经济保障。

业余体育参与者几乎没有报酬或经济上的回馈，因此是否通过参与体育来获得经济上的收益成为其与职业体育之间最大的区别。⑤ 学生、业余俱乐部等是主要的参与者，业余体育运动员更多出于对运动项目的热爱而选择参与体育，一定程度上更纯粹地享受体育的魅力，并参与体育竞争。

以美国为代表的西方职业体育发展较为成熟，从职业体育联赛的运营到相关制度的保障都很完善。首先，美国的职业体育建立在健全的法律和法规基础之上，兼顾权利、义务和利益三者之间的平衡。其次，职业体育联盟、协会和球队之间协同合作，体现出民主与集中的原则，职业体育管理人才机制完善。最后，美国职业体育商业运作成熟，其电视转播、门票收入与商业赞助以及其他市场开发较为完整。⑥

从竞技体育到精英体育，再到职业体育，是体育融入现代社会的变化轨迹。观赏体育是从竞技体育出发，在精英体育的基础上，经过现代化管理治理、产业化经营的过程，形成了以观看比赛为主的观赏体育模式，并在大众传媒出现后，迅速媒介化，并在媒介体育的发展中，释放了体育更多的潜力和影响力。

---

① 任海．“竞技运动”还是“精英运动”？——对我国“竞技运动”概念的质疑［J］．南京体育学院学报（社会科学版），2011（6）：1－6.

② 陈萱．精英体育中的民族情绪问题研究［J］．体育文化导刊，2014（11）：23－26.

③ Professional sports[EB/OL]. https://en. wikipedia. org/wiki/Professional_sports. 2020－04－03.

④ 顾跃．对竞技体育、职业体育、竞技体育职业化的再认识［J］．安徽体育科技，2013（3）：4－6，13.

⑤ Amateur sports[EB/OL]. https://en. wikipedia. org/wiki/Amateur_sports. 2020－04－03.

⑥ 彭贻海．国外职业体育市场开发的成就及其对竞技体育的影响［J］．武汉体育学院学报，2004（3）：5－7.

第二节 观赏体育、实践体育与媒介

导 入

常常看到有研究者撰写分析文章，题目诸如相比于竞技体育，群众体育的报道量不足；群众体育报道形式单一；群众体育报道视角狭小；等。这些文章的结论之一，是希望新闻媒体对群众体育报道的重视能够等同于竞技体育，其实这是对两类体育类型与大众媒体之间的关系产生了混淆。从本质上来讲，群众体育来自实践体育，竞技体育则来自观赏体育；另外，二者与大众媒体的关系也有差异，这些差异造成了实践体育、观赏体育在大众媒介呈现出来的内容是不同的。本节就从它们的差异开始分析。

一、观赏体育、实践体育与媒介关系

（一）观赏体育与实践体育的差异

虽然观赏体育和实践体育均来源于带有对现实的“间隔”特征的体育比赛，但两者还是有着明显差异的。

首先，实践体育是基础，观赏体育是在实践体育基础上发展起来的。最初的体育比赛就是实践体育，不管是带有自娱自乐性质的游戏，还是拥有观众的精英体育，其核心都是体育比赛。特别是大众媒体出现之前，观赏体育还局限在现场比赛阶段，体育更多的是发挥其游戏娱乐功能，实践体育更是体育活动的主体。

其次，从属性上来讲，实践体育与观赏体育都是人们的一种社会实践行为，两者的差异在于参与行为的不同。实践体育是亲身参与到体育活动或者体育比赛中的实际行为；观赏体育是以观看比赛为参与方式的社会行为，可以被看作是一种间接参与体育的行为。事实上，观看行为也是一种社会实践，这里用了更加形象的“观赏体育”进行界定。同理，为了突出其直接参与行为而选择“实践体育”加以命名。

最后，体育产业化后，观赏体育是体育产业最为重要的组成部分；实践体育的组成部分比较多元化，除了产业外，还包括公益以及学校体育部分。观赏体育之所以发展壮大，其根源就是体育娱乐产业的迅猛发展，并在全球化浪潮中，更加彰显生命力。实践体育作为基础部分，更多地显示出体育的原始状态，在公益领域、教育领域发挥着作用；同时实践体育中也有一部分被产业化，但实践体育的主体仍然是以大众健身为主的公益社会活动。

（二）观赏体育、实践体育与媒介关系

观赏体育、实践体育均与媒介有着千丝万缕的联系。由于两者的差异，它们与媒介的关系也有所不同，具体来讲，两者对媒介需求不同，与媒介融合后的结果不同，影响范围和发展方向也有差别。

1. 需求不同

需求是体育与媒介相互吸引并深度融合的重要动机，这种需求是双向的，体育需要媒介的同时，媒介也需要体育。从体育的视角分析，观赏体育、实践体育的媒介需求是不同的。

对于观赏体育来讲，媒介是形成巨大的观赏体育平台的因素。在出现大众传媒之前，观赏体育只能局限在比赛场地之内，其发展受到了很大的制约。大众媒体出现后，迅速与观赏体育结合，并逐步创建了以媒介观赏为参与形式的“媒介体育”。没有大众媒介的支撑，就没有如今的观赏体育的规模。观赏体育对媒介的需求是创建新形式的平台和手段：现在全球享有盛誉的体育赛事，均可被归入观赏体育，而广大体育迷接触这些赛事，大部分是通过媒介观赏进行的，所以这些体育赛事同时也是媒介体育的典型代表。

实践体育对媒介的需求与观赏体育不同。虽然实践体育与观赏体育均是“间隔现实生活”的人造体育情境，但是两者的情境是不同的。无论是实践体育的比赛情境还是体育迷身边的日常现实情境，人们只需要参与到其中就可以。而观赏体育的比赛情境是人造的舞台，参与者也是精英运动员，大多数体育迷是作为观众进行观赏的，所以这个比赛情境带有虚拟和梦幻色彩，不是体育迷身边的日常生活。基于上述事实，观赏体育是通过媒介技术平台制作出了新的观赏内容，而对于实践体育来讲，一般不需要这样的内容制作。实践体育对媒介的需求是使用与满足的关系，实践体育需要通过媒介推广比赛，参与者可以通过媒介实现人的交际功能。总之，实践体育是媒介的使用者，利用媒介达到直接参与比赛的目的；而观赏体育需要的是创造媒介内容，用以拥有更多的观赛者。

2. 产生的媒介成果不同

满足了观赏体育、实践体育对媒介的需求之后，所产生的成果是有差异的。具体而言，观赏体育与媒介融合后所产生的是内容产品，这类内容产品以赛事现场直播为主，已经形成了独立的内容产品形式，并以转播权为交易方式，是体育赛事 IP（intellectual property,即知识产权）运行中占有重要比例的产品类别。时至今日，这类内容产品已经是评估体育赛事商业价值的重要指标。

实践体育与媒体的关系较为复杂一些，在传统媒体时代，实践体育与电视等主流媒体之间是有隔阂的。从新闻价值角度衡量，实践体育本身所包括的内容制作价值的确较为微弱。新媒体时代，重新赋予了实践体育与媒介使用绝佳的机会。实践体育的媒介需求——

比赛推广、展示以及人际交流功能在新媒体中都可以得到满足。一瞬间，体育新媒体不断地涌现出来。总之，与观赏体育的内容产品不同的是，实践体育与新媒体结合产生了体育新媒体产品，如社交网络、手机 APP 等多种多样的形式和内容。

3. 影响范围和发展方向不同

观赏体育、实践体育通过媒介需求的满足，产生了不同形态的媒介内容，有些内容演变为媒介产品。这一过程也决定了观赏体育与实践体育的影响范围和发展方向。

观赏体育属于体育娱乐业，是以职业体育为核心的。像奥运会这类非营利赛事，在运作上同样也在进行营销活动。对于观赏体育而言，拓展影响力是重要的营销目的，因此，很多观赏体育赛事具有全球化的号召力，其覆盖范围可以超越国家、地区和民族。这些观赏体育的商业价值也来自这种影响力。

在实践体育中，同一些非营利赛事一样，营销方式也不可避免，但产业化并不是实践体育的主体。在实践体育领域，公益性、商业性体育机构同时存在。即使是商业化运作，实践体育的营利方式也更多地依据运动项目和比赛进行，因此，媒介使用和推广并不一定追求影响范围的最大化，而是服务于针对性的体育迷。

总之，观赏体育、实践体育与媒介关系可以用图 2－4 和图 2－5 来总结。

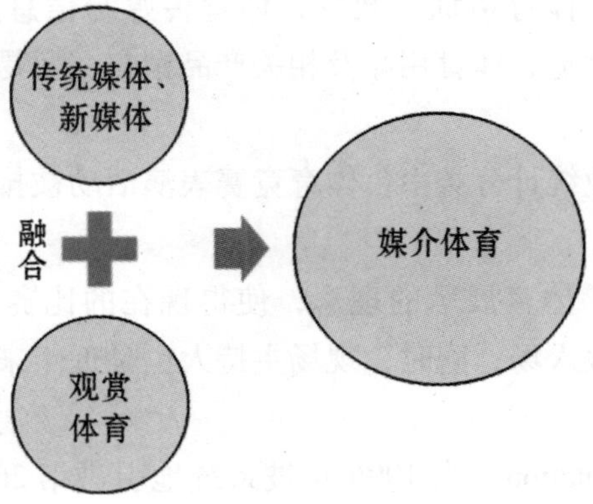

图 2－4 观赏体育与媒体关系

图 2－5 实践体育与媒体关系

观赏体育经过了传统媒体与新媒体两个阶段。传统媒体阶段通过媒介平台诞生了媒介体育，主要创造了体育媒介内容以及内容产品，使得观赏体育真正成为具有全球化标签的娱乐产业。新媒体阶段的新媒体推广平台更加丰富，内容产品更加多样化。

实践体育在新媒体环境下准确找到了与媒介互相依存关系的定位，新媒体作为使用平台，为实践体育的推广创造了手段，并产生了体育新媒体平台上的各类内容。

二、观赏体育与大众媒体

观赏体育发展经过了两个阶段：第一阶段是现场观赛；第二阶段是媒介观赛。在第二阶段诞生了“媒介体育”，这是一种以大众媒体为平台、以观赏为主要参与方式的体育活动。纵观两个阶段的观赏体育，其根基均是由体育本身的娱乐属性决定的，这种娱乐属性是体育活动自带的类似戏剧效果的展示表演。

（一）观赏体育与现场观众

1. 观赏体育类似戏剧舞台展示表演

在2015年8月27日通过的《国家体育产业统计分类》中，国家统计局将体育产业范围确定为11大类，分别是体育管理活动，体育竞赛表演活动，体育健身休闲活动，体育场馆服务，体育中介服务，体育培训与教育，体育传媒与信息服务，其他与体育相关服务，体育用品及相关产品制造，体育用品及相关产品销售、贸易代理与出租，体育场地设施建设。

在上述的我国体育产业统计分类中，体育竞赛表演活动被排在了第二位，是重要的组成部分。

中国体育近年来引入了体育展示的理念，使得现在的比赛场地被布置得具有舞台效果，运动员如戏剧主角一般入场；同时，现场主持人也是近年来增加的新角色，会把现场观众带入一种高峰体验。

体育展示（sport presentation）自1996年被系统地引进第26届亚特兰大夏季奥运会。最早使用“display”“venue presentation”“sport production”等。现在国际上约定俗成用“sport presentation”作为统一的名称。其中文翻译也固定为“体育展示”。

根据北京奥组委相关培训手册中的有关界定，体育展示主要是指运用音频、视频、灯光等技术手段和现场表演，在比赛场馆通过营造赛场氛围，展现主办国的文化特色，以最大限度地展示和表现运动员的竞赛风采，同时将这些元素综合性地呈现给现场观众和电视观众的过程。①

事实上这是赛事主办方与现场观众和电视观众之间的一种娱乐化的交流与互动方式。伴随着新媒体发展和媒介融合的进程，在当下的多屏时代，这种与受众互动的娱乐化方式不仅仅针对传统的现场、电视受众，网络受众也是不可忽视的新兴群体。

---

① 徐文海．从北京奥运会看体育展示系统的发展——兼论体育展示与智能化系统的关系［J］．智能建筑与城市信息，2008（5）：11－15.

体育展示的核心元素主要包括四个部分，分别是视频、音频、现场表演和娱乐互动。视频部分主要通过场馆内的大屏幕来展现，包括比赛规则、选手信息、赛程以及精彩集锦等。而电视观众则通过现场导播切换，直接插播视频进行。音频则由现场播音和现场音乐两部分组成。中英文播音员播报比赛信息、介绍运动员、组织颁奖仪式等。音乐则是调节和调度现场气氛的重要方式。音乐包括入场音乐、颁奖音乐、休息段音乐等，各类型的音乐都有具体的使用环境。现场表演，主要是比赛开始前的暖场表演、啦啦队展示以及吉祥物互动。娱乐互动则是播音员与现场观众、现场解说员与电视观众之间的互动，能够在一定程度上提高受众的观赛愉悦度。①

体育展示的一系列工作由相应的体育展示团队负责，包括导播、播音员、文字编辑、音响师、灯光师等各个工种，少则几十人，多则上百人，具体根据项目特点和情况来定。体育展示需要各环节和要素之间分工合作，无缝配合。从本质上说，这是一个完整的信息传播系统，从硬件到软件、从技术到内容上都有很高的标准和要求。除暖场表演、啦啦队展示外，在体育展示中，颁奖仪式也是重要的组成部分。

2. 现场观众

高水平竞赛带有观赏性，基于这一点，现场观众也是从古代体育时期就开始出现了。

(1) 古代奥运会现场观众的开端。公元前6世纪到公元前4世纪，是古希腊城邦的全盛时期，以古代奥运会为代表的体育赛会进入了繁荣发展的鼎盛阶段，不仅竞赛项目丰富，而且组织和形式也较为规范。在这个时期也出现了最早的成规模的赛会观众。

如果回到古希腊的语言中，“观众”一词本身就有“参加者”的意思，其内涵是指在赛场上的运动员与场下的观众之间通过互动形成的是一个整体，两者互相呼应又互相依赖。古希腊体育赛会的属性是祭祀仪式，在初期举办时，运动员和观众是没有区分的，无论是参加竞技还是观看比赛，人们的目的就是通过参与表达快乐。随着体育赛会的不断壮大，参加的人数越来越多，运动员和观众的区别也更加明确。据对阿尔蒂亚斯神域体育场和体育馆的考古发现，在这个地方举办的古代奥运会可以容纳4.5万人。②

古希腊体育赛会是男性公民狂欢的盛宴。这里的男性公民多指参赛运动员。黄鑫在其博士论文中引述了顾准、瓦诺耶克等中外学者的研究成果。顾准先生的研究认为，“在古代希腊的任何时代任何城邦，它绝不是指全体成年居民而言。妇女不是公民，奴隶不是公民，农奴不是公民，边区居民不是公民，外邦人也不是公民。即使除去奴隶、农奴、边区居民和外邦人之外，祖籍本城的成年男子，能够取得公民权利的资格，在各城邦的各个时期也宽严不一”③。当然，“杀人犯、渎圣罪犯及和奥林匹亚城邦有隙的城邦公民”④ 都不

---

① 赵苏妙，李征．奥运会体育展示与北京奥运会体育展示对策的研究［J］．北京体育大学学报，2007（S1）：12－13.

② 黄鑫．作为生活方式的古希腊体育研究［D］．长沙：湖南师范大学，2014：133.

③ 顾准．顾准文稿［M］．北京：中国青年出版社，2002：470.

④ 瓦诺耶克．奥林匹亚运动的起源及古希腊罗马的体育运动［M］．徐家顺，译．天津：百花文艺出版社，2005：65.

可以参加比赛。在古希腊体育赛会中，对观众的构成存在争议。有史料记载，古代奥运会只允许女祭司作为观众观看比赛，并为她们配有专门的座位。其他女性不被允许成为观众，否则将会受到严厉的惩罚。尽管如此，观看奥运会比赛仍然是体育赛会重要的组成部分，在人潮涌动的看台上，不仅有国王、将军和哲学家，还有商人、工匠甚至奴隶，众人在体育赛会上尽情地狂欢，构成了一幅古希腊城邦社会生活的风俗画卷。①

（2）现代体育中的现场观众。随着职业体育的出现，进入20世纪后，特别是20世纪20年代被称为美国体育历史上的黄金十年，体育成了巨大的娱乐产业的一部分，并迅猛发展至今。

对于相对成熟的体育产业而言，观众等同于消费者，因此，国外针对赛事观众的研究属于市场营销学的范畴。研究观众的目的是为体育营销进行系统而科学的调研，最终能够更加有效地规划营销过程，达到盈利的目的。

基于上述背景，国外的观众研究，特别是赛事观众的研究较为系统化，可以从更加本质的角度揭示体育观众的观赏规律。

国外对赛事观众的研究建立在多学科的基础上，除了市场营销学以外，像心理学、社会学、传播学等均为了解和认知观众观看规律提供了理论和方法的支撑。同时，赛事观众的研究又是问题的指向，如观看动机、观看行为等，丰富和完善了体育社科研究成果。

此外，赛事观众偏重实证研究，多采用问卷调查法、实验法等研究方法，强调一手数据以及通过数据阐释和揭示观众观看规律和效果。

国内针对赛事观众的研究还没有形成系统化的成果，对于体育消费的研究还处于初级阶段，目前多关注于大规模的居民体育消费整体情况，而对某一类体育消费的细化研究还没有独立出来。随着体育传媒业的兴起，观赏体育在体育产业中的比例会逐年增加，赛事观众的研究将会是未来重要的研究领域。②

专栏2-1　印第安纳波利斯500（Indianapolis 500）

印第安纳波利斯500（Indianapolis 500），全称为印第安纳波利斯500英里大赛，也被称作Indy 500或者500赛，这是美国一项具有百年历史的赛车比赛。该项赛事在每年美国阵亡将士纪念日之前的周末举行，位于美国印第安纳州首府的印第安纳波利斯赛车场是固定的比赛场地。

印第安纳波利斯赛道由卡尔·费舍尔于1909年建造，这条2.5英里（4公里）长的赛道不仅是同类赛道中最古老的赛道，也是地球上最大的体育场馆。2016年，第100届印第安纳波利斯500英里大赛赛场内有25万个永久座椅，加上临时座椅，比赛当日全场有

① 黄鑫．作为生活方式的古希腊体育研究［D］．长沙：湖南师范大学，2014：131.

② 文谨，吴沛京．国外体育赛事观众研究进展与启示［J］．首都师范大学学报（自然科学版），2011（3）：55－61.

超过35万名观众。

比赛中，赛车飞驰在赛道上，发出震耳的轰鸣声，压过了周围一切的声响，为观众带来了极致的视听体验。当然，由于赛程竞争激烈，赛场曾经发生过多起撞车事故，让观众惊叹赛事的极限挑战性。①②③④

（二）观赏体育造就了媒介体育

观赏体育与大众媒体的结合是从报纸时期开始的，到电视时期进入了黄金期，成了名副其实的媒介体育。这里的媒介体育指的是在优质赛事的基础上，大众媒体凭借其专业化运作而演变成的体育内容媒介平台，可以说，媒介体育依托于赛事，但更有其独立属性。

1. 媒介体育

（1）报纸时代——媒介体育的开端。体育赛事与报纸融合产生于19世纪末到20世纪初，当时正值人类进入第二次工业革命时期，由“蒸汽时代”进入了“电气时代”，带动了一大批新兴产业的涌现，城市以及社会治理面临着新的变化。

在这样的背景下，以职业体育和报业集团为代表的体育产业和传媒业同是这个时代新兴产业的重要标志，更引发了二者相互合作的良性开端。

最早开始商业化运作的项目是赛马。赛马俱乐部最初产生于英国，主要参与者均是贵族，但传到美国后，失去了贵族的商业捐助，只能改为发行股票和出售门票来维持，这被视为体育产业的开端。之后，美国现今著名的四大联盟——棒球、篮球、美式橄榄球和冰球相继效仿，并采用联盟形式逐渐发展壮大。⑤

在这个时期，报业集团纷纷建立，实质上也是报纸走向商业化的开始。这一时期，如美国的赫斯特、斯克利普斯，英国的北岩以及法国的普鲁沃斯特等均是具有很大影响力的垄断性报业集团。

普利策在他的《纽约世界报》中成立了世界上第一个专门的体育部，这是有历史记载以来体育新闻职业记者的首次出现，也说明了体育产业与传媒业的正式合作。⑥

各家媒体纷纷效仿普利策的做法。从1870年到1892年，美国的每家大型报纸都会有一位体育编辑，但体育新闻基本只有两到三个专栏进行报道。⑦

---

① GITLIN J M. The Greatest Spectacle in Racing turns100: The 2016 Indy 500[EB/OL]. https://arstechnica. com/cars/2016/05/the - greatest - spectacle - in - racing - turns - 100 - the - 2016 - indy - 500/. 2018 - 08 - 22.

② BRADY J. Every thing you need to know about the Indianapolis 500[EB/OL]. https://www. sbnation. com/indycar/2018/5/26/17396970/indy - 500 - 2018 - preview - format - schedule - time - history. 2018 - 08 - 22.

③ OREOVICZ J. Ticket sales cut off as 100th Indianapolis 500 is total sellout[EB/OL]. http://www. espn. com/racing/indycar/story/_/id/15720158/100th - indianapolis - 500 - total - sellout. 2020 - 04 - 03.

④ CARTER A. 8things the 100th Indy 500's projected attendance will be as big as[EB/OL]. https://www. indystar. com/story/sports/2016/05/25/things - 100th - indy - 500s - projected - attendance - big/84942590/. 2018 - 08 - 22.

⑤ 鲍晓明．国外体育产业形成与发展［J］．体育科研，2005，26（5）．

⑥ 张英．浅析当今体育新闻的特点［J］．新闻知识，2007（12）：47 - 48.

⑦ Sports journalism[EB/OL]. https://www. newworldencyclopedia. org/entry/Sports_journalism. 2020 - 04 - 03.

这时期的新闻报道除了沿袭赛马、拳击等项目外，像新兴的职业体育中的棒球、橄榄球都成了重要的报道对象，并延续至今。1916 年美联社第一次通过电报把报道职业棒球的新闻稿发向各个报社，这次传送不仅是技术层面报道手段的革新，还是体育新闻报道作为固定报道内容出现的标志。①

以报刊和通讯社为主要体育传播媒体的时间跨度从 19 世纪末一直延续到 20 世纪 60 年代，职业体育和新闻媒体二者之间是报道对象和报道者的关系，体育为新闻媒体提供不可替代的新闻来源，新闻媒体延伸了体育的影响力。但是这一时期还不能被称为媒介体育时代，体育新闻报道和体育赛事运作本身也还在探索之中。

新闻行业能够独立出来，更多地依赖于新闻媒体独特的社会功能，以及真实、客观、公正报道新闻的职业操守，其中，勇于担当为公众服务的社会责任是新闻媒体和新闻从业者最基本的职业出发点。

从赛事运作角度来看，进入 20 世纪，人类经受了两次世界大战的洗礼。第二次世界大战后，长达 40 多年的“冷战”又使得全球处于敌对的状态。体育赛事，特别是世界性重大赛事受到巨大的影响，体育比赛一度还沦为政治的工具。

另外，世界性的大型赛事也常常为经济问题所困扰，如 1976 年第 21 届蒙特利尔奥运会。这届奥运会出现了 10 多亿美元的巨额亏空，致使该市的纳税人直到 20 世纪末才还清债务，史称“蒙特利尔陷阱”。在这之前的 1972 年慕尼黑奥运会和之后的 1980 年莫斯科奥运会，也不同程度地陷入财务困境。即使是体育产业发展环境较好的美国，当年的产业规模和影响也远逊于当今。

体育赛事发展的不充分直接影响到体育新闻的报道效果和社会影响力，这种局面直到电视的出现才被完全改变。

（2）电视时代——媒介体育的全盛时期。曾有国内体育营销资深专业人士感慨道：以电视为代表的大众传播媒介使体育从娱乐业的边缘成长为一种潜力无穷的主体性产业——精彩而漫长的赛事周期，被唤为各路英雄的体育明星，难以计数的全球拥趸，当然还有充满诱惑的巨大商业利润。这一切都归功于电视在体育赛事中的巨大作用，在某种意义上，甚至可以把这类体育称为电视体育。

第一次电视转播体育赛事是在 1936 年柏林奥运会上。当时技术领先的 RCA 和 Farnsworth 摄像设备被投入到这次转播之中。

1954 年瑞士世界杯足球赛是第一次电视转播世界杯。②

1964 年东京奥运会，首次通过美国的通信卫星实现了直播。③

早期电视对体育的报道，只是把体育赛事当作播出内容。经二者融合创新出来体育电视产业，其达到一定规模则是在 20 世纪七八十年代。

---

① 柯伟．现阶段建立我国体育新闻发言人制度的研究［D］．武汉：武汉体育学院，2008.

② 回顾丨足球世界杯的发展史［EB/OL］．https://www.sohu.com/a/231832059_740222. 2021－01－25.

③ 吴书光．“奥运知识卡”系列之二：奥运会史上的“第一次”［EB/OL］．http://www.cssn.cn/wh/wh_wtsy/201608/t20160805_3151519.shtml? COLLCC＝1662321015&. 2018－08－22.

电视体育是与体育赛事紧密结合并发展而成的一项独立的媒介产品，电视体育在开始出现时就被归属于娱乐产业，因此，电视体育已不是纯粹的新闻媒体，在制作理念和制作流程中，电视体育已经逐渐建立了本身的标准和规范。

第一，电视体育是大型媒介集团运作中着力挖掘的最富有的“金矿”之一。以默多克的新闻集团为例，新闻集团起家与体育娱乐业息息相关。在美国，新闻集团拥有美国棒球联盟的劲旅洛杉矶队，买断了四大联盟的电视转播权，可以说，新闻集团的触角渗透到了美国职业体育的方方面面。在英国，新闻集团旗下的天空广播公司（BSY）自 1992 年开始购买英超的电视转播权，当时的价格是每年 6000 万英镑，可谓是天文数字。1996 年在新一轮（1996—2000 年）英超电视转播协议签署中，这一数字又被刷新为每年 1.675 亿英镑。1998 年 4 月，新闻集团成立了“福克斯体育电视网”（Fox Sports Network），这是通过收购福克斯与自由电视网 50% 的股份获得的。这个电视网拥有宝贵的体育资产，包括全美 25 个地方体育电视台，这些电视台拥有每年举行的 3500 多场重要体育赛事的转播权，有线收视用户达到 6500 万。①

第二，电视体育归属于娱乐产业，它已经不是单纯的新闻媒体，而是一个超级娱乐机器。同时，电视体育也渐渐形成了行业规则和标准，甚至改变了运动项目自身的发展。

电视体育的特征就是娱乐，营利是巨大的驱动力。还是默多克的新闻集团，在购买了英超的转播权后，开始着手打造娱乐化的英超联赛。自此，英超开始有了周日比赛，打破了只在周六下午 3 点开球的传统，甚至周一晚间也可以安排比赛。

现行的体育项目为了引起电视传媒的重视，不得不对比赛形式、比赛制度、比赛规则进行改革，以增加体育项目的观赏性来适应电视的播出要求。主要案例包括：国际足联半场休息时间从 20 分钟缩短到 15 分钟，是为了足球转播的完整性；国际排联曾把比赛的决胜局改为了每球得分制，是为了给电视观众带来更多的观赏刺激；国际曲棍球联合会对赛场中线进行了重新设计，为了获得更醒目的电视视觉效果；高尔夫球比赛改为一杆赛、金牌赛，是为了让电视观众看到赛后的冠军庆祝会。②

第三，电视体育的辉煌，从外部来讲依靠的是相关法律法规的逐步完善，内部则靠的是现代企业管理机制的引入和运用。

1987 年，《哥伦比亚新闻评论》就提到工商管理专业人员正逐渐成为新闻业的当家人。有越来越多的新闻机构管理者接受过商学院的严格训练，在这些管理者眼中，新闻就是日常消费品，与化妆品、汽车、服饰等商品没有区别。当然，这些管理者也受到诟病，特别是来自新闻业的质疑，因为他们对新闻理想和伟大作品的热情远远低于对商业数字图表、广告和利润的关注，但也正是他们为电视和体育组织输入了现代企业管理机制。③

与电视体育相关的法律法规主要围绕电视转播权展开。例如，《奥林匹克宪章》是关

① 袁爱中．默多克的传媒产业化运营策略［J］．当代传播，2005（6）：45-47.

② 玄延军，王晓贞．体育传媒在竞技体育产业化过程中的互动与双赢［J］．体育世界（学术版），2010（7）：12-13.

③ 李欣．公司化运作下的美国新闻业［J］．新闻记者，2005（3）：63-65.

于奥运会以及奥林匹克运动的基本原则和规范，其中有关电视转播权的条款经过多次修订，保护和突出了国际奥委会对转播权的拥有权和营销主体的地位。① 美国对体育赛事电视转播权的法律法规主要包括：《版权法》是对赛事电视转播权交易行为的保护；《反垄断法》维护了电视转播交易市场的自由竞争；《反垄断豁免》是对体育组织利益的保护；《业余体育法》大力激发了体育组织赛事转播权的营销。②

2. 媒体受众

体育成为稳定的媒体内容后，媒体观众人数逐渐扩大，特别是电视出现后，赛事电视直播甚至替代了现场观看方式，媒体观众的人数远远超过了现场观众。

（1）媒体观众延伸了现场观众。对于观赏体育来讲，观看比赛是体育迷最重要的参与方式。由于场地所限，现场可以容纳的观众数量是有限的。大众媒体与体育赛事的结合，让更多的体育迷有机会接触比赛。依靠传媒技术，体育迷的这种观看方式脱离了时空限制，可以在最短的时间内，在不同的地点接收到比赛信息。在这样的背景下，体育媒体观众不断增加，随着媒体覆盖范围的全球化，体育媒体受众也具有全球化的趋势。以 2012 年伦敦奥运会为例，1.08 亿名观众通过央视收看了伦敦奥运会开幕式直播，4255 万名观众收看了伦敦奥运会闭幕式直播。③

（2）赛事电视直播是观众的重要选择。在媒介体育中，赛事电视直播是最接近比赛现场的媒体内容。

首先，赛事电视直播具有即时性。比赛的魅力在于过程和结果的不确定性，因此，同步收看比赛是体育迷最为享受的时间段。赛事电视直播满足了体育迷的需求，让他们在同一时间收看到比赛的实况。

其次，视频画面可以再现真实的比赛现场。在报纸时代，媒体内容只是起到辅助作用，体育迷依靠文字想象比赛的精彩程度。在电视时代，体育迷可以身临其境般地看到比赛的真实过程，随着转播技术的更新，通过电视收看的比赛比现场更加精细和完整。

观众规模、收视率和媒体转播权之间的良性循环是媒介体育迅速发展的基础。媒介体育的飞速发展出现在电视时代，主要原因就是观众规模的扩大，带来了居高不下的收视率，为体育传媒业创造了巨额转播权收益，广告和赞助商也随之而来。根据相关报道，2010 年温哥华冬奥会和 2012 年伦敦奥运会电视转播权打包销售的总收益高达 39 亿美元。④ 而国际奥委会在 1980 年的流动资产不足 20 万美元。⑤ 2014 年索契冬奥会与 2016 年里约热内卢奥运会进行捆绑销售的收益超过 40 亿美元，其中仅索契冬奥会的电视转播权收入就

① 黄世席．奥运会转播权的法律问题［J］．华东政法大学学报，2008（3）：110－115.

② 禹唐体育．体育赛事带动体育产业发展［EB/OL］．http：//www. ytsports. cn/news－3346. html.

③ 商业电讯．里约奥运会来袭 回顾伦敦奥运会央视各项收视数据［EB/OL］．http://www. prnews. cn/press_release/191412. htm. 2020－04－03.

④ 张奥．奥运电视转播权收入再创新高 国际奥委会被指过于商业［EB/OL］. http://finance. cnr. cn/gundong/201207/t20120729_510388908. shtml. 2020－04－03.

⑤ 由龙．奥运会与电视转播权的“天作之合”［N］．中国知识产权报，2008－09－03（004）.

高达12.6亿美元。[①] 根据现有趋势，今后奥运会的电视转播权收益将持续走高，并继续强势占据奥运会收益的重头。

从电视媒体来看，1997年，中央电视台打包购买2000年悉尼奥运会、2004年雅典奥运会和2008年北京奥运会的电视转播权。中央电视台依靠雅典奥运会获得了7亿元人民币左右的广告收入，而在北京奥运会上，这一数字上升到了20亿～30亿元人民币[②]，除广告收入之外，中央电视台还通过分销转播权的方式获利。2011年，美国全国广播公司（National Broadcasting Company，NBC）以44亿美元获得了2014年索契冬奥会、2016年里约热内卢奥运会、2018年平昌冬奥会以及2020年东京奥运会的转播权；2014年，美国全国广播公司以76亿美元获得了2021—2032年的奥运会转播权。2012年伦敦奥运会，美国全国广播公司的广告收入创下了13亿美元的历史最佳纪录。[③] 为保证收视率，美国全国广播公司在转播美国境外的体育比赛时，往往采用录播方式，将播出时间与黄金收视段结合，以保障广告主的利益最大化。

总　结

实践体育和观赏体育是本章学习的主要概念。实践体育指的是参与者亲身投入到体育活动或者体育比赛中的行为。实践体育保持了体育产生初期的形式，但随着现代体育的出现，实践体育发生带来了诸多的变化。观赏体育是在实践体育的基础上发展起来的，是以吸引大量观众观看赛事为特点的一种体育活动。其中产业化是最重要的动力，体育的娱乐功能是产业化的引发点，观赏体育的背景是大众文化时代的到来。观赏体育、实践体育均与媒介有着千丝万缕的联系。由于两者的差异，它们对媒介的需求不同，与媒介融合后的结果、影响范围和发展方向等均存在差别。

观赏体育经过了传统媒体与新媒体两个阶段，传统媒体阶段通过媒介平台诞生了媒介体育，主要创造了体育媒介内容以及内容产品，使得观赏体育真正成为具有全球化标签的娱乐产业。新媒体阶段的体育内容平台更加丰富，内容产品更加多样化。实践体育在新媒体环境下准确找到了与媒介互相依存关系的定位，新媒体作为使用平台，为实践体育的推广创造了手段，并产生了体育新媒体平台上的各类内容。

---

① 陈伟胜“最赚钱一届冬奥会”成定局　特许商品收入5亿美元[EB/OL]. http://www.chinanews.com/ty/2014/02-20/5859127.shtml. 2020-04-03.

② 21世纪经济报道（广州）. 揭秘奥运转播利益链：央视垄断2008年获巨额收入[EB/OL]. http://money.163.com/12/0727/03/87D0G2QN00253B0H.html. 2020-04-03.

③ 马越. 又要创纪录！美国全国广播公司转播里约奥运会的收入将超过四年前的伦敦[EB/OL]. http://www.jiemian.com/article/513523.html. 2020-04-03.

思考题

1. 如何理解传统体育三分法不适用于体育新闻传播领域?
2. 从体育新闻传播视角进行体育分类的原则是什么?
3. 如何理解观赏体育?如何理解实践体育?
4. 如何理解观赏体育、实践体育与大众媒介的关系?
5. 什么是媒介体育?
6. 从现场观众到媒体观众的发展脉络是怎样的?

拓展阅读

1. COAKLEY J,DUNNING E. Handbook of Sports Studies[M]. Los Angeles:SAGE Publications Ltd,2000.

2. BOYLE R. Sports Journalism:Context and Issues[M]. Los Angeles:SAGE Publications Ltd,2006.

3. MASTERALEXIS L P,BARR C A,HUMS M. Principles and Practice of Sport Management[M]. Sudbury: Jones & Bartlett Publishers,2014.

4. 王雪峰. 美国观赏性体育的演变[J]. 体育文化导刊,2007(5):74-75.

5. 郭晴,潘虹艳,魏伟,等. 美国体育与传播研究经典著述评析——兼论美国体育与传播研究的发展脉络和特点[J]. 上海体育学院学报,2014,38(5):16-21.

第三章　体育新闻定义

内容提要

体育实践的特殊性决定了体育新闻实践的特殊性，那么这些特殊性是如何产生的呢？赫伊津哈笔下所描述的体育是人们“间隔的生活”，实质上就是揭示了体育的特殊性：体育就像是一个人工情境（梦境），真实又非现实。更为重要的是，体育梦境的实现依靠的是传播以及传播效果，信息是传播的核心因素，可以说，体育信息及传播效果具体化了体育实践的特殊性。

什么是体育新闻？实际上，体育新闻的提法属于约定俗成。从体育传播的视角发现，体育媒介内容与新闻属性有着较大的差异，传统新闻定义不能涵盖体育新闻的内涵，所要借鉴的仅仅是对传统新闻进行定义的方法。

本章主要从体育信息、体育新闻定义的角度，阐释体育新闻传播的内部规律。第一节探讨体育新闻信息的内涵；第二节从体育新闻定义出发，分析体育新闻传播的特殊性以及媒介内容转换的载体和手段。

学习目标

认识体育新闻信息的由来以及体育信息的三类体育符号；了解体育新闻信息的特征；掌握体育新闻定义和体育新闻信息的专业转换及媒介形态。

关键术语

体育新闻传播、体育信息、体育新闻信息、体育符号、动作符号、规则符号、体育文化符号、体育新闻定义、专业转换制作、媒介形态、体育视频、体育图片、体育文字报道、媒介融合

第一节 体育新闻信息

导 入

近年来，诸多学者努力把符号学引入到新闻学研究中来。其目的之一是寻求一种从符号产生到意义建构的理论解释框架，得以从新的视角探求从新闻制作到社会效果的内部规律；目的之二是从意义构成引入对话观，是对主客观反映的超越，从而重塑新闻从业者的职业追求。这些研究动向可以说是对新媒体背景下新闻业急剧变动的一种反馈，也有力地促进了体育新闻理论的建设。本节就是使用了符号学成果来揭示体育新闻信息的诸多特征。

一、体育新闻信息的由来

本章的重点是对体育新闻信息进行分析，在讨论之前，要将体育新闻信息的由来进行分解。传播离不开信息，信息是传播的对象，没有信息，传播就不会存在。如果需要深入了解信息，就需要从传播入手。

（一）传播与信息

传播与信息是分不开的一组概念，怎么理解传播与信息的关系呢？这里使用凯瑞（J. Cary）所总结和梳理的观点来加以解释。沿袭杜威（J. Dewey）的思想遗产，凯瑞把对传播的基本认知分为两类：传播的传递观和传播的仪式观。①

从传递观分析传播过程，凯瑞认为，这种对传播的理解出现在 19 世纪，那时人们把信息等同于一般的物品，信息的传递也就顺理成章地被看作物品的迁移。为什么会产生这种理解呢？凯瑞分析认为，克服时空造成的障碍，完成对大自然万事万物的控制，是人类的一种永恒的理想。信息的出现，又一次让人们期盼这种理想的实现。在这种情况下，传播的传递观就出现了，即人们希望通过信息的传递和发布来消解时空障碍，达到控制信息

① 许静．传播的社区［M］．上海：复旦大学出版社，2013：16.

所达范围内的人和事物。[①] 当然，在现代社会中，有关经济和政治的信息被认为是重要的信息分类，而且决定这类信息是否有效的关键是传递速度。从传递观的角度来理解信息，信息就是消除不确定性的东西，客观事物的变动以及交流的需要形成了信息。传递观就是在对信息这样的理解中产生的。

从传播的仪式观出发，信息并不是简单的物体传递，而是蕴含在事物之中，越是被奉为经典的事物所蕴含的信息量就越大。对传播的仪式观的理解可以从两个方面分析：首先从信息传播方向分析，传递观是信息的流动，而仪式观是信息的分享；其次仪式观的信息不是用来答疑解惑的，而是让受众在共享中产生共鸣的，特别是情感上的共鸣。随着情感体验的不断重复，共享的群体会产生认同感和归属感。作为仪式观中的信息，常常被固定化为耳熟能详的符号体系，例如流传很广的古代经典以及古代奥林匹克运动会等。另外，在不同的地区和群体有着带有不同文化的仪式化的信息符号，当然也会有新的文化符号被不断地创造出来，起到共享和共情的作用。[②] 从共享角度来看，传播信息重要的不是发送和接收，而是信息作为符号载体中的意义赋予，并在此基础上通过人们的共享才能实现。

总之，不论是传播的传递观还是仪式观，信息均是传播的对象或者内容，两者的差异来自对传播过程的认识，在现实中二者并存的形式也是存在的。

（二）新闻传播与新闻信息

在了解了传播与信息的概念后，下面，再深入探讨一下新闻传播与新闻信息。重点分析两个方面：第一，新闻传播的特点；第二，新闻信息的特点。

对于新闻传播过程，一般认为是专业的传播者，通过传播媒介，把传播内容（新闻）传递给受众的过程。专业的传播者除了编辑记者外，还包括新闻机构。作为专业的新闻报道者，在选取新闻内容时是有一定的标准的，不是任何内容都可以作为新闻进行报道的，往往这类标准被称为新闻价值。另外，随着技术的发展，传播媒介在不断更新，同时反过来对传播者、传播内容和受众都产生了不同的影响。受众是传播内容的接受者，满足受众需求是传播的主要目的。同时，在新闻传播过程中，除了受到媒介技术的影响外，政策法规、受众多元化、媒体的社会责任以及对商业价值的追求等，都在限制着专业传播者对新闻内容的选择。

对于新闻信息的特点来讲，这既是对新闻传播过程的补充，也是理解新闻属性的重要方面。传播离不开传播内容，新闻传播离不开新闻内容，而新闻内容是经过筛选的，并不是有闻必录。这里的新闻内容可以被理解为新闻信息，新闻信息的最大特点是必须要基于事实。事实是新闻的生命，虽然媒体内容是经过选择的，但一定是在事实中的筛选。在现有新闻理论著作的论述中，学者们大多探讨的是新闻事实如何在人的意识中得到反馈，这一思路深受霍尔的编码与解码理论的影响。

---

① 许静．传播的社区［M］．上海：复旦大学出版社，2013：16.

② 同①.

伯明翰学派的斯图亚特·霍尔在《电视话语的编码与解码》一文中，提出了著名的“三种解码”理论。霍尔认为，文化的符号文本生成意义的过程，取决于观众的三种不同解码立场：第一种解码立场为“主导—霸权式解码”（hegemonic reading）。观众与制作生产精英的编码立场完全一致，明白无误地接受制作精英意图中的意义，观众自己没有独立的立场。第二种解码立场为“协商式解码”（negotiated reading）。既不完全同意，又不完全否定，观众既接受社会文化中主导意识形态的权威，又看到自己的利益所在，拒绝完全接受制作精英机构的意图。第三种解码立场为“对抗式解码”（oppositional reading）。观众明白制作精英要传送的意义，也明了文本各层次意义，却选择以完全相反的立场解码，“读出”针锋相对的意义。①

从霍尔的观点出发，新闻传播过程分为两个部分：新闻制作是编码过程，而新闻事实在观众头脑中的反馈是解码过程。解码过程分为以上三种方式。

综上所述，新闻信息是新闻传播的对象，新闻信息的特殊性在于，它是由经过新闻专业机构与人员筛选的信息，事实是新闻信息的生命。新闻传播是面向社会大众的信息传递方式，因此，传播的终端效果取决于受众对新闻信息的接收程度。

（三）体育新闻传播与体育新闻信息

根据上述分析，新闻传播离不开这样几个要素：专业传播者、新闻媒介、新闻信息和受众。体育新闻传播属于新闻传播的一部分，因此，具有新闻传播和新闻信息的共性。

首先，传播过程的一致性。体育新闻传播是专业的体育传播者通过各类媒介，向体育迷提供体育媒体内容。体育新闻传播产生了体育媒体内容，体育媒体内容由体育新闻信息组成，它的来源是体育事实。

其次，体育迷对体育新闻信息的解读也是带有自主性的解码过程。新闻传播集中于编码、解码过程，围绕着“事实”来解读新闻以及产生的影响，具体体现在新闻媒体如何通过编码来制造内容及导向，受众如何利用解码来进行自主解释，在编码与解码之间会形成张力与牵制。但体育新闻是有别于一般新闻的，主要原因在于“体育事实”的特殊性。体育事实决定了编码和解码过程，因此，理解体育新闻及体育新闻信息，需要从对体育事实的剖析开始。

体育事实来自体育实践，本书在第一章就分析了体育实践的特殊性，同时在第二章把体育实践分为了观赏体育和实践体育，那么，体育事实就来源于观赏体育和实践体育。

因此，体育新闻传播与体育新闻信息特点可以概括如下。

1. 体育新闻传播具有确定的范围

在某种程度上，体育新闻传播是被严格限定在体育实践的范围之内的，离开了体育实践就不存在体育新闻传播。体育实践被赫伊津哈描述为“间隔的生活”，参与体育的过程就是一个与现实世界相互隔离的短暂空间，在这个体育空间里，有着体育自身的规则和规

① 陆正兰．回应霍尔：建立第四种解码方式［J］．南京社会科学，2011（2）：43－48.

律，与现实世界隔绝但又互相照应。体育新闻传播就是在这个自我循环的隔离时空中运行的，体育迷对这个隔离时空是十分敏感的，或者说，这个隔离时空才是体育迷寻求的归宿。体育新闻传播也在这个时空范围内，脱离了这个时空，就是脱离了体育迷，体育新闻传播就不复存在了。

2. 体育新闻信息也同样受到范围的限定

体育新闻信息是体育新闻传播的对象，体育新闻传播被限定在体育实践的范围内，那么，体育新闻信息同样也受到范围的限制。体育事实来自体育实践，体育新闻传播的出现，让体育实践有了更多的呈现方式，观赏体育出现并逐渐壮大。体育事实不仅来源于实践体育，也同样来源于观赏体育。体育新闻信息就是实践体育和观赏体育在体育新闻传播中的内容呈现，是体育实践的具体化表现。体育迷对体育新闻信息的需求，就是对观赏体育与实践体育中传递和共享的内容需求，这是体育迷驾轻就熟的一种信息解码方法，可以说，越是资深的体育迷，越有寻找和连接体育新闻信息的经验和方式，在这种情况下，体育迷就会主动获取这类信息，并获得满足。相反，如果缺少体育事实的信息，体育迷则会凭借经验不会主动选择这类媒体内容。

二、体育符号——体育信息的内核

一般认为，在社会传播过程中，信息是符号和意义的统一体，符号是信息的外在形式或物质载体，意义是信息的精神内涵。可以说，在信息、符号和意义三者之间构成了一个相互依托的整体分析框架，任何信息均包含意义，任何意义均有相应的符号，因此，分析阐释符号以及内在的意义是研究信息和信息行为的关键。① 不论是传播的传递观还是仪式观，均是符号意义的认知和解读。

体育信息是由体育符号及蕴含在其中的意义构成的，分解和诠释体育符号体系及意义内涵就成了体育传播的关键。根据《传播学纲要》一书中对符号的界定，符号是媒介，也是信息的载体，信息的意义需要符号的形式来表达。② 体育符号共由三个部分组成。

（一）动作符号

动作符号属于体态符号，是非语言符号重要的组成部分，如动作、手势、表情、姿势等。体态符号可以单独使用，也可以与语言一起使用。在各种体育活动中，动作符号不仅可以独立使用，而且它还是体育的主要语言形式。③

每个体育项目都由一系列具体动作来完成，而且不同项目对动作的技术要求有差异，这也体现了体育信息“人工加工”的特点。可以说，每个项目所包括的一系列动作本身就

① 郭庆光．传播学教程［M］．北京：中国人民大学出版社，2002：42.
② 陈力丹，闫伊默．传播学纲要［M］．北京：中国人民大学出版社，2007：18.
③ 郭庆光．传播学教程［M］．北京：中国人民大学出版社，2002：45.

是一套完整的体态语言。无论是从亲身参与的角度，还是从观赏的角度，体育动作均是最基础、最优先的体育表达。动作符号是意义的载体，这些意义可以分为不同层次，是由简入繁的。

下面是由苏群所写的，名为《马刺的季后赛宣言》的一篇稿件①，写作背景是2015—2016 赛季美职篮常规赛进入收官阶段，勇士队一路高歌猛进，排名全联盟第一。北京时间2016 年 3 月 20 日，排名全联盟第一的勇士队与全联盟第二的马刺队之间的交手，自然吸引了球迷的目光，这篇稿件记录的就是这场比赛，这也是一篇较为典型的美职篮报道。

马刺以季后赛强度与勇士战成1:1，拯救了两个多月后的季后赛。

这一战，如此低的比分，仿佛就是马刺的季后赛“宣言”。

我们不喜欢没有悬念的季后赛，所以，尽管勇士在排名榜上还大大领先马刺 3 场球，但至少这两队的交手记录是平局。马刺用一场季后赛强度的防守，洗刷了第一场落败 30 分的惨痛记忆。

此前各队已经逐渐找到了防守库里的最好办法，但是直到马刺用了同样的，甚至变本加厉的办法，才给这一策略盖上大印——挡拆换防，再挡再换。

既不是挤过绕过，也不是包夹，而是换防，而且在下一次挡拆发生之前，大个子要尽可能滑步跟上库里。这个办法，让目前防守库里的阵形变成事实上的区域联防，至少在外线是如此。

这样做的好处是：第一，大个子换防，就是不给库里投三分球的空间；第二，不包夹，就是不让他传球，避免其他三分点打开；第三，大个子高效的横向移动防止库里突破。

这场球库里的三分球 12 投 1 中，效率已经低过上一次打湖人时的 8 投 1 中。由于这样的命中率并不多，目前我们仍然只能将其视为库里偶尔的失准，就像我们一年当中总有那么几个晚上会失眠；但因为这是马刺的作品，所以格外醒目，库里也一定会格外重视。

机巧因素给了马刺试验新方法的机会。这场球博格特受伤休战，勇士以格林、巴恩斯、拉什、“水花兄弟”首发，这是“魔鬼五小”的又一个版本，因为伊格达拉也在养伤。赛前波波维奇放了烟幕弹，声称不会据此变阵，但推出的却也是小阵容，由迪奥打中锋，阿德仍是 4 号位。这两位内线的移动能力相当出色，得以让波波维奇完成他的目标。

不过，在美职篮让一位一辈子打先发的殿堂级人物打替补，也需要做一点思想工作，好在邓肯欣然接受这样的安排，他那位早已退役的大哥“海军上将”罗宾逊当年也曾为了他而做出过牺牲。只打了 8 分钟的邓肯曾有一次非常出色的挡拆换防，逼迫库里几次变向后放弃突破，把球传给了队友。

…………

① 苏群．马刺的季后赛宣言［EB/OL］．http://mp. weixin. qq. com/s? __biz = MzA4NzI1OTkzNQ = = &mid = 405140554&idx = 1&sn = 0f1e9e6065318fdcad5b830367bbe37e&scene = 0#wechat_redirect. 2020 - 04 - 03.

美职篮是动作符号的视觉盛宴，出色的各路明星可以上演让球迷大呼过瘾的各种技战术动作表现。可以说，作为集体运动项目代表的美职篮，其魅力就是一整套让人眼花缭乱的动作符号。在这篇稿件中，格外引人瞩目的动作符号是“挡拆换防”，在动作上是“在下一次挡拆发生之前，大个子要尽可能滑步跟上库里”。这个动作的意义不言而喻，就是为了阻挡勇士的库里得分。虽然美职篮的看点是个人动作技术的发挥，但从“挡拆换防”的实施以及后文提到勇士队由于球员受伤而变化的“魔鬼五小”阵容、邓肯8分钟的出色表现，都可以断定双方队员之间的配合是非常关键的。而场上队员之间的默契，依靠的正是动作符号之间的意义传递。一个队员做出一个动作，被同伴心领神会，并做出相应的动作反馈。当然，对手也可以做出阻挡，为的是阻碍队员的动作发挥或者队友之间的配合。“挡拆换防”就是依靠带有“阻挡意义”的动作符号之间的信息传递来完成的。

足球、篮球等集体项目的动作符号复杂多变，而且发生在双方激烈对抗的条件下才能最终完成比赛，这正是这类项目的魅力所在。

运动项目的分类较多，除了上述对抗类集体项目外，还有非对抗类个人项目。这类项目往往依靠动作符号自身的难度、精巧度等因素，得以体现出体育运动的挑战之美。

以花样滑冰为例，它是技巧性与艺术性相结合的一项冰上运动项目。在音乐背景的烘托下，在冰面上滑出不同的图案、展示各种高难度技巧和优美的舞蹈动作，裁判员根据动作完成情况进行评分，决定最后的名次。①

申雪、赵宏博是我国一对著名的双人滑组合。下面用他们的一套表演来说明动作所承载的体态语言在体育表达中的基础地位。

申雪、赵宏博的理想就是在奥运会上夺得一枚金牌，为此，在2002年盐湖城冬奥会前，主教练姚滨为申雪、赵宏博重新编排了全新的自由滑节目《图兰朵》。熟悉《图兰朵》的人都知道，它是意大利作曲家普契尼的著名歌剧，是西方人想象中的中国神奇故事。

2003年世锦赛，由于申雪赛前不幸受伤，对这次比赛成绩并没有人看好。申雪赛前打了封闭，场上两个人的表现无懈可击。“后外三周”干净利落，“捻转”又高又飘，“抛三周”落地既远又稳，整套动作流畅完美。上万名观众起立鼓掌，现场解说大喊“奇迹”，申雪、赵宏博卫冕了世锦赛冠军。②

震撼观众的是申雪、赵宏博的一整套完美的动作表演，同时高难度的“后外三周”更是把现场观众彻底征服。可以说，动作符号可以独立使用，并可以完整地表达体育内涵。

---

① 人民网体育．花样滑冰[EB/OL]．http://sports.people.com.cn/n1/2016/1102/c407727-28829133.html. 2018-08-22.

② 搜狐体育．申赵12年七大经典音乐全回顾　阿达久成圆梦之作[EB/OL]．http://sports.cntv.cn/20100216/101715_1.shtml. 2020-04-03.

（二）规则符号

体育规则符号是体育符号中重要的组成部分，它决定了一个体育项目是否能够顺利实现符号化过程，最终保障信息传播过程的完成。

动作符号是体育最外显的表现形式，也是意义理解和共享的渠道。任何动作符号都会被归纳到某一个体育项目中，不仅如此，每个项目的动作都不是杂乱无章的，而是有序地展现出来，并根据既定的规则判断输赢。这些秩序和规则就是体育竞赛中的体育规则，越是成熟的体育项目，其规则越详细和缜密。可以说，有了体育规则的运动项目才能真正体现出体育的魅力。

如果说动作符号是外显符号，那么规则符号则是内隐符号。为什么这么说呢？因为规则符号并没有一套属于自身的外在表现形式，而是借助动作符号和体育文化符号才能表现出来。

首先，在体育规则中，有相当一部分规则是通过动作完成的，因此，也是一个符号化的过程。还是以申雪、赵宏博的这套《图兰朵》为例，按照判分规则，高难度动作的设计和顺利完成是获得冠军的保障，因此，在 2003 年卫冕世锦赛冠军前，围绕难度的变化曾有过一段曲折的经历。

《图兰朵》这套节目的最大亮点是"抛四周"这一高难度动作，此前没有人能够在比赛中完成。当然，这个动作是主教练姚滨为了让申雪、赵宏博能够在 2002 年盐湖城冬奥会夺得金牌而准备的。很可惜，在盐湖城冬奥会上，申雪、赵宏博在做"抛四周"这一突破性动作时出现失误，最终获得了一枚铜牌。

2002 年世锦赛，申雪、赵宏博把《图兰朵》的"抛四周"改成了"后外三周"，但又一次失误了，由于其他选手也纷纷出现失误，申雪、赵宏博还是第一次拿到了世锦赛冠军。①

花样滑冰的胜负判定规则是按照裁判对动作完成情况进行打分来完成的。动作失误，裁判的评分就会降低，最后的名次就会受到影响。

其次，体育规则中还有一部分为了保障比赛顺利进行的规则，如参赛人数、赛程要求以及场地规定等，由于均有严格的内容要求，常常以文字、图片等形式出现，也可被看成是体育文化符号的一部分。

总之，体育规则一部分属于动作符号，另一部分属于文化符号，之所以把体育规则单独作为一个分类，是由它的重要性和特殊性决定的。

---

① 搜狐体育．申赵 12 年七大经典音乐全回顾　阿达久成圆梦之作[EB/OL]. http://sports. cntv. cn/20100216/101715_1. shtml. 2020 -04 -03.

（三）体育文化符号

在体育中，除了动作符号和规则符号以外，还有一些围绕该运动项目或者比赛的人工符号，这里统称为体育文化符号。例如，每个赛事、每支队伍、每个队员均有代表性的符号体系，像队旗、队歌、赛事吉祥物等，这些都是体育文化符号的主要内容。

体育文化符号的特点有以下几个方面。

首先，体育文化符号中非语言符号居多，通过物化、情境化和程式化的符号表达丰富的象征意义。体育文化符号的使用是通过带有抽象和概括意义的物质符号来表达其内涵的，其使用范围在具体的体育情境里。例如，赛场上球迷各种加油助威的标志和装扮，这些符号代表着胜利、拼搏等内涵，只有在比赛的场景中才真实有效。声势最为浩大的当属各类体育仪式，这些仪式往往借助某一重要赛事得以传承下来，并成为文化内涵最为丰富的符号形式。例如，重大赛事的开幕式、中场表演、火炬传递和点燃、颁奖仪式等。

其次，体育文化符号具有较强独立性、表达能动性，也可以和文字语言配合使用。体育文化中的符号不仅可以单独使用，而且有些已经具有较高的社会价值和商业价值，并得到相关的知识产权保护。例如，重大赛事吉祥物、赛事标志等。体育文化符号中除了物化符号外，文字也是配合使用的一部分，如赛事的口号、标语等。

最后，体育文化符号是成体系的，围绕某个比赛或者赛事主题，既可以单个使用，也可以组合使用。前文分析的申雪、赵宏博于2002年、2003年两获世锦赛冠军的自由滑背景音乐《图兰朵》，是由意大利著名作曲家普契尼根据《一千零一夜》里有关中国公主与鞑靼王子的爱情故事改编的三幕歌剧，曲目舒缓与急促、悠扬与阴沉交替出现，特别是穿插于其中的中国民歌《茉莉花》以及高潮部分的《今夜无人入眠》，从细腻到磅礴，扣人心弦。可以说，《图兰朵》背景音乐成了这组自由滑选手表演过程中标志性的文化符号，增添了整套动作的艺术感染力。

在申雪、赵宏博圆奥运金牌之梦的2010年温哥华冬奥会赛场上，自由滑背景音乐选择的是意大利作曲家阿尔比诺尼的《G小调柔板》（Adagio in G minor），又称《阿达久》。悠扬而舒缓的旋律演绎着携手征战的18年，最后他们如愿获得了一枚宝贵的冬奥会双人滑金牌。这首《阿达久》作为体育文化符号，将被永远载入史册。①

体育文化符号是个体系，围绕某个赛事主题，单个的符号也可以独立使用，但一个系列的符号组合在一起能够表达更加完整的思想内涵，其象征作用才能够发挥得更大。

奥运会是大型赛事，奥运会中的符号也是中国人耳熟能详的。下面就以奥运会的文化符号体系为例来阐释体育文化符号的特征。

奥林匹克运动有一系列独特而鲜明的象征性标志和仪式，如奥林匹克标志、格言，奥运会会旗、会歌、会徽、奖牌、吉祥物等；奥运会仪式包括开幕式、闭幕式和颁奖仪式。

---

① 搜狐体育．申赵12年七大经典音乐全回顾　阿达久成圆梦之作[EB/OL]. http://sports.cntv.cn/20100216/101715_1.shtml. 2020-04-03.

这些标志和仪式有着丰富的文化含义（表3－1）。

表3－1　奥林匹克"文化符号体系"组成

文化符号分类	文化符号内容	文化符号意义
象征性标志	奥林匹克标志、格言，奥运会会旗、会歌、会徽、奖牌、吉祥物等	更快、更高、更强
仪式	开幕式、闭幕式和颁奖仪式	团结、友谊、进步、和平

其中，奥运五环是社会熟悉程度最高的奥运标志，象征着五大洲，其中，蓝色代表欧洲；黄色代表亚洲；黑色代表非洲；绿色代表大洋洲；红色代表美洲。五环相连代表五大洲的紧密团结和全世界参赛选手在奥林匹克运动会的欢聚一堂。①

上述这些奥运标志和奥运仪式，组成了完整的奥林匹克运动的文本，形象地表达了奥林匹克理想的价值取向和文化内涵。

综上所述，体育符号构成了体育信息的核心部分，无论是重大的国际性比赛（如奥运会），还是商业价值极高的联赛（如美国职业棒球联赛），抑或球迷自发的业余比赛或者体育活动，所有这些与体育有关的人类体育实践都被符号化。

但这些体育符号都不是杂乱无章地散布于各个层次的比赛或者活动中的，恰恰相反，体育符号被井然有序地编排进各类体育项目、体育比赛和体育活动之中，这些编排不仅有序，还需要被严格遵守，破坏体育符号的秩序，体育活动就无法开展下去，这已经成为人类体育实践的共识。

三、体育新闻信息的再认识

体育新闻信息是由体育事实决定的，体育事实就是体育实践，具体而言就是实践体育和观赏体育。无论是实践体育还是观赏体育，都是围绕着体育项目和体育比赛进行的。体育项目或者体育比赛，都具有符号化的特征。在这里，需要再进一步重申体育新闻信息的特殊性，这决定了体育新闻传播规律自身的特点。

（一）体育新闻信息是体育新闻传播的对象，是在大众传播平台上流动的信息

体育新闻传播属于大众传播范畴，在传播过程中各类体育媒体是主要的传播者，传播的内容是面向广大体育迷的体育社会信息，其传播的目的之一就是通过这类信息满足广大体育迷的需求，获得社会影响力。这类用于大众传播的体育社会信息被归为体育新闻信

① 中国奥委会官网．奥林匹克标志[EB/OL]．http://www.olympic.cn/olympic/movement/2003/1102/45268.html. 2018－08－22.

息。当然，从更广泛的体育传播而言，体育信息不仅包括体育新闻信息，还包括体育组织、体育团体内流动的信息，因为这些信息不作为社会传播的用途，因此，不能分类到体育新闻信息部分，也不是本书要分析讨论的对象。

（二） 体育符号信息是体育新闻信息的核心组成部分

体育符号信息是体育新闻信息的核心组成部分，这一特点决定了体育新闻信息及体育新闻传播的特殊性。

体育新闻信息不同于一般新闻报道的特殊性在于体育新闻信息自身的规定性。这一规定性集中体现在体育符号不仅具有明确的外在形式，还拥有社会规约的语义内涵上。

体育新闻信息来源于体育实践，而体育实践离不开体育项目和体育比赛。体育项目和体育比赛均带有规则的规定性，因此，体育新闻信息也是由这些规定性来决定的。这些规定性的外在表现是体育符号的形式和意义内涵的确定。

体育符号形式和意义的规定性也决定了体育新闻传播的规律，任何体育项目、任何体育参与者以及任何大大小小的比赛，均要在尊重规则符号的前提下，完成动作符号，并释放出其中的意义。而体育新闻传播只不过是这一符号化的过程在大众媒体上展现的结果，进而可以有更多的人观赏或者亲自参与。离开了体育符号的规定性，就不存在体育，更不存在体育新闻传播和信息互动。

（三） 体育新闻信息来源于体育事实，观赏体育与实践体育中的体育新闻信息侧重点不同

观赏体育与实践体育存在差异，这些差异导致了体育新闻传播过程及与体育新闻信息的联系也有较大差异。

具体而言，在体育新闻传播过程中，传播者选择了体育报道内容传递给体育受众，这些内容满足了体育受众的需求并形成了互动，实现了一定的传播效果。观赏体育是为体育迷提供体育内容进行收看；而实践体育需要体育迷的亲身参与，其目的是推广比赛而吸引更多的参与行为：因此，二者对体育新闻信息的需求就会有所差异。

从传播与信息的角度分析，观赏体育多为仪式观，是以体育符号体系为载体进行的意义共享活动；而实践体育多为传递观，信息的告之作用更加重要。由于传播观的差异，体育新闻信息也存在差别。

专栏 3－1 符号①

符号是携带意义的感知：意义必须用符号才能表达，符号的用途是表达意义。反过来说：没有意义可以不用符号表达，也没有不表达意义的符号。

① 赵毅衡．符号学原理与推演［M］．南京：南京大学出版社，2016：1－2.

首先，既然任何意义活动必然是符号过程，既然不可能脱离符号讨论意义，那么意义必然是符号的意义，符号就不仅是表达意义的工具或载体，符号是意义的条件：有符号才能进行意义活动。

由此，我们必须定义“意义”。要说出任何意义，必须用另一个意义；判明一个事物是有意义的，就是说它是引发解释的、可以解释的。因此，意义可以有一个同样清晰简单的定义：意义就是一个符号可以被另外的符号解释的潜力，解释即意义的实现。

雅柯布森认为：“能指必然可感知，所指必然可翻译。”此说法简练但是明确：“可译性”，指“可以用语言解释”，也包括“可以用另一种符号再现”，或是“用另一种语言翻译”。“可译”就是用一个符号代替另一个符号，但此符号依然需要解释。这个看法与本书提出的意义的定义相一致。

这样，上面的定义也就可以推一步：意义必用符号才能解释，符号用来解释意义。反过来，没有意义可以不用符号解释，也没有不解释意义的符号。这个说法听起来很绕，但实际上意思很简单：一个意义的发出（表达）与接收（解释）两个环节都必须用符号才能完成，而发出的符号在被接收并且得到解释时，必须代之以另一个符号。因此，解释就是另一个符号过程的起端，它只能暂时结束前一个符号过程，而不可能终结意义延展本身。

第二节　体育新闻定义

导　入

体育新闻定义是体育新闻理论的立论核心点。在新闻的定义中，常常令人记忆深刻的是国外同行对新闻现象的形象化描述，例如：狗咬人不是新闻，人咬狗才是新闻。这些新闻定义之所以能让人过目不忘，其原因在于揭示了新闻的本质特点。在对体育新闻下定义的过程中，力求抓取要点，让学习者从中体会体育新闻内容制作原理在体育新闻定义中的表现，从而对体育新闻实践工作能够有所指导。

一、体育新闻定义

（一）体育新闻定义

1. 新闻定义的原则[①]

体育新闻定义的原则是在分析一般新闻定义的基础上，结合体育传播规律后确定的。

纵观新闻定义的过程，有两类定义是新闻学界常常引用的。

第一类新闻定义来自新闻业界，是一线编辑记者在从业过程中的经验总结。

19 世纪 70 年代，美国《纽约太阳报》编辑室主任约翰·博加特对新闻的定义最为人们耳熟能详，他认为：狗咬人不是新闻，人咬狗才是新闻。

20 世纪 30 年代，美国《纽约先驱论坛报》采编主任斯坦利·瓦利克尔认为：新闻是三个“W”——women（女人）、wampum（钱财）、wrongdoing（坏事）。

这类新闻的定义还包括：

凡是能让女人喊一声“哎呀，我的天呐”的东西，就是新闻。（美国堪萨斯州《阿契生市环球报》主编爱德华·贺）

新闻是一种令人惊叫的事情。（美国《纽约太阳报》主编查理）

读者看后说“哎呀”的是新闻。（美国《旧金山考察报》主编阿瑟·麦克尤思）

反常的事情就是新闻。（美国杂志作家威尔·艾尔温）

对于新闻的定义，美国学者乔治·莫特在他的《新闻学纲要》中还曾经给出过一些形象的公式：

常人＋平凡生活＝0；

常人＋不寻常的成就或冒险＝新闻。

常人＋活了 79 岁＝0；

常人＋活了 100 岁＝新闻。

1 名歌剧女演员 ＋1 个银行行长－10 万美元＝新闻。

1 个男人 ＋1 辆汽车 ＋1 支枪 ＋1 瓶酒＝新闻。

第二类新闻定义来自新闻学界，是西方新闻理论研究学者对新闻进行的界定，重要的成果包括以下内容。

新闻就是把最新的现实的现象在最短的时间距离内，连续介绍给最广泛的公众。（德国柏林大学新闻学教授道比·德特）

新闻是根据自己的使命对具有现实性的事实的报道和批判，是用最短时距的有规律的连续出现来进行广泛传播的经济范畴的东西。（日本新闻协会会长小野秀雄）

新闻是刚发生和刚发现的事物。（法国巴黎新闻学院教授贝尔纳·瓦耶纳）

---

① 胡钰．新闻定义：历史评析与科学重建［J］．清华大学学报（哲学社会科学版），1999（1）：90－97.

新闻是已经发生或正在发生的事实的报道。（美国报纸主编人协会会长卡斯柏·约斯特）

新闻是关于突破事物正常轨道或出乎意料的事情的情况。（美国哥伦比亚大学新闻学教授麦尔文·曼切尔）

报纸和读者所关心的当前事物，经过记载和编辑，即成新闻。（美国《纽约时报》编辑马克尼尔）

把最新的事实精确而迅速地报道出来，使多数人感到有兴趣而受益的，都是新闻。（日本新闻学者俊藤武男）

新闻是就某个具体问题、事件或进程提出现实看法的报道。（艾弗雷特·丹尼斯和梅尔文·德弗勒，《认识大众传播》，1981）

新闻是对事件的报道，而不是事件本身固有的什么东西。（丹尼尔·麦道格尔，《解释性报道》，1982）

我国的新闻教育发端于20世纪20年代，第一部新闻学专著是徐宝璜在1919年12月所著的《新闻学大意》（后更名为《新闻学》）。在这本著作中，他第一次提出了新闻定义：新闻者，乃为多数阅者所注意之最近事实也。

1924年，邵飘萍在其著作《新闻学总论》一书中把新闻定义为：新闻者，最近时间内所发生认识一切关系于社会人生的兴味、实益之事物现象也。

1943年9月1日，陆定一在《解放日报》发表了题为《我们对于新闻学的基本观点》的文章，该文中提及的新闻定义，是目前为止国内新闻界使用的最广泛的定义：新闻是新近发生的事实的报道。

1961年，范长江在《记者工作随想》一文中对新闻所下的定义是：新闻是广大群众欲知、应知而未知的重要的事实。

改革开放后，新闻理论研究者积极思考并结合新闻业界的新形势，对新闻定义进行了补充和强调。较为重要的结论包括以下内容。

1979年，中国人民大学新闻学教授甘惜分在《新闻理论基础》一书中给出的新闻定义是：新闻是报道或评述最新的重要事实以影响舆论的特殊手段。

1981年5月，复旦大学新闻学教授王中在《新闻大学》第1期上发表文章《论新闻》，对陆定一的新闻定义提出了修改建议：新闻是新近变动的事实的传布（播）。

1984年12月，复旦大学新闻学教授宁树藩在《新闻大学》第8期上发表文章《论新闻的特性》，对新闻的定义有了新的提法：新闻是向公众传播新近事实的信息。

20世纪90年代后，随着传播学的引入及媒体变化的影响，新闻学者的视点开始关注于信息理论，并试图把其与新闻概念结合。

中国人民大学新闻学院教授成美、童兵撰写的《新闻理论教程》认为：新闻是新近发生的事实变动的信息。

1995年，胡正荣教授在《新闻理论教程》中对新闻的定义是：新闻是新近发生的事实的报道的信息。

1995 年，复旦大学新闻学院教授李良荣在《新闻学概论》中认为：新闻是一种信息，是传达事物变动最新状态的信息。

综合以上新闻定义，可以分析出其指定原则。

第一，新闻从业者角度的新闻定义，大多是描述性地概括新闻的特征，其中新奇、负面、新鲜等为最重要的新闻特征组成。由于这些定义大多以形象描述为主，缺乏严谨性，所以不足以支撑和补充为新闻专业知识。

第二，中外新闻学者对新闻的定义是从不同的侧面试图揭示新闻的本质。其中，最为重要的本质因素有以下三个方面。

首先，传播者的专业介入。从西方学者的新闻定义中可以看到新闻工作者在新闻产生过程中的作用，如“新闻是对事件的报道，而不是事件本身固有的什么东西”（丹尼尔·麦道格尔）。这里的报道就是新闻制作过程。国内使用最多的陆定一的新闻定义，也是强调了“新闻是新近发生的事实的报道”。可以说，传播者的专业介入是完成新闻制作的关键，也是新闻的本质属性之一。

其次，新闻来源是事实或者信息。新闻来源是事实，这是新闻定义中往往被涉及的一个重要因素。徐宝璜代表了早期中国新闻业界和学界对新闻定义的认识，“新闻者，乃为多数阅者所注意之最近事实也”，对事实的重视可见一斑。陆定一认为，新闻是新近事实的报道，事实再一次得到加强。20 世纪 90 年代后，受到传播学影响，信息的概念被引入到新闻理论领域。可以说，信息比事实更加接近新闻的本质，信息可以理解为带有意义并被传播出去的事实，所以说，新闻定义“信息说”的提法逐渐多了起来，如李良荣的“新闻是一种信息，是传达事物变动最新状态的信息”。

最后，新闻定义中关注作为传播接受者的受众。新闻定义中一直存在的一个本质因素来自受众，也就是新闻信息的接受者。从描述性定义中就可以看到受众的影子，如“读者看后说‘哎呀’的是新闻”。对于受众，新闻学者的关注更多一些，徐宝璜的新闻定义中“新闻者，乃为多数阅者所注意之最近事实也”，直言新闻是为多数阅者服务；而宁树藩“新闻是向公众传播新近事实的信息”也在强调受众的重要性。

总之，虽然新闻定义繁多，新闻学界和业界都在以不同的视角关注新闻定义，但究其根本，新闻定义离不开新闻本质属性的上述三个方面。

2. 体育新闻定义

如前文所述，新闻定义的目的是揭示新闻本质，通过梳理发现，从新闻定义中挖掘的本质因素集中在三个方面：传播者的专业介入、新闻来源是事实或者信息及新闻定义中关注作为接受者的受众。这三个方面正是在对体育新闻进行界定时要依据的原则。

同时，还需要明确体育新闻传播规律。通过上一节分析可知，体育信息主要表现在体育符号及意义的阐释方面，三组体育符号是体育新闻信息的核心组成。体育新闻传播的对象是体育新闻信息，因此，体育新闻的界定需要围绕体育新闻信息的传播进行。

体育新闻指的是以体育符号为主的体育新闻信息经过专业化制作转换而成的媒介内容，可引发受众产生强烈的情绪情感共享体验。

上述体育新闻的定义基本体现了体育新闻的本质特性，主要集中在三点：第一，体育符号是体育信息的核心；第二，专业媒体的制作转换；第三，内容（意义）的传递和共享。

体育新闻中的信息最为重要，决定了体育新闻的独特属性。

首先，体育信息先于体育新闻而存在。对于一般新闻而言，新闻是始于事实、忠于事实的，新闻媒体的任务是把事实经过媒体而发布出去。相对照而言，体育新闻是以媒介内容的形式表现出来的，在体育新闻制作之前，体育信息已经形成并自成体系。体育信息的来源是实践体育和观赏体育（媒体出现前以现场观众为主），这种背景下的体育信息，不需要媒体的参与也可以独立运行。媒体的作用主要体现在两个方面：一是再次创新了观赏体育的模式并极大地扩大了观赏体育的规模；二是与一般新闻的作用相同，就是把实践体育的信息通过大众传播发布出去，以达到扩大影响的目的。

其次，体育符号是体育信息的核心构成。体育信息虽然先于体育新闻产生并自行运行，但体育信息同样具有规定性，这就是体育符号的外在形式和意义。本章第一节已经分析过，体育符号主要由三组构成：动作符号、规则符号和体育文化符号。这三组符号是交叉融合在一起的，它们之间有着密切的内在联系，同时在体育项目或者体育比赛中表现出来。正是这些具体的体育符号对体育信息起到了解释作用，也勾勒了体育社会实践的范围。

最后，体育新闻中的体育信息成了体育新闻信息。体育信息先于体育新闻产生，一旦体育信息流通在大众传媒平台上，体育信息就转换为体育新闻信息。体育新闻信息来源于体育信息，具体而言，出自体育实践，即实践体育和观赏体育，也是体育事实的来源。体育新闻信息是转换到了大众媒体平台上的那部分体育信息，其作用是体育新闻传播对象，也是构成媒体内容的组成部分。

另外，在体育新闻定义中关于专业媒体的制作转换、（内容）意义的传递和共享等部分的论述，将会在下面的章节里进行。

（二） 体育新闻的微观功能

体育新闻的功能分为两个层次：一是微观层次，主要分析的是体育新闻信息的传播结果，可以看作体育新闻的具体内容可能产生的短期直接效果；二是宏观层次，分析的是体育新闻作为媒介形式在社会运行中发挥的作用，属于长期的效果。宏观功能部分的分析将在第十一章、第十二章完成。

1. 观赏共享功能

对于观赏体育来讲，体育新闻传播营造的是一个以比赛为主的场景，受众是通过观看参与到这个场景之中的。传播者和受众是通过共享比赛内容进行交流的，对于体育比赛而言，可以被分解为体育符号，这一符号体系蕴含着丰富的内涵和意义，正是这些意义使得体育迷之间的共享成了可能。

因此，体育新闻信息的首要功能是提供了体育迷之间共享的可行性。体育符号一般是围绕着不同赛事的，而体育迷之间的共享过程也同样是围绕着项目、赛事和明星的。体育迷对共享的符号及意义有着共同的理解空间，并通过体育符号的解码而形成了独特的共享意义的聚合，球迷在这个聚合空间得到精神上的相互交流、促进，并使得这个共享平台更加有活力、有持续性。

在共享的前提下，体育迷之间才可能完成观赏体育比赛的过程。观赏分为两个层次：第一个层次是观看比赛的过程，主要是对动作符号的认知，规则符号伴随着动作符号的完成而进行；第二个层次是对体育文化符号的认知和认可。体育文化符号带有价值判断，只有对动作符号和规则符号有较为深刻的认识和了解，对体育文化符号的认可度才会更高。

共享是观赏功能的基础，观赏是共享功能的目的。体育新闻传播的效果是由观赏功能决定的，体育新闻传播的核心目的就是观赏功能的有效实现。

2. 告知功能

告知功能是体育新闻最基本的功能。从实践体育的特点出发，把体育比赛参与信息告知体育迷是首要解决的问题。体育比赛是依靠身体活动才能完成的，需要一定的科学知识才能更好地达到锻炼的效果，同时它也带有一定的风险。所以在参与过程中锻炼处方的搭配、可能出现的运动损伤以及如何避免和科学康复等问题都是需要告知参与者的。

3. 社交功能

通过参与实践体育进行社交活动，已然成了城市群体的休闲方式。强身健体是基本目的，而社交是体育参与的必要功能。从现代体育发展来看，这也是欧美体育发达国家和地区的基本态势。对于体育新闻来讲，社交功能的实现不仅是观赏体育的体验交流，更是实践体育有效开展的重要因素。现在，各类新媒体给体育社交信息提供了众多平台，社交功能可以在这些平台上更加有效地实现，满足体育迷的需求。

4. 营销功能

对于实践体育或者观赏体育来讲，无论是营利性的还是公益性的都需要推广和营销。奥运会就是成功的非营利体育组织的营销案例。在赛事推广过程中，体育新闻一方面有告知功能；另一方面要扩大赛事的影响力，使得一般化的体育比赛或者体育活动成为体育品牌。在当下的媒体环境下，赛事推广和营销的传播手段多种多样，互动和维护与体育迷的关系是推广和营销的出发点。除此之外，赞助商、各类社会组织等对于赛事来讲都是利益共同体，因此，推广和营销功能的实现也是为了这些共同体成员的利益实现。

体育产业是体育重要的组成部分，也是体育发展重要的动力。从经营管理的角度讲，针对体育产业的新闻报道已经脱离观赏体育和实践体育的具体环节，而进入到现代社会的经济领域中。因此，这类新闻信息也具有营销功能，与财经报道的关联更大。值得一提的是，体育产业的管理与营销也有其独特性，因此，此类体育新闻也带有一定的规律性。

最后，需要补充的是，体育是社会文化重要的组成部分，因此，通过体育社会事件的报道可以反映社会的方方面面。特别是一些负面报道，更是可以通过体育揭示的问题透视出社会生活的本质，这部分体育新闻可以被归纳为体育类的社会新闻。观赏和娱乐是体育新闻信息的本质，但体育类的社会新闻信息恰恰相反，它是从社会问题视角出发，揭示更加宽广的社会全貌。

二、体育符号信息的专业转换制作与媒介形态

体育新闻最终是以体育媒介内容的形式呈现出来的，从体育符号信息到媒介内容，需要进行专业转换制作，完成这项工作的就是体育新闻专业机构和从业者。下面，将从不同的媒介形态来分析体育符号的专业转换制作过程。

（一）体育视频

体育视频是体育新闻最重要的专业制作的媒介形态载体，对于观赏体育而言，屏幕永远是赛事组织者、赞助商和体育迷关注的焦点。

首先，体育视频特别是赛事直播可以还原比赛的原貌，让体育迷身临其境，可以完整、清晰地在同一时间同步收看比赛，这正是媒介体育所展现出来的巨大魅力。不仅如此，随着制作技术的不断提升，媒介观看的视听体验甚至会高于现场。

其次，由于上述原因，体育赛事直播成了众多体育迷的观赏选择。现场观赛的人数有限，对于全球体育迷来讲，精彩赛事往往会受到时间、地域的限制，前去现场看比赛的体育迷还是少数，大多数体育迷会选择赛事直播。因此，重大赛事直播往往会有人数众多的观众收看。

新浪体育讯　北京时间8月21日上午，里约奥运会女子排球决赛打响，中国女排3:1击败塞尔维亚女排，时隔12年再次拿到女排奥运会金牌，本场比赛CCTV－1和CCTV－5同时进行了直播，最终CCTV－5的收视份额达到了56.6771%，CCTV－1的收视份额达到了14.4148%，也就是说，女排决赛的单场收视份额超过了70%，要知道2016年春晚多屏直播收视份额才为30.98%，女排决赛收视份额达到了春晚的两倍。①

在对体育符号信息进行专业化转换制作方面，体育视频的技术手段也是最为复杂的。随着通信技术的不断更新，这些新技术将会被不断地应用到体育视频制作中来，王鸣捷等撰文《新媒体技术在体育电视中的应用及其影响》，较为全面地总结了时下体育电视制作技术的使用情况。在该文中，作者总结了新兴技术主要应用在两个环节：一是体育电视内容生产和采集环节，二是体育电视网络和传输环节。②

在体育电视内容生产和采集环节，目前比较常用的是高清技术和音频技术。

根据原国际电信联盟（ITU－R）的界定，“高清电视是一个透明系统，一个正常视力

---

① 新浪体育．70%收视份额！女排夺冠完爆春晚　传5秒广告卖211万[EB/OL]. http://sports.sina.com.cn/others/volleyball/2016－08－21/doc－ifxvcsrn8833910.shtml? t=1471780428387.

② 王鸣捷，张雯，王京源．新媒体技术在体育电视中的应用及其影响［J］．现代传播（中国传媒大学学报），2014（12）：159－160.

的观众处在距该系统显示屏幕高度的三倍距离上所看到的图像品质，应该得到有如观看原始景物或表演时所得到的印象”。高清技术呈现出来的体育赛事优势体现在垂直清晰度和水平度方面，同时还会有多路环绕声的声音效果。

据记载，1992 年法国阿尔伯特城冬季奥运会是第一次使用高清技术进行传输的大型赛事；2004 年雅典奥运会第一次使用了高清的高速摄像机进行了体育赛事转播；2008 年北京奥运会实现了 100% 的高清转播。

音频技术应用的转播信号在采集时，可以实现将现场效果的信号音增强，例如场上运动员的脚步声、喘息声以及队员之间的鼓励等，可以捕捉到转播制作之中，增加现场感；同时，可以去掉现场观众的嘈杂的呐喊声等干扰噪声，这些选择可以在音频采集中实现。

在体育电视网络和传输环节，目前比较成熟的技术主要体现在卫星传输技术可以实现体育迷的个人化定制上。卫星传输可以根据观众的不同兴趣，按照观众收看倾向，实现智能化判断，将定制的体育赛事推送到观众的收视终端。

另外，在目前数字电视传输技术较为成熟的情况下，信号传输不仅可以更新换代，还可适用于不同的体育赛事。例如，更新后的微波数字传输信号技术具有可移动、实时不间断等优势，可用于马拉松、自行车等形式的赛事转播方面。①

（二）体育图片

体育图片是展示体育符号魅力的重要专业手段。体育摄影的重要性程度远远高于一般的新闻摄影，体育图片给予体育迷的震撼是不可或缺的。

1. 体育图片的“决定性瞬间”抓取的是体育符号转换中的关键点

体育符号信息转换为体育媒体内容的过程中，体育图片是重要的专业手段和展示形式。体育图片定格的是“决定性瞬间”，而这一瞬间往往是体育符号展示中最为精彩或者重要的时刻，被摄影者捕捉到后，展现在体育迷面前。②

体育图片的时效性强，这里的时效性有两个含义：一是时间，二是时机。体育比赛是由场上队员不断发出的动作符号组成的，摄影记者以极快的快门速度抓住了某一个动作符号，这个被固定的动作符号是整场比赛的典型代表，突出了即时性，并把握了最为精彩的时机。

体育图片还具有生动性，体育中的动作符号千变万化，不同项目之间的动作也有差别，但都是表现了人体的健美。恰当运用好动与静、虚与实等对比手法，可以展示动作的冲击力以及比赛现场的紧张感，充分展示运动之美。③

2. 体育图片可以与文字结合，达到更佳的传播效果

在体育图片进行专业转换的过程中，图文并茂是提升传播效果的主要手段。一张或者

① 王鸣捷，张雯，王京源．新媒体技术在体育电视中的应用及其影响［J］．现代传播（中国传媒大学学报），2014（12）：159－160.

② 王奕．如何发挥体育摄影的形象魅力［J］．记者摇篮，2001（9）：47.

③ 孙珊珊，刘坚．摄影在体育新闻中的独特表现力［J］．新闻爱好者（理论版），2008（8）：91.

一组图片配上文字，往往会提供新的视角，具有特别的吸引力。对于重视娱乐的体育图片来讲，文字作为解说，可以达到意想不到的深度，提高体育图片的震撼力。①

3. 加强计算机排版后期制作技术，提升体育图片的魅力

随着图片处理后期技术的不断创新，众多计算机软件被开发出来，并得到应用。例如，Photoshop 软件的使用可以让体育图片得到进一步的编辑，使用加入阴影、虚化、叠加、水波纹等方法，让体育图片焕发新的魅力。当然，利用计算机软件进行后期制作，要依据真实性原则，不能利用科技手段弄虚作假。

（三）体育文字报道

体育文字报道是基本的转换与报道形式，在新媒体不断迅猛发展的背景下，体育文字报道似乎日渐式微。同时，不少文字记者也提出了体育文字报道的不可替代的优势所在。

1. 文字报道重在内容丰富，可以不受空间限制，挖掘更加深厚的内容

体育视频、体育图片都有技术限制，而文字报道通过有层次、有分析、有综合、有背景、有论证的叙述和描写，使内容更加广泛，题材更加丰富，可以充分利用背景资料，让读者得到更加深厚的信息体验。②

2. 体育文字报道突破传统新闻的体裁局限，采写更加多样化

现有的新闻体裁是对体育文字报道的束缚，当赛事直播过后，文字记者可以放弃在比赛消息方面的字斟句酌，可以多方借鉴特写、现场短新闻、人物素描等写作方式，此外，还可以从场外多寻找采写机会。另外，人物报道是文字记者的优势，记者可以凭借丰富的背景资料，在赛后推出精彩的人物报道。沈阳日报社记者肖江曾总结过自己的一段采访经历：

以中国国际象棋棋后谢军为例，写她的文章不计其数，但关于她的个人生活却始终不为人知。1999 年，她在沈阳棋盘山参加女子世界冠军赛，我在赛场外与她的随队医生任玉衡闲聊，意外了解到这位 64 岁的老人已经与谢军合作了九年，二人之间建立了胜似父女般的情感，谢军自称是任医生家里的二女儿，有时在公开场合也称他为“爸爸”。我抓住这个点深入采访，写了一篇名为《不是父女胜似父女》的人物通讯，首次披露了一段鲜为人知的人间真情。③

3. 体育评论是体育文字报道的利器

文字报道的优势在于深入和引发体育迷思考，只有体育评论才能更有针对性地达到这一目的。在体育视频，特别是赛事直播已经占据了最为重要位置的时候，体育新闻报道中

---

① 孙珊珊，刘坚．摄影在体育新闻中的独特表现力［J］．新闻爱好者（理论版），2008（8）：91.
② 巴镇纬．再现赛场的精彩场面——浅谈体育竞赛的文字报道［J］．新闻通讯，1986（6）：6－8.
③ 肖江．避开电视做文章——文字体育记者报道策略研究［J］．记者摇篮，2005（4）：53.

能够做到独家的形式已经不多见。因此，体育评论可以发挥“人有我高”“人有我新”“人有我准”的文字优势，让报道成为观点上的独家，吸引更多体育迷的注意。目前，国内以体育评论见长而树立记者品牌的案例越来越多。①

（四）媒介融合的制作方式

媒介融合是整个新媒体时代都在关注的焦点问题，结合到体育新闻报道方面，可以概括为以下两点。

1. 媒介融合操作手段在体育符号信息转换制作中的应用

媒介融合是近段时间以来业界和学界关注的热点，重要的原因在于新兴媒体对传统媒体的冲击越来越大，使得传统的新闻业不得不应对。媒介融合就是在此背景下创建的新闻理论视角。由于面向的是整个新闻业，因此对媒介融合的理解也是多角度的。

关于多视角理解媒介融合，丁柏铨在《媒介融合：概念、动因及利弊》一文中介绍了美国西北大学李奇·高登教授对媒介融合进行的系统阐释，将之归纳为五种融合：第一种所有权融合，指的是大型传媒集团拥有众多不同类型的媒体，在这些媒体之间形成多媒体资源与内容的共享；第二种策略性融合，指的是所有权不同的媒介机构之间的合作；第三种结构性融合，指的是新闻采集与发布方式的融合，如一个可以制作多媒体新闻产品的团队，其产品可以在不同类型的媒体平台上发布；第四种信息采集融合，指的是新闻记者在新闻采集过程中运用多媒体融合的新闻技能进行采写，借以超越传统方式；第五种新闻表达融合，指的是记者和编辑运用多媒体技术和互动工具完成新闻的表达与发布。②

在上述五种融合方式中，后三种是与编辑记者的新闻业务相联系的，也就是体育符号转换与制作方式在媒介融合条件下的具体表现。究其实质，则为体育新闻从业者需要掌握先进的媒体技术，这些技术不仅有助于记者进行更加专业化的操作，同时也是新媒体形态下的必然要求。

2. 新媒体技术在体育新闻报道中的不断应用

媒介融合在体育新闻报道中的表现，还反映在新媒体技术被广泛应用于体育符号信息的转换之中，最为突出的是一些前沿技术在体育视频制作中的应用。

（1）虚拟现实技术（VR 技术）。体育 VR 直播是以超强沉浸感和现场感著称的，VR 技术公司、VR 设备制造公司和体育视频制作机构共同保障了体育 VR 直播的实现，主要涉足的有足球、篮球、高尔夫球、拳击等多个项目。在体育组织方面，最先进行 VR 直播的是美职篮。美职篮比赛 VR 直播使用的是有 8 个摄像头的 NextVR 系统，它们分别位于技术台旁边、两个篮筐下、两队通往各自更衣室的通道以及球场屋顶上，另外两个处于可移动状态。演播室导演随着比赛进程即时调整位置，保证球迷始终能获得所有动作的最佳视点。导播通过画面的切换，有效地规避了 360 度视角容易造成眩晕和黑屏的问题。通过

① 肖江．避开电视做文章——文字体育记者报道策略研究［J］．记者摇篮，2005（4）：53.
② 丁柏铨．媒介融合：概念、动因及利弊［J］．南京社会科学，2011（11）：92－99.

对观众兴奋呼声、窃窃私语声以及体育场扩音系统的音频使用及解说员的精确分析、即时回放以及各种统计图表等，美职篮的 VR 直播在优化视觉听觉的基础上，将现场沉浸感做到了最佳状态。

（2）360 视频技术。360 视频技术，又称为 FreeD 技术，是一种多镜头全方位摄影捕捉、由软件模拟出的动态或静态 3D 回放技术。360 视频技术的系统需要多台 4K 摄像机，系统对多台摄像机的影像进行分析后，得出整个场景中所有物体的空间深度，同时即刻构建成场景的 3D 点阵，然后再按照设定的虚拟摄像机路径进行回放。简单地讲，就是物体在空间中的每一个点的位置数据都被转化成了可 360 度观看的立体视频。

2014 年全明星赛上，美职篮通过与 2011 年成立的以色列体育影像公司 Replay Technologies 合作，开始使用 360 视频技术对比赛进行 360 度立体回放，这是美职篮直播的崭新开端。实际上，在 2012 年伦敦奥运会的体操比赛中，Replay Technologies 的新技术就已经得到初步的应用。

（3）增强现实技术（AR 技术）。增强现实技术，是一种将真实世界信息和虚拟世界信息“无缝”集成的新技术，是把原本在现实世界的一定时间空间范围内很难体验到的实体信息，通过电脑等科学技术，模拟仿真后再叠加，将虚拟的信息应用到真实世界，为人类感官所感知，从而达到超越现实的感官体验。[①] 真实的环境和虚拟的物体实时地叠加到了同一个画面或空间同时存在。

AR 技术现如今已经开始在体育视频制作中得到应用。例如，赛事直播时的 Virtual 3 技术就可以将辅助信息叠加到画面中，让观众可以得到更多的信息。娱乐与体育电视网（Entertainment and Sports Programming Network，ESPN）在 2016 年1 月28 日宣布了他们最新的直播技术——三分亮灯技术（Virtual 3 技术）。[②]

总　结

体育新闻信息来自体育信息，体育信息主要由三类体育符号组成：动作符号、规则符号和体育文化符号。体育新闻信息是体育新闻传播的对象，是在传播平台上流动的体育信息，体育符号信息是体育新闻信息的核心组成部分，体育新闻信息来源于体育事实，观赏体育与实践体育中的体育新闻信息侧重点不同。体育新闻指的是以体育符号为主的体育新闻信息经过媒体专业化制作转换而成的媒介内容，可引发受众产生强烈的情绪、情感和共享体验。体育新闻的微观功能包括观赏共享功能、告知功能、社交功能、营销功能；体育符号信息的专业转换以及所依赖的媒介形态包括体育视频、体育图片、体育文字报道、媒

① 陈一民，李启明，马德宜，等．增强虚拟现实技术研究及其应用［J］．上海大学学报（自然科学版），2011，17（4）：412－428.

② cnBeta. ESPN 在转播中启用 Virtual 3 技术：红色三分线会适时亮起［EB/OL］. https://www.cnbeta.com/articles/deep/471877.htm. 2020－04－03.

介融合后的综合报道手段及介质。体育新闻报道是新媒体技术的试验田。

思考题

1. 如何理解体育新闻传播与体育新闻信息，二者的关系是怎样的？
2. 请说一说如何理解体育信息，它与体育新闻信息之间的区别是什么。
3. 请分析下面几个概念：动作符号、规则符号、体育文化符号。
4. 如何归纳体育新闻信息的特征？
5. 如何从体育新闻信息解释体育新闻实践的特殊性？
6. 试分析体育新闻定义。
7. 试理解体育符号信息的专业转换制作与媒介形态。

拓展阅读

1. 陈力丹，陈俊妮．传播学纲要［M］．北京：中国人民大学出版社，2014.

2. 李玮．新闻符号学［M］．成都：四川大学出版社，2014.

3. 李玮．语境变迁下的“新闻”定义再思考：以符号叙述学为视角［J］．符号与传媒，2016（1）：135－145.

4. 陈力丹．新闻理论十讲［M］．上海：复旦大学出版社，2017.

5. ANDREWS P. Sports Journalism：A Practical Introduction[M]. Los Angeles：SAGE Publications Ltd，2005.

第四章　体育新闻真实性和娱乐性

内容提要

体育新闻的真实性和娱乐性是体育新闻理论中两个重要的核心议题，也是历来研究的关注点。可以说，自从体育成了社会关注的专业报道内容后，这两个问题就始终被提及，相关的理论研究和学术探讨更是占有大量的比例。

同时，另一种极端现象也出现了，对体育新闻真实性和娱乐性的众多研究成果所持的是“负面批判”的态度，如体育新闻常常被当作虚假新闻的主要来源，体育新闻的真实性总是与一般新闻等同而论，体育新闻的娱乐性更加受到关注，对其的负面评价也更多，很多体育新闻报道被冠以“过度”娱乐化的判断。

这类研究的问题在于用一般新闻的标准来衡量体育新闻，而没有深入体育新闻传播的内部，发现体育传播规律。只有完整地面对体育新闻传播全过程，才能真正了解体育新闻的真实性和娱乐性的内涵，并在新闻报道过程中遵循这些规律。

学习目标

把握体育新闻真实和体育新闻真实性的基本内涵；认识体育新闻娱乐性和体育新闻娱乐化的特点；掌握体育新闻客观的规律。

关键术语

新闻真实、体育新闻真实、体育新闻符号规定性、新闻真实性、体育新闻真实性、意义真实、事件意义、媒介意义、受众意义、体育家精神、体育新闻娱乐性、体育新闻娱乐化、观与演六要素、体育新闻客观

第一节　体育新闻的真实性

导　入

“久负盛名的莫斯科卢日尼基体育场是俄罗斯最著名的球场，也是目前唯一被欧足联认可为最高星级的俄罗斯球场，共拥有超过89000个座位。2018年世界杯将在俄罗斯举行，卢日尼基体育场显然在其中承担了重要的比赛任务。2012年12月14日，国际足联执委会会议上国际足联通过了俄罗斯世界杯组委会的计划，确认了开、闭幕式和揭幕战、决赛的场地安排。卢日尼基体育场最早在1956年7月31日投入使用，是俄罗斯最大、最现代化的球场，同时也是欧洲少数几个使用人工草皮的球场。2008年夏天，卢日尼基体育场举办了欧冠决赛，该场比赛曼联点球大战力克切尔西夺冠。”①

这是一条2012年12月14日22：54：58发表于网易体育的稿子，这个时间距离2018年俄罗斯世界杯还有5年多。5年后世界杯首场比赛的时间、地点和对阵双方都已经确定下来，这是体育新闻最重要的特征，即赛事的规定性。而对于一个新闻事件来讲，等于事先已经知道了时间（when）、人物（who）、地点（where）、事件（what）和可预测的结果（how），这是不可思议的。体育新闻的真实性就是从这里开始探讨的，即事先的规定性如何理解，在这样的背景下，体育新闻真实和真实性如何去判断呢。

一、新闻的真实和真实性

对体育新闻真实性的解读建立在新闻真实性的基础上，因此，系统地了解新闻真实和新闻真实性的内涵以及研究焦点是必要的。只有全面认识了新闻真实性的本质后，才能差异化地掌握体育新闻真实和体育新闻真实性的要点。

① 网易体育.2018年世界杯揭幕战+决赛场地确定　卢日尼基中标[EB/OL].https://sports.huanqiu.com/article/9CaKrnJzU42.2020-04-03.

（一）新闻的真实

真实是新闻的生命。怎么理解新闻真实呢？

在新闻定义中，有三个关键词：事实、报道和信息。事实是本源，新闻信息需要来自事实，这是新闻的功能决定的，也是新闻真实的依据和来源。报道是将新闻事实转换为新闻作品，事实就被分为了事件事实和新闻事实，新闻的真实在于新闻事实是否还原了事件事实。信息是新闻信息，就是用新闻表达手段所呈现的阐释事实的内容，用以消除不确定性或者共享意义，从这个角度来讲，事实是来源，报道是专业过程，新闻信息就是结果。判断新闻的真实主要是针对新闻信息中的新闻事实与事件中事实的一致性进行判断的。

陈力丹认为："新闻的真实是事实的真实。新闻是对事实的叙述，理论上讲，你的叙述与事实是否相符，事实是检验新闻真实的标尺。"①

"新闻信息的真实，是指构成新闻信息的诸要素都必须准确无误，符合客观存在。新闻信息中的人物、事件、时间、地点、因果，都必须与事实相符。就是细节的描述、环境气氛的烘托渲染也必须与客观事实相符合。新闻信息必须是特定环境下新近发生的真人真事。这就是我们常说的事实的真实、现象的真实、客观存在的真实。这种真实，是新闻真实性的基础。"②

鉴于上述分析，有学者把新闻真实分为了不同层次，包括微观真实和宏观真实、局部真实和整体真实、现象真实和本质真实等。

（二）体育新闻的真实

从新闻的真实入手，对体育新闻的真实进行分析和理解。

实际上，相对于新闻真实，体育新闻的真实显得较为简单而清晰。

新闻真实来源于新闻事实，体育新闻真实自然也来源于体育事实。体育事实来源于体育实践，体育实践是由实践体育和观赏体育两部分组成的。通过第二章的分析可以得知，实践体育和观赏体育均来自以体育符号为主构成的体育信息，而体育新闻是将体育信息经过专业转换而成的体育媒体内容。由此，可以得到体育新闻真实就是体育符号的传达真实。

体育符号本身带有规定性，体育新闻的规定性由此而来。具体来讲，任何一场比赛或者重大赛事，其比赛的时间、场地、人物都是事先安排好的，同时，比赛过程和比赛结果也是全部展现在观众面前的。

2016年里约奥运会的举办时间是8月5日到8月21日。在奥运会开幕之前，比赛的日程安排就已经向世界公布，作为新闻事件而言，时间、地点、人物和比赛项目都已经一目了然。表4－1是腾讯网站上发布的2016年里约奥运会男子田径赛程，在这个表中，田

① 陈艳辉．对"新闻真实性"概念的梳理［J］．新闻前哨，2010（11）：43－46.

② 同①.

径各场比赛的时间、项目和轮次都十分清晰，观众和读者可以根据自己的时间和兴趣选择收看。

表 4－1　2016 年里约奥运会男子田径赛程①

日期	时间	项目	轮次
8 月 12 日	20：30—22：47	铁饼	资格赛
	21：10—21：57	800 米	小组赛
8 月 13 日	01：30—03：10	20 公里竞走	决赛
	08：05—08：54	400 米	小组赛
	08：20—09：28	跳远	资格赛
	21：50—22：55	铁饼	决赛
	20：30—20：52	100 米	资格赛
	23：00—23：43	100 米	小组赛
8 月 14 日	07：30—07：45	400 米	半决赛
	09：05—09：25	800 米	半决赛
	08：25—08：55	10000 米	决赛
	07：50—09：20	跳远	决赛
	07：20—10：00	撑竿跳高	资格赛
8 月 15 日	08：00—08：15	100 米	半决赛
	09：25—09：26	100 米	决赛
	09：00—09：01	400 米	决赛
	21：30—23：22	跳高	资格赛
	22：30—23：03	400 米栏	小组赛
	21：25—22：04	3000 米障碍	小组赛
	20：30—21：38	三级跳远	资格赛
8 月 16 日	09：25—09：27	800 米	决赛
	09：40—10：13	110 米栏	小组赛
	07：35—09：41	撑竿跳高	决赛
	22：50—23：31	200 米	小组赛
	21：30—21：52	1500 米	小组赛
	20：50—22：15	三级跳远	决赛

① 腾讯体育．2016 年里约奥运会男子田径赛程［EB/OL］．http://sports. qq. com/a/20150921/028533. htm. 2018－08－22.

续表

日期	时间	项目	轮次
8月17日	07：40—07：57	110米栏	半决赛
	09：45—09：46	110米栏	决赛
	08：35—08：50	400米栏	半决赛
	07：30—09：36	跳高	决赛
	21：05—21：42	5000米	小组赛
	22：50—22：59	3000米障碍	决赛
	20：40—次日09：01	链球	小组赛
	20：30—20：55	十项全能	100米分项决赛
	21：35—22：39	十项全能	跳远分项决赛
	23：15—次日00：03	十项全能	铅球分项决赛
8月18日	08：20—08：45	十项全能	400米分项决赛
	09：00—09：17	200米	半决赛
	08：55—09：51	标枪	资格赛
	04：45—07：21	十项全能	跳高分项决赛
	20：30—20：55	十项全能	110米栏分项决赛
	21：25—23：18	十项全能	铁饼分项决赛
	23：00—23：01	400米栏	决赛
	22：40—22：49	4×100米接力	小组赛
	20：55—21：43	铅球	资格赛
8月19日	00：25—01：25	十项全能	撑竿跳分项决赛
	05：35—07：30	十项全能	标枪分项决赛
	09：30—09：31	200米	决赛
	08：45—09：01	十项全能	1500米最终决赛
	07：45—07：59	1500米	半决赛
	07：30—08：35	铅球	决赛
	19：00—23：20	50公里竞走	决赛
8月20日	09：35—09：36	4×100米接力	决赛
	08：10—08：23	4×400米接力	小组赛
	08：05—09：25	链球	决赛

续表

日期	时间	项目	轮次
8 月 21 日	08：00—08：04	1500 米	决赛
	08：30—08：44	5000 米	决赛
	09：35—09：38	4 ×400 米接力	决赛
	07：55—09：15	标枪	决赛
	20：30—23：15	马拉松	决赛

不仅如此，在该网站上还有文字说明：田径决赛时间一般是北京时间早上 7 点以后，便于中国国内观众收看；另外重要的几场比赛，如精彩的男子 100 米飞人大战、男子 4 × 100 米接力；中国队有望获得奖牌或者冲金的项目，如男子跳高（8 月 17 日）、女子标枪（8 月 19 日）等比赛的时间都做了具体说明，有利于观众进行选择。①

观赏体育最重要的报道形式是现场直播，而拥有转播权的媒体常常会利用赛事的规定性，使得体育新闻的真实可以得到更加充分的体现。

央视网作为 2016 年里约奥运会官方互联网和移动平台转播机构，提供 28 个大项独家直播，共计 5700 个小时，奥运频道每天还播出 15 个小时的定制化节目。

从图 4 – 1 可以看到拥有强大播出版权的央视网，田径比赛提供的内容在时间上可以精细到分钟，同时比赛场地和比赛项目也很清晰，另外可以看到，央视网的视频节目包括直播、高清直播、回放、集锦和图集，这些内容是观赏体育最具有价值的部分。

图 4 – 1 央视网 2016 年里约奥运会田径项目直播播出表②

① 腾讯体育 . 2016 年里约奥运会完整赛程[EB/OL]. http://sports. qq. com/a/20150920/030520_1. htm. 2018 – 08 – 22.

② 央视网 . 里约奥运项目赛程[EB/OL]. http://2016. cctv. com/schedule/events/1/index. shtml? id = 3. 2018 – 08 – 22.

总之，体育新闻的真实是由体育实践决定的，体育赛事是实践体育和观赏体育的主要组成部分，体育赛事的特殊性在于时间、地点、人物和事件的规定性。这些规定性可以理解为新闻的几个“W”，时间（when）、地点（where）、人物（who）、事件（what）、可预测的结果（how）均已经有了对事实的预期，所以，体育新闻报道的真实主要表现于体育比赛的真实，在新闻实践中较容易把握。

二、体育新闻的真实性

（一）新闻的真实性

怎么理解新闻真实性呢？首先新闻真实性属于人的认识问题，认识主体如何认识客观世界，可被理解为认识结果与认识对象间的一种关系。①

新闻真实性的认识主体有两类：一是受众，是新闻内容主要的接受者；二是媒体从业者，他们是新闻内容的制作者。②

从认识过程来看，新闻工作者在事件事实的基础上，通过新闻手段制作了新闻内容，受众对新闻事实进行解码，获得信息并判断。

在这个过程中，可以看到事件事实、新闻内容和受众最终的事实判断之间存在差异。

如果把事实包括的信息分解为符号与意义的统一体，那么，符号是指称的对象，意义则是内涵。指称对象可以用真假来判断，意义则依靠认识主体的主观判断。也就是说，任何符号系统，指称可被理解为真实的对象，而意义则是对指称对象的解释和思考。

新闻真实是现实真实，如果从符号与意义的角度来讲，是指称真实，对于新闻内容来说，就是事实来源，是组成了新闻的五个“W”，也是可以产生受众真实与否的判断。同时，指称真实是意义真实的基础，没有现实的符号指称，就不可能让认识主体产生意义想象，同时符号指称的真实也是意义产生的基本元素。

新闻真实性主要来自意义真实。意义真实是在真实的符号指称的基础上，认识主体产生的意义阐释的可能性。

在意义真实的产生过程中，有下面这些特点。

意义真实是主观的，而不是客观呈现的。意义真实来自认识主体的主观判断，这里的认识主体有两类：一是新闻从业者对事件真实和新闻真实的判断，二是受众对事件和新闻真实的判断。这个判断是认识主体在头脑中的思维过程，进而产生的意义理解。

意义真实的判断是构成性和生产性的，而不是现实事件在认识主体头脑中的直接反映。在意义真实产生过程中，认识主体通过对事实和新闻内容的思考，进而产生了阐释层

① 杨保军. 事实·真相·真实——对新闻真实论中三个关键概念及其相互关系的理解［J］. 新闻记者，2008（6）：61－65.

② 计方胜. 试论新闻真实性的三重内涵［J］. 新闻记者，2010（1）：59－61.

面的意义构建。这是大众媒体所创造的拟态环境的过程，是现代社会特有的一种信息生产过程，即媒介信息让人们在精神世界中构造了一个意义世界。

意义真实在不同的认识主体之间是有差异的。意义真实的主观性和构成性，使得它在不同的认识主体之间会产生差异。所以说，意义真实没有绝对的客观准则，它只可能是在意义构建过程中形成一个“阐释视域”，在这个视域范围之内，大多数认识主体的判断互相印证，取得了一个相对性的交互判断。

新闻真实性是围绕意义真实进行分析的，在理解了意义真实的特点后，下面将要分析意义真实的三个分类。

新闻产生过程，也是认识主体通过符号指称诠释意义的过程，从大众传播的流程来看，这一过程涉及事实事件、媒介和受众，它是一条简化后的传播模式，实际情形要复杂得多，意义的产生和传播也依赖于这个线性结构。有学者依据这三者，把意义构建分为三类，分别是事件意义（基础因素）、媒介意义（意义产生）、受众意义（意义再生产），新闻真实性就是这三者之间形成的网络共享，这三类意义分别构成了新闻真实性的现实性、可能性和解释性。①

事件意义是基础因素，是构建媒介意义和受众意义的基础。事件意义是在事件符号指称的基础上形成的，可以说，无论是新闻从业者还是受众均会从事件事实中直接产生事件意义，特别是在新媒体环境下，事件意义的产生会增加更多的渠道。事件意义是新闻真实的结果，也是现实性的体现。

媒介意义是指在事件事实的基础上产生对新闻事件的阐释和判断。对于媒介意义的理解有两点很重要：第一，媒介意义代表着组织传播而非个人传播，大众传媒是重要的社会组织，媒介意义是一种社会信息，在某种程度上更是社会秩序的体现；第二，媒介意义是一种可能性的反馈，不是简单的对事件事实的反映。因为对于任何一个社会事件，不仅事件本身是焦点，事件发生的前因后果、事件折射的社会本质等都是媒介意义所阐述的内容。因此，可能性说明的是媒介意义的范围和区间，媒介意义的可能性越全面和权威，其新闻真实性越强。这一现象也在说明，媒介意义是生产性和建构性的，而非简单的事件反映。

受众意义是在媒介意义基础上的再造。对于受众意义来讲，准确地说，是受众对事件事实和新闻内容的内在阐释，是多种意义的叠加，因此，用共享意义来理解受众意义更为贴切。哈贝马斯认为：“我们可以认为，生活世界的各个部分，如文化模式、合法制度以及个性结构等，是贯串在交往行为当中的理解过程，协调行为过程以及在社会化过程中的浓缩和积淀。生活世界当中潜在的资源有一部分进入了交往行为，使得人们熟悉语境，它们构成了交往实践的主干。经过分析，这些知识逐渐凝聚下来，成为传统的解释模式；在社会群体的互动网络中，它们则凝固为价值和规范，经过社会化过程，它们则成了立场、资质、感觉方式以及认同。产生并维持生活世界各种成分的，是有效知识的稳定性，群体

① 姚君喜．新闻真实性的意义阐释［J］．社会科学，2007（6）：93－101.

协同的稳定性，以及有能力的行为者的出现。日常交往实践的网络同在社会空间和历史时间范围内一样，远远超出了符号内涵的语用学领域，并且构成了文化、社会以及个性结构形成与再生的媒介。”①

正如哈贝马斯所言，受众意义本质上是人类日常社会实践和符号系统之间的构建关系，共享意义就是在这些日常实践及所共同拥有的话语背景下形成的。受众意义的构建性更明显，在新闻真实性中被看作是解释性，这里的解释是受众通过共同的共享价值而构成的。

最后一个需要分析的问题是：有什么制约着新闻真实性？从新闻真实性所对应的三类意义来看：事件意义是基础，决定着其他两类意义的形成；媒介意义是由社会组织决定的，带有社会秩序的属性；受众意义需要从共享意义出发去理解，是社会价值的体现。从这个分析可知，除了事件意义带有原始物质属性外，其余两类都是在社会构成中实现的。这里面有两种制约因素很突出：第一是权力制约，可以借助大众媒体传递社会组织的导向；第二是通过新闻传递的社会价值观，这是共享意义中显露出来的社会倾向。虽然事件意义、媒介意义和受众意义具有差异，但如果在一个社会价值观同构的社会中，这三类意义可以表现为具有一致性，特别是重大社会事件面前。关于这一点，哈贝马斯认为是“主体间性”，同时他还强调“主体间性”应是意义构建的本质所在。虽然哈贝马斯提及的“主体间性”超越了主体意义，但他一再表达的以主体的互动和理解为根本，依据主体构建社会意义的说法，归根结底解释的就是共享意义。②

总之，新闻真实性是围绕新闻事件中意义构成和意义产生进行的分析。新闻真实性分为事件意义、媒介意义和受众意义，所对应的是新闻的现实性、可能性和解释性，新闻真实性判断来自主体在三种意义的互动和构建中的共享程度和水平。

（二）体育新闻的真实性

体育新闻真实性同样来自意义的产生和构建，由于体育信息中符号体系的完善，因此，给体育新闻真实性的创建提供了便利。

1. 体育新闻真实性的内涵

体育新闻来源于实践体育和观赏体育，具体而言是体育信息决定了体育新闻信息的内涵，体育信息则是一套共享的符号体系以及内涵意义，是现代社会特有的一种文化现象（图4－2）。

---

① 于尔根·哈贝马斯．后形而上学思想［M］．曹卫东，付德根，译．上海：译林出版社，2001：82.

② 姚君喜．新闻真实性的意义阐释［J］．社会科学，2007（6）：93－101.

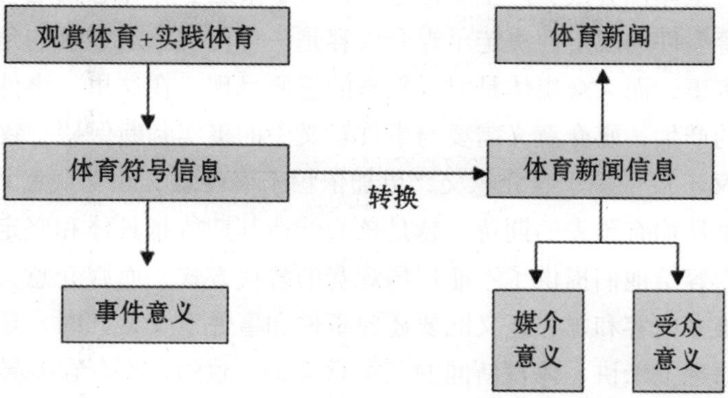

图4－2　体育新闻真实性三类意义来源

体育新闻意义同样分为三类：事件意义、媒介意义和受众意义。这三类意义来自体育信息的符号体系，这个符号体系是由动作符号、规则符号和体育文化符号构成的，需要关注的是，意义的产生过程是借助于新闻媒体的专业转换为体育新闻信息的，并以体育媒体内容的形式呈现出来，意义就是在体育新闻最终呈现的内容中被传递与共享的。

事件意义：是以现实生活中的体育实践为依托而产生的体育信息中符号体系的内涵阐释。所借助的体育事实，其实就是体育新闻真实中所包括的体育事件。这是比赛带有时间、地点、人物、事件过程的规定性，因此，可以产生较为明确的意义。

媒介意义：是在事件意义的基础上，对体育符号体系所进行的媒介阐释。大众传播的意义产生代表着组织化和权威化属性，影响和引领着社会舆论，体育媒介意义同样具有这种属性。

受众意义：是对事件意义和媒介意义的再生产。上文已经分析，受众意义的背后是社会的共享意义，也就是说，是全社会的价值判断和共识观念。在体育受众意义中，也是同样的原理，受众意义离不开社会对体育的认识和理解，而不单单局限于某一场比赛运动员的表现，即便是全社会都关心的重要赛事。

对于一般新闻而言，事件意义、媒介意义和受众意义三者之间可能是一致的，更有可能存在差异，事件意义代表着具体事件的真实发生，媒介意义具有权威性和组织化导向，而受众意义则建立在社会共识和价值判断的基础上，因此，三者之间产生差异较为常见，而新闻真实性往往是求同存异的判断。

对于体育新闻真实性而言，同样也是出自这三类意义产生和构建过程，相比于新闻真实性，体育新闻真实性有着特殊性，可以归纳为以下几个方面。

（1）体育实践是一种元叙事，媒介意义只是对事件意义的一种再现。事件意义是基础，没有体育实践，就不会产生后面的两类意义阐释。对于实践体育或者观赏体育而言，任何比赛，特别是重要比赛本身就是传播事件，不仅有时间、地点和人物的规定性，比赛本身也是直接面向社会的事件展示，所以说事件意义不仅为体育新闻从业者产生媒介意义提供了依据，更为全体社会成员产生事件意义提供了渠道。媒介意义是对事件意义的再创造，实际上，体育事件的规定性决定了媒介内容是一种再现。从叙事的角度讲，体育比赛可以被看作是元叙事，而大众媒体是对元叙事的还原呈现，在这里，事件意义的诸多属性决定了媒介意义的产生，媒介意义需要与事件意义中的事实判断保持一致。

（2）受众意义不仅依赖于媒介意义，更加依赖于事件意义。受众意义首先来自事件意义，受众对体育事件均有预先的期待，越是核心球迷其期待越具体和坚定。对于核心体育受众而言，媒介内容给他们提供了不能现场观赛的替代方式，而媒介意义是验证和共享受众意义的过程。媒介内容和媒介意义既要还原事件和事件意义，同时，还要受到受众意义的验证，从这个原理上来讲，体育新闻的三类意义是一致的，不存在差异。

（3）事件意义、媒介意义和受众意义一致时，体育新闻真实性程度最高。体育新闻三类意义的一致性是由体育的属性决定的，现代体育是一套人工创造的以动作姿态为表达方式的符号体系，这套符号体系及意义内涵同样带有较强的规定性，它们作为固定诠释嵌于与体育有关的一切事物之中，当体育事件发生时，这套符号体系及内涵意义就自动启动，决定着事件意义、媒介意义和受众意义。

因为事件意义中的体育符号体系及内涵是带有规定性的，因此，事件意义决定着媒介意义与受众意义，一般而言，受众意义来自社会的共享意义，这里的共享意义就是体育符号体系中的内涵，也就是说，以体育迷为代表的体育受众一定是事件意义的接受者。相对而言，媒介意义与二者的一致性更加重要，如果三者之间产生差异，事件意义中体育属性将会起到决定性作用。

新华社里约热内卢8月7日体育专电（记者公兵 冷彤）里约奥运会首日，成了中国军团的无金日。同样是获得银牌，杜丽笑了，孙杨哭了。或笑或哭，只是运动员自己的选择。笑对失利，是一种态度；哭泣减压，也是一种态度。每个人只有选择的不同，没有孰优孰劣之分，切不可上纲上线。

竞技体育的本质就是追求第一，奥运精神就是“更快、更高、更强”，运动员本来就应该追求金牌，这没有错，也是天经地义的。否则，抱着无所谓的态度参加奥运会，那你干嘛来了？

奥运会四年一个周期，运动员在四年的轮回里拼尽全力，为的就是等待奥运会开始的那一天，其中的甘苦，只有他们自己最清楚。谁不愿在奥运会上击退群雄、豪气干云、为国争光？谁不愿在奥运史上留下光辉的一笔？不信？请看山东姑娘张梦雪夺得中国代表团首金后喜笑颜开的模样！

积极追求金牌与唯金牌论有本质的区别。唯金牌论强调的是一切以金牌为核心，为了夺取金牌可以不顾规则、不顾底线、不择手段。这是竞技体育必须要摒弃的。我们知道，任何领域都应当有规则意识和底线意识，竞技体育同样如此，如果越过边界、不守规则，则是对体育的亵渎，对奥运的不敬。

唯金牌论一度在中国体育界盛行，因为金牌往往与政绩、房子、车子、票子挂钩，从而导致了体育价值观的扭曲。近年来，随着国家对体育的愈发重视，随着人民群众对体育的心态日趋开放和包容，随着全民健身的日益普及，唯金牌论正逐渐失去市场。但是，同时，另一种论调——金牌无用论——却在滋生，甚至大行其道。持此论调者认为，金牌没有价值，在运动员身上的巨额花费是在浪费纳税人的钱。且不说在中华人民共和国成立初期，竞技体育在鼓舞士气、振奋民心方面发挥的巨大作用，体育外交在促进国际社会的发展和人类进步所起到的巨大作用（乒乓外交就是最佳例证），即便到了今天，体育同样是人们生活的一部分，而且是不可或缺的一部分。金牌无用论者不仅是在抹杀体育的历史功绩，对体育本身的价值同样拥有错误的认识。

或笑或哭，莫与唯金牌论挂钩，也莫让金牌无用论蒙蔽了你的眼睛。

体育新闻的事件意义、媒介意义和受众意义需要具备一致性，如果存在不一致，则会进行自我调整，具体表现在新闻内容中。以上的例子就说明了这一点：在如何看待金牌的问题上，事件意义、媒介意义和受众意义之间曾经产生过分歧，不论是媒体报道还是社会认知，都存在不同程度的“唯金牌现象”。在体育逐渐变得更加日常化的今天，金牌的意义内涵也回归到了应有的位置，唯金牌论和金牌无用论都受到了质疑，三类意义的判断在趋于一致：竞技体育的金牌是一种体育荣誉，重点是如何准确认识和挖掘奥运金牌中所蕴含的价值。

2. 如何判断体育新闻真实性

如何去判断体育新闻的真实性呢？体育新闻的真实性来自意义内涵，而事件意义、媒介意义和受众意义又具有一致性，实际上，决定意义内涵及一致性的是体育符号自身的确定性。

也就是说，体育符号体系带有明确的意义内涵，事件意义、媒介意义和受众意义均来自体育符号意义，因此，才会具有一致性。但由于意义带有主观性，因此，在认知和理解上出现分歧是可以理解的。

体育符号体系意义内涵的确定性可以分为两大类：一是具有明确的确定性，这些确定性不能有任何更改；二是有个底线原则，在不违背底线的范围内，意义内涵可以有主观判断上的差异。

（1）规则符号、部分体育文化符号的意义常常带有确定性。体育符号体系由三部分构成，其中规则符号、部分体育文化符号带有确定性。规则符号是文字表达出来的规章制度，容易理解。部分体育文化符号主要指有代表性的，特别是那些已被知识产权列入保护范围的体育标志，其中最著名的是奥运五环。

新浪体育讯　北京时间2月24日凌晨，索契冬奥会闭幕式上，俄罗斯人用一种自嘲的方式将完整的奥运五环展现在世人面前：开场的舞蹈最后，由舞蹈演员先还原了开幕式时的“故障五环”，再慢慢展开形成了一个完整的五环！

此前的开幕式上，奥运五环展示环节出现故障，本将形成五环的五朵雪绒花有一朵没有打开，让精彩纷呈的开幕式留下小小的遗憾。

但闭幕式开场不久，俄罗斯人就用这样一种幽默的方式弥补了遗憾。穿着亮片服装的舞蹈演员此前一直变幻成各种图案，没想到最后一幕竟然重演了开幕式的“故障五环”——四组演员都拉成了圈，而右上角的演员抱成一团。几秒钟后，那最后一个环缓缓打开了，一个完好的奥运五环呈现在世人面前，现场爆发出了热烈的掌声！

央视解说员张斌和沙桐说：“俄罗斯找到了一种既自嘲又独特的弥补方式。这种幽默感需要强大的自信。”

在闭幕式上弥补开幕式的失误并非没有先例，就在2010年温哥华冬奥会开幕式上，点火仪式中原计划升起四根冰柱，最后却仅有三根升起。当年的闭幕式一开始，舞台中央就呈现出来那个残缺的火炬台，接着一个电工打扮成小丑模样，绕着那根未升起的冰柱做检修状，最终将坏掉的冰柱升起，用这样一种方式弥补遗憾。

奥运五环标志已经成了受到法律保护的体育文化符号，不论是外在表现形式还是意义内涵的阐释，都有着明确的规定性。所以在索契冬奥会开幕式表演中的“故障五环”才会成为失误和遗憾，而闭幕式中从“故障五环”到完整五环的还原，才可能作为难忘的瞬间被全球观众津津乐道。

（2）人们对动作符号以及部分体育文化符号的认识会产生差异，但应以体育道德标准作为底线。动作符号是体育符号体系重要的组成部分，但也是理解差异最大的部分。这里面，实际上有一个“意义阈值”，衡量尺度就是体育道德，其中体育家精神（sportsmanship）则是国际通行的体育道德内涵。

体育家精神是体育运动中所拥有的精神内涵和气质，主要包括：

第一，公平竞争（fairness）。

第二，尊重对手（respect for one's opponent）。

第三，正确地对待输赢（graciousness in winning or losing）。

最初的体育家精神被局限在运动员身上，目前，这个范围在扩大，包括了所有体育参与者。也就是说，对动作符号、部分体育文化符号的意义判断，不能违背体育家精神。或者说，只要在恪守体育家精神的前提下，对体育符号体系的意义内涵理解都是可以接受的。对于体育新闻真实性来讲，不同的体育项目、不同的球迷以及不同的地区，对动作符号及体育文化符号的判断有可能是相悖的，但前提是不能违反体育家精神。意义判断不仅包括认知，还包括情绪情感部分，体育受众的情绪情感带有强烈的倾向性，因此，体育新闻真实性的判断不可能是统一的，而是带有不同的特点，具体如下：

体育新闻真实性要严格遵循体育家精神，不能违背体育道德及规则法规，这是体育真实性判断的底线和原则。

体育新闻真实性来源于体育符号体系的意义内涵，包括情绪情感表达。不同的地域、不同的体育项目及其体育迷之间会有不同的理解，产生差异和分歧属于意义阈值之内。

对于同一地区、同一项目及其体育迷来讲，体育新闻真实性所涉及的事件意义、媒介意义和受众意义具备一定的一致性。

专栏 4－1　足球中的多个由来①

足球运动员号码的由来

在足球比赛中，各队在自己队员的衣服上印有号码，作为运动员的标志，这已是国际惯例。最初它不是为了识别运动员，而是运动员场上位置的标志。1933 年英国足协杯赛中首次使用带号码的球衣。1939 年规定运动员上场必须穿号衣，各号代表场上位置（2－3－5 制）：1 号守门员、2 号右后卫、3 号左后卫、4 号右前卫、5 号中卫、6 号左前卫、7 号右边锋、8 号右内锋、9 号中锋、10 号左内锋、11 号左边锋。后来在 4－3－3 阵式中适当作了调整，但号码仍到 11 号为止。

足球裁判穿黑衣的由来

在 1876 年以前，足球比赛并没有裁判。每次比赛之前，由双方商定一个"君子协定"。谁在比赛中违反了规则，便由队长根据"协定"判罚。裁判员的正式问世是在 1883 年。

1978 年以前，足球裁判不像现在这样在场内跑来跑去，而是坐在看台上进行裁判。但由于足球场场地大，坐在看台上的裁判，不可能发现所有的犯规情况。后来决定裁判员到场内进行判决。

裁判员在场内随运动员来回跑动而判决，易与运动员混淆。为使裁判员在场内区别于运动员，足球裁判员全都穿上黑色裁判服。

足球赛出示红、黄牌的由来

在激烈的足球比赛中，裁判员经常出示黄色、红色小牌，对运动员的犯规行为予以警告或罚出场。

国际足球比赛规则规定：一个运动员在同一阶段比赛中，被裁判员出示黄牌计达两次者，即停止下一场比赛。一个运动员被裁判员出示红牌，除当场停止比赛外，还停止一场比赛。

红、黄牌是南美足球协会联盟在 1970 年举办米尔斯·里梅特杯赛时首先采用的，目的是帮助裁判员克服比赛场上的语言障碍。以后经国际足联裁判委员会研究并经世界杯赛组织委员会批准，在墨西哥城世界杯赛中首次使用，并沿袭至今。

点球的由来

点球出现前，守方后卫为了阻碍对方队员在球门附近将球踢进大门，不惜采用各种各样鲁莽的行动。1891 年，英格兰的斯托克队和诺丁汉队进行夺杯锦标赛，诺丁汉队在 1:0 领先的情况下，以守为主。斯托克队尽管轮番进攻，仍然不能拔城。在比赛结束前一分

① 唐麒，文雅．世界五千年事物由来总集：体育分册［M］．呼和浩特：内蒙古人民出版社，1997.

钟，斯托克队一名队员幸运地射了一次门，守门员判断失误，眼看球入网窝要得分，诺丁汉队一名队员情急之中，用手把球击出端线。这种情况根据当时规则，只能判罚任意球，而防守队员却可以组成一道人墙阻击，结果斯托克队以0:1输了这场球。

比赛结束后，不少观众提出这样的规则不合理。1891年9月15日，英格兰足协在观众舆论压力和裁判员的要求下，把类似的情况判“无人防守的罚球”写进了规则。由于罚点球时距离球门只有12码，所以也称“十二码球”。规则规定，主罚队员在踢球前，双方队员都要退出罚球区外，守门员两脚站在球门线上不得移动。如今很多重要场次的足球赛，常常最后以罚点球决定胜负。

第二节　体育新闻的娱乐性

导　入

英超2015—2016赛季首轮比赛，阿森纳球迷等来的却是一场失利。在一篇名为《英超首个比赛日　阿森纳死忠看台为何骂声不断》① 的稿件里这样写道：

不少球队的“死忠球迷区”都在短边，也就是球门后或是角球旗附近的看台，酋长球场（阿森纳主场）也同样如此。这类看台上，球迷们大多都不会坐着看球，而是统一站着和自己的球队并肩战斗。事实上，两周前的“酋长杯”，记者曾经在“较好的位置”体验过一把，当时，当地阿森纳球迷就告诉记者，“酋长杯”此类的热身赛和正式比赛氛围相当不同，譬如“人浪”这种英格兰本土球迷相当鄙视的方式，也只会在“酋长杯”这样相对欢乐的比赛中出现。果然，当记者站在“6区”的位置上，就能感受到那种正式比赛中更加剑拔弩张、更加兴奋的氛围。

这篇文章中传递出球迷观看比赛的真实气氛，喧闹、紧张、热烈又充满骚动，它们都源自球迷身上集体迸发出的激情，这一切均是体育新闻娱乐性的具体表现。这一节就是要探讨体育的观赏娱乐来自哪里，为什么它是体育自带的，又是体育魅力的集中体现。

① 三昇体育．英超首个比赛日　阿森纳死忠看台为何骂声不断[EB/OL]．http://3singsport.com/ycsgbsrasnszkt-whmsbd/．2020-04-03．

一、体育新闻娱乐性辨析

体育新闻的娱乐性以及娱乐化过程是其重要的特征，也是体育新闻研究中受到广泛关注的议题。时至今日，对体育新闻娱乐性更多地关注于娱乐化的程度，即过度娱乐化带来的负面作用，但对体育新闻娱乐性的来源以及娱乐化过程的实现等核心问题，却少有挖掘和剖析。实际上，与体育真实性的原理一样，体育新闻的娱乐性同样来自体育自身，而娱乐化就是其娱乐性的实现过程，也是体育作为娱乐业的根基所在。体育新闻的娱乐性不是媒体附加于体育的，恰恰相反，是体育自身的娱乐属性为大众传媒所使用并扩大，成为了体育产业重要的发展源泉。

体育新闻的娱乐性来自体育本身的属性，体育符号带有叙事特点，在叙事过程中受众通过观看或者亲身参与，可以激发出强烈的情绪情感体验，一旦情绪情感被释放出来，体育娱乐性就发挥了作用。可以说，体育娱乐性的根源就是可以引发受众情绪情感的那些属性。

（一）体育新闻的娱乐性来自体育符号与意义的观赏共享过程

体育新闻的娱乐性来自体育自身，是人们对体育属性的挖掘和使用，离开了体育，体育娱乐性是不会凭空产生的，也不是派生出来的，它是体育比赛自身的属性。同时，体育娱乐性需要通过主体体验才能实现，这里的主体包括体育受众、媒体从业者以及全体社会成员。

在理解体育新闻的娱乐性时，需要从以下三个方面进行分析。

1. 体育信息带有叙事性，即体育实践活动可以“讲故事”，故事的戏剧化是产生娱乐性的核心原因

观赏体育和实践体育均来自体育实践，这里的体育重点指的是体育比赛或者体育活动。约翰·赫伊津哈认为，体育比赛是一种“间隔”的生活，也就是说，体育比赛是一种暂时中断了现实生活，把人们带进了一段比赛情境中的活动，这个时间段的人、事、物与现实场景无关。当比赛结束后，人们才重新继续现实中的生活角色。如果人们把好莱坞比喻为梦工厂，把影视戏剧作品比喻为人造梦境，那么体育比赛同样属于这类梦境。与其相比，体育比赛还具有天然的真实性，场上的队员、裁判，场外的观众等都是真实存在的，而非艺术作品中编写出来的人物和事件。另外，体育比赛既是舞台戏剧作品又是影视作品。当进行现场比赛时，类似舞台戏剧；当进行电视转播时，类似影视作品。于是，体育比赛就具有了叙事属性，并且是戏剧化效果极其强烈的叙事事件。这正是体育娱乐性的核心来源。

2. 体育新闻的娱乐性是从符号观赏到意义共享的过程中产生的，在这一过程中伴随产生了强烈的情绪情感体验

体育娱乐性的产生过程是有一定规律可循的。观赏体育是体育娱乐性的核心，娱乐性

是观赏体育的精髓所在。当参与主体（观赏体育或者实践体育）对体育符号体系进行认知加工，并对意义内涵有了理解和共识时，继而产生强烈的情绪情感体验。体育娱乐性就是针对体育参与者而言的，是在参与过程中产生的心理过程和心理反应，这正是体育传播效果的着眼点。

体育新闻娱乐性重点在于情绪情感的产生。在参与过程中，在符号认知和意义产生过程中，伴随而来的是受众强烈的情绪情感体验，这种体验经由体育独有的、不可替代的因素而唤起，是体育魅力的体现。

3. 同样受到体育道德底线的制约

与体育真实性的理解一样，体育娱乐性同样受到体育道德底线的制约，如果违反了体育道德，体育主观体验就是负面的，不可能产生有效合理的情绪情感。还是继续引用在中国女排里约奥运会夺冠的新闻进行说明。

北京时间（2016 年）8 月 21 日上午，里约奥运会女子排球决赛打响，中国女排 3:1 击败塞尔维亚女排，时隔 12 年再次拿到女排奥运金牌。而根据新浪体育直播数据，女排决赛图文直播室同时在线最高峰值为 26265601 人，互动量高达 1153306 条，女排战报发出后仅仅半小时留言量就超过 12 万，可以说今天女排夺冠彻底引爆话题，在里约奥运会的尾声阶段，中国女排掀起舆论的最高潮。这样的收视率很快引来网友的热议，“女排是国人荣耀，不看女排看啥！女排的比赛真是让人热血沸腾！”①②

中国女排是我国极具广泛群众基础的球队，从 1981 年获得第三届世界杯冠军开始，女排精神被喻为新时期的民族精神，可以说，女排的受众群涵盖了全中国各个年龄段，具有时代特色，正是观赏体育独特价值的体现。除了超高的收视率以外，引文中提到的舆论最高潮、热血沸腾等描述，均指的是受众强烈的情绪情感带来的结果。

（二）体育新闻娱乐性造就终身体育兴趣

体育新闻娱乐性重在唤起受众强烈的情绪情感体验，但是，这里的情绪情感不是稍纵即逝、一朝一夕的，而是养成了体育迷长期的体育兴趣。核心体育迷常常是自己喜爱的球队、球星的忠诚粉丝，这种喜爱带有固定化、稳定化的特征，一般不会轻易改变。随着时间的推移，这种体育兴趣会更稳固，很多体育迷由此形成了终身体育兴趣。

四川是体育迷密集地区，在 2014 年世界杯来临之际，四川新闻网广发“英雄帖”——寻找狂热球迷。一时间各方球迷纷纷冒了出来，这篇报道讲述了一位成都球迷从小时候开始迷上足球的故事。

① 新浪体育. 70% 收视份额！女排夺冠完爆春晚　传 5 秒广告卖 211 万[EB/OL]. http://bbs.tianya.cn/post-41-1114594-1.shtml. 2020-04-03.

② 周凯. 女排决赛收视率逆天！中国超半数电视观众都在看[EB/OL]. http://news.ifeng.com/a/20160821/49814469_0.shtml. 2018-08-22.

四川新闻网成都6月20日讯（记者 沈杏怡 摄影报道）成都“80后”球迷关于足球的全部回忆和情结，或许并不是起源于世界杯，而是与“全兴”两个字紧紧拴在一起的。生于20世纪80年代的成都小伙子潘沙浪是个不折不扣的球迷，他对于足球的所有热情，似乎都是在10多年前那一场全兴队的球赛中被点燃的。他与四川新闻网记者分享了几个童年回忆里有关足球的镜头。

潘沙浪今年26岁，从事金融行业。从八九岁起他就开始接触足球，关于足球最初的回忆，潘沙浪说：“那时我大概8岁，那时四川全兴队在甲A联赛里非常火。”每当有全兴队的比赛时，就是潘沙浪家最热闹的时候：“我妈会早早地煮好一大锅毛豆、花生，爸爸买回许多啤酒，晚饭过后，爸爸的朋友们就会全部聚集到我们家来，所有的人围坐在电视机前。”

对于童年的潘沙浪来说，每一场全兴队的球赛，就像是一次节日。“当时只是觉得非常热闹，小孩子就喜欢热闹。”在爸爸和叔叔的影响下，就这样，潘沙浪也加入了看球的队伍，成了一名球迷。2002年世界杯决赛阶段中国男足出场时，他和父亲及朋友们像小孩子一样在电视机前站成一排，一起高唱国歌。①

就像上文提到的这位“80后”球迷一样，体育迷的体育兴趣一旦被激发出来，就会在不断的情绪情感的体验中，形成长期的热爱和兴趣。这是一个螺旋式上升的过程，并成为终身爱好。可以说，球队、球星以及体育媒体主要面对的是这类体育迷，为他们提供更加具有观赏价值的内容。

（三）体育新闻娱乐性具有强烈的倾向性

体育新闻娱乐性还有客观存在的倾向性，这是体育新闻与其他新闻报道最大的差别之一。体育竞赛的设计是比赛双方进行限时比拼，最终必须要产生比赛结果，由此，观赏体育的受众自然会出现双方的支持者。上面已经分析过，体育兴趣带有长期性，越是资深球迷越会长期固定地支持同一支球队或者同一个球星，甚至成为终身球迷。体育观赏的这种情感倾向性是新闻报道的重要线索，体育媒体的倾向性往往与其受众态度有关，也就是说，受众的倾向性是体育媒体倾向性的重要影响因素。

“科蜜”与“科黑”都是对美职篮篮球明星科比·布莱恩特的球迷简称。②

“科蜜”是指喜欢或者支持篮球运动员科比·布莱恩特的人。“蜜”即喜欢、崇拜，指科比的支持派。“科蜜”大多把科比的不屈不挠、坚持不懈、愈挫愈勇以及敢于面对外

① 四川新闻网．球迷故事：一个成都80后球迷的足球回忆与情结[EB/OL]．http://scnews.newssc.org/system/20140621/000451862.html. 2018－08－22.

② 百度．科蜜和科黑是什么意思？[EB/OL]．https://zhidao.baidu.com/question/85570495.html. 2020－04－03.

界大量的非议而仍然保持对胜利的执着精神作为自己的信仰，“科蜜”不在意别人的言论，他们都有着强大的内心。无论别人说什么，他们都会一如既往地支持他们心中的信仰——科比·布莱恩特。

与“科蜜”相对的人被称为“科黑”，他们是科比的反对派。“科黑”是指指出科比卑劣之处的群体。他们往往批评科比是最大的球权黑洞，总是自己控球，想当老大而不传球。

总之，“科蜜”与“科黑”是科比·布莱恩特两个方向、属性相反的球迷团体的统称。

科比作为美职篮的明星球员，是具有全球影响力的体坛人物。即使这样，围绕科比仍然会出现两个截然相反的球迷群体——支持他的“科蜜”和反对他的“科黑”。这就是体育观赏的独特性，体育媒体在报道时，选择的立场、观点和方式，要顾及这两个群体的不同反馈，并引导舆论良性发展。

综上所述，体育娱乐性是一种通过体育参与而产生的主观体验，主要表现为带有强烈倾向性的情绪情感体验，并可发展为长期的体育兴趣，对于新闻传播而言，观赏体验正是重要的体育娱乐性的组成。

二、体育新闻的娱乐化过程

体育新闻的娱乐性是对体育信息中叙事属性的挖掘，同时，体育新闻的娱乐性也需要通过媒体展现出来，这一展现过程就是体育新闻的娱乐化过程。在一般的体育产业分类中，观赏体育又被称为体育竞赛表演，顾名思义，体育竞赛表演是以体育比赛为焦点，把体育比赛看作舞台表演的方式为观众呈现出来的内容产品，媒体是对这一内容的还原。与体育竞赛表演相比，媒介体育更强调舞台与观众的互动，更接近内容产品的本质。

观赏体育的出现是基于体育的娱乐属性而来的，而媒体是把观赏体育内容搬上传播平台，让体育的观赏效果与娱乐属性最大化。对于实践体育而言，竞赛表演可以被看作自导自演的自娱自乐，这也是赫伊津哈所阐释的现代体育的发生根源之一。所以说，体育新闻的娱乐化过程，就是通过体育比赛的舞台表演给观众带来主观体验的过程。在这里，可以引入戏剧的相关理论进行分析。

（一）观与演的角色分工

对于戏剧化的体育而言，首先要明确的是组成要素。在戏剧理论中，有三要素和四要素之说：三要素是指剧本、演员、观众；四要素则是加上了剧场，它提供了戏剧得以呈现的舞台，于是被加入到要素之中。另外，还有研究者指出，戏剧要素分为本体要素和附属要素：本体要素除了包括剧本、演员、观众、剧场四要素外，还添加了导演；附属要素主要包括舞台美术、作曲、音响效果等。①

戏剧要素的分类对于体育新闻传播研究来讲，具有极高的借鉴价值。体育比赛或者体育活动也可以按以下六要素来分解。

1. 剧本——体育项目规则

现代体育的项目规则规定了比赛的要素，起到了剧本的作用。体育的发展，特别是现代体育的出现，突出的表现就是制定标准，这里的标准主要是体育规则以及后来出现的行业管理标准。

有研究者认为，体育竞赛表演由体育项目、体育竞赛和表演三部分组成：体育项目是实践主体，没有具体的体育项目就没有体育比赛；体育竞赛是核心也是目的，任何体育项目都是通过竞赛来呈现项目参与过程的，竞赛的目的是发挥竞技水平，取得比赛胜利；表演是竞赛的升华与延伸，是该项目竞赛最高水平运动员的场上发挥与对抗，因此，体育竞赛表演带有观赏娱乐因素，可以与艺术媲美。②

从上述体育项目、体育竞赛和表演三者的关系来看，剧本是由体育项目、体育竞赛中的体育规则来充当的。下面以足球比赛规则为例进行说明。足球规则由国际足球协会理事会（International Football Association Board，IFAB）制定并修改，是正规足球比赛所必须遵守的规则。

从表 4－2 可以发现，规则就像剧本一样，指挥着足球项目中的队员如何表演，并强制性地规定了不能如何表演（犯规），这是一个带有普遍性的剧本，正式的比赛都要执行。队员、教练员等必须按照这个剧本的要求，通过日常训练，才能在比赛场上获得胜利。获胜的本质往往是由双方中能够依据剧本更加娴熟而灵活地运用技战术的一方取得的。剧本主要规定了场地、双方人员设定、装备、判罚、动作技术要求等。

表 4－2　国际足球协会理事会足球规则一览表③④

Laws of the Game 2016/2017	足球竞赛规则 2016/2017
01 The Field of Play	第一章　比赛场地
02 The Ball	第二章　球
03 The Players	第三章　队员
04 The Players' Equipment	第四章　队员装备
05 The Referee	第五章　裁判员
06 The Other Match Officials	第六章　其他比赛官员

① 董健，马俊山．戏剧艺术十五讲［M］．北京：北京大学出版社，2004：20.

② 齐大路．全国排球联赛竞赛表演质量现状及影响因子探析［J］．河北体育学院学报，2014（4）：33－37.

③ IFAB. Laws of the Game20/21［EB/OL］. https://resources. fifa. com/image/upload/ifab－laws－of－the－game－2020－21. pdf? cloudid＝d6g1medsi8jrrd3e4imp. 2021－01－27.

④ 中国足球协会．足球竞赛规则 2020/2021［M］．北京：人民体育出版社，2021.

续表

Laws of the Game 2016/2017	足球竞赛规则 2016/2017
07 The Duration of the Match	第七章　比赛时间
08 The Start and Restart of Play	第八章　比赛开始与恢复
09 The Ball In and Out of Play	第九章　比赛进行与停止
10 Determining the Outcome of a Match	第十章　确定比赛结果
11 Offside	第十一章　越位
12 Fouls and Misconduct	第十二章　犯规与不正当行为
13 Free Kicks	第十三章　任意球
14 Free Kicks	第十四章　罚球点球
15 The Throw - in	第十五章　掷界外球
16 The Goal Kick	第十六章　球门球
17 The Corner Kick	第十七章　角球

2. 演员——明星队员、明星球队等

对于体育竞赛表演而言，参与者均为本项目中顶尖优秀的运动员，因此，在观与演的过程中，运动员相当于戏剧中的演员。

高水平运动员均接受过专门的竞技训练。长时间系统科学的专业训练，是杰出选手的必经之路。没有竞赛训练，就不能诞生优秀运动员和他们的比赛成绩。

高水平运动员的赛场表现和对抗是人类在竞技极限方面的突破。任何一项体育比赛，高手之间的对决都是最为吸引人的，他们代表了人类在这个项目上向极限的挑战。同时，在高水平球队之间的对抗中，对技战术的使用和灵活变化的要求是很高的。高水平竞技是力量和智力的完美展现，具有很高的观赏价值。

精英运动员的竞赛表演不仅具有社会价值，也具备商业价值，又是职业体育的重要组成部分。由于高水平球队或者队员的稀缺性，他们除了具有社会价值外，还被商业化操作，职业体育就是在这个基础上发展起来的。

下面以中国体育迷熟悉的世界著名的巴塞罗那足球俱乐部、著名网球球星费德勒为例进行分析。巴塞罗那足球俱乐部，简称巴萨，是一家位于西班牙巴塞罗那市的足球俱乐部，西班牙足球甲级联赛传统豪门球队之一。1899 年 11 月 29 日由瑞士人胡安·甘伯创立。[①] 截至 2015 年 12 月，巴萨在西班牙国内，共赢得了 23 次西甲联赛冠军、27 次国王杯（在国王杯历史上高居榜首）、11 座西班牙超级杯、2 座西班牙联赛杯；在国际上，共赢得了5 个欧洲冠军联赛奖杯、4 个欧洲优胜者杯、3 个国际城市博览会杯、4 个欧洲超级杯和

① 巴萨中文官网．巴萨主席之甘伯：红蓝创始人 五次出山救球队[EB/OL]. https://sports. qq. com/a/20120328/000693. htm. 2018 - 08 - 22.

3个世俱杯。在国际足球历史和统计联合会的国际俱乐部排行榜中，巴萨在1997年、2009年、2011年、2012年和2015年都排在第一位。2015年6月7日，巴塞罗那队3:1战胜尤文图斯队，继2008/2009赛季后再夺三冠王，成为首支两夺三冠王的球队。①

根据德国全球领先的体育调查公司SPORT MARKT在2011年的调查数据，巴萨俱乐部拥有2.7亿名球迷。② 根据福布斯和法国经济公司Deloitte在2017年做的最新经济调查，当时，巴萨俱乐部的商业价值高达36.4亿美元，在世界范围内仅次于英超的曼彻斯特联足球俱乐部（以下简称曼联）。该结果充分考虑了俱乐部比赛日收入、俱乐部所属国家、俱乐部在足球界的地位、俱乐部对市场价值的影响力、世界范围内的社会影响力、俱乐部赞助情况、俱乐部的年总收入以及债务状况等因素。

费德勒是瑞士男子职业网球运动员，史上最伟大的网球球员之一。在职业网球联合会（Association of tennis Professionals，ATP）历史上他是拥有最长连续单打世界第一周数的纪录者（237周，2004—2008年），4次获得劳伦斯世界体育奖最佳男运动员称号。作为一名高龄球员，他还一直在打破自己的竞技成绩纪录。

本报北京7月16日电（记者李硕）北京时间16日，温布尔登网球公开赛在伦敦结束了男单决赛的争夺。瑞士球员费德勒以6:3、6:1、6:4直落3盘战胜克罗地亚球员西里奇，斩获自己第八个温网冠军的同时，也将自己的大满贯个数增加到19个。

费德勒就此成为夺取温网冠军最多的男球员，也是公开赛年代以来捧起挑战者杯年龄最大的男球员。

对下个月将满36岁的费德勒来说，在本届温网未失一盘夺冠，展现出了他极佳的竞技状态和稳定的心态。③

在2017年7月期间，费德勒在Facebook和Twitter上的粉丝数分别为1450万和1110万。在2017年《福布斯》杂志公布的“史上收入最高运动员排行榜”中，费德勒以6.75亿美元排在第15位。在6.75亿美元中，有1.119亿美元都是通过他的职业生涯奖金得到的，其余部分是代言费和出场费。而在《福布斯》杂志揭晓的体坛品牌价值榜单中，在球星品牌价值榜上，费德勒以2800万英镑占据第一位。④

3. 观众——体育迷

观众是戏剧重要的组成部分。在观赏体育中，观众的主体来自体育迷（球迷）。体育

① 巴萨中文官网．足球俱乐部荣誉[EB/OL]．https://sports.qq.com/isocce/barcelonafc/club1899/honours/pandian.htm. 2020-04-03.

② 重庆时报．中国曼联球迷数真超1亿？两次摸底调查均不如AC米兰！[EB/OL]．http://sports.sina.com.cn/g/2012-05-31/11586082213.shtml. 2020-04-03.

③ 李硕．费德勒获得温网第八冠[EB/OL]．http://sports.people.com.cn/n1/2017/0717/c14820-29408291.html. 2018-08-22.

④ 网易体育．福布斯体坛明星品牌价值榜 费德勒压梅西C罗居首[EB/OL]．http://sports.163.com/17/1026/14/D1MB890500058782.html. 2018-08-22.

迷最重要的特征是忠诚，其独特性来自体育迷与球队或者体育明星的关系，这种关系带有长期性和依附性等属性，因此，忠诚是体育观众的自有属性。对于体育观众来讲，对所支持的球队或者球星的倾向性是天经地义的。

在体育产业中，球迷是主要的消费者。在这样的背景下，体育迷忠诚会演变为商业上的支持和奉献。对体育迷的具体分析可以参见第十章。

4. 导演——教练员

教练员是运动队的灵魂人物，同戏剧过程比较，等同于导演。著名教练不仅是在训练和比赛现场指挥时起到主导作用，他们往往也是明星人物，许多著名教练曾经就是驰骋赛场的宿将，因此，优秀教练员也有着体育明星一样的关注度。

穆里尼奥是葡萄牙籍足球教练，曾率领波尔图、切尔西、国际米兰、皇家马德里、曼联这 5 支来自不同国家的球队夺得过 8 次联赛冠军、2 次欧洲冠军联赛冠军、1 次欧洲联盟杯冠军以及 9 次国内杯赛冠军。2010 年，在国际足联首次设立的年度最佳主帅评选中，他获得了 2010 年度最佳主帅。穆里尼奥是当代最擅长防守反击的教练；同时他也是语言天才，能讲 8 国语言，并具有独特个性。根据法国足球公布的主帅年薪榜单中，时任曼联主帅的穆里尼奥收入高达 2420 万英镑，其中包括工资总额、奖金以及广告收入。

5. 剧场——竞赛场地

就像戏剧要在剧场和舞台上表演一样，竞技比赛也要在球场举办。正规的竞技比赛对于场地的要求是很高的，在上文提到的体育产业统计分类中，体育场馆的建设、维护和服务是重要的内容，可见体育场馆的必要性。不仅如此，一些著名球队的主场或者曾经举办过重要比赛的体育场馆，也成为标志性的建筑，代表着体育精神和竞赛荣耀。

曼联是中国球迷追捧的一支球队，老特拉福德球场（Old Trafford）作为曼联主场，也为中国球迷所熟悉。老特拉福德球场是位于英格兰大曼彻斯特郡曼彻斯特市内西面的一个全座位足球体育场，最多可容纳观众 76212 人，享有“梦剧场”的美誉。它是全英格兰三个欧足联五星级足球场之一，是仅次于温布利球场的英格兰第二大足球场，亦是全英国第三大及全欧洲第十一大的球场，承办过欧洲冠军联赛及欧洲足球锦标赛等重要赛事。

国家体育场（鸟巢）以作为第 29 届夏季奥运会的主体育场而出名，北京奥运会上如梦如幻的开、闭幕式表演给世人留下了历史的印记。目前，国家体育场已经成为北京地标性建筑。

国家体育场由 2001 年普利茨克奖获得者——瑞士建筑家赫尔佐格、德梅隆与中国建筑师共同合作完成，是奥运工程建设中的一号工程，也是投资量最大、建筑面积最大、标准最高、钢材用量最多、科技含量最高、施工工艺最复杂、参加施工与协作的单位最多的工程，创下了全世界跨度最大的钢结构建筑纪录。①

后奥运时代，国家体育场充分结合季节特点（主要是考虑草坪的生长周期）、设施和品牌资源优势、场馆经营特色规划管理，按照“节、季、周、汇”四字战略规划活动档

---

① 柯运斋. 创意下的“鸟巢”——国家体育场的自主创新［J］. 科技智囊，2008（1）：55－59.

期，举办具有较高赛事级别的大型体育赛事和较高文化艺术品位的文化演出活动，将国家体育场打造成举办顶级赛演活动的平台，不断丰富首都居民的日常娱乐活动。目前，国家体育场已经形成了春天有演唱会和马术比赛，夏季有足球、橄榄球等草地项目，秋季有全民健身和青少年比赛，冬季有冰雪季和高端冰雪赛事的格局。①

6. 舞台美术、作曲、音响效果、现场表演——现场展示

舞台美术、音响效果、现场表演等虽然在戏剧中属于附属要素，但在体育竞技表演方面，使用这些附加因素是为了营造现场气氛。历史悠久的助兴演出当属啦啦队的表演。啦啦队的名称始于 19 世纪 80 年代，为增强比赛现场加油气氛，美国普林斯顿大学创立了一个名称为“普林斯顿啦啦队”（Princeton Cheer）俱乐部，《普林斯顿日报》对此有所记录。② 职业啦啦队的出现要晚一些，20 世纪 50 年代，职业橄榄球大联盟（National Football League，NFL）达拉斯小牛队打造了第一支舞蹈女郎啦啦队，她们以令人眼花缭乱的舞蹈动作以及性感的着装吸引着现场观众的眼球。20 世纪 80 年代，啦啦队的表演逐渐独立出来成为一项运动，大量的高难度技巧动作融入了编排之中，制定了啦啦操竞赛规则，并举行了首届全美啦啦操锦标赛。1978 年，美国哥伦比亚广播公司开始转播全美“大学生啦啦操锦标赛”。③

第二章所提及的比赛现场体育展示的应用，使比赛场地布置的好似舞台效果，队员们如戏剧主角一般入场；同时，现场主持人也是近年来增加的新角色，会把现场观众带入一种高峰体验。④

（二）观与演的过程与目的

1. 观与演即为体育新闻娱乐化过程

无论是体育竞赛表演的组成因素，还是最终达到的效果，都是在观和演的互动过程中实现的。

在戏剧表演中有“剧本中心论”“导演中心论”“演员中心论”之说，究其原理，均是在阐述戏剧表演过程中的核心环节。在体育竞赛表演中，观与演的过程也与舞台戏剧有共同之处。⑤

观与演的过程可以概述为：在遵循体育项目规则（剧本）的基础上，运动员（演员）与教练（导演）等通过比赛得以展示高超的竞技能力，在这个过程中感染现场观众，并得到观众的呼应，同时，体育现场、啦啦队等展示起到烘托现场气氛的作用。

这个过程就是体育新闻的娱乐化过程，观赏体育通过比赛和观赛两个部分，给观众带来高峰值的主观体验感，这样的情感体验随着比赛的周期性，会持续不断地发生，让观众

① 姚玉凤．国家体育场（“鸟巢”）运营状况及对策研究［D］．宁波：宁波大学，2012.
② 张庆如．啦啦队运动的文化诠释及体育赛场啦啦队活动的组织运行模式［D］．北京：北京体育大学，2009.
③ 同③.
④ 董健，马俊山．戏剧艺术十五讲［M］．北京：北京大学出版社，2004：20.
⑤ 董健，马俊山．戏剧艺术十五讲［M］．北京：北京大学出版社，2004：20.

在期待、体验、共享互动之中获得满足感，并成为终身兴趣，这就是观赏体育娱乐魅力的来源，也是实现的过程和渠道。

经过近百年的提炼和加工，观赏体育的原理已经被逐步揭示出来，比赛现场的设计和实施已经到了非常成熟的程度。例如，中国观众熟悉的美职篮赛场，有着五彩斑斓的地板、眼花缭乱的灯光、炫酷的现场屏幕内容、技能高超的啦啦队表演等。不仅如此，美职篮赛场的明星也越来越具有性格特点，历史上时代英雄般的乔丹、搞怪十足的罗德曼等曾经的明星，都成为观赏价值很高的舞台展示的一部分。①

2. 观与演是通过娱乐化获得传播效果

《戏剧艺术十五讲》一书中认为，戏剧要达到的效果与目的是：给人娱乐，有所寄托。②这种效果有两个层次，给人娱乐是一个内心体验，而有所寄托是在娱乐的基础上，观众在精神领域的升华。其实观的过程是通过演员在观众面前的表演从而引起观众产生戏剧美感的艺术实践，是演员与观众之间的互动交流产生的。

观赏体育也是同理。运动员在比赛场上通过竞技能力的发挥，首先是带给观众娱乐体验，可以用激烈性、对抗性、观赏性、比赛结果的难以预测性等来概括；在这些娱乐因素的基础上，观众可以进一步产生对体育比赛蕴含的健与美的内心感受。③

事实上，这里所谈及的观与演的目的，从本质上讲就是通过娱乐化过程达到最佳的传播效果。戏剧舞台是个传播平台，体育竞赛表演同样也是传播方式，而体育新闻则是把现场比赛的传播效果放大，说到底，这里的传播效果最大化还是借助于体育的娱乐因素，这一点也恰恰是体育娱乐产业的根基所在。

2015 年 2 月 1 日，第 49 届超级碗在美国亚利桑那州凤凰城大学体育场举行，1.14 亿人次的收视，创下美国电视史空前纪录。

超级碗是美国一年一度的美式橄榄球冠军赛，长期霸占美国电视节目收视率榜首。凭着精彩的赛事、巨星演出和优质广告，超级碗成为美国最有商业价值的“吸金碗”。2015 年超级碗比赛当天，转播商和组委会一口气卷走 7.8 亿美元，约合人民币 48 亿元，其中，2015 年超级碗转播商美国全国广播公司就有约 3.6 亿美元的广告费进账。④

超级碗中场秀堪称一场盛大的音乐盛典，因此被外界称为“美国春晚”。

1993 年第 27 届超级碗中场间隙，美国“流行天王”迈克尔·杰克逊的登台，将超级碗中场秀推向了前所未有的高度。

在此前的 26 届中场表演中，都是诸多明星同台献艺，而 1993 年这一届，则是迈克尔·杰克逊一人独占玫瑰碗球场的舞台。当他从后台的烟雾中出场时，在舞台上静止了一分半钟，肆意享受全场 98374 名观众山呼海啸的顶礼膜拜，犹如君临天下。

---

① 耿志伟．职业体育球迷消费行为和满意度的研究［D］．北京：北京体育大学，2014.

② 董健，马俊山．戏剧艺术十五讲［M］．北京：北京大学出版社，2004：7.

③ 马成顺，钟秉枢．经济学视野下体育竞赛产品论［J］．经济师，2008（6）：55－56.

④ CFP. 美国“春晚”的超级生意经［J］．中国经济周刊，2015（Z1）：42－45.

迈克尔·杰克逊共演唱了Jam、Billie Jean、Black and White、Heal the world四首名曲，并大秀太空舞步。同时，迈克尔·杰克逊还与儿童唱诗班合唱了由其填词创作的慈善歌曲——We are the world。据统计，共有1.3亿名观众通过电视转播收看了迈克尔·杰克逊的中场表演，本届超级碗的收视率也因此提高了8.6个百分点![①]

专栏4-2 客观新闻学、对话新闻学与体育新闻客观性

史安斌等在《从"客观新闻学"到"对话新闻学"——试论西方新闻理论演进的哲学与实践基础》一文中指出：

从对新闻本质属性的认知来看，西方新闻理论大体形成了两大主要体系："客观新闻学"和"对话新闻学"。在这两种理论体系的引领下，也产生了两种截然不同的新闻生产和从业实践的体系。

"客观新闻学"的核心观点是：新闻报道应当遵守客观、公正、平衡的原则，准确呈现新闻人物和事件的真实状况；新闻媒体和记者应当"外化"于其报道对象，既不受外部（包括政党、财团和民间意见领袖）压力的左右，也不能在报道中掺杂个人的立场和观点；新闻文本具有唯一的、正确的意义，来源于权威性的信源；新闻报道的首要功能是传递信息和告知公众。

"对话新闻学"的核心观点是：新闻报道是记者与其报道对象之间相互对话和沟通的产物，也是不同话语和立场相互冲突、调和与协商的结果；新闻媒体和记者应当是某个特定政治和社会群体的一分子，而不是所谓"局外人"；新闻文本是一个具有多重意义的、开放性的、蕴含多种阐释可能性的"话语建构"discursive formation；新闻报道的首要功能是在政治和社会领域内引发建设性的"公共对话"。

西方新闻理论之所以能够成为各国新闻业的"普遍价值"，是由于其所具有的坚实深厚的哲学基础和具有普适性的实践基础。从哲学基础方面看，"客观新闻学"秉承的是以启蒙为核心的现代主义传统；而"对话新闻学"则是后现代主义思潮在新闻学、大众传播学或媒介研究领域的衍生品。从实践基础方面看，"客观新闻学"体现的是以文字为核心的印刷媒介的"单向度"新闻生产；而"对话新闻学"则对应于以电子媒体和数字媒体为主体的新型媒介和传播生态，它需要解决的是在"人人都是记者"的时代，新闻生产成为双向沟通乃至"多音齐鸣"的传播过程中面临的种种问题和挑战。[②]

近期，新媒体环境又被喻为"后真相"时代。唐绪军撰文《"后真相"与"新媒体"：时代的新课题》将其解释为：根据《牛津词典》的解释，"后真相"是指诉诸情感与个人信仰比陈述客观事实更能影响民意的一种情形。其表现第一是突出个体，重视情感冲击，

① 腾讯体育．组图：历届"超级碗"献唱歌星MJ麦当娜领衔[EB/OL]．http://sports.qq.com/a/20150202/010022.htm#p=1.2018-08-22.

② 史安斌，钱晶晶．从"客观新闻学"到"对话新闻学"——试论西方新闻理论演进的哲学与实践基础[J]．国际新闻界，2011，33（12）：67-71.

强调感觉真实；第二是平民姿态，标签化表达，与非既得利益者结群；第三是不实信息泛滥，特定个体或群体利益导向。“后真相”的出现是当代社会、技术、文化的综合产物，尤其是“新媒体”广泛采用后的一个阶段性产物，是拟态媒介环境中个体自适应的结果。①

怎么理解体育新闻客观性呢？首先需要承认的是，体育新闻客观性更加符合“后真相”时代的对话新闻学所呈现出来的专业逻辑。体育真实来自体育事实，而以体育赛事为主的体育事实带有规定性，赛事直播以及参赛队员的场上表现有目共睹，因此，在事实层面上体育新闻的客观性较为清晰透彻。体育新闻真实性来自不同主体间的意义真实，也就是说，需要媒体、球迷、体育组织、社会各界达成共识，体育新闻的真实性才能实现。从这点出发，体育新闻的客观性来自对各方意见的精确认知，并为平等而又具有建设性的构建过程提供平台。

在体育新闻实践中如何实现体育新闻客观呢？首先，要对体育新闻实践的原理有准确的认识，特别是体育新闻真实和真实性的来源与实现过程。体育新闻实践是由体育实践决定的，因此，对体育实践规律的把握是保障体育新闻客观的前提。其次，体育记者应该在充分了解球迷情绪情感的基础上，与球迷之间保持距离。现在许多年轻的体育记者，在成为职业从业者之前，大多是球迷出身，因为对体育的热爱，才立志投身体育行业。这本应是成为体育记者的优势，但如果仍然以球迷身份投入工作，身份的错位会影响体育新闻客观表达。最后，对体育价值观的认可以及对体育精神的追求。体育传媒业是娱乐业的一部分，商业化的操作是常态。体育记者公正客观，以体育精神作为报道的原则，这样就能够保持体育新闻客观的实现，体育精神同样也是体育新闻记者的一种专业精神的表现。

总　结

首先，体育新闻的真实性和娱乐性是体育产业发生发展的基石，没有体育新闻的真实性，体育的影响力就不会被释放出来；同样，没有体育新闻的娱乐性，体育的魅力也不会为人数众多的体育迷所感知。文化产业正是把体育新闻的真实性和娱乐性彻底地挖掘和发挥了出来，才有了当今席卷全球的体育产业规模。

其次，体育新闻的真实性和娱乐性都有着共同的产生机制，即观赏主体通过对体育符号的认知从而共享符号意义，并产生带有强烈情绪情感的体验，在这个基础上所产生的意义内涵也是一致的。另外，还有一点非常重要，不论是体育新闻的真实性还是娱乐性，都要受到体育精神道德观念的制约，如体育家精神（sportmanship）等，均是不能违背的原则。

最后，作为主观体验，体育新闻真实性和娱乐性的差异在于，体育新闻真实性体现在

① 唐绪军．“后真相”与“新媒体”：时代的新课题［J］．传媒观察，2018（6）：5－11，2.

事件意义、媒介意义和受众意义之间的博弈，最终达到协调一致的过程。体育新闻真实性共享的是意义内涵和情绪情感体验，其中认知层次更为重要。体育新闻娱乐性更加强调主观体验，它是体育迷情绪情感产生、维护和持续的过程，最后可以使其养成终身体育的兴趣。

思考题

1. 如何理解新闻真实？如何理解体育新闻真实？

2. 什么是意义真实？如何理解事件意义、媒介意义和受众意义在体育新闻真实性中的作用？

3. 如何判断体育新闻真实性？

4. 如何理解体育新闻娱乐性的由来？

5. 体育新闻娱乐化过程是什么？

6. 如何确保媒体内容制作中科学有效地反映体育新闻真实性和娱乐性？

7. 如何理解体育新闻客观？体育新闻客观在实践中如何实现？

拓展阅读

1. 杨保军．新闻真实需要回到“再现真实”［J］．新闻记者，2016（9）：4－9.

2. 张帆．电视体育传播的戏剧化情境［J］．现代传播，1999（3）：85－87.

3. 董健，马俊山．戏剧艺术十五讲［M］．北京：北京大学出版社，2004.

4. 毕雪梅．体育新闻传播提供娱乐的另一种解读［J］．体育文化导刊，2004（10）：34－36.

5. 毕雪梅．浅谈体育新闻事实——兼论体育新闻的专业性［J］．体育文化导刊，2003（11）：33－35.

第五章　体育新闻文本和体育新闻价值

内容提要

新闻体裁分类和表现形式是新闻学理论中主要的议题。消息、通讯是最基本的新闻体裁，除此之外，新闻特写、专访、新闻评论等均是新闻写作中重要的形式载体。随着多媒体介质的出现，网络新闻写作的体裁形式不断涌现出来，但新闻写作的传统框架始终不应该动摇。对于体育新闻而言，新闻体裁分类和构成不能满足于体育新闻现实需求。体育新闻内容跨度大，观赏体育和实践体育对大众媒体有着不同的需要，受众对观赏体育和实践体育的内容期待也不尽相同。总之，体育新闻报道内容受体育规律限制大于新闻规律，传统新闻体裁是按照新闻规律进行分类的，而体育新闻内容需要更多地添加体育规律因素，可以说，体育规律叠加新闻传播规律才是体育新闻体裁分类的依据。

本章分为两小节：第一节论述体育新闻文本，包括体育新闻文本内涵、分类以及案例分析；第二节从新闻价值研究的历史渊源导入，探讨体育新闻价值因素，并分析体育新闻文本与体育新闻价值因素的关系。

学习目标

了解体育新闻符号文本和文本的叙事特点；熟悉体育新闻文本的四种分类；掌握体育新闻价值内涵以及体育新闻价值与体育新闻文本的关系。

关键术语

体育新闻文本、符号文本、观赏体育文本、实践体育文本、体育受众文本、体育社会新闻文本、新闻价值、体育新闻价值因素、正确性、准确性、适度性、体育新闻价值制约

第一节 体育新闻文本

导 入

体育新闻文本是体育新闻学理论中重要的原创性内容，是体育新闻传播规律在文本载体中的直接反映。在这里需要提醒学习者的是，体育新闻文本是一个系统的体裁分类，不是一个单一概念，需要在学习过程中循序渐进地把握体育新闻文本内涵的精髓。

以 Web 2.0（论坛、博客为代表）和 Web 3.0（社交平台、微博客为代表）为平台，网上内容被称为 UGC（user - generated content，用户生产内容，也称 UCC，user - created content）。移动互联网兴起后，又细分出 PGC（professionally - generated content，专业生产内容，也称 PPC，professionally - produced content）和 OGC（occupationally - generated content，职业生产内容）。[①] 对体育新闻内容来讲，这三类网络内容的出现，不仅导致体育新媒体的蓬勃发展，更是诞生了体育受众文本。它与观赏体育文本、实践体育文本、社会新闻文本构成了四类体育新闻文本。

一、体育新闻文本是体育符号的叙事载体

从体育新闻的定义得知，大众媒体对体育符号转换后的媒体内容是体育新闻的核心内涵。体育符号转换需要依据载体，由此引出了体育新闻文本的概念。

（一）体育新闻文本是符号文本

前文已经分析，体育符号是由动作符号、规则符号和体育文化符号组成的，这三组分类是按照体育符号呈现方式的差异进行的。在现实中，体育符号不是独立出现的，单独的体育符号不能构成故事；体育符号的组合出现，也不是杂乱无章的，从无序的体育符号中也无法感知故事的脉络。体育符号是按照一定的顺序和规则被组合在一起的，这就形成了

① 刘振兴．浅析 UGC、PGC 和 OGC[EB/OL]. http://yjy.people.com.cn/n/2014/0120/c245079 - 24169402.html. 2018 - 08 - 22.

体育符号文本。这时，体育符号文本还处在现实生活中，只有被转换到了媒体平台上，体育符号文本才成为了体育新闻文本。因此，体育新闻文本是呈现在媒体上有序的体育符号文本。

（二）体育新闻文本是体育新闻传播的中介和呈现方式

体育新闻文本是体育符号文本在媒体平台上的呈现方式，因此，它也是体育新闻传播的中介。

体育新闻文本的形式不仅是文字的，实际上，它可以由多媒体介质组成。体育视频是最为重要的体育新闻文本呈现方式，其中，体育赛事直播能给观众带来最佳的观赛体验，是社会价值和商业价值最高的体育新闻媒介内容。此外，文字是体育新闻文本最基础的形式，也是体育新闻报道入门的基本功。体育图片也具有不可替代的作用，是体育新闻文本的重要形式。从上述多媒体介质的文本形式角度来看，可以进一步了解专业媒体对体育符号进行转换与制作的机制属性。

体育新闻文本是体育符号叙述的载体，是体育新闻传播的中介和呈现方式，因此，体育新闻文本是体育新闻学研究的重要对象。

（三）叙事是体育新闻文本特点

叙事（或叙述）是体育新闻文本重要的特征，那么什么是叙事呢？简单来讲，就是使用体育符号讲述带有意义的体育事件，体育迷感知这些事件并获得身心满足。体育符号的叙事特征，也是体育娱乐化的主要来源。

杰拉德·普林斯对叙事的定义是：叙事是对于时间序列中至少两个真实或虚构的事件与状态的讲述，其中任何一个都不预设或包含另一个。①

国内学者赵毅衡的研究认为，只要满足以下两个叙述化过程的文本，就是叙述，这里的叙述可以理解为叙事：第一，有人物参与的事件被组织进一个文本；第二，此文本可以被理解为具有时间感和意义感。②

饶广祥认为："某个叙述主体把人物和事件放进一个符号组成的文本，让接受主体能够把这些有人物参与的事件理解成有内在时间和意义向度的文本。"③

在体育新闻文本中，叙述主体即专业媒体的转换与制作机制，因此，体育符号是先于体育新闻信息存在的，专业媒体是先转换再制作的过程。体育符号可以人物化，如运动员、教练员、球迷等。另外，体育比赛或者体育活动本身就是事件，不仅如此，每场比赛的每次攻防、每次得失分甚至每个动作，都可以被看作一个个事件，互相之间不可能预设或者包容，这些都构成了体育符号文本。

---

① 杰拉德·普林斯. 叙事学：叙事的形式与功能［M］. 徐强，译. 北京：中国人民大学出版社，2013：4.

② 赵毅衡. "叙述转向"之后：广义叙述学的可能性与必要性［J］. 江西社会科学，2008（9）：30－41.

③ 饶广祥. 广告符号学教程［M］. 重庆：重庆大学出版社，2015：8.

在时间向度上，体育新闻文本是围绕着体育赛事实况进行的，可以是现在的时间向度。以此为基点，比赛前可被看作未来时间向度，如预测性新闻文本；比赛后可被看作过去时间向度，如赛后评论。

意义向度是体育新闻文本重要的组成。意义来自体育符号本身以及体育符号叙述过程，意义接受主体是体育迷。只有叙述主体、接受主体的意义达成一致，传播效果才会达到最佳，这也是体育新闻的真实性所在。

此外，赵毅衡认为，叙述可以分成以下四种：①事实性叙述：新闻、历史、法庭辩词等；②虚构性叙述：小说、戏剧、电影、电子游戏等；③拟事实性叙述：广告、宣传、预言等；④拟虚构性叙述：梦境、白日梦、幻想等。

叙事首先要区分事实性与虚构性，事实与事实性有区别，前者指的是文本内容的属性；后者指的是叙述的方式。内容的真实只有脱离文本才能确定，而表述方式是文本自身的范围。这两者在叙述研究中可以明确地区分开来，但对于体育新闻文本来讲，实际情形要复杂一些。体育新闻文本中“事实”的确定性是被预先知道的，而且越是重大的比赛，其时间、场地、对手等情况越是清晰可见。另外，在文本叙述中，却有着虚拟化的表述手法，如修辞、心理描写等，这些表达方式一般不会出现在新闻报道这类事实性叙述里，但体育新闻报道中常常会使用。①

（四）体育符号意义的延伸性与体育新闻文本类型

对于符号的分解，索绪尔（Ferdinand de Saussure）和皮尔斯（Charles S. Peirce）的解释都具有巨大的影响力。

索绪尔的二分法，把符号分为了能指和所指。能指是符号的可感知部分，也可以理解为外在载体，例如一个体育动作；所指是能指蕴含的内在意义，是符号的内容。索绪尔对符号的解释开创了包括符号学在内的人文学科的先河，但他的二分法也把对符号的理解固定在了相对静止和封闭的结构之中。

皮尔斯的符号三分法，主要包括再现体—对象—解释项上。再现体等同于索绪尔提出的能指，是符号可感知部分，也可被理解为符号载体；对象是符号所替代的对象，可被理解为符号文本直接指明的部分；解释项是在对象意义基础上，需要再次解释的部分，并依据这个原理，解释项可以不断地延展。皮尔斯的三分法打破了索绪尔二分法的封闭状态，可以让符号解释迎来更加广阔的空间。②

对皮尔斯符号三分法的解释，赵毅衡这样认为：第一，符号指向两个不同的东西，一个是对象，另一个是解释项。第二，解释项是“指涉同一对象的另一个表现形式”。也就是说，解释项需要用另一个符号才能表达。第三，这个新的符号表意又会产生另一个解释项，如此绵延以至于无穷，因此我们永远无法穷尽一个符号的意义。换言之，符号表意无

① 赵毅衡．“叙述转向”之后：广义叙述学的可能性与必要性［J］．江西社会科学，2008（9）：30－41.

② 饶广祥．广告符号学教程［M］．重庆：重庆大学出版社，2015：8.

限演绎的核心含义，是指“符号表意过程在理论上是无结束的，在实践中，符号表意能被打断，却不可能被终结”①。

对于体育符号体系来讲，动作符号可被理解为再现体，是体育比赛中最容易感知的部分，部分体育文化符号也属于再现体；大部分体育规则符号可被理解为对象，是动作符号指向的部分；解释项是在规则符号的基础上完成的，在诠释过程中可以产生的意义，在这里需要说明的是，有一部分文化符号充当的就是解释项中产生的新符号载体。

皮尔斯的符号三分法对体育新闻文本分类起到了重要的启示作用。动作符号和体育文化符号的差异，最终导致解释项的不同，反映在新闻内容上就是主题差异。按照这一思路，体育新闻文本可以分为观赏体育文本、实践体育文本、体育受众文本、社会新闻文本。

首先，体育新闻文本分类较为复杂，宗争在《体育与游戏传播的“伴随文本执着”》中举了赵毅衡关于足球比赛文本的例子：赵毅衡在《符号学原理与推演》一书中详细分析了足球比赛的文本，并指出“如果没有这些伴随文本，球赛只是22人踢球玩而已”。据此次，宗争总结了22人足球的文本如下②：

原文本：22人踢球。

副文本：球场的布置（草坪的质地、图案）、使用的足球、观众的气氛、场边的广告牌等。

型文本：足球作为一种体育团体竞技项目的类型。

前文本：对战双方此前的比赛经历，对战双方各自的比赛“风格”。

同时文本：在比赛过程中，教练员对场上运动员的指导形成“技战术”文本等，裁判员对球员的判罚形成“场上执法”文本，足球评论员的现场评论形成解说文本等。

评论文本：媒体对足球赛的深入解读。

链文本：球队的球员借游戏中的出色表现成为众人追捧的“明星”。

先后文本：在联赛中积分和排名上的变化。

由此可以看到，体育文本与体育新闻文本的复杂性。

其次，本章的体育新闻文本分类是按照解释义再次解释后形成的差异而进行的，或者说，这个分类体现了体育新闻实践中不同的报道内容之间的主题差异。观赏体育文本是体育新闻报道中价值含量最突出的一类，实践体育文本携带的是体育实践原始属性，体育受众文本是新媒体时代的产物，社会新闻文本是体育作为社会实践的一部分，延展到社会层面的一种反映。这四类主题的体育新闻文本是目前体育新闻报道实践中最为常见的。

---

① 李玮．分岔性与层控性：新闻文本中的符号衍义［J］．西北大学学报（哲学社会科学版），2014（6）：178－184.

② 宗争．体育与游戏传播的“伴随文本执着”［J］．符号与传媒，2016（1）：125－134.

二、体育新闻文本类型

（一）观赏体育文本

观赏体育是体育新闻的核心组成部分，也是经过媒体专业化制作转换而成的体育媒介内容，可引发受众产生强烈的情绪情感共享体验。

1. 观赏体育视角体育新闻传播的重要性

观赏体育视角的体育新闻是体育新闻传播的基础。观赏体育是体育社会实践的核心组成，是对体育内涵中观赏性的分解，而把观赏信息通过大众传媒进行展示，则是体育新闻传播中最基础的部分。

观赏体育视角的体育新闻是体育价值的具体体现。体育的价值可以从社会价值和商业价值两个方面去考虑，观赏体育就是把体育的社会价值和商业价值最大化地表现出来。从社会价值来讲，观赏体育作为文化现象，极大地扩展了体育的影响力。从商业价值来讲，体育赛事的转播权是赛事收入上重要的衡量标杆之一。

观赏体育视角的体育新闻具有特殊的传播规律。观赏体育的传播具有体育传播的独特性，体育观赏信息是由三类体育符号组成的一个完整体系，这些体育符号有其明确和固定化的意义阐释，这是体育传播规律的来源，表现了其独特性。

观赏体育视角的体育新闻是本教材的分析重点。因为观赏体育视角体育新闻的上述重要性，决定了体育新闻理论主要围绕观赏体育以及它的传播特点进行，也就是说，本教材的重点章节是在分析和解释观赏体育视角的媒体内容制作规律。

2. 观赏体育视角体育新闻传播的专业性

除了重要性以外，观赏体育视角体育新闻传播具有自身强烈的专业性，表现出了不同于其他新闻的自有专业逻辑。主要表现在以下几个方面。

（1）媒体内容来自体育符号的转换。观赏体育的媒介内容来自体育符号的转换，所谓转换就是媒体的专业制作，把现实中的比赛转换为媒体内容，在这些转换中，以视频转换为重点。或者说，体育视频内容可以再现比赛现场情境，是各类价值最大化的媒介内容。

（2）受众情绪情感的体验是转换标准。在体育符号的转换过程中，受众的情绪情感体验是衡量转换效果优劣的标准。这里的受众就是体育迷，体育迷是一个相对固定化的群体，对体育符号的意义也有相对一致和固定的判断和感受，这些特点决定了观赏体育的内容传播带有自身的规定性，这些规定性来自体育符号以及体育迷对符号意义解码的固定性方面。

3. 体育赛事和体育明星是主要的报道内容

从观赏体育的新闻定义出发，大众媒体内容主要包括体育赛事和体育明星报道，在第一章已经分析过比赛和明星是体育实践的重要组成，也决定其在体育新闻实践中的重要位置。

（1）体育赛事。传统意义上的体育运动竞赛是指："在裁判员主持下，按统一的规则要求，组织与实施的运动员个体或运动队之间的竞技较量。”① 美国职业体育的商业赛事运行时间长，随着1984年第23届洛杉矶奥运会开创市场营销盈利纪录以来，对体育运动竞赛进行商业营销，协调体育、文化、环境等要素，成为全球范围内赛事运作管理的重要内容。体育运动竞赛发展成为包含社会政治、经济、文化、环境等多因素的复杂社会活动，远远超出了比赛胜负的含义，原有“运动竞赛”的概念受到强烈的冲击，如何科学地、客观地重新认识该事物，合理地、准确地确定其内涵，划分其外延，探索其理论体系，则成为众多体育科研工作者研究的热点课题。

“体育赛事”概念的提出是基于国外学者的研究。国外文献认为体育赛事是特殊事件的一种。首先，国外学者开始意识和认识事件较早，对事件的研究基本趋于成熟，国际上还有专门的事件管理科学协会，如国际节日和事件协会（International Festival and Events Association），并通过互联网进行交流互动，在实际中已经把事件作为一个特殊的事物来认识并运用科学理论来指导。② 对于特殊事件的范围，约翰尼·艾伦等指出：特殊事件包括国庆日和一些庆典、重要的城市集会、独特的文化表演、大型体育比赛、团体典礼、贸易促销和产品发布。特殊事件似乎无处不在，并正成为朝阳产业。③

体育赛事与特殊事件存在密切关系并有许多共同之处，但也具有特殊性：具有潜在的市场前景；共同的组织文化背景引导和联结参与者与观众；规则、习俗和传统影响着活动本身；存在计划、组织、训练和降低风险等实施行为；提供服务产品；要求有不同水平的管理者和不同参与者，如运作管理者、门票销售管理者、市场营销者、人事管理者、协调管理者、工程师、办公人员、媒体与公关协调员、供应商和零售商等进行团队工作。④

虽然从管理的角度，体育赛事已经扩大为复杂事件管理，但体育赛事的基本要素还是比赛，对比赛的新闻报道仍旧是体育赛事管理运行中的重要环节。

（2）体育明星。明星崇拜现象是大众文化时代重要的文化特征，特别是与大众文化相伴生的大众传媒及媒介产品，带来的是大众消费的狂潮。因此，在媒体中出现的体育明星已不是单纯的新闻报道的对象，而演变为与体育产业和传媒产业紧密相连的媒体运作方式，或者说，在媒体进行报道时，事先已有报道框架，通过这个框架塑造出来的体育明星，符合作为大众文化代言人的诸标准：实现其社会价值、商业价值。回顾第四章第二节中，体育新闻娱乐化过程中的人物——明星球队、明星队员、教练员等都属于体育明星范围，甚至球迷中的核心球迷也是带有明星效应的成员。

（二）实践体育文本

实践体育和观赏体育虽然都是以体育比赛或者体育活动为出发点的，但目的不一样，

① 叶庆晖. 体育赛事运作研究［D］. 北京：北京体育大学，2003.

② 同①.

③ ALLEN J. Festival and Special Event Management. John Wiley & Sons Australia Ltd. ,2002:11. //叶庆晖. 体育赛事运作研究［D］. 北京：北京体育大学，2003.

④ 同①.

观赏体育是把体育比赛表演化，并通过媒体渠道展示出来。实践体育的目的不是展示，而是参与。媒体对实践体育来讲就是推广平台，实践体育的应用信息通过媒体传递给体育迷，扩大实践体育的影响力。当然，观赏体育在推广层面也需要媒体平台。

实践体育中的体育新闻指的是通过媒体传播的体育实用信息，目的是对赛事、产品进行推广，扩大影响力。

实践体育文本按照主题的不同，可以分为体育推广与营销、体育科普主题等媒体内容。

1. 体育推广与营销类

以赛事推广与营销为主题的文本是实践体育文本中所占比例最多的，原因很明显，实践体育的目的是让更多的参与者加入体育活动或者体育比赛中来，所以实践体育中以推广和营销为目的的内容就成了主体。这类信息发布的目的就是赢得更多的参与者，同时提高赛事品牌影响力。对于体育迷来讲，这类信息不仅是需要获取，而且还可以深入介入。需要说明的是，体育推广与营销不仅仅出于商业目的，非营利体育赛事同样须通过营销提高影响力。

《2017 华夏幸福·北京马拉松 9 月 17 日幸福开跑》① 是在“北马”官网上的一篇典型的推广与营销主题的实践体育文本，开篇这样写道：

> 北京马拉松组委会 7 月 21 日在国贸大酒店召开新闻发布会宣布，2017 年北京马拉松将于 9 月 17 日鸣枪起跑，大众选手报名将于 7 月 22 日 15：00 正式启动，共历时五天。按照组委会规定，报名者必须在 2015 年 1 月 1 日至 2017 年 7 月 20 日期间在 6 小时内完成过全马，或 2016 年 1 月 1 日至 2017 年 7 月 20 日期间在 3 小时内完成过半马。选手可通过官方网站或官方指定移动端报名端口（马拉马拉 APP）参与报名。此外，由肯德基冠名的亲子跑活动也将于 8 月中旬启动报名，亲子跑活动将与北京马拉松同时鸣枪，起点位于水立方附近，终点同北马终点。

马拉松属于实践体育中的大众健身项目，越来越多的跑步爱好者加入到这个项目中来，北京马拉松是国内重要的赛事。对于赛事推广与营销类实用信息来讲，在这篇文章里，可以看到跑友的报名不仅可以通过官网，还可通过量身定制的 APP，而且满足了不同类型跑友参与赛事的需求。除了当天的正式比赛，北马所筹办的各类活动也是赛事营销的组成部分，因此，对线上线下活动以及赞助商的推广，也是实践体育文本推广与营销主题的必要内容。

2. 体育科普类

强身健体是体育的基本功能，这一功能更多地体现在实践体育方面。因此，体育项目

① 北京马拉松赛事官网. 2017 华夏幸福·北京马拉松 9 月 17 日幸福开跑[EB/OL]. http://www.beijing-marathon.com/html/page-12818.html. 2020-04-03.

的科普类主题的文本就孕育而出了。对于社会大众来讲，参加体育活动的最直接目的就是通过锻炼身体，获得身心健康的效果。因此，如何获得良好的效果，如何避免运动损伤，如何进行运动康复，这些与体育科学有关的信息，是新闻传播中不可或缺的，可以统称为体育科普信息。

在实践体育的参与中，体育科普是体育迷重要的信息需求来源。在名为《揭秘北京马拉松官方报名 APP 马拉马拉如何杀出重围》① 的稿件中，有关体育科普是这样写的：

马拉马拉将 APP 的重点放在针对资深跑者的跑步指数功能，该指数由训练指数和赛事指数两部分组成。系统会根据跑者的性别、年龄、体重、跑量等数据做出分析，进而为用户提供个性化智能训练计划。为了达到训练效果，每次跑步系统都会根据用户的指数为其指派相应的配速，每一分钟一提醒，结果精确到秒。此外，系统还会针对装备损耗情况对用户做出提醒，避免受伤。

其次就是赛事管理系统，为了服务好汉马、北马这样的大规模赛事报名，APP 一直在不断完善大赛的报名系统，而且，针对不同类型赛事在报名程序（申请、支付、摇号、中签）上的不同，马拉马拉也做出了全适配的优化。此外，通过马拉马拉，用户还可以安排交通和住宿等服务。

最后，针对用户最关心的数据记录功能，马拉马拉已经可以在部分高端机上做到关机和离线自动记录数据，这样用户在越野跑时也不用担心没信号丢失数据。

从上文可以看出，体育项目的科普信息已经超越了简单的教学与练习以及避免运动损伤与如何康复等内容，直接过渡到了利用新媒体技术，给体育迷提供互动性更强的信息，让网民将这些信息直接应用于自己的健身之中。

（三）体育受众文本

体育迷的社交需求引发大量的实用性体育信息出现。在观赏体育中，体育符号主要由精英运动员展示，体育迷在观看比赛之前、之中及之后均有交流互动的诉求，这些互动带有群体传播的特征。

体育符号在实践体育中是由参与者自行充当的，特别是动作符号和规则符号。比赛参与过程中或者结束后，参与者之间同样需要交流感受，这是体育参与非常重要的组成部分，也是体育比赛得以维系的重要因素。

社交是重要的体育参与动机，特别是在参与过程中及比赛结束以后，体育迷希望有一个交流的场所，目前的新媒体环境提供了社交信息更多的使用平台。

---

① 新浪跑步．揭秘北京马拉松官方报名 APP 马拉马拉如何杀出重围［EB/OL］. http://www.beijing-marathon.com/html/page-12818.html. 2020-04-03.

《2017年球迷营销，看懂球帝是怎么玩的》[①] 这篇文章介绍的是目前受到国内球迷认可的一款提供体育资讯的APP“懂球帝”的情况。

懂球帝作为足球新媒体及社区，以及时、专业、全面的全球足球资讯和年轻充满活力的社区氛围吸引用户，并以大量优质原创的UGC内容紧紧粘住用户。由此，平台上汇聚了海量高品质球迷，目前装机量已突破3000万，月活过千万。

懂球帝也尤其注重球迷群体的社交需求，很早就开始上线社区板块“圈子”，精耕细作做社区。把社区做好，保证优质的内容，用户的黏性和增长也就是顺其自然的事情。依据艾瑞数据报告，目前APP内75%的用户处于21~35岁的强力购买空间，日活用户在200万~300万人之间，平均每人每日的打开频次是8~12次。

从这两段文字中可以发现，以APP为代表的社会化软件是社交类实用信息主要的内容平台之一，体育迷通过这些通信网络建立更多的联系，交换着各自收看观赏体育或者参与实践体育的经历和体验，形成了体育受众文本。

（四）社会新闻文本

在体育新闻内容中还有一种类型就是社会新闻文本，实际上，它更多地带有新闻属性。根据报道的内容主题，这类新闻被分为体育社会新闻文本和体育经济新闻文本两大类。

1. 体育社会新闻文本

普利策奖被誉为新闻界的奥斯卡、舆论领域的诺贝尔奖，历史学家、新闻工作者、政治家、社会学家、语言学家和作家常常把普利策获奖作品作为研究对象以及创作灵感的来源。[②]

1917—2014年，这98年间共有23项与体育相关的作品获得普利策奖，涵盖了报道奖、摄影奖、批评奖、评论奖、社论漫画奖、特稿写作奖等奖项。下面通过普利策奖体育获奖作品来透视体育社会新闻文本特点。[③]

在对普利策奖体育获奖作品分析后发现体育社会新闻文本主要分为两类。

（1）通过负面体育报道揭示社会问题。记者们常常用负面报道的形式去表达对社会公义的追求，在23个体育类普利策奖作品中，共有6个作品涉及体育负面信息。通过体育反馈的社会问题主要包括种族歧视、贪污腐败事件、技术造假、禁药丑闻等。

---

① 禹唐体育．2017年球迷营销，看懂球帝是怎么玩的[EB/OL]. http://www.ytsports.cn/news-14492.html. 2020-04-03.

② 展江．美国主流政治文化和新闻精神的产物——普利策新闻奖价值取向论［J］．新闻与传播研究，1999（1）：60-66.

③ 毕雪梅，杨倩，黄芦雷娅，等．从普利策获奖作品探析体育严肃新闻及其特征［J］．体育文化导刊，2016（2）：197-200，206.

体育道德一直是体育中重要的议题之一，也是人类道德观念的体现。体育道德失范行为与个体失范有关，同时也和社会大环境有关。社会利益的驱动、浮躁的环境对运动员产生了一系列的影响，从而加速了破坏规则行为的出现。1952 年的摄影奖授予了《得梅因纪事报》的约翰·罗宾森和丹·奥汤。他们用一系列组图展示了橄榄球运动员受伤的整个过程。比赛过程中，一方运动员多次故意撞击对方运动员，导致其下颚受伤。整个过程被定格，唤起了人们对体育道德的思考。2013 年，社论漫画奖授予了《星论坛报》的史蒂夫·萨克。其获奖作品中包括了讽刺车王阿姆斯特朗禁药丑闻的单张漫画。在漫画作品中，车王阿姆斯特朗骑着赛车，而车轮由针管组成，画面简洁却寓意深刻。

调查性报道也是这类体育新闻常用的报道方式。

1981 年，本地调查性专题报道奖授予了《亚利桑那每日星报》的记者克拉克·哈拉斯和罗伯特·B. 劳尔，他们在调查亚利桑那大学体育系财务状况时，发现了该学校体育基金的一连串问题。在这篇报道中，两位记者在揭露图森（美国亚利桑那州南部城市）甚至是整个亚利桑那州存在的根深蒂固的利益链条时，表现出了非凡的职业勇气。

1985 年，《佐治亚新闻报》的兰德尔·萨维奇、杰克·克斯比获得了专题报道奖。他们关于佐治亚大学学术和田径领域的多篇深度报道得到了评委会的肯定。整个报道突破了传统报道模式，表现出了在金钱和丑闻中的人性冲突。

1986 年，调查性报道奖由《莱克星敦领袖报》的杰弗里·马克斯、米歇尔·约克获得，他们揭开了肯塔基大学篮球运动员现金报酬的真相。

2000 年，专题报道奖授予了《圣保罗先锋报》的乔治·多曼，他报道了明尼苏达大学男篮项目的技术造假行为。

体育记者通过体育这面镜子揭示了社会问题，实现了新闻媒体在社会治理中的价值。

（2）关注体育中的个体，展现人文关怀。体育与人的关系，不仅局限在赛场之上，其背后的故事更值得关注和思考。

1949 年，《纽约先驱论坛报》的摄影记者奈特·费恩获得了普利策摄影奖，这也是与体育相关的摄影作品第一次获此殊荣。获奖作品聚焦美国历史上著名棒球运动员贝比·鲁斯的退役现场（图 5－1）。

退役仪式当天，天空阴暗，在昔日征战的场地中央站着许多前来采访的记者及现役队员。贝比·鲁斯身穿一直跟随自己职业生涯的 3 号球衣。他的身形早已不再挺拔，略显佝偻。奈特·费恩选择从贝比·鲁斯的背后进行拍摄，定格 3 号球衣最后一次出现在球场上。照片中，贝比·鲁斯落寞的背影和现场观众的欢呼盛况形成了鲜明的对比。读者看不到贝比·鲁斯的面部表情，却可以感同身受贝比·鲁斯在现场的复杂心情，这也正是创作者留给读者的想象空间。

1985 年，现场新闻摄影奖授予了《论坛报》的摄影组。他们关于 1984 年洛杉矶奥运会的一系列摄影报道受到了肯定。其作品画面感强、故事性深刻，定格了洛杉矶奥运会的很多经典瞬间。例如，跳水比赛中，后来的金牌获得者卢甘尼斯在短暂的休息间隙，眼神安详，安静地坐着，陪伴他的是泰迪熊和收音机；奥运会女篮决赛，美国队夺金，照相机

图 5－1　奈特·费恩普利策摄影奖作品（The Babe Bows Out）

记录下美国女篮全体队员抛起教练庆祝的时刻。

1997 年，《巴尔的摩太阳报》的记者莉莎·波拉克报道了一名棒球裁判员家庭生活的感人故事，从而获得了普利策特稿写作奖。美国棒球裁判员约翰·赫许贝克的幼子迈克尔·赫许贝克患上了一种极为少见的遗传类疾病。作者关注这个不幸的家庭，描述了他们全家如何坚强面对苦难的全过程。

2014 年，特写摄影奖授予《纽约时报》的乔希·哈纳。他记录了波士顿马拉松爆炸案中失去双腿的受害者杰夫·鲍曼重建生活的全过程，包括杰夫·鲍曼艰难的康复经历、与家人朋友的日常生活，以及与救命恩人的故事等。20 张组图全方位展现并立体刻画出杰夫·鲍曼遭遇不幸后的无奈与坚强，具有强烈的人文关怀气息（图 5－2）。

图 5－2　乔希·哈纳普利策特写摄影奖组图（部分）

体育中的人文关怀，不仅包括对个体获得成绩和荣誉的肯定，也包括对他们退役离开赛场的感触，还有对赛场外生活的关注，这种人文关怀和普利策奖项所推崇的大主题不谋而合。体育成绩意味着更快、更高、更强，而在某种程度上，体育中的人文关怀才是体育精神最深刻的体现。

2. 体育经济新闻文本

体育经济新闻文本是体育新闻领域不可缺少的组成部分。随着体育产业在国民经济中的位置不断升高和作用不断增加，体育经济新闻文本的数量还会增长，社会的信息需求也会逐步增多。

新华网体育厦门1月13日电（记者丁峰）国家统计局13日在2018年全国体育产业发展大会上发布公告，经核算，2016年我国体育产业总规模（总产出）为1.9万亿元，增加值为6475亿元，占同期国内GDP比重为0.9%。从名义增长看，总产出比2015年增长了11.1%，增加值增长了17.8%。

国家统计局核算司副司长张冬佑介绍，从国家体育产业内部结构看，体育用品和相关产品制造的总产出和增加值最大，分别为11962.1亿元和2863.9亿元，占国家体育产业总产出和增加值的比重分别为62.9%和44.2%。体育服务业（除体育用品和相关产品制造、体育场地设施建设外的9大类）发展势头良好，总产出为6827.0亿元，占国家体育产业总产出的比重从2015年的33.4%提高到了35.9%；增加值为3560.7亿元，占国家体育产业增加值的比重从2015年的49.2%提高到了55.0%。①

体育经济新闻文本属于经济新闻的范畴，除了对体育产业规律的认识外，还应该掌握经济领域的专业知识，所以对体育经济新闻文本的撰写是对报道者提出了更高的要求。

专栏5-1 叙事与叙述②

对“叙事”和“叙述”这两个术语的差异与联系。著名学者申丹认为：

1. 统一采用“叙述者”来指代述说或记载故事的人；采用“叙述学”“叙述理论”“叙述研究”或“叙述分析”来指称对叙述话语展开的理论研究或实际分析；采用“叙述技巧”“叙述策略”“叙述结构”“叙述模式”“叙述艺术”等来指称话语表达层上的技巧、策略、结构、模式和艺术。

2. 采用“叙事学”“叙事理论”“叙事研究”或“叙事分析”来指称对故事结构展开的理论研究或实际分析；采用“叙事策略”“叙事结构”“叙事模式”“叙事艺术”来指

① 丁峰，陈艳妮．国家统计局：2016年我国体育产业总规模达1.9万亿元，增速远超当年GDP［EB/OL］．http://www.xinhuanet.com/2018-01/13/c_1122253919.htm. 2018-08-22.

② 申丹．也谈“叙事”还是“叙述”［J］．外国文学评论，2009（3）：219-229.

称虚构作品中故事层次的策略、结构、模式和艺术。

3. 采用“叙事作品”“叙事文学”“叙事体裁”来指称小说和叙事诗等，但对于现代主义文学中基本通篇进行叙述实验或叙述游戏的作品，也不妨采用“叙述作品”。

4. 保持文内的一致性。遇到难以兼顾的情况时，需要决定究竟是用“叙述学”还是“叙事学”，或做出其他相关选择和用注解加以说明，在文中则应坚持这一选择，不要两者混用。

第二节　体育新闻价值

导　入

体育新闻价值的解析是在体育新闻文本构建的基础上，体育新闻文本涵盖了全部体育四类媒介内容，因此是一个系统化的分类。本节概括的体育新闻价值是结合了四类体育新闻文本内容选择标准，是一个具有普遍意义的价值体系，这一点需要学习者在学习过程中特别关注。

体育新闻价值是用来进行新闻选择的标准，所以遵循体育新闻价值因素可以挖掘体育魅力传递给受众。对于体育新闻价值而言，其特殊性在于同样受到体育规律自身的限制。首先，体育所蕴含的精神道德因素不能违背；其次，体育符号带有规则属性的限制；最后，由体育引发的情绪体验，不应随意发泄，甚至造成不良结果。总之，体育新闻价值的制约之处，也是体育魅力的集中所在。

一、关于新闻价值的主要问题

（一）新闻价值的来源

新闻价值的研究与报纸的大众化是分不开的，大众化的媒体需要受众的关注，并转变为商业盈利和社会影响力，因此，新闻价值的研究就孕育而生了。新闻价值这一概念最早出现在 1903 年美国学者休曼出版的《实用新闻学》一书中。之后，有众多学者投入到新闻价值的研究中。较为集中的成果包括①：

美国威斯康星大学新闻学格兰特·赫德教授首先提出了新闻价值框架，他认为，排序第一的是读者感兴趣的新闻内容，第二是新闻发生的时机恰当，第三是新闻发生的地点，本地新闻最会受到关注，类似民生市井新闻。他还总结了判断新闻价值的标准：死伤数量的多少；是否有名人出现；稀奇古怪的珍奇异闻；极度悲伤或者极度高兴的事情。美国著名新闻记者也是著名新闻学者的沃尔特·李普曼是早期对新闻价值进行研究的人，他在1922年的专著《舆论学》中，对新闻价值进行了理论阐释。他认为，新闻价值指的是新闻事件的变故、惊奇、冲突、接近性特别是地理上的接近性、个人影响力。接着，美国学者华连提出了组成新闻价值的10种素质：重要性、独特性、时间性、斗争性、空间性、戏剧性、情趣、猎奇、离奇、性的因素。

第二次世界大战之后，新闻理论框架逐渐成为体系，美国学者佛莱德·希伯特在《现代大众传播媒介》中对新闻价值研究成果进行了归纳，并总结为时效性、接近性、显著性、重要性和人情味5个要素。这5个要素成了中外学者对新闻价值研究的共识。②

中国新闻学研究的先驱徐宝璜是第一个把新闻价值介绍到中国的人。他在1918年出版的《新闻学》教材中写道："新闻之价值者，即注意人数多寡与注意程度深浅之问题也。重要之最近事实，自能引起较多人数和较深程度之注意，故为价值较高之新闻。次要之最近事实，仅能引起较少人数与较浅程度之注意，故为价值较低之新闻。"③

从上述研究成果分析可知，首先，新闻价值的提出是对编辑记者而言的，即新闻选择时的判断标准。这是一个新闻行业的专业技能，也是最为重要的基础素养之一。其次，新闻价值在最初提出的时候，并没有统一的过于理论化的定义，而是围绕着新闻价值的特殊素质展开的，因为只有这样，才有实际操作意义，才有可能在实践中得到理解和应用。④

新闻价值理论出现后的百年间，新旧媒体的更新换代给社会带来了巨变。同时，人类社会也在发生着变化，大众文化席卷全球，给新闻媒体带来了诸多新问题。最为突出的一点是媒体的门槛越来越低，自媒体随时可以诞生，人人可以充当记者发布消息，新闻事件的范围也在扩大。总之，新闻媒体特别是传统媒体的权威性受到了空前的挑战。早在20世纪80年代，密苏里新闻学院写作组在《新闻写作教程》中就曾经指出：近年来新闻价值的标准发生了一些变化，并且在持续发生变化。⑤

（二）我国对新闻价值的研究成果

从1918年徐宝璜第一次把新闻价值介绍到中国以后，中国学者任白涛、邵飘萍、梁士纯等相继对新闻价值进行了研究。特别是改革开放之后，新闻学及新闻价值的研究更加

① 柳小娟．中西方新闻价值观的对比与分析［D］．上海：复旦大学，2009.
② 刘建明．传统新闻价值观的自我颠覆［J］．当代传播，2002（5）：32－37.
③ 同①.
④ 黄顺铭．新闻价值理论研究在中国——一个文献研究的维度［D］．成都：四川大学，2002.
⑤ 同②.

适用于当代传媒的现实需求。

1. 新闻价值的研究成果

（1）新闻价值定义。改革开放后的新闻价值研究存在诸多分歧，并没有一个绝对意义上的学术共同体共识。但有些归类相对集中，在此，介绍新闻价值的“三类说”，这也是目前具有一定的统一认识的新闻价值定义。

先来看看新闻价值定义：

新闻价值是记者选择事实的重要标准。新闻价值是事实的一种社会属性，它是新近发生的事实给社会人们带来的新的信息的分量。

新闻价值就是包含特殊需要的新闻事实（即价值因素）在传播过程中以社会影响或社会效应的方式（即价值表现）所反映出来的那种功能（即有用性）。

所谓新闻价值，是指新近发生的事实在传播过程中所履行的能满足人们知晓、认识、教育、审美等诸种需要的功能。

新闻价值指的是新闻在社会上的传播价值，同时也是新闻工作者取舍和衡量新闻的标准。

所谓新闻价值，是指新闻事实满足社会需求的特殊素质的总和。

新闻价值就是事实本身包含的引起社会各种人共同兴趣的素质。

所谓新闻价值定义的“三类说”，指的是把新闻价值归为“素质说”“标准说”“功能说”三类。从上述的定义可以看到，采用“素质说”的学者认为新闻价值是新闻事实自身拥有的特殊素质，有待于记者的挖掘；“标准说”针对的是新闻从业者而言，通过记者的新闻敏感进行事实选择的依据标准；“功能说”看重的是新闻自身具备能够产生社会影响的基本属性。这三个分类，基本把新闻价值的内涵揭示得较为清晰了。总之，新闻价值提出的目的是给读者提供更加优质的内容。①

（2）新闻价值要素。因为新闻价值需要较强的操作性，因此，在界定了概念内涵后，需要进一步地细化，新闻价值要素的提出就显得尤为突出。对于新闻价值要素的组成，也有着智者见智的结果。因为在新闻工作中，从业者的侧重点会有所不同，但也存在基本共识。其中，“时新性、重要性、接近性、显著性和趣味性”是被专家学者提出最多的五点要素，也可以看成新闻价值的一个结构性整体。

关于新闻价值五要素的研究包括②：

新闻价值的大小由以下几个因素所决定：①是否是当前全局性的重大事件；②是否与广大人民生活相关；③是否为大多数人民所关心或能够引起广大人民关心；④是否能引起大多数人民的共同兴趣；⑤这一新闻是否真实可靠；⑥是否是最近发生的大事，即时效性之大小；⑦是否老生常谈，毫无新内容。

一类为不变要素，真实性、新鲜性；二类为可变要素，重要性、接近性、显著性、趣

① 王芳．改革开放三十年来新闻价值研究综述［J］．东南传播，2009（10）：7－10.

② 王庆起．关于新闻价值各要素划分的再思考［J］．编辑之友，2014（1）：54－56.

味性。

时新性、重要性、显著性、接近性、趣味性。

时新性、重要性、显著性、接近性、兴趣性。

“希伯特在他的《现代大众传播工具论》中，麦克道格尔在其《解释性报道》中都认为，新闻价值要素是5个，它们是及时性、接近性、显著性、重要性、人情味。至此，新闻价值的五要素说得到西方新闻学术界的普遍认可。”①

总之，新闻价值的五要素获得了较为一致的认可，其中时新性代表着新闻的及时和新鲜，是新闻最为明确的特征；重要性是指新闻事件的重要程度，一般是硬新闻即关乎国际、国家及民生利益的重大事件等；接近性指的是本地新闻，除了地理上的接近，心理上的接近性也包括在内；显著性是名人以及出奇的事件等；趣味性是指新闻中所包括的人情味、有趣的因素。上述五要素构成了对新闻价值内涵的整体理解。

2. 新闻价值研究的原则

新闻价值研究有着百年的历史，但随着新媒体的更替，新闻价值理论研究也在不断地发展。围绕着这一新闻学重要的基本概念，也有研究者关注究竟什么是新闻价值研究的原则。可以说，对新闻价值的内涵之所以会有不同的解释，研究原则是决定因素。另外，研究原则一经确定，还具有一定的稳定性。

（1）新闻价值概念应该属于新闻生产过程中的一个阶段性概念。② 这是首先要明确的原则，即新闻价值是覆盖新闻传播全过程的概念，还是针对新闻传播者的新闻选择过程进行诠释的阶段性概念。从新闻价值的研究历史分析，更多的专家学者倾向于后者，即新闻价值是新闻生产过程中的一个阶段性概念。它面对的是新闻从业者，为他们提供操作性强的理论利器。这一提法更加强调了“三类说”中的标准说。

在新闻理论研究中，有两个说法不能混淆：新闻的价值和新闻价值。二者的根本差异就在于阶段性过程不同。新闻的价值是针对新闻传播的全过程而言的，所观照的是新闻本身的属性、新闻选择的标准、新闻被选择后作为内容呈现的社会效果等，把新闻从发生、报道生产、内容传播、传播效果等不同阶段都涵盖了进来。

（2）新闻价值研究包含着新闻生产的自律性。③ 新闻价值的自律性是非常重要的研究原则。为什么这么说呢？这与媒体的变迁息息相关。前文分析，新闻价值概念诞生百年来，新闻媒体发生了巨大的变化，新闻价值的内涵也需要随之调整。调整的原则就是新闻生产的自律性，自律性的出发点就是媒体定位和社会功能。

大众媒体被解放出来，成为大众文化的主力后，商业化迅速占据了头等重要的位置，传媒的负面作用逐渐显现出来。当大众媒体在社会中的定位和功能愈发重要后，需要媒体担负起应尽的责任。

---

① 杨保军. 新闻价值论［M］. 北京：中国人民大学出版社，2003：127－128.

② 黄顺铭. 新闻价值理论研究在中国——一个文献研究的维度［D］. 成都：四川大学，2002.

③ 同②.

1947 年新闻自由委员会（又称哈钦斯委员会）发表了日后产生巨大影响力的《一个自由而负责的新闻界》，主张新闻媒体在获得自由的同时也承担社会责任，“社会责任理论”由此诞生，并从主流媒体后来扩大到整个大众传媒界。其内容主要包括：第一，大众传媒具有社会性，必须对社会和人民承担一定的责任和义务；第二，大众传媒应当真实、全面和客观地报道新闻；第三，大众传媒必须在法律法规允许的范围内自我约束、自我节制和相互理解，而不能滥用权力，危害社会；第四，在保证表达自由的前提下，政府和社会可以对大众传媒不负责任的言行问责。①

在我国，媒体社会责任有些区别于西方的社会责任。首先，我国的新闻媒体除具备文化属性和经济属性之外，还具备较强的政治属性，所以社会责任的内涵不同于西方媒体。其次，我国新闻媒体的定位和功能与一般企业也不同，传媒产业性质与一般产业也存在着较大的差异，所以，我国新闻媒体与一般企业的社会责任也有较大差别。因此，在目前的国内外环境下，我国新闻媒体有着符合国情舆情的社会责任内涵。②

具体到操作层面，我国学者在对新闻价值进行研究时，往往将“新闻价值”与“宣传价值”放在一起进行研究。这不仅是新闻价值研究的特色，也是我国新闻媒体定位和社会责任的具体表现，更是我国媒体和西方媒体在管理体制、定位、社会责任内涵等方面的差异所在。

如何协调新闻价值和宣传价值的关系，是实现我国新闻媒体社会责任的关键之一。早在 1986 年，中国社会科学院的部分学者就提倡应把新闻价值和宣传价值兼顾起来，两者不可偏废。“报纸应该尽可能刊登既有宣传价值，又有新闻价值的稿件，这是上乘品”，“报纸在重视用好宣传价值这把尺子的同时，要把新闻价值提到相应的高度，刊登一切值得它刊登的新闻，包括社会新闻、文艺新闻和各类好的新闻照片等。尽可能满足读者扩大新闻获知量的需要”。③

（3）新闻价值研究应放在社会建构过程中。④ 新闻价值的研究应该放在社会构建的过程中，虽然新闻价值针对的是新闻从业者的工作环节，但社会构建过程中的影响因素也是需要得到重视的，特别是新媒体生态环境下更是如此。

第一，新闻价值的“强迫性”社会建构。社会因素对新闻价值的影响之一是强迫性，这方面的表现很常见。主要包括：首先，截稿时间的强迫性。无论是何种媒体，均有截稿时间的要求，直播节目对时间的要求更严格。因此，时间带来的强迫性就显得尤为突出。其次，传播技术带来的强迫性。即便是媒介融合的时代，传播技术对新闻价值的实现还是带有一定的制约，虽然技术的更新一再给内容呈现“松绑”，但不得不说，技术所提供的虚拟空间还是有限度的，人只能去适应。新闻工作者的把关人作用仍然在，而且还会永久性地存在下去。

---

① 彭静澜．社会责任理论视域下的社交媒体规范研究［D］．武汉：华中科技大学，2014.

② 穆青．我国媒体社会责任及评价体系研究［D］．北京：中国矿业大学，2015.

③ 黄顺铭．新闻价值理论研究在中国——一个文献研究的维度［D］．成都：四川大学，2002.

④ 同③.

第二，新闻价值的“多元化”社会建构。社会建构中的多元化因素正在侵蚀着新闻媒体的权威性，或者说新闻媒体的“祛魅”过程就是随着多元化的社会构建慢慢形成的。自媒体时代人人可以成为记者，让新闻价值陷入了限定工作阶段但无法限定消息发布者的困境。多元化是一个需要认真探讨的话题，或者说，新闻价值研究原则是一个整体。在关注阶段性、自律性和强迫性的同时，也需要关注多元化标准的可能性，只有这样才能在多媒体共生的生态中，把握关键环节，让新闻媒体的有益功能发挥出来，而负面功能可以及早被防范或者得到有效控制。

二、体育新闻价值

从新闻价值原则分析，首先，体育新闻价值应该属于新闻生产中的一个阶段性概念，即针对体育新闻工作而言，是甄别和选择体育新闻内容的标准依据，也就是说，是体育新闻内容制作中的关键概念；其次，体育新闻价值同样也是新闻行业自律的原则，是体育新闻从业者所遵循的职业理念和规范；最后，体育新闻价值同样也是社会构建的结果。在多媒体环境下，新闻行业已经突破了已有的格局，越来越多的自媒体拥有了更多的内容影响力，体育新闻内容更是如此，如受众文本成了重要的媒介内容。所以，体育新闻价值不能仅仅依靠行业自律，更应该由所有的体育新闻内容制作者制定共同的标准。由于体育自身的特殊性，体育新闻价值的构建建立在体育价值的基础上，而体育价值带有约定俗成的传承性，这种传承性不分地区和国家，只要是体育项目盛行的地方，该项目所包含的文化内涵以及体育规则都要被接受，因此，体育新闻价值也是建构在共识基础上的内涵。

总之，体育新闻价值是满足体育受众情绪情感体验预期的特殊内容要素，是体育新闻内容制作过程中进行新闻选择时的判断标准。

（一）体育新闻价值根植于四类体育新闻文本

体育新闻价值源于体育新闻实践，人们在实践中发现，体育新闻不同于一般的新闻体裁，是以体育新闻文本的形式出现的。体育新闻文本分为观赏体育文本、实践体育文本、体育受众文本和社会新闻文本。

从表 5－1 可知，体育新闻文本涵盖了多媒体时代的体育媒介内容，四类文本在功能、传播主体、传播平台上均有所侧重。在功能方面，观赏体育文本为体育受众提供观赏内容；实践体育文本则是为了推广营销赛事，让更多的体育迷参加某一项目的比赛；受众文本是体育迷抒发参与体验并与人共享；社会新闻文本功能是推广并实现体育的社会、文化和经济功能。四类文本的传播主体差别较大，观赏体育文本以内容呈现为主，对专业性要求最高，传播主体是各类媒体和专业制作机构；实践体育文本是围绕比赛展开的内容，传播主体是体育组织、中介机构、媒体以及赞助商；体育受众文本来自受众，其中资深体育迷是主要的写手；社会新闻文本更多地依靠新闻价值，新闻专业性强，以大众媒体为主、自媒体为辅。其传播平台也有所不同，观赏体育文本和社会新闻文本更加依靠传统大众媒体，而实践体育文本和体育受众文本则是在新媒体环境下逐渐丰富的。

表 5-1 四类体育新闻文本分析

文本类型	功能	传播主体	传播平台
观赏体育文本	受众观赏	制作机构、各类媒体	传统大众媒体平台
实践体育文本	参与比赛、推广比赛	体育组织、媒体、赞助商	新媒体平台
体育受众文本	共享体验	体育受众	新媒体平台
社会新闻文本	推广实现体育价值	大众媒体、自媒体	传统大众媒体平台

四类体育新闻文本是体育新闻价值的根基。体育符号是四类体育新闻文本的基本单元，特别是由动作符号和规则符号组成的竞赛是体育核心内容，没有竞赛就没有体育新闻文本。

（二）体育新闻价值的制约

如前文分析，体育符号中蕴含的意义内涵，带有社会建构中形成的共识，可以说，这些共识是体育新闻价值的出发点。在体育新闻文本中表现出来的这些共识，实质上带有限制作用。

1. 体育符号及意义带有规定性

体育符号是有规定形式的，任何一种体育项目都是由一套完整的动作系统完成的，这些规定性来自体育规则的确定和执行。在体育规则中，不仅包括哪些动作是不被允许做的，更多方面揭示的是哪些动作是可以做的，而且是挑战极限的。这些动作符号和规则符号都带有特定的意义，这些意义带有确定性。

“科学式认知关注的是自然客体，是社会行动中的共同一面，叙事性认知则专注于每一行动的独特性。所以，叙述性思维通过人类行为的多样性，将之放在特定的时间脉络中，抓住的是人类经验中意义的丰富性和微妙差别。这是无法通过概念界定或者抽象命题来表达的。只有叙述才能做到这一点：情节将特定行动的诸种要素连为一体，构成道德意义。叙述性并不提取抽象原则，不可能把意义从时空背景中抽离出来，因为人与世界的特殊联系植根于个别故事的体验之中。”①

叙事就是要把意义（概念或者抽象命题）和体验灌注于每一个情节中的特定行为，这一视角更加有力地解释了体育新闻传播的内容呈现：规定性的动作及其意义被放在传播过程中，体育记者就是通过叙述这些动作来完成最基本的报道的。

2. 体育迷的期待是有预期的，即符号的意义阐释是有制约的

文本叙述的目的是阐释意义，意义是多种多样的，如认知意义和情感意义、符号意义

① 赵毅衡．“叙述转向”之后：广义叙述学的可能性与必要性［J］．江西社会科学，2008（9）：30-41.

和延伸意义等。在体育新闻报道中，体育迷的期待是有规律可循的，这可被解释为意义的阐释是有制约的，这与体育新闻的真实性是一致的。

“叙述转向之所以产生，是因为人们开始认识到人的生存方式无法经由语言来掌握，因为语言无法超越经验的历史性，而历史性本身就是叙述性。怀特说：‘叙述作为一种形式从来不是中立的。’叙述转向召唤一种新的具体化，语言的具体化，通过叙述，才能获得把握存在经验‘有意义地联系’的方式。为什么叙述能达到这个目的？因为叙述不可能‘原样’呈现经验事实。在情节化过程中，意识不得不进行挑选和重组。生活经验的细节之间本是充满大量无法理解的关系，所谓‘弄不懂’的事情，所谓‘叙述化’，即在经验中寻找‘叙述性’，就是在经验细节中寻找秩序、意义、目的，把它们‘情节化’地构筑成一个具有内在意义的整体。”①

在体育叙事中，叙述的意义带有共识性，这种共识需要突出两个部分：第一是认知上的共识；第二是情感倾向上的共识。所以，记者需要从这些体育迷的共识中选择叙述素材并串联成意义，无论是素材还是意义都要落在共识的范围里才能被体育迷接受。

3. 文本的专业表达形式也受到制约

媒介的专业表达制约最重要的来自介质的限制。文字记录是最基本的叙述方式，但文字表达过于抽象，对读者的文化程度有一定的要求。相比之下，电视的表达更加形象、生动，并对比赛有还原现场的作用。但由于拍摄成本较高，对机器设备也有一定的要求，所以电视报道不可能真正百分百还原现场的效果。多媒体的报道形式在理论上对媒介限制达到了一种解放，但多媒体是在文字、视频的基础上才产生的，也就是说，多媒体还是摆脱不了基础性问题。

（三）体育新闻价值因素

在第一节中我们分析了体育新闻在主题上分为四种文本，即观赏体育文本、实践体育文本、体育受众文本和社会新闻文本。体育新闻价值和价值因素应该是针对这四类文本提出的，或者说是这四类文本应该共同遵循的价值标准，综上所述，可以概括出体育新闻价值三因素。

1. 体育精神的正确性

体育精神是参与者在体育实践中依赖的动力源泉，是一种具有能动作用的意识，也是一种心理资源。体育精神的代名词是健康向上，反映出人类不懈奋斗、改变命运的心理诉求。因此，体育精神需要在体育新闻选择时表现出正确性，不能在报道中有违背体育精神的报道倾向，同时，一旦报道中主体人物有悖于体育精神，那么，一定是负面报道的典型。②

体育精神到底都包括哪些方面呢？根据黄莉的研究，“体育精神是人类优秀品格和崇

① 赵毅衡．“叙述转向”之后：广义叙述学的可能性与必要性［J］．江西社会科学，2008（9）：30－41．

② 王岩．大学体育教学中的体育精神与人格教育刍议［J］．知识经济，2012（4）：178．

高理想的生动映现。体育精神主要由人本精神、英雄主义精神、公平竞争精神、团队精神四大要素构成。体育精神的价值取向是：完整确立人的主体地位，全面提升人的价值；追求真善美和自由的统一；尊重和张扬生命力的乐观态度。体育精神的主要价值标准：健康快乐、挑战征服、公平竞争、团结协作。体育精神的核心是超越”。①

在上一章节中提及的体育家精神是带有全球化色彩的体育精神内容，主要包括了公平竞争、尊重对手、正确地对待输赢。

2. 体育符号转换的准确性

体育符号包括动作符号、规则符号和体育文化符号。在体育符号转换过程中强调的是准确性：不仅能够准确地认识符号形式，更要准确地表达符号内涵。

首先，动作符号的转换依据：呈现比赛的关键过程、关键人物；要求动作有冲突，人物有性格，描写有画面感。动作符号是最为重要的体育符号，在体育新闻文本中，动作符号是被读者最先感知的。

北京时间 8 月 24 日，北京奥运会的闭幕日，男篮也在五棵松篮球馆迎来最后的决赛。美国男篮梦八最终以 118:107 击败 2006 年的世锦赛冠军西班牙队，成功完成救赎使命，在时隔八年之后重新夺得世界大赛的金牌。……西班牙人试图发起最后的反击，但终场前 26.1 秒，鲁比奥的犯规被判技术犯规，科比和保罗 4 罚 3 中彻底毁灭了西班牙人的取胜希望，随后鲁比奥抢断，但加索尔上篮不中，美国人最终以 118:107 赢下比赛。②

美国男篮以 118:107 击败西班牙男篮，夺得北京奥运会男子篮球的金牌。美国队自 2000 年以来重新夺得奥运冠军。替补出场的德怀恩·韦德拿下了全场最高的 27 分，科比·布莱恩特在生日这天拿下了 20 分 6 次助攻。世锦赛冠军西班牙队拼到了最后一刻，鲁迪·费尔南德斯拿下 22 分，保罗·加索尔 21 分 6 个篮板。……在第四节把比分追到了 89:91，西班牙男篮至少让世人知道，在他们的逼迫下，精心挑选的美国巨星们拿出了自己 100% 的能量。这一幕差点发生，没有想到，史无前例。南欧人几乎打掉了体育帝国美国最引以为荣的骄傲。我想历史会记住西班牙队一度在第四节追到了 89:91，距离奇迹就差那么一步。但是韦德面对西门内斯拿下了 27 分，并七次尝试三分球四次命中。而科比几乎看了奥运会所有的项目，此前一直不太突出的他在最后时刻不但连连得分，而且导致西班牙队最优秀的得分手费尔南德斯被罚下场。③

搜狐体育的稿子是对动作符号的记录，全面详尽，并突出了比赛的结果。对于同一场比赛的报道，西班牙《马卡报》除了对动作符号进行描述外，还重点强调了接近结束

① 黄莉．体育精神的文化内涵与价值建构［J］．体育科学，2007（6）：88－96.

② 风华．梦八胜西班牙成功夺金　美男篮时隔八年完成救赎［EB/OL］. http://2008. sohu. com/20080824/n259175628. shtml. 2018－08－22.

③ 西班牙马卡报：胜利和荣誉不是只用金牌衡量［EB/OL］. http://2008. sina. com. cn/zq/bk/2008－08－24/1824257355. shtml. 2020－04－03.

"令人窒息的时刻"，不仅如此，该稿件还带有评论"可以说是历史上最甜蜜的失败"，给读者强烈的情感抒发。①

其次，规则符号的转换依据：规则原则性、原理性的呈现和冲突。体育规则符号的使用往往会给文章增添意想不到的色彩。

2010 年南非世界杯最后一场八分之一决赛终于分出了胜负，两支旗鼓相当的球队的对抗，西班牙队笑到了最后。在开普敦的绿点体育场，西班牙队以 1：0 力克葡萄牙队，7 号前锋比利亚攻入全场唯一进球。然而赛后，比利亚的进球却遭到了欧洲媒体，特别是德国媒体的广泛质疑。

根据赛后慢镜头显示，比利亚的进球有一点点的越位嫌疑。虽然当值主裁判并没有做出正确的判罚，但这并没有妨碍欧洲冠军进入八强，他们将在四分之一决赛中迎战巴拉圭队。②

《踢球者》是德国著名的足球杂志，在其报道中体现出了老辣的风格。在用动作符号简述了比赛过程和结果后，提出了西班牙前锋比利亚的制胜进球的犯规嫌疑，这一细节给看似战报式的短消息增添了亮点，其依据就是规则符号的作用。③

最后，体育文化符号的转换依据：意义阐释性地呈现和冲突。意义的阐释往往依靠文化符号，要求记者在日常报道中经常挖掘文化符号并写好蕴藏于其中的故事。

2016 年里约奥运会期间，8 月 14 日男子 100 米决赛是本届奥运会最为抢眼的比赛之一，飞人博尔特再一次获得了金牌。第二天的新闻头条都选择了博尔特作为重点报道。但是有两家媒体的网络版头条却没有这样选择。

美国有线新闻网（Cable News Network, CNN）报道的是一位 74 岁的老教练 Anna Botha，在这位"超级奶奶"的指导下，南非选手范尼凯克获得了 400 米冠军并打破了迈克尔·约翰逊保持了 17 年的世界纪录。

美联社选择的头条是一篇深度报道，讲的是一个典型的体育故事：一个体内睾酮水平异常的田径女选手历经千难万险来到里约参加奥运会。这个故事的主旨是男女平权以及运动权利。当然，为了保护当事人，这篇报道隐去了运动员和教练员的真实姓名。

可以说，博尔特、"超级奶奶"教练以及争取运动权利的匿名选手，都是意义阐释中重要的组成部分。④

3. 调节体育受众情绪情感的适度性

体育受众是参与度高涨的群体，也是情绪情感非常丰富的信息接受者。因此，在体育

① 谢一. 中国体育新闻报道与西方体育新闻报道比较研究［D］. 南宁：广西大学，2011.

② 同①.

③ 同①.

④ 王涌. 整合利用信息资源　做好奥运新闻报道——以央视体育频道里约奥运会报道为例［J］. 电视研究，2017（1）：65－67.

新闻选择时，需要报道者对内容有可能引发的体育迷情绪有个预估，并做到适度调节。最不可取的做法是误导或者激化体育迷情绪，造成不可控制的后果。

在体育新闻从业者中，体育解说与体育受众情绪情感体验最为接近。有从业者撰文指出，体育解说中倾向性的形成和需求是自然的客观存在。特别是地方电视台的体育解说员面对的是地域所属球队参加的比赛时，倾向性就不是“有没有”的问题，而是“必须有”的问题。①

体育解说的倾向性表现为解说员在观点、立场和出发点上均向着所属地域球队倾斜，究其原因，则是因为地域文化、家乡情感因素等，造成了地方体育迷的必然需求。

在体育解说的实践中，调节体育迷的情绪情感的适度性就十分必要。一般认为，体育解说不仅在感情表达上与受众产生呼应和共鸣，更要注重解说信息的真实，用准确的体育符号转换服务于比赛和观众。倾向性的适度还可以通过张弛有度来控制个人情绪。体育解说容易被现场气氛感染，或者激情宣泄，或者怨声载道，一旦将个人喜好掺杂在解说中，往往会在观众中被放大，最后酿成解说事故。体育解说一定要清醒地认识自己的职业身份，而非球迷身份，学会使用稳定而适度的倾向性服务于体育迷。②

体育迷的倾向性是体育自带的属性，也可被理解为宝贵的传播资源。从专业报道者的角度，首先要正视倾向性的存在，其次更要科学地认识倾向性的规律，这样在报道中才能扎实有效地获得传播效果。

（四）四类体育新闻文本在新闻价值要素上的不同表现

四类体育新闻文本在新闻价值要素上的表现是不同的，究其原因，主要是四类文本在传播功能、传播主体、传播平台等方面的差异造成的，这些不同使得在进行文本内容选择的时候，依据的标准有所不同，并直接反映在文本内容之中。

首先，体育新闻文本可以分为两大类：第一大类包括观赏体育文本、实践体育文本和体育受众文本，这一大类的特点是围绕现场比赛展开的，体育符号也是以比赛为主，可被看作微观层面的体育新闻文本，在体育新闻价值的三要素对微观文本内容的选择方面所起的作用较大；第二大类是社会新闻文本，这类文本内容已经脱离了现场比赛，把体育放在了社会系统里，考察体育在社会生活中的种种表现和影响。因此，社会新闻文本的新闻价值判断，不仅受到体育新闻价值的影响，一般新闻价值对这类新闻内容的选择也能起到重要作用（表5－2）。

① 王晋．地方台体育解说员对倾向性的把握［J］．记者摇篮，2012（8）：53－54.
② 同②.

表 5-2　四类文本在体育新闻价值要素上的表现

文本类型	正确性	准确性	适度性
观赏体育文本	弘扬且不能违背体育精神	三类体育符号中动作符号最突出	情绪情感表达需要适度调节
实践体育文本	弘扬且不能违背体育精神	三类体育符号中动作符号、文化符号突出	情绪情感表达有一定倾向性、个人化
体育受众文本	弘扬且不能违背体育精神	体育符号中三类符号均重要	情绪情感表达倾向性强
社会新闻文本	弘扬且不能违背体育精神	三类体育符号中文化符号突出	情绪情感表达需要客观公正

其次，四类文本在体育新闻价值三要素中有着不同的表现，具体而言，四类文本都要弘扬体育精神，不能违背体育精神。在体育符号转换的准确性方面，观赏体育文本重点在动作符号；实践体育文本除了动作符号外，文化符号也十分重要；体育受众文本三类符号都会选择；社会新闻文本则突出文化符号。调节受众情绪情感适度性方面，作为大众媒体内容的观赏体育文本更强调平衡合理；实践体育文本和体育受众文本则强调倾向性；社会新闻文本则突出了客观公正。总之，之所以有这样的差异，主要是由四类文本自身的定位决定的。

专栏 5-2　普利策奖体育获奖作品①

普利策奖是著名报人约瑟夫·普利策生前倡议，并在他去世七年之后的 1917 年在其遗嘱的基础上正式设立的。1917—2014 年，这 98 年间共有 23 项与体育相关的作品获得普利策奖，涵盖了报道奖、摄影奖、批评奖、评论奖、社论漫画奖、特稿写作奖等奖项。

① 毕雪梅，杨倩，黄芦雷娅，等．从普利策获奖作品探析体育严肃新闻及其特征［J］．体育文化导刊，2016（2）：197-200，206.

表 5-3　1917—2014 年体育题材普利策获奖作品一览表①

时间	获奖名称	所在报社	作者	获奖作品
1935 年	报道奖	纽约先驱论坛报	威廉·H. 泰勒	“美洲杯”国际帆船赛系列报道、评论
1949 年	摄影奖	纽约先驱论坛报	奈特·费恩	著名棒球运动员贝比·鲁斯退役现场的单张照片
1952 年	摄影奖	得梅因纪事报	约翰·罗宾森 丹·奥汤	反映橄榄球运动员受伤原因的六张组图，引起对体育道德的思考
1956 年	本地报道奖	纽约时报	亚瑟·戴利	专栏中关于世界体育和体育人物的多篇报道、评论
1973 年	批评奖	芝加哥太阳报	罗恩·鲍沃斯	个人专栏中多篇电视评论（涉及慕尼黑奥运会的暴力现象、实况转播员的职业素养等）
1976 年	评论奖	纽约时报	雷德·史密斯	1975 年和之前多年关于体育的评论文章，善于发现运动员背后的故事
1979 年	社论漫画奖	华盛顿邮报	哈伯特·L. 布洛克	获奖作品包括关于莫斯科奥运会政治现实的单张漫画
1980 年	批评奖	波士顿环球报	威廉·A. 亨利	关于体育的多篇电视批评（实况直播及其社会影响等）
1981 年	评论奖	纽约时报	戴夫·安德鲁森	个人专栏中关于世界体育的评论文章，擅长体育人物故事
1981 年	本地调查性专题报道奖	亚利桑那每日星报	克拉克·哈拉斯 罗伯特·B. 劳尔	亚利桑那大学学校体育基金存在的问题
1985 年	现场新闻摄影奖	论坛报	摄影组	关于 1984 年洛杉矶奥运会的一系列照片（跳水运动员休息间隙、女篮教练的庆祝时刻）
1985 年	专题报道奖	佐治亚新闻报	兰德尔·萨维奇 杰克·克斯比	佐治亚大学科技协会的学术和田径领域的多篇深度报道
1985 年	批评奖	洛杉矶时报	霍华德·罗森伯格	一系列关于美国广播公司转播洛杉矶奥运会的评论（亏损情况、实况转播员的职业素养等）

① 毕雪梅，杨倩，黄芦雷娅，等．从普利策获奖作品探析体育严肃新闻及其特征［J］．体育文化导刊，2016（2）：197－200，206.

续表

时间	获奖名称	所在报社	作者	获奖作品
1986 年	调查性报道奖	莱克星敦领袖报	杰弗里·马克斯 米歇尔·约克	曝光了肯塔基大学篮球运动员获得现金报酬的事实
1989 年	社论漫画奖	芝加哥太阳时报	杰克·希金斯	获奖作品包括反映黑人运动员反对种族歧视的单张漫画
1990 年	评论奖	洛杉矶时报	吉姆·穆里	体育专栏的多篇评论（国际赛车比赛发生的意外、顶级球员的劳资关系等）
1992 年	评论奖	纽约时报	安娜·昆德兰	体育中的政治和运动员的多篇评论（篮球偶像的个人悲剧等）
1993 年	现场新闻摄影奖	达拉斯晨报	肯·盖格 威廉·斯奈德	关于1992 年巴塞罗那奥运会的一系列照片（足球运动员头球瞬间等）
1997 年	特稿写作奖	巴尔的摩太阳报	莉莎·波拉克	一个棒球裁判的家庭生活的单篇报道（悲剧）
2000 年	专题报道奖	圣保罗先锋报	乔治·多曼	明尼苏达大学男篮项目学术造假的系列报道
2013 年	社论漫画奖	星论坛报	史蒂夫·萨克	获奖作品中包括讽刺车王阿姆斯特朗禁药丑闻的单张漫画
2014 年	突发新闻报道奖	波士顿环球报	报道组	对波士顿马拉松爆炸案的全面报道，包括一系列数字化工具的使用
2014 年	特写摄影奖	纽约时报	乔希·哈纳	记录波士顿马拉松爆炸案双腿截肢受害者杰夫·鲍曼重建生活的全过程

近百年间，普利策奖的评奖宗旨一直是致力于通过以人为本、精确、客观、深度和公正的报道，反映大众的生活，追求社会公义，捍卫新闻报道的纯洁性，并为公众服务。

上述原则对于体育新闻来讲并不占有优势。体育新闻以突出娱乐性见长，特别是在职业体育兴盛的美国，体育被视为世俗宗教，在体育新闻报道中将体育明星描述为英雄偶像，这与普利策评奖原则相距甚远。因此，可以说，体育题材普利策获奖作品是体育新闻报道中的“严肃新闻”，更加符合传统新闻的采写标准，与那些更加注重娱乐的内容一起，组成了体育新闻报道的两个基本类型。

从表 5－3 可以看出，体育题材获奖作品是通过体育折射社会的新闻制作视角，同时，这一类信息采写过程是与一般新闻一致的，属于新闻信息的一种。从文本角度看，无疑属于第四类社会新闻文本。

总 结

体育符号是按照一定的顺序和规则被组合在一起的，这就形成了体育符号文本。体育新闻文本是呈现在大众媒体上有序的体育符号文本。皮尔斯的符号三分法对体育新闻文本分类起到了重要的启示作用。动作符号和体育文化符号的差异，最终导致解释项的不同，反映在新闻内容上就是主题差异。按照这一思路，体育新闻文本可以分为观赏体育文本、实践体育文本、体育受众文本、社会新闻文本。

体育新闻价值是为满足体育受众情绪情感体验预期的特殊内容要素，是体育新闻内容制作过程中进行新闻选择时的判断标准。从新闻价值原则分析，首先，体育新闻价值应该属于新闻生产中的一个阶段性概念，即针对体育新闻工作而言，是甄别和选择体育新闻内容的标准依据，也就是说，是体育新闻内容制作中的关键概念。其次，体育新闻价值同样也是新闻行业自律的原则，是体育新闻从业者所遵循的职业理念和规范。最后，体育新闻价值同样也是社会构建的结果。体育新闻价值三因素：体育精神的正确性；体育符号转换的准确性；调节体育受众情绪情感的适度性。

思考题

1. 为什么说体育新闻文本是符号文本？
2. 体育新闻文本的分类有哪些？
3. 怎么理解观赏体育文本、实践体育文本、体育受众文本、社会新闻文本？
4. 新闻价值的定义，如何理解新闻价值的研究原则？
5. 怎样理解体育新闻价值受到的制约影响？
6. 试分析体育新闻价值三因素。

拓展阅读

1. 赵毅衡. 广义叙述学［M］. 成都：四川大学出版社，2013.

2. 宗争. 游戏学：符号叙述学研究［M］. 成都：四川大学出版社，2014.

3. 毕雪梅. 体育关系：体育参与实质、传播关系与互动内涵［J］. 北京体育大学学报，2015，38（12）：10－14，21.

4. 杨保军. 再论“新闻规律”［J］. 新闻大学，2015（6）：1－10.

5. 赫伯特·甘斯. 什么在决定新闻：对 CBS 晚间新闻、NBC 夜间新闻、《新闻周刊》及《时代》周刊的研究［M］. 石琳，李红涛，译. 北京：北京大学出版社，2009.

第六章 体育新闻报道中的特殊手段

内容提要

体育新闻理论有其独特性，具体表现在体育新闻信息、体育新闻定义以及体育新闻真实性和娱乐性的内涵等方面。体育新闻理论的这些特点，突出地反映在体育新闻实践操作中，使体育新闻内容的呈现方式与一般新闻题材有着明显的不同。下面是一篇名为《谁是科比心中最强对手？他当过得分王打过CBA》的稿子，开头是这样写的：

“3年前的一个电视节目上，当主持人询问科比‘谁是你交手过最难缠的对手’时，科比单手托腮整整思考了大约15秒钟。距离科比退役还剩23天，科比确实要好好想想，毕竟，十几年的职业生涯相当漫长，他在球场上碰到过不少天赋异禀的对手。他们或速度奇快，或力大无穷，或投篮神准，或防守强悍，要在各式各样的对手中找到最难对付的一个人，这确实不是一件容易的事。

‘总是给我带来最多麻烦的人是特雷西·麦格雷迪。他拥有所有的技术和运动天赋，而且他身高6尺9寸，要想解决他非常困难’。①”

在这篇稿子里，不仅有生动的描写、直接的引语，甚至还有主人公科比的心理活动，但记者并没有亲临现场，更没有亲自采访科比。对于体育新闻写作来讲，这是一种常见的写作方法。

本章涉及的内容是体育新闻采写中的特殊手段，这些手段均是受到体育新闻理论的特殊性制约而产生的。本章共分三节：第一节主要是以奥运会为例讲述体育新闻采写的权限以及赛事提供的媒体服务；第二节集中分析背景资料和文学写作手法在体育新闻写作中的应用；第三节重点介绍体育数据的使用以及体育数据新闻的创新。

---

① 罗罗．谁是科比心中最强对手？他当过得分王打过CBA［EB/OL］. http://sports.qq.com/a/20160322/015956.htm. 2018－08－22.

学习目标

了解体育新闻采访权限；掌握体育新闻策划、赛事媒体运行规律和全能型记者的要求；熟悉体育新闻背景资料的使用、文学化写作手法、体育数据新闻制作等专业手段。

关键术语

体育新闻采访权限、体育新闻策划、全能型记者、混合区采访、采访证、媒体运行、事件背景资料、人物背景资料、社会历史背景资料、修辞手法、表现手法、精确新闻、体育数据、体育数据新闻

第一节 赛事采访的权限及媒体服务：品牌的价值

导 入

体育新闻采访权限是体育新闻报道中一项独特的游戏规则，这是体育产业化的必然结果。从观赏体育来讲，赛事IP属于稀缺资源，特别是那些历史悠久的赛事，越发受到全球体育迷的青睐。在这样的情况下，具有观赏价值的赛事就自然成了独家的内容资源，其商业价值和社会价值凸显出来，体育新闻采访的权限设计就应运而生了。本节主要围绕体育采访权限分析媒体的应对以及赛事提供的媒体运行服务等内容。

一、体育赛事采访的权限

记者被称为“无冕之王”，其内涵指的是记者的采访权应受到尊重和保护，为了寻求事实真相，可以行使对新闻现场和新闻当事人的采访。但对于体育新闻报道来讲，却存在采访的权限，这是体育新闻报道的特殊性之一。

（一）体育赛事采访权限的出现原因

先看看北京奥运会的例子。

前来报道2008年北京奥运会的记者分为：持证记者大约有21600名，其中境外记者超过5000人；另外还有非持证记者约10000名。①

《华尔街日报》共有6张正式采访证，前来报道北京奥运会的记者有20人。BBC（英国广播公司）派出了500多人的专业团队，共制作了3000多小时的节目，并通过电视、广播以及网络进行全方位报道。日本广播协会NHK的制作团队有200人，德国国家电视台500人，巴西派出了历史上人数最多的一次报道团队，共120人。②

中国媒体的情况是，中央电视台是大陆地区唯一的持权转播商，在报道规模上也是空前的：7个频道播出奥运节目，80多位主持人和解说嘉宾，550名注册记者，3000人的制

① 陈国强．媒介奥运报道谈［J］．环球体育市场，2008（3）：50－52.
② 同①.

作团队。《人民日报》的报道团队100多人，《中国体育报》17名前方记者，《体坛周报》则是联络了全球50多家国外媒体150多名持证记者提供内容，《羊城晚报》获10张注册记者证、3张非注册记者证。新华社作为东道主通讯社和国家奥林匹克摄影队，条件得天独厚，获得了注册记者证284个，这个数量让新华社在持证数量上在全球文字媒体中排在第三位。报道北京现场的有254人，另外30人则在6个协办城市进行工作。①

上述例子中出现的注册记者和非注册记者，提及的就是体育新闻采访权限的问题。

体育新闻采访权限指的是重要赛事期间对采访记者的数量和资格要求，一般以发放采访证件的数量和采访区域要求为标准。

1. 赛事的接待空间和时间限制

一般来讲，任何赛事的接待空间和时间都是有限的，不可能毫无节制地无限膨胀。在空间上，承办赛事的城市从住宿、交通、场馆运行等方面有规模限度；从时间上，大型赛事的赛制安排也会限定在一定时间之内。因此，对前来参赛的运动员以及采访媒体，均有数量和资格的限制，这是一个常识性的认识。

体育赛事是一项社会节庆事件，占用一定的社会资源和公共资源。从环保的角度降低体育赛事承办带来的过多的资源消耗是目前举办体育赛事的基本原则。

2. 赛事的稀缺性限制

大型赛事是一种稀缺的社会资源，或者说，大型赛事集中了众多的社会资源，而成为人们关注的社会事件。对于新闻媒体而言，大型赛事是天然的内容素材，可以吸引众多的受众，所以大型比赛举办之前，各大媒体趋之若鹜。从这方面考虑，赛事主办方采取限制性措施，除了有助于有效管理外，也是为了资源的突出稀缺性。

3. 赛事具有IP保护，并以营销收益为目的

被社会认可的大型赛事也往往是那些受到知识产权保护的赛事，这些拥有IP的赛事也是通过商业营销手段以收益作为最终的目的。一般而言，这类IP赛事有两类，一类如奥运会，运用营销手段，但却是非营利的体育赛事，其收益会反馈到奥运大家庭内部，得以支撑和推广国际奥林匹克运动；另一类是职业体育，属于以营利为目的的商业赛事，例如美国四大联盟、欧洲各国的足球联赛等。不论是哪种赛事，大众媒体的作用均非常重要，所以在保护自身IP的前提下，与大众媒体之间展开合作是最佳的选择。采访权限的制定就是这类合作协议的具体表现之一。

到目前为止，奥运会的媒体采访权限的规定是较为全面而透明的，本章就主要以奥运会为例，对赛事的采访权限进行说明。

（二）体育赛事采访权限的具体操作

体育赛事采访权限的具体操作流程一般分为两个阶段：第一阶段是由赛事拥有方和主办方制订并执行采访权限的发放数量以及分配方案，第二阶段是获得注册资格的记者遵守

---

① 陈国强．媒介奥运报道谈［J］．环球体育市场，2008（3）：50－52.

并利用采访权限的规定进行工作。

1. 赛事拥有方和主办方制订并执行采访权限的发放数量以及分配方案

赛事拥有方制定采访权限的发放标准，赛事承办方具体执行。时任国际奥委会新闻委员会委员的高殿民在2008年发表过一篇名为《奥运报道需了解和注意的一些问题》①的文章，对奥运新闻报道的特殊性进行了详细的解读。

高殿民在文中指出：《奥林匹克宪章》规定，国际奥委会是奥运会的“主人”，是奥运会的真正组织者。主办城市只是按照国际奥委会的要求提供比赛场地及服务而已。从比赛项目的设定、赛程的安排，以及会徽、吉祥物、口号的确定等，都要经国际奥委会批准。

对竞赛项目的日程安排、裁判挑选、比赛器材供应等问题，奥组委其实也没有决定权，是国际单项体育组织说了算。

针对北京奥运会世界各国媒体的采访权限，2006年8月新华社曾经发过一篇新闻稿，就是在说明这个问题。

新华网北京8月24日电（记者高鹏）国际奥委会新闻媒体高级主管安东尼·埃德加日前在接受新华社记者采访时说，2008年北京奥运会记者报名注册工作已经启动，北京奥运会文字和摄影记者的报名总人数将控制在5600人以内。

据埃德加介绍，国际奥委会在上个月最终确定了北京奥运会各国和地区奥委会的注册记者名额分配方案，随后告知了各个奥委会其所分配到的注册记者名额总数。

埃德加说：“按照国际奥委会的规定，各国和地区奥委会是本国和本地区记者采访名额分配的唯一负责机构，而广播媒体‘ENR’记者报名直接由国际奥委会管理。网站与其他通讯媒体的采访名额都包括在各国和地区奥委会所得到的记者总名额内。”

据了解，北京奥运会记者报名主要分两个阶段：首先是各媒体按照其分配到的记者名额数报名，然后是各媒体的具体采访记者报名。

第一阶段从2007年3月1日开始，届时北京奥组委将向各国和地区奥委会发放媒体名额报名表格和相关材料，如记者住宿指南、租用设备及其费用指南和有关新闻媒体信息资料。与此同时，各国家和地区奥委会将把注册记者名额分配到所在国家或地区的主要新闻单位，并将报名表和相关材料下发给这些新闻单位。报名表格填好后，由本国和地区奥委会在2007年6月送交北京奥组委。

具体采访记者的报名将从2007年11月开始。届时得到采访名额的新闻单位必须确定参加报道的具体人员，并最迟在2008年2月前告知本国或本地区奥委会。

埃德加表示，没有购买转播权的广播媒体“ENR”的申请报名工作于2007年3月开始，届时国际奥委会将把广播媒体“ENR”申请表格和有关规则上传到国际奥委会官方网

① 高殿民．奥运报道需了解和注意的一些问题［J］．中国记者，2008（7）：64－65.

站 www. olympic. org 上。这项申请报名工作将于 2007 年 5 月截止。[①]

通过上述文字可以得知，采访权限的制定和确认是由国际奥委会全权负责的，主办奥运会的国家的奥组委只是执行机构，并且相关工作需要在国际奥委会的监督下按照规定的时间开展。

奥运会的媒体注册记者的类别分为文字摄影媒体记者和广播电视媒体记者两大类，这个分类是按照媒体介质不同进行的，分类的同时也更加明确了权限内容。

第一类可以被归为无商业协议的新闻媒体，像 E、ES、EPS、ET、EC、ENR，这些证件代表着记者身份。[②]

E 是文字摄影媒体记者，通行权限高，可以出入场馆媒体看台、所有竞赛场馆以及主新闻中心。

ES 是专项文字记者，EPS 是专项摄影记者。专项就是只能采访一个特定的单项，不能采访其他项目。摄影记者还有袖章、背心等通行标志。

ET 属于技术人员，负责设备维护。

EC 是后勤人员，其工作区域只限于主新闻中心。

ENR 属于非持权转播商，国际奥委会规定一个国家或地区只能有一个媒体获得转播权，如 2008 年奥运会期间，美国是美国全国广播公司，中国大陆是中央电视台，除此之外的广电媒体，就都属于 ENR。为了维护持证转播商的利益，ENR 的采访权限制严格，只能带设备出入主新闻中心（MPC），拍摄新闻发布会，所有设备都不可以带入比赛场馆。

第二类可以归为有商业协议的合作媒体，包括两类：一是国际奥委会自主运行的主转播商，二是各个国家和地区的持权转播商，像美国全国广播公司、中央电视台，采访证件是 ITA、ITB、ITC 等，其中 A 属于高层管理人员，B 是内容制作人员，C 是支持人员。属于持证转播商的工作人员数量最为庞大，均有上万之多，但其工作区域一般在国际广播中心（IBC）内，并租有办公室，在比赛场馆也可以进行报道工作。

2. 注册记者需要遵守并利用采访权限的规定进行工作

获得了注册记者的资格后，就要在遵守相关规定的前提下，利用宝贵的采访机会展开工作。上文提到的《奥运报道需了解和注意的一些问题》一文中，较为详细地介绍了这方面的情况，主要包括以下几点。

（1）熟悉不同类型注册记者的工作活动范围。不同类型的注册记者，其工作活动范围是有严格规定的。正式注册的证件并不等于可以随意出入任何比赛场馆，有的只能采访特定的项目，有的只能在主新闻中心区域工作，即使是权限高的证件，体育场馆内的某些区域也是不能进入的，需要听从现场安保人员的安排。

---

① 人民网 . 2008 年北京奥运会记者注册报名工作已经启动[EB/OL]. http://olympic. people. com. cn/GB/22180/22193/4736738. html. 2018 - 08 - 22.

② 李京波 . 媒体服务及其相关业务［J］. 中国广播，2008（8）：15 - 16.

北京奥运会时期，新华社是国际奥委会指定的东道主通讯社，新华社所获得的正式采访名额直接与国际奥委会协商，同时作为东道主通讯社负责向国内其他众多中国媒体提供报道素材。另外，新华社还有组建国家奥林匹克摄影队的任务，负责拍摄中国选手场内外的照片。[①] 美联社、路透社、法新社组建了国际奥林匹克摄影队，负责拍摄国际著名选手的照片。因此，在所有比赛场馆中，最好的位置需要留给上述通讯社的摄影记者。[②]

对于奥运会的开幕式、闭幕式以及热门场次比赛也是有人数限制的。按照一般情况统计，正式注册记者一般只有三分之一有开幕式门票。获得了奥运会彩排门票的记者，要签署保密协议，在开幕式举行前，所有照片都不能登发，如果提前发表，国际奥委会有可能吊销该记者的注册证件。

租用主新闻中心办公区域，也要遵守相关规定，如非官方赞助商的产品是不允许带进办公室的。

（2）熟悉并了解如何接近采访对象。记者最关心的就是如何接近选手和代表团队，只有这样，才能获得第一手信息。在接近采访对象之前，也需要了解相关的规定。

首先有哪些是规定不允许做的。《奥林匹克宪章》规定："在奥运会期间，任何运动员、教练员、官员、新闻专员或其他注册的参加者，决不能注册担任或自任新闻记者，或以其他传播工具的身份行事。"也就是说，选手以及代表团成员都不能以新闻媒体的记者身份出现。另外，文字记者不能随意出入运动员村，如果需要采访，必须提前 24 小时预约。预约需要获得代表团团部批准。记者按照规定时间到达后，需要改换临时证件，并由团部的人员陪同才会被放行。如果不履行上述手续，也会受到国际奥委会吊销证件的处罚。[③]

其次是哪些规定和措施是有助于接近采访对象的。记者如何采访到运动员呢？主要有下面三种渠道。

第一，主新闻中心及各个场馆的新闻发布会。按照国际奥委会的要求，主新闻中心建了五个发布厅，其中最大的发布厅有 800 个座位，最小的新闻发布厅也有 30 ~ 50 个座位。每个场馆都会在比赛后定时举办新闻发布会。

第二，比赛场馆的混合区。混合区是每个场馆里运动员比赛结束后进入通道上的一个特定区域，在这个区域一般也会有隔离绳将运动员与记者分开。混合区是每个运动员比赛后必须经过的区域，是记者赛后接触运动员的最佳区域。

在混合区内，重要的新闻机构可以租用专门位置，如持权转播商所属的广电媒体，都会选择运动员出口处的最佳位置。雅典奥运会期间，田径场的混合区就有几十米长，许多运动员口干舌燥地讲了一路。

---

① 国际奥委会授权新华社为北京奥运会东道主通讯社［EB/OL］. http://news. cctv. com/china/20061026/107210. shtml. 2018 - 08 - 22.

② 国家体育总局. 北京奥运会国际摄影队协议签署［EB/OL］. http://www. sport. gov. cn/n318/n354/c240601/content. html. 2020 - 04 - 03.

③ 高殿民. 奥运报道需了解和注意的一些问题［J］. 中国记者，2008（7）：64 - 65.

第三，各个体育代表团的新闻发布会。各个体育代表团一般会选择在主新闻中心召开新闻发布会，记者可以到达现场询问和了解所需要的新闻素材。

（3）非持权转播广电记者采访问题。对于没有购买转播权的广电媒体，国际奥委会颁发的是非持权转播商采访证件 ENR。持有 ENR 的记者权限要求很具体，如新闻发布会的报道需要延迟半小时，不能直播。对每天的播出内容的时长也有明确的要求。主要目的是保护购买了转播权的媒体利益，一个国家或者地区只有一家广电媒体拥有转播权。①

（4）非注册记者的“记者之家”。从悉尼奥运会开始，国际奥委会建立非注册记者新闻中心，给前来采访奥运会的没有获得正式采访资格的记者发放临时证件。2008 年北京国际新闻中心就是北京奥运会的非注册记者新闻中心，据官方统计，这个中心从 2008 年 7 月 8 日正式开放到 8 月 25 日关闭，在短短的 48 天里，一共组织了 87 场新闻发布会，115 次集体采访，共接待了 2.2 万多人次的中外记者。②

二、新闻媒体的应对

拥有 IP 的体育赛事是新闻媒体报道的重点，成功报道重要赛事也是新闻媒体获得受众关注和社会认可的标志。但面对有限的采访机会，新闻媒体也需要采取措施，力争在每次的赛事报道大战中赢得积极的反馈和回报。

新闻媒体的常规做法可以从整体和个体两个角度分析。整体角度是提升体育新闻策划能力，个体角度是催生更多的全能型记者的出现。

（一）体育新闻策划的突出地位

对新闻策划较为权威的定义来自赵振宇教授，他认为，新闻策划是新闻报道的主体，遵循新闻规律，围绕一定的目标，对已占有的信息进行去粗取精、去伪存真、由此及彼、由表及里的分析和研究，发掘已知，预测未来，着眼现实，制定和实施相应的政策和策略，以求最佳效果的创造性的策划活动。赵振宇认为，新闻策划是一个多层次的系统工程，主要依赖于专业人士的智力活动，同时新闻策划必须遵循新闻规律，不能脱离新闻事实，不能凭空臆造。③

对于体育新闻策划来讲，其运作的空间要大于一般新闻策划。赛事策划更是如此，因为赛事的基本事实都已经较为明确，可以利用丰富的经验及背景资料进行周密的赛事策划。还是以奥运会为例，各大媒体均会在策划方面下功夫，并运用奥运特刊、奥运特别节目等形式来进行报道。

1. 平面媒体赛前策划的盛行，奥运特刊的出现

奥运特刊是平面媒体在进行奥运报道中常见的一种报道方式。以 2008 年北京奥运会

① 高殿民. 奥运报道需了解和注意的一些问题［J］. 中国记者，2008（7）：64－65.
② 孙瑛，王想平，邹璐巍. 奥运非注册记者新闻中心的新样板［J］. 新闻与写作，2008（10）：36－37.
③ 赵振宇. 新闻策划的定义、作用及实施前提［J］. 现代传播，2001（4）：70－75.

为例，当时《人民日报》每天利用12个版做奥运特刊，这在《人民日报》的历史上还是第一次。

奥运特刊重在策划。2008年《人民日报》奥运特刊是由社长和总编辑亲自指挥，所有社级领导分兵把关。策划分为两个阶段：第一个阶段是赛前，策划的重点是各个版面的确定，即每个版每天的主要内容。在第一阶段首先是人员的确定，12个版的主编都是精兵强将，分别来自总编室、教科文部、经济部、国内政治部、文艺部、国际部以及上海分社。每个版面还要组成编辑组，各位版面主编分别挑选3名编辑，同时还配有一名美术编辑。第二个阶段是对每天版面内容的把握。北京奥运会开幕式结束时已经是8月9日凌晨，特刊已经做了几个预案，但当晚的稿子独家多，情况变化大而复杂。“各版主编都能因调而变，因变而新，精益求精，使当天的版面隆重、大气、精彩，做到了高出一筹”。18天特刊好稿子层出不穷，像12日特4版《“90后”当仁不让》、14日特1版《中国姑娘一飞冲天》、14日特5版《游泳进入破纪录时代》、17日特11版《放飞全球青年奥运梦》、21日特8版《每个人的奥运都精彩》等，都是各版编辑精心策划的产品。[①]

对于特刊来讲，不仅是策划在前，更在观点取胜。这一条几乎成为体育新闻的一项重要的报道原则。龚晓跃这样回忆起任报纸总编时做奥运特刊的经验：

我记得2000年奥运会的时候我们做了一个奥运特刊，其实从头到尾都是用观点去取胜，我们甚至没有派记者到悉尼去，觉得划不来，所谓的资讯大家千篇一律都是一样的。如果我们能有几个比较好的评论作者提出一些足以打动人的观点，它的可操作性要比一般的运作性更强悍。[②]

2. 前期策划与实时策划并举的电视媒体

体育电视报道同样需要策划，与平面媒体策划比较而言，由于电视的直播属性，电视策划两条线并行：第一条是前期策划，注重时间上的计划性。对于大赛而言，比赛时间、参赛人员带有规定性，同时比赛结果还带有预测性，因此，赛前的策划既可以精细化又可以做到重点突出；第二条是直播期间实时策划，因为赛场上的多变性以及电视直播的实时性，使得赛事中需要随时调整出新方案，这是对团队制作能力的重要考验。

ESPN（娱乐与体育电视网）所属的Sports Center就是一档重视前期策划的新闻节目。这档节目之所以能长期处于体育电视新闻报道的领先地位，是因为他们的策划和准备工作卓有成效，特别是重要赛事，策划方案往往提前几周或者几个月就制定出来。[③]

另外，虽然体育比赛的参赛队员以及赛程时间安排赛前都有公布，但体育比赛本身又是瞬息万变的，比赛过程和结果带有极大的偶然性，再加上，电视直播的技术可以适应随

① 杨振武．难忘奥运特刊的18个夜晚［J］．新闻战线，2008（9）：9－11.

② 龚晓跃．为什么做奥运特刊［J］．青年记者，2007，22：23.

③ 邢成．电视体育新闻制作流程再造［D］．长春：吉林大学，2015.

时变化的赛场实况，因此，直播内容也可能随时有调整。这就需要策划不仅要体现在赛前，更要在比赛过程中体现出动态性和实时性。更多时候，实时策划正是对电视制作团队更高水平的要求。

以2014年2月13日索契冬奥会短道速滑女子500米比赛中央电视台报道为例，由于这个项目是这届冬奥会中国代表团最有希望拿到金牌的项目之一，因此，在前期策划中，是作为冬奥会期间央视体育频道的重点工作进行部署的。

根据前期计划安排，现场直播在北京时间20点40分结束，之后金牌运动员会在混合区接受央视记者采访，这段现场采访将在冬奥新闻节目《在索契》中播出，时间预计是在21点30分直播。从形式上看，赛前策划周全，准备充分，但比赛现场却发生了一波三折的变化。

首先是在北京时间18点40分进行的半决赛中，因为相互碰撞，中国队最有夺金实力的两位队员范可欣和刘秋宏双双被淘汰。在随后的决赛中，4名参赛选手中中国选手李坚柔实力最弱，比赛开始就滑在最后一位，看似与奖牌无缘了，但滑在前面的三名选手发生互撞，接连摔倒，最终李坚柔夺得了索契冬奥会女子短道速滑500米冠军。

从观赏的角度看，这种跌宕起伏、扣人心弦的比赛确实非常好看。但是，越是这样的比赛，对制作团队的要求也就越高，需要制作团队根据场上变化，不断调整报道方案。如果应变能力弱，赛前的策划又没有完全到位，就会影响节目质量。

当时在央视新闻《在索契》节目中对李坚柔夺冠的新闻做了一组组合报道，内容包括夺冠消息、赛后采访、多角度赛事回放、现场解说原音重现、升国旗奏国歌仪式、冠军背景资料介绍、半决赛赛事回顾等，但在各条新闻的制作质量、条与条之间的衔接串联等方面，存在着不少问题。总结原因，很重要的一点是在新闻制作团队提前预置的报道计划中，对李坚柔夺冠的可能性几乎未做预案。即便是在中国队两个夺金重点队员范可欣和刘秋宏半决赛相撞出局后，制作团队也很自然地把当日节目报道重点调整为解读中国队半决赛为何出现失误，而忽视了李坚柔理论上存在夺冠的可能性。

也许是受到唯金牌论思想的左右，主观地认为中国队已经无缘金牌。所以对于决赛的报道，比赛前制作团队的设计是以‘口播插画面’的形式简单带过，交代一下唯一进入决赛的李坚柔的最终成绩和哪位外国选手获得了冠军。所以当冠军意外到来时，制作团队在短时间内措手不及，影响了新闻制作质量与播出效果。①

（二） 全能型体育记者

对于采访资源稀缺，又备受关注的赛事报道而言，能够获得正式注册资格的记者是幸运的。大赛为记者的业务能力展示提供了最佳舞台，全能型是赛事新闻报道中对体育记者

① 邢成．电视体育新闻制作流程再造［D］．长春：吉林大学，2015.

的要求。

时为《北京晚报》记者的袁虹衡在2005年曾发表过一篇文章《为奥运练就“单兵作战”硬功夫》，他在文中强调体育赛事历来有两大战场，一是竞技大战，二是新闻大战。奥运注册记者的名额有限，需要在获得宝贵机会的时候，练就“单兵作战，以一当十”的硬功夫。袁虹衡于1987年开始从事体育新闻报道工作，从汉城奥运会开始参与奥运报道。他认为，硬功夫不仅体现在新闻的敏感力、观察力、语言能力、写作能力、采访能力，上述这些只能算作基本功，硬功夫还需要具备的是创新能力、运筹能力、亲和能力和生活能力。①

早在2000年，新华社记者曲北林就在赛后写出了《“五等记者”抢新闻》来总结对全能型体育记者的理解。首先，曲北林看到了重大赛事采访的实际情况就是记者拥有不平等的采访“待遇”：在悉尼奥运会上，记者被分成了“五等”。第一等是组委会的官方记者，可以选择最近距离采访运动员；第二等是持权转播商中的“老大”，如美国全国广播公司每次都可以进行独家采访；第三等是持权转播商中的国家电视台，如中央电视台也可以在固定位置采访到运动员；第四等是摄影记者，可以在赛场边随意走动；第五等是文字记者，只允许坐在指定的看台上，能够采访到运动员的机会只有赛后新闻发布会和在混合区里“守株待兔”。在这种被动的情况下如何脱颖而出呢？

第一是要会穷追猛打。即使有人说，你们记者脸皮真厚，老追着我们干吗？记者还是要笑着说：“其实你这个人，刀子嘴，豆腐心。真正办实事的还得是你。”新华社记者就是这样了解到了代表团在村里居住的情况，写出《官员住在“集装箱”》的独家报道。

第二要能吃苦。采访《妈妈，我尽力了》一稿时，记者饿着肚子，坚持到别的记者都走了，才采访到运动员姜翠华跟妈妈的“金牌约定”。

第三，必须是某些项目的“权威”。中国女排成绩不好，很多报纸找新华社记者，要求发表评论。新华社很快发出《悉尼会不会变成巴塞罗那》《悉尼正在变成巴塞罗那》《姜英撇下娃娃投奔“娘家”》《郎平将来悉尼为中国女排加油》《买不到机票郎平来不了悉尼》等“内线报道”，如果不是平时在排球界有深厚基础，也是得不到独家新闻的。

第四，眼睛要尖。在中国代表团进驻奥运村的升旗仪式上，好几十名中国记者在采访，记者敏锐地发现了宗教界人士，写出《奥运村里住和尚》的独家报道，真实记录了五大宗教开始进驻奥运村的历史事实。②

三、赛事的媒体服务

在规定了新闻机构采访数量和权限的同时，赛事组委会也会提供媒体服务，用来最大

① 袁虹衡．为奥运练就“单兵作战”硬功夫［J］．新闻与写作，2005（10）：33－34.

② 曲北林．“五等记者”抢新闻［J］．中国记者，2000（10）：39－40.

限度地确保赛事报道的质量。

（一）什么是赛事媒体服务

媒体运行就是为了顺利完成报道任务，赛事组织方帮助新闻媒体在赛会期间搭建起来的工作平台。根据国际奥委会的总结，媒体运行的主要工作包括：信息提供、作为大本营的工作间提供、工作和服务设施提供、场馆工作间（包括媒体工作间、摄影工作间、媒体休息间等）提供、其他设备设施（混合区采访等）提供。媒体服务所涉及的相关业务，包括注册、住宿、交通、技术、收费卡等。①

（二）赛事媒体服务的规定性

有过奥运会采访经验的记者发现，奥运会可以看作是一个巨大的系统工程，为了维系这个工程的有序和完整，从计划筹办到组织举办需要有一套既定的游戏规则。这些游戏规则就是必须遵守的标准。这些标准有些是明文规定的，如《奥林匹克宪章》是总则，共有6章61条款。《奥林匹克宪章》的第5章第48条款到第52条款涉及“奥运新闻报道”。

第48条奥运媒体报道包括：

（1）国际奥委会采取所有必要措施，确保各媒体进行最充分的奥运会报道，拥有最广泛的受众。

（2）所有有关媒体奥运会报道的决定都必须由国际奥委会做出。

第48条附则：

（1）媒体通过奥运会的报道，传播和推广奥林匹克的原则和价值，是奥林匹克运动的一个目标。

（2）国际奥委会执委会在国际奥委会媒体指南中确立了媒体报道奥运会的所有技术规则和需求，并成为主办城市合同的一部分。国际奥委会媒体指南的内容和国际奥委会执委会的所有其他指导文件，对奥运会报道的所有人员都有约束力。

（3）只有媒体注册人员才能从事记者、报道员或者其他新闻活动的采访。奥运会期间，所有运动员、教练员、官员、新闻官员或者其他注册人员，无论在何种情况下都不能以记者或者其他任何注册媒体身份采访。

《主办城市合同》是国际奥委会与奥运会主办城市签订的合同，一般在国际奥委会宣布奥运会主办城市后立即签署，合同规定了主办城市承办奥运会应遵循的原则和遵守的承诺。②

例如，《第29届奥林匹克运动会主办城市合同》是北京市在获得第29届夏季奥运会主办权的当日——2001年7月13日在莫斯科与国际奥委会签订的。这份合同共有11章71

① 李京波．媒体服务及其相关业务［J］．中国广播，2008（8）：15－16.

② 刘广，李贺普．奥运会主办城市合同是本书［EB/OL］. http://www.people.com.cn/GB/shizheng/19/20010716/512157.html. 2018－08－22.

条，从附件 A 到附件 N 共 14 个附件。其中，附件 E 是包括电视广播、文字报道和摄影媒体的《国际奥委会媒体指南》（2005 年 11 月更名为《国际奥委会媒体技术手册》）。这份附件是合同的组成部分，具有法律效力。①②

除了明文规定外，有些是常规做法，作为记者需要了解涵盖赛事全过程的所有操作常规，不然就会发生工作失误。例如，在北京奥运会筹办期间，国内有媒体对奥运会田径跑道和篮球场地供应商有过失实报道，究其原因，就是不了解奥运会管理的规则。在奥运会筹备期间，各个比赛项目的赛程安排、裁判确定、比赛器材供应等核心问题，均由各个国际单项体育组织决定，主办城市组委会必须无条件接受。在没有指定赞助商的情况下，组委会才可以自行招标选择。由于不了解这种规范化操作流程，记者在报道这类事情时就发生了内容偏差。③

专栏 6 -1　混合区采访与傅园慧全媒体爆红

里约奥运会上，游泳运动员傅园慧的爆红可谓是一个典型的全媒体现象级传播事件。傅园慧因接受采访时夸张的肢体动作、率性的语言表达和魔性的面部表情一跃成为新晋网红。这一热潮现象的发生和发展，虽然在进程上稍稍出乎人们的意料，但客观上却是符合传播规律的，这恰恰体现了传播的魅力。

仔细梳理傅园慧的爆红路径，便能看到全媒体在传播过程中发挥的巨大推动作用。8 月 8 日上午 10:34，央视体育频道播出了傅园慧赛后接受采访的视频；10:50 网易新闻作为网络媒体门户网站的代表发表了关于傅园慧的文章；11:25 央视新闻官方微博发布了傅园慧的比赛画面和接受采访视频；11:42 CCTV -5 官方微博也发布了傅园慧采访视频。随后，采访视频、运动员相关信息、各种版本的表情包和 GIF 动图便从微博开始渐渐扩散到各大网站、微信公众号和各种 App 之中。8 月 9 日开始，国内其他媒体甚至是国外的一些知名媒体也开始关注和报道傅园慧的相关消息。8 月 10 日，傅园慧开始做客直播网站，第一次直播的在线观看人数就超过千万。8 月 17 日傅园慧参与一档公益直播活动，更是有 3697 万人次围观了直播，点赞数量达到 6680.4 万次之多。相关统计平台数据显示，仅 8 月 8 日、9 日两天，有关“洪荒之力”的微信文章就多达 1.3 万篇，包括数百篇传播广泛的“10 万 +”文章。在此次传播主战场——微博上，“傅园慧”相关信息多达 200 万条，傅园慧本人的微博账号也在 8 日到 9 日一夜之间吸粉 400 余万人。这期间，新闻媒体和门户网站关于傅园慧的报道更是不计其数。

不难看出，整个现象级事件的传播起点和内容源头是央视播出的那条一分钟的采访视频。其他各路传统媒体和新媒体都是在此内容基础上进行的二次加工和传播。这里就不得

① 魏纪中．透视主办城市合同［N］．市场报，2002 -11 -23.
② 姜晓红．大型赛事新闻发布会摘要的采写原则［J］．传媒观察．2014（06）：30 -32.
③ 高鹏．从“人文”中找色彩 从“规则”中避误区［J］．中国记者，2008（2）：37 -38.

不提到赛事采访报道的两个特殊性了。第一，采访地点的确定性。不同于其他类型的采访报道，体育赛事的采访工作需要在被称为混合区的区域范围内进行。混合区往往设置在比赛场地旁的指定区域，是电视、广播和文字记者赛后第一时间采访运动员的区域。第二，采访报道媒体的确定性。此次里约奥运会，央视作为持权转播商成了奥运消息的第一手来源，传统媒体成了第一传播源。虽然此次现象级事件的传播主力是新媒体，但我们可以清晰地看到，在当前网络新媒体没有自采访权的情况下，有权限的传统媒体仍然是权威和严肃的内容提供者。赛事采访报道的两个特殊性决定了此次现象级事件的起点是央视的赛后采访视频，再加上网络新媒体传播的影响力和最终全媒体“传播+”的叠加效应，共同促成了傅园慧的爆红。①②③④

第二节　背景资料与文学写作手法运用

导　入

背景资料和文学写作手法的运用是一名优秀体育记者的基本功。这些基本功需要长期不懈的积累才能获得。对于背景资料的积累而言，不仅体现在数量方面，还应该体现在对资料的收集和整理之中。文学写作手法是一个应用性技巧，坚持不间断地练笔是关键。“好记性不如烂笔头”对于体育新闻写作同样适用。

一、背景资料：戏剧冲突的历史来源

（一）体育报道背景资料的重要性

体育报道离不开背景资料，与其他新闻报道相比，甚至可以说体育报道对背景资料有

---

① 陈杏兰．“传播+”的“洪荒之力”是怎样炼成的——以傅园慧爆红现象为例［J］．传媒广角，2016（9）．

② 邵娟，张德胜．奥运视觉传播的后现代景观——从傅园慧表情包走红网络谈起［J］．应用新闻研究，2017（3）．

③ 清博大数据．爆款级传播案例诞生：洪荒之力美少女［J］．新闻与写作，2016（9）．

④ 卢霜，顾伟华，唐珊，等．全媒体中的“现象级传播”探析——以傅园慧走红事件为例［J］．时事热评，2016（9）．

着天然的依赖性。

体育报道的项目多种多样，有些项目的比赛在很短的时间内就可以完成，如百米赛跑，男子项目少于10秒，对于这么快速的比赛，如果脱离了背景材料，就容易沦为比赛过程的简单描述。

赛事直播的出现是体育报道的一大飞跃。电视画面把每场体育比赛的过程全部展现在观众面前，越是高水平的赛事直播，还原甚至放大现场比赛效果的可能性越大。

同时，赛事直播的发展，对体育报道造成了巨大的冲击。首先是对纸质媒体而言，比赛过程性的描述已经被电视替代，必须扬长避短，甚至另辟蹊径。因此，对于体育新闻背景资料的充分利用，就成了文字报道的突破口。文字记者们常常运用分析、比较、论证等方法来挖掘新闻深度，用以寻求电视镜头以外的可读性。①

实际上，即使是电视报道本身对背景资料的依赖性也在逐步加强。徐济成是新华社体育部文字记者出身，同时还在中央电视台担任中国职业篮球联赛（China Basketball Association,CBA,简称中职篮）和美职篮篮球转播的解说顾问。因为同时兼顾了文字和电视两种报道形式，所以有着独到的见解。徐济成认为，“电视转播对文字报道既是一种威胁和挑战，同时也是一种促进和补充”。对于电视转播而言，徐济成的习惯是每次都要做文案和笔记，并把这些文字材料用于转播过程的解说之中，只有这样才能做到电视画面、比赛背景和历史材料融为一体，否则，体育解说就是老话、套话，空洞乏味，得不到球迷的认可。按照徐济成的经验统计，准备每次现场直播解说的资料平均需要三万多字。②

上面的例子充分说明，不论是文字报道还是电视报道，依赖背景资料已经成了体育新闻制作的必经之路，每篇优秀的体育新闻作品离不开对背景资料的挖掘与分析。

（二）背景资料的主要内容

体育新闻背景资料非常重要，体育新闻报道过程离不开背景资料分析。不论是文字报道、电视报道抑或多媒体报道形式，背景资料都是体育内容制作的基础素材。报道经验具体表现在对背景资料的积累、搜索、分析与使用上。

体育新闻背景资料都涵盖哪些范围呢？

1. 事件背景资料

体育新闻报道中的事件主要是以赛事为主，所以，事件背景资料往往也是赛事背景资料。体育赛事的分类较多，有些重要赛事的周期还较长，会延续数月，每个赛季的比赛也比较密集，因此，事件背景资料会较为庞杂：涉及每场比赛双方球队的历史资料、赛事的来龙去脉以及当年赛季的多场比赛资料等，是一个系统的资料收集和整理的过程，只有记者下功夫选择才能在报道中得心应手。

体育赛事报道中的背景资料使用是一种常规现象，特别是体育资源雄厚、体育报道历

① 彭东．对手的招数——西方通讯社足球报道方式观察［J］．中国记者，1998（5）：31－32.

② 徐济成．体育记者的新标准［J］．青年记者，2002（2）：28－29.

史悠久的新闻机构，如美联社、路透社和法新社的足球报道，新闻背景资料早已成为基本报道工具，并形成传统。

1998 年第 5 期《中国记者》上曾发表过一篇文章《对手的招数——西方通讯社足球报道方式观察》，较为详细地分析了西方主要通讯社在足球报道中的优势经验，其中一条经验就是新闻背景资料使用十分娴熟。

1998 年的欧洲联盟杯半决赛意大利的两支球队国际米兰队和拉齐奥队挺进了决赛。路透社的报道不仅注意到了意大利的俱乐部垄断了联盟杯决赛，还在消息导语中加上了一个新闻背景“第四次”，非常自然地使用了背景资料，增加了可读性。同时该文章还从不同的角度巧妙地使用了历史资料。首先从意大利俱乐部的整体角度介绍了“国际米兰和拉齐奥的胜利，给意大利的俱乐部球队带来了足以令他们自豪的成绩，它意味着自 1989 年以来的 10 次联盟杯赛中，有 9 次至少有一支意大利的球队进入决赛”。其次是收集和使用了两支进入决赛球队的资料，对国际米兰的分析是“未来的决赛对于国际米兰来说，是它上届决赛负于德国沙尔克 04 队后，力争获得（20 世纪）90 年代第三次联盟杯冠军的机会”。对拉齐奥的介绍为“这是拉齐奥队首次获得欧洲三大杯赛决赛权，无论他们是否可以在决赛中击败国际米兰，都可以为该队略显贫乏的荣誉榜增添一抹亮丽的色彩。迄今为止，拉齐奥队只在 1958 年和 1974 年分别获得过意大利杯赛冠军和意大利联赛冠军”。①

在同一篇稿件中，路透社的报道先后从不同的角度使用新闻背景资料，在对当时的比赛结果进行评价论基础上，还使报道更具纵深感，让读者能从更宽阔的视野理解比赛的走向。

2. 人物背景资料

体育新闻中的人物报道具有举足轻重的地位。

体育明星是重要的报道对象，观赏体育离不开体育明星，而每个优秀选手不仅在每场比赛中的表现备受关注，他们的出身、经历、性格特点等也是体育迷感兴趣的内容，特别是竞技生涯的起起伏伏伴随着人物的不断成长，这本身就是报道的亮点。即使是退役之后，众多体育明星的历史资料还会被不断地拿出来与当下的现役队员进行比较，从而增加报道内容的丰富性。②

使用人物背景资料也是体育报道的重要手段。对于体育新闻而言，重要的赛事或者人物的历史资料，不仅可以穿插使用在稿件中，还可以单独使用成篇报道。

《对手的招数——西方通讯社足球报道方式观察》一文介绍，1997 年底，当法国世界杯决赛分组抽签结束后，美联社、法新社和路透社等纷纷发布了 32 个决赛球队的所有资料，这些资料丰富而全面，包括球队、主教练、明星球员的介绍，世界杯小组赛成绩对比等。当介绍球星时，包括其年龄、所属俱乐部、场上位置、进球数、世界杯参赛次数、代表国家队参赛次数等；介绍主教练时，不仅会有其执教经历，还会包括其做球员时的战

① 彭东．对手的招数——西方通讯社足球报道方式观察［J］．中国记者，1998（5）：31－32.
② 肖杨．论档案与新闻信息传播的关系［J］．理论观察，2016（4）：120－121.

绩，甚至还有其家庭情况等。①

上述情况是历史资料单独作为内容出现的，足以说明其在体育报道中的重要性。现在，随着网络媒体的不断繁荣，更多的体育新闻背景资料被挖掘整理出来，成为体育新闻报道的热点。资料丰富已经成为网络媒体报道的优势，它们借助技术的发展，使体育新闻报道手段不断被延续和发扬。②

3. 社会历史背景资料

体育是社会文化的组成部分，优秀的体育新闻作品往往是“跳出体育写体育”。③ 体育新闻报道不仅要把文化的一面展现出来，还展现社会的方方面面。像奥运会这样的国际赛事，可以展现一个国家和主办城市的历史文化、社会现状和风土人情等，同时，奥运会与经济、科技、教育等密切相关，这方面的报道需要更加广阔的背景资料来支撑。④

背景资料在体育报道中的重要性是不言而喻的，因此在日常工作中必须对资料工作加以特别的关注，及时收集和整理，只有这样，才能在需要时用得顺手。⑤

（三）体育报道背景资料的使用

体育新闻报道中的背景资料十分重要，对于记者而言，擅于运用背景资料，是写好稿件的前提。经验丰富的编辑、记者甚至这样评价：凡是受到读者好评的作品，往往是那些注意巧用背景资料的，而循规蹈矩、平铺直叙的稿件会落入俗套，读起来平淡无奇。

1. 篇幅较短的写作文本，需要利用现有结构自然引出背景资料

虽然体育新闻体裁以四种文本进行了分类，但还是可以借鉴一般新闻体裁结构进行写作。对于篇幅较短的文本而言，可以借助消息已有的固定写作结构：“导语—背景材料—主体”，如导语之后把球队或者选手的背景情况做个介绍，主体是当日比赛的主要过程和比赛结果。这样的结构虽然也有背景资料出现，但显得平淡无奇。巧用背景资料的意思是在这个写作结构的任何合理的地方，自然引出背景资料，达到引人入胜的效果。

1990 年 10 月 4 日《北京日报》二版的名为《神箭“嗖嗖”动人心·“箭坛女皇”金水宁射穿世界纪录》的报道是一篇不足500字的稿件，在导语中“箭坛女皇”这一称谓就是背景资料，第三自然段的后半部分才是描写比赛的主体，在第三段的前面部分“按照国际箭联淘汰赛规则，决赛需要运动员在 70 米、60 米、50 米、30 米四个射程中，分别射出 9 支箭，总计 36 支箭，这项比赛的世界纪录是金水宁本人在 1989 年 7 月 6 日一次国际比赛中创造的”。最后一段的“来之前担心北京风大不能较好地发挥，打不出好成绩”。这三个部分都是具体细致的背景资料，在短短的500 字之内分别被使用在导语、主体前后的

① 彭东．对手的招数——西方通讯社足球报道方式观察［J］．中国记者，1998（5）：31－32.

② 同①.

③ 高殿民．奥运报道需了解和注意的一些问题［J］．中国记者，2008（7）：64－65.

④ 同③.

⑤ 同①.

位置，与当日采访的事实融为一体，达到了较好的阅读效果。①

1990 年 9 月 28 日刊登在《人民日报》一版的《周玲美首破世界纪录 自行车 1 公里计时赛：1 分 13 秒 899》，这篇稿件不足 400 字，分为三个自然段。在前面两段中没有出现背景资料，只在全文的最后顺理成章地引出“中国以骑自行车人最多而著称于世。据行家认为，今天中国女运动员取得的成绩，表明中国女子自行车运动水平有了重大突破”。最后的背景资料，拉近了与读者的距离，点明了比赛的意义。②

短文本的特点是简要、结构紧凑，因此，在写作时，应该避免过多篇幅专门交代背景，读起来呆板、冗长，甚至产生陈旧、沉闷的感觉。应该巧妙地把背景材料和新闻事实融为一体，起到浑然天成、相得益彰的效果。③

2. 进行篇幅较长的文本写作时，背景资料需要进行穿插描绘

篇幅较长的文本，可以借鉴通讯、特稿等体裁的结构布局，背景资料可以使用穿插描绘的方法。20 世纪 90 年代体育新闻流行“武侠体”写作风格，很多报纸也开辟专栏刊登这类“章回体小说”形式的连续报道。《北京日报》就有“五洲拳坛风云录”专栏，下面是以这一专栏的第十四回《拳坛争霸今晚见分晓 我军骁勇首功推王公》为例，分析背景材料是如何运用的。

在第十四回的第 2 段作者写道：“赵德岭武艺娴熟，颇为行家看好。然来将白贤万非同小可，乃第 29 届奥运会季军，雄踞亚洲多年，近来虽退隐赋闲，然二度出山所恃者必是老谋深算。”

白贤万是韩国拳坛宿将，也是中国队重要的对手，作者运用武侠小说的表达习惯，寥寥数语，把白贤万的优势介绍得绘声绘色、丝丝入扣。在第十四回的第 5 段和第 9 段，又分别有下面的背景分析：“须知，我将士连番攻城拔寨，稳居六银，这其中浸满王公之滴滴血汗。”“王国钧（20 世纪）50 年代即荣登我国拳击之冠，叱咤风云，雄霸多年。惜哉我国拳击运动 1959 年中止。80 年代，我体育健儿捷报频传，雄踞亚洲，扬威奥运。王公心喜难捺，中华武术宇内称雄，我拳击敢不争先？遂步出茅庐，四处游说，八方奔波，终在 1986 年组建成了中国拳击队。此公夙愿初偿。”④

王国钧是我国拳击队教练，他带领的队伍在第 11 届亚运会上夺得好成绩，这段背景资料交代了这段历史，让读者在领略比赛的精彩之际，也对王国钧加深了了解，增强了该项目和人物的感染力。

以上三个背景资料均属于穿插描绘，不仅对人物背景进行了说明，还为文章增色，增加了可读性。

---

① 方孜行．体育新闻要巧用背景材料［J］．新闻与写作，1991（3）：9.

② 同①.

③ 同①.

④ 同①.

二、体育新闻写作的文学化描写

（一）体育新闻写作文学化的理论解释

体育新闻写作的文学化倾向是一个显著的特征，平铺直叙的体育新闻内容不可能得到体育迷的认可。

体育新闻写作为什么需要运用文学创造手法，这首先是体育新闻娱乐性决定的。体育新闻娱乐性是本质属性，主要表现在体育是可以叙述的，在叙述过程中不仅有人物、有事件，还要有冲突、有变化，并可以引发体育迷产生强烈的情感共鸣。体育新闻的娱乐性是一种独特资源，但需要通过新闻作品展示出来，才可能产生娱乐效果。所以，在体育新闻作品的创作过程中，叙述属性的娱乐因素需要依靠文学化手段进行创作，或者说，只有依靠文学化手段才能营造出戏剧效果，才能挖掘出体育受众认同的体育魅力。因此，体育新闻写作的文学化表现是与体育实践密切联系在一起的，是一种天然的创造选择。

“新新闻主义”为体育新闻写作的文学化奠定了理论基础。“新新闻主义”理论是20世纪50年代初起源于美国的一种新闻写作模式。这种理论提倡将新闻报道与文学创作相结合，实际上是按照文学创作的方法来写新闻。“新新闻主义”写作又被称为非虚构小说、通俗社会学、副新闻学。

1952年，《纽约人》杂志刊登了莉莲·罗斯小说体的报道《影片》，被认为是早期“新新闻主义”作品。1980年，诺曼·梅勒在通过对上百人的访谈整理出的1.5万页素材的基础上发表了《刽子手之歌》，被授予写作奖。1984年威廉·肯尼迪写的《铁草》，1987年戴维·希普尔写的《原子弹制造内幕》先后获得了普利策新闻奖。①

在具体新闻实践中，“新新闻主义”首先打破了“倒金字塔”的写作模式，“倒金字塔”是新闻写作中被认为标准的文体规范形式，其中还渗透着简洁、精要的新闻写作风格。“新新闻主义”在新闻写作上的改革是：利用小说、散文的文学化写作手段进行新闻作品创作，在创作过程中依赖于新闻规律，即以真实事件、真实人物、真实过程为基础，在此之上，使用描写、渲染等叙述技巧进行写作，使得新闻作品也兼具文学体裁的特征。

（二）文学化常见手段多为修辞和表现手法

所谓文学手法就是修辞手法和表现手法的统称。②

所谓修辞手法就是使句子更加生动形象、富有表现力和艺术美感，从而提升文章的整体表达效果的某种方法或手段。结合周振甫和钱钟书两位学者的观点，文学修辞主要指“文艺性的修辞”，即语言运用上要求形象、具体，富有想象，富有情韵和含蓄，因而较多

① 程道才．西方新新闻主义理论的兴起与实践意义［J］．当代传播，2004（2）：38－39.

② 喻波．新闻写作借鉴文学手法的技巧研究［D］．长沙：湖南大学，2010.

地运用比喻、摹状、比拟、反复、对偶、排比等修辞手法，更多地运用修辞格。

所谓表现手法就是能使文章整体或部分产生鲜明强烈的印象，达到感染读者的艺术效果的手段或方法。常见的表现手法有：渲染和烘托、联想和想象、借景抒情、借物抒情、欲扬先抑、象征、铺垫、照应等。

修辞手法和表现手法两者不是孤立的，而是辩证统一的关系。只有将两者有机地结合起来，并在具体的写作中认真体会，才能使自己的文章多几分文采的亮光，使自己的思想更丰富、更深刻、更严密、更活泼、更具有表现力。

（三）体育新闻写法文学化的举例

1. 修辞手段的运用

修辞是体育新闻写作最为常用的文学化手段。先来看两个例子：

在北京奥运会上，我国女子 100 米自由泳选手刘子歌、焦刘洋获得金、银牌，《北京日报》2008 年 8 月 15 日报道的标题为《摘金夺银破纪录，双花怒放水立方》。在这个标题中，用“双花”比喻两名勇夺奖牌的女将，不仅形象生动，还具有美感。[①]

借代也是体育新闻报道中常用的修辞方法，不仅可以突出事物的本质特征，还可以使文字简练、幽默并给读者想象的空间。在 2008 年北京奥运会的报道中，使用借代的报道非常多，从标题中随处可以看到[②]：

《谁言韩箭不败，张弓一矢破的》（《北京日报》2008 年 8 月 15 日）

《惊喜一掷，女力士砸开金库》（《北京晚报》2008 年 8 月 19 日）

《小飞侠爆发；梦八擒“袋鼠”》（《法制晚报》2008 年 8 月 21 日）

修辞手段是体育新闻写作最为常用的方法，也是记者进行写作的基本功之一。一些常规修辞，如比喻、夸张、借代等，让体育新闻变得生动形象。例如，对雨后足球场的描述是“泥浆的海洋”，对激动的球迷的描写为“意外的胜利使满场球迷欣喜若狂，几乎要把看台冲垮”等。

从表现手法来看，体育新闻写作常用的方式是以武侠、战争等激烈的军事活动来象征体育比赛。事实上，有些项目与打斗、征战等确实有千丝万缕的联系，如击剑、摔跤、武术等项目至今还保留着古代军事活动的特征。在体育新闻写作中，很多词汇都是来自军事活动，如交锋、对阵、回合、擒王、回马枪、杀手锏、过关斩将、长驱直入等。在古诗词使用中，一些描写军事题材的诗词，常常是引用的重点。例如，用辛弃疾的“马作的卢飞快，弓如霹雳弦惊”，来形容冰球比赛的快速和射门；用李白的诗“一夫当关，万夫莫开”，来形容守门员的防守牢固。[③]

---

① 喻波．新闻写作借鉴文学手法的技巧研究［D］．长沙：湖南大学，2010.

② 刘保全．赛事精彩，新闻标题也精彩——北京奥运会部分报纸新闻标题赏析兼谈制作［J］．新闻与写作，2008（9）：48－49.

③ 阎乃华，汪大昭．体育新闻的语言运用［J］．新闻战线，1985（9）：16－17.

2. 人物和场面描写

体育人物的描写多以比赛现场为出发点，以刻画描写运动员的动作为核心，并使用烘托、渲染等手法表现赛场气氛，使得运动员、现场与观众融为一体，读者能身临其境，其目的还是为体育迷服务，让体育迷犹如在现场一般如痴如醉。由此来看，人物与场面描写分不开，只有完整统一才能达到传播效果。①

如果说到精彩比赛，我国著名乒乓球宿将徐寅生有著名的“十二大板”的神奇瞬间。第26届世界乒乓球锦标赛于1961年4月在北京举行，这是中华人民共和国成立后第一次举办世界大型体育比赛，在当时是轰动全国的大事，男子团体决赛是最受关注的一场比赛。决赛在中国队和日本队之间进行，前三盘日本队以2:1领先中国队，第四盘徐寅生代表中国男队出战，对手是星野，前两局双方打成1:1平。第三局最后徐寅生20:18领先，最后一分的争夺演出了精彩的“十二大板”大战。当时《中国青年报》的报道是这样的：

关键的第三局呈现出胶着状态，徐寅生刚得一分，星野又紧跟着追上一分，比分一直很接近。当20:18徐寅生领先时，他突然打出一记有力的直线球，星野猝不及防，被迫退到挡板附近放高球。星野放高球很有一手，‘小徐有没有办法对付?’许多观众捏着一把汗。星野的高球在一次次地放，徐寅生在一板板地扣杀。只见星野的高球越放越高，他几乎退到了五米挡板以外。这一放一杀，再放再杀，每放一次，观众鼓掌称绝，每杀一次，观众齐声叫好！星野的球放到一丈多高，徐寅生跳起连续猛扣，全身的重量仿佛要压在小小的乒乓球上。这凶猛的扣杀果然奏效，当他把第十二大板扣下时，星野已不能控制高球落点，球出界！乒乓球在地上轻轻跳动，徐寅生长舒一大口气，21:18，他险胜星野。局面一出现转机，观众心里绷紧的弦开始松弛了。②

3. 象声词和术语的使用

象声词的使用是体育新闻文学化写作的特点之一，可以起到增强现场感、烘托气氛的动态效果。例如“呼呼作响”“嗖的一声”“噼噼啪啪一阵对攻”“咧的一声入网”等，上述例子都表现出了象声词在体育新闻写作中的独到之处。③

体育新闻报道对象是比赛和运动员，每个体育项目都有独特的规则和技战术，用前文分析就是体育符号及其中的内涵。这些体育符号的有些语言表达就是体育项目的专业术语。因此，在体育新闻报道中使用术语是常见的遣词造句的方法。在使用术语的时候需要注意的是读者能否看得懂，如果遇到艰涩难懂的术语，就尽量用通俗的词汇代替。例如，用“凌空如飞燕，急转似风车”来形容跳水，用“雄鹰展翅”和“波浪翻滚”来比喻运动员的鞍马动作。

---

① 余岸木．体育新闻的写作特征［J］．新闻窗，2007（2）：115－116.

② 同①.

③ 阎乃华，汪大昭．体育新闻的语言运用［J］．新闻战线，1985（9）：16－17.

实际上，有些体育专业术语随着项目的普及，已经成为社会俗语，也是体育新闻报道对社会语言的贡献。如篮球项目中的“砸眼”“盖帽”，排球项目中的“卧果”“快球”，乒乓球项目中的“弧圈”等。①

第三节　体育数据使用与体育数据新闻

导　入

2016 年 4 月 14 日是科比职业生涯的最后一场比赛，赛后腾讯体育新闻稿的第一段是这样写的：

腾讯体育 4 月 14 日讯 科比在美职篮生涯最后一场比赛中出战 42 分钟，50 投 22 中，三分球 21 中 6，狂砍 60 分，第四节贡献 23 分，60 分是科比美职篮生涯第五高分，打破美职篮球员退役战得分纪录，成为美职篮历史单场“60 +”年纪最大的球员。②

这篇稿件的第一段落，记者在每一句话中都在使用数据进行表达，足以说明体育数据在体育新闻写作中举足轻重的地位。

体育数据新闻的出现，让体育数据又增添了新的呈现方法，它是体育记者应该熟悉并尽力掌握的工具语言。

一、数据在体育新闻报道中的使用

体育数据使用是体育新闻报道常用的手段，或者说，体育新闻报道离不开数据。现代体育是依靠测量决定比赛过程和比赛结果的，测量的结果就是以数据形式呈现的。无论是观赏体育还是实践体育，体育数据均是重要的衡量指标，也是新闻报道的展示方式。体育数据也是体育符号的一种形式，是动作符号和规则符号的意义提炼和转移。

---

① 阎乃华，汪大昭．体育新闻的语言运用［J］．新闻战线，1985（9）：16 – 17.

② 腾讯体育．完美谢幕！科比狂砍 60 分破纪录　湖人逆转爵士［EB/OL］. http://sports. qq. com/a/20160414/037659. htm. 2018 – 08 – 22.

（一）使用情况

1. 在体育新闻报道中的广泛使用

数据广泛应用于体育新闻报道之中，对于体育记者来讲，对体育数据的敏感程度是衡量体育新闻敏感的重要指标。任何比赛都会有比赛结果，在体育新闻内容中是必备要素，不仅如此，比赛结果还是反映比赛过程和队员发挥的标识，对比赛结果数据的分析和挖掘就会反映出当场比赛的精彩瞬间。

因为体育数据的重要性，所以对运动成绩数据的使用必须准确无误，对于有些体育项目而言，运动成绩末尾的尾数就是运动员追求了一生的目标。阎乃华、汪大昭两位体育记者曾撰文指出："全世界男子短跑运动员花了 13 年工夫，还没有把百米纪录缩短百分之一秒，中国运动员努力了 11 年，才把男子跳高纪录提高了 1 厘米；足球运动员要把比分变成 1:0，常常激战九十分钟也难实现。"因此，体育数据小小的不严谨，在体育新闻报道中就是大错。曾经的中国男子篮球队中锋穆铁柱的身高在报道中就经常被错误使用，有的写 2.23 米，有的说 2.25 米，有的说 2.28 米，最荒谬的说法是 2.20 米以上。对于体育新闻报道而言，这种"以上""以下""左右""上下"等写法都是不合格的。①

近年来计算机和网络技术的发展，使体育记者可以更加容易地接触和掌握大量的数据，体育数据被更加有效地应用于体育新闻写作。可以说，在计算机和网络技术还未普及之前，数据的使用基本依靠的是记者多年积累的专业知识和经验，但数量少而且精细化也有限。如今，大量数据不断涌现，记者运用数据时甚至可以从被动转变为主动地筛选，给记者更大的使用余地。在重要的赛事报道中，由于体育迷对比赛的专业理解程度也在不断地提高，因此，需要体育记者对数据的理解分析水平能够引领读者，至少要与体育迷同步。

2. 数据在预测性体育新闻中的使用

预测性报道是体育新闻重要的内容，也是体育记者专业水平的表现。当数据大量进入到预测性报道的使用范围后，对预测性报道起到了重要的推动作用。

在 1990 年世界杯足球赛期间，《羊城晚报》的体育记者苏少泉就在报纸上开设了"记者预测"专栏，在赛事期间，他对比赛进程进行追踪预测。在力争八强时，苏少泉使用数据对当时联邦德国、捷克斯洛伐克两支球队的比赛进行了准确的预测。在八强前，捷克斯洛伐克队在十六强中进球数排名第一，被看作黑马。苏少泉利用数据在《八强战谁能杀出重围》（1990 年 6 月 27 日《羊城晚报》第四版）进行了分析："联邦德国之前在与荷兰的比赛中，基本上是 10 人对战，双方攻进对方球门 30 米内共 111 次。如以每场实际比赛 60 分钟计算，平均每 35 秒双方即各完成攻守一次。"② 这些数据充分说明两队攻防高速又激烈的程度，凭借着数据分析，苏少泉认为联邦德国队队员竞技状态良好、体能充沛、整体

① 阎乃华，汪大昭．体育新闻的语言运用［J］．新闻战线，1985（9）：16－17.

② 张建芳．数据在体育新闻报道中的应用［J］．中国记者，2003（9）：50－51.

实力更胜一筹，并预测联邦德国队将会战胜捷克斯洛伐克队挺进八强，比赛结果与他预测的一致。之后，苏少泉又运用数据，对进入四强及冠亚军球队进行了较为准确的预测，苏少泉和他的专栏在当时被传为佳话。

2000 年悉尼奥运会前，《羊城晚报》的两位体育记者吴广崖、王学忠根据奥运会几个金牌大户美国、中国、俄罗斯及德国在奥运会之前的综合实力以及成绩状态等数据写出了预测性报道《三强梦或可圆》（见 2000 年 9 月 13 日《羊城晚报》A13 版），这篇稿件因为分析全面、预测到位获得了 2000 年度广东省好新闻奖。①

进入 21 世纪后，随着计算机等技术的广泛应用，体育预测报道使用数据的情况越来越频繁，几乎演变成为数据预测为主的情况，有些报纸还借鉴了数据 K 线图等手段，提高预测准确性和可读性，满足读者需要。

（二） 体育数据使用原则和方法

在体育数据更加丰富，记者的选择逐渐增多的背景下，掌握体育数据的使用原则就尤为重要。如果体育数据使用不当，会失去应有的说服力，达不到数据使用的效果。

在体育数据使用中应该注意以下这些原则和方法。

1. 确保数据来源真实有效

体育新闻报道与赛事时间紧密结合，因此，体育数据有较强的时效性，特别是预测性报道，需要的是及时有效的数据。另外，体育新闻中所选择的数据一定要真实，不能使用一些来源不明的数据，更不能伪造数据，这些都会严重损害体育新闻报道的可靠性和公信力。

2. 选择读者感兴趣并能够接受的数据

体育新闻的核心读者是体育迷，越是资深的体育迷对体育新闻报道的专业性要求就越高，同时资深体育迷对体育新闻内容的判断力也更强。在使用数据进行报道时，要明确地了解读者的兴趣点，才能获得好的传播效果。

一般来讲，预测性报道中的数据分析是读者最感兴趣的内容之一，当然，也是一名体育记者专业性的表现。除此之外，如对体育明星个人数据的分析与挖掘，可以得到某个队员的技术特长以及与一般队员的差别，这些数据分析也是读者喜闻乐见的。

体育赛事产品经营是体育产业的一部分，因此，有些针对体育服务、场馆运行等方面的数据挖掘，属于体育社会新闻文本中的经济类报道，对数据分析的要求也很高。

另外，体育彩票特别是足彩的发行，其中数据分析不仅包括对比赛结果的预测，还包括多方面的数据挖掘，对于球迷来讲具有不可替代的吸引力。

3. 学习数据分析和数据挖掘的基本方法

体育数据使用水平的逐步提高，实则是对体育记者的专业要求。除了体育新闻采写训练外，体育记者应掌握一些数据挖掘的基本方法，并具备初步的数据分析能力。

---

① 张建芳. 数据在体育新闻报道中的应用［J］. 中国记者，2003（9）：50－51.

首先，能够使用数据库数据。在大赛期间，可以利用赛事、运动项目和队员个人数据库，筛选准确有效的数据进行使用。其次，学会一些简单算法建立分析模型，这一步至关重要，可以让报道更加专业有效。再次，学会解释和评估结果，这是科学方法中的重要一环，同时会把数据结果转换为文字等进行表达，让读者能够从中获得有价值的信息。

在体育媒体竞争呈现多元化、多介质的当下，体育记者学会使用数据分析和数据挖掘技术，是一项重要的专业技能，让所在媒体和记者自身在激烈的竞争中获得更多生存和发展的空间。①

二、体育数据新闻

（一）数据新闻的兴起

大数据是近年来被热议的焦点，什么是大数据呢？大数据被归纳为四个“V”，即 volume（数量巨大），velocity（处理速度快），variety（类型多种多样），value（价值密度低）。②

volume（数量巨大）和 variety（类型多种多样），大数据首先是数量上的庞大以及种类繁多。有研究认为，2020 年全球数据使用量将达到 35.2 ZB，全球信息总量每两年就会增长一倍。velocity（处理速度快），标志着信息的处理技术得到了提高，大数据体现的是技术的发展和创新。关于 value（价值密度低），百度网相关专家把其比喻为“沙子淘金”，大数据的体量越大，有价值的数据就会相对较少。

大数据对传统新闻报道具有一定的冲击性，其中，最大的改变是增加了新闻报道的呈现方式。传统报道以文字为主，图片、图表多为辅助功能，而大数据时代，很多信息是以数据的形式产生和出现的，同时处理大数据的技术也在不断更新，新闻报道更多采取了可视化的形式呈现数据。

（二）数据新闻的概念③

在大数据背景下，数据新闻（data journalism）应运而生了。数据新闻更确切地说是“数据驱动新闻”（data - driven journalism），是从新闻实践领域开始的。

2009 年开始，《卫报》《纽约时报》《经济学人》等重要的纸质媒体，首先着手数据新闻的探索，他们成立专业团队并开设相关栏目，获得了一定的影响。在实践领域的带动下，对数据新闻的研究从 2012 年左右逐步兴起。

数据新闻网络社区④是一个开放的网络平台，其中有数据新闻教材、免费视频课程、

① 张建芳．数据在体育新闻报道中的应用［J］．中国记者，2003（9）：50 - 51.
② 郝丽伟．英国《卫报》数据新闻研究［D］．保定：河北大学，2014.
③ 同②.
④ 数据新闻网络社区［EB/OL］. http://datajournalism.com/2021 - 01 - 23.

文献及互动社区，由欧洲新闻业中心（European Journalism Centre）在2011年创建。当下，数据以及相关技术已经变化多样。乔纳森·格雷等主要创建人始终认为数据新闻的根本在于数据是新闻的源头，驱动着故事的形式和展开。

实际上，数理统计方法应用于新闻实践早在20世纪60年代就被提出来，并被命名为“精确新闻”，同时随着计算机技术的发展，计算机辅助新闻报道的情况越来越多，因此有必要对它们与数据新闻之间的差异进行一下比较。

1. 数据新闻与精确新闻

精确新闻由美国学者菲利普·迈耶创建并在1973年出版了该领域的首部专著《精确新闻学——一个记者关于社会科学方法的介绍》，主张运用社会调查、实验法等社会科学研究方法，收集素材，查证事实，进行新闻报道。有不少学者认为数据新闻是精确新闻的延续。①

如果深入了解数据新闻，可以发现数据新闻与精确新闻二者的区别：

第一，数据量发生了很大的变化。大数据时代的数据量是巨大的，目前数据新闻所面对的新闻报道中数据的数量和复杂程度都是精确新闻时代无法比拟的。

第二，数据在新闻报道中的作用不同。在精确新闻时代，新闻是以文字为主，数据是以辅助的作用出现的。数据新闻是以数据驱动的，数据是新闻产生的来源和动力，文字变成了辅助作用。

第三，呈现的媒介介质不同。精确新闻的出现还是在传统媒体时期，以传统媒介为载体；而数据新闻出现在新媒体时代，可以在各类媒介平台上发布。

2. 数据新闻与计算机辅助报道

计算机辅助报道产生于20世纪50年代，指的是使用计算机收集和处理所需信息的新闻报道方式。有学者认为数据新闻也是计算机辅助报道的延伸。清华大学李希光认为：数据新闻学或称数据驱动的新闻学，被认为是计算传播学的一个具体应用，通过挖掘和展示数据背后的关联与模式和丰富的、具有互动性的可视化数据，数据新闻学成为新闻学的新疆域和应用范例，并作为一门新的新闻分支进入主流媒体。②

由于计算机的发明，使得收集和处理大量的凭借人工无法处理的复杂数据信息成为可能，特别是可以使用大型机处理数据库信息用来发现新闻线索。20世纪七八十年代以后，计算机开始普及，政府和商业数据库进一步放开，计算机辅助报道的手段进一步提升。20世纪90年代以后，计算机升级为互联网技术。纵观计算机辅助报道的发展，可以看出，它只是一个辅助工具而不是独立的新闻报道方式，数据新闻则是一种新型的报道样式，虽然刚刚发展起来，但确实具备独立的产生、制作新闻的操作流程。

3. 数据新闻与可视化

可视化（visualization）指的是利用计算机图形学和图像处理技术，将数据转换成图形

---

① 程道才．西方精确新闻学理论的内容及应用［J］．当代传播，2004（03）：40－44.

② 李希光，张小娅．大数据时代的新闻学［J］新闻传播．2013（1）7－11.

或图像在屏幕上显示出来。

可视化重点强调的是数据的呈现方式，可以使得数据分析结果更加直观、易于接受。对于数据新闻而言，可视化是数据新闻最为重要的外部呈现方式之一，利用图表、时间线等手段，可以有效而清晰地展示数据的多个维度，达到新闻传播的目的。

即使这样，可视化是指操作方法，它不能等同于数据新闻本身，同时可视化还可以应用到多个领域，如医疗、金融、地理等，新闻只是可视化应用的领域之一。

（三）体育数据新闻

从行业领先水平来看，英国的《卫报》和美国的《纽约时报》是进行数据新闻实践的最为重要的领跑者，两份大报在体育数据新闻制作方面也有独到之处。

大型体育赛事是数据新闻重要的展示窗口，特别是奥运会、世界杯这类全球化的赛事。

挪威学者梅里杰·鲁兹（Marije Rooze）统计了一段时间内《纽约时报》和《卫报》数据新闻作品的情况发现，2010—2014 年这段时间里，《纽约时报》体育数据新闻占到 15.74%，超过了《卫报》的 12.4%。不仅是数量上，从报道方式来看，《卫报》直接开设了“数据商店”（Data Store），对大数据进行最为直接的展示。《纽约时报》对新闻数据作品的制作更加精细化，开设了多媒体数据新闻频道，并细分为数据可视化、数据驱动的故事、解释性图表、多媒体故事等多个频道，注重借助数据讲好新闻故事，并利用多媒体交互的传播优势。①

下面首先看一看英国《卫报》的数据新闻作品。《卫报》数据新闻着眼点是整体化的数据，如历届奥运会参赛国奖牌数量，自 1930 年以来世界杯决赛阶段所有比赛的得分、防御、角球、发球等具体数据。以上这些全面性整体数据是《卫报》数据新闻的主要来源。②

伦敦奥运会期间《卫报》一个关于参赛国运动员的数据新闻作品，数据是这届奥运会运动员的总体人数。屏幕左上角是奥运会各个运动项目的图标，点击其中一个图标，左下角的地图上就会显示出参加这一项目比赛的各个国家的分布，继续点击国家还能看到具体的数值。右边的柱状图表示的是具体的参赛人数，如果地图中的圆点面积看不出差异的时候，柱状图可以看到准确的人数变化。右下角是关于参赛运动员男女性别的数据显示。③

《纽约时报》对体育报道有着大量的投入，不论是在传统媒体时代的市场化开拓，还是新媒体时代的数字化转型，《纽约时报》的体育报道总是被当作范例，并获得了较高的回报。对于数据新闻制作也不例外，体育报道中利用数据进行可视化呈现，可以创作出被津津乐道的体育数据新闻作品。

2014 年的巴西世界杯，《纽约时报》利用这次大赛的机会，成功研发的数据新闻让球

① 郝丽伟．英国《卫报》数据新闻研究［D］．保定：河北大学，2014.
② 同①.
③ 同①.

迷耳目一新。这个网页作品名为《美国队晋级下一轮世界杯的984种可能》（984 *Ways the United States Can Advance to the Next Round of the World Cup*），这一网络版数据新闻作品主要是预测美国队在世界杯小组赛中是否可能出线。作品是以网页中实时更新的交互性矩阵图的形式呈现出来的，具体而言，是由“36×36”共1296个小格子组成，坐标中的横坐标、纵坐标分别代表了美国队所在的G小组中美国队对阵德国队、加纳队对阵葡萄牙队可能出现的比赛结果。根据数据推算，本小组两场比赛的所有可能性都会落在这1296个小方格之内，其中，不同颜色则代表了不同结果，绿色984小格就是这个交互性数据新闻的名字“美国队晋级世界杯下一轮的984种可能”。经过后台的数据收集及程序运算，矩阵图就可以依据比赛实况实时更新。这样的呈现方式直观又清晰，帮助球迷及时追踪比赛中的进球数及晋级形势，不需要烦琐的胜负积分计算，就能准确简便地预测比赛。因为这款新闻作品实用又精准的预测功能，使其获得了众多球迷的追捧，被戏称为世界杯“作弊小抄”（The USA Cheat Sheet）。①

因为网络版大受好评，《纽约时报》又追加了移动版和纸质版，球迷们可随时随地参与到预测中，在第一时间获得比赛赛程的最新实况。同时，如果在应用程序中加入世界杯小组赛出线规则，各个小组的各支球队都可以发布动态预测新闻，制作这则数据新闻的工程师奎利认为，“植入了这一动态更新机制的程序，一旦做到让数据为一场比赛服务，我们就可以让它为1000场比赛服务”②。这样的预测新闻，可以说是对传统预测新闻的极大超越。

体育数据新闻未来发展需要注意以下问题。

第一，挖掘出更多的体育数据类型。在体育数据的挖掘方面，主要集中在比赛结果数据、运动员数据等方面，体育新闻选题可供挖掘的数据类型还需要扩展。在扩展过程中，需要紧密结合体育迷的阅读需求和阅读习惯，能够更好地为体育迷服务。目前，可供发布的平台越来越多样，在维护转播权权益的同时，更多的关注点需要在体育新闻资源的来源上下功夫，其中，数据类型的扩充就是着力点之一。

第二，对体育新闻数据人才的重视。在传统新闻制作中，文字报道是主体，图表、声音等均是辅助。但数据新闻中，数据是驱动，也是叙述的主体。这里的叙述不是简单的数字排列，而是通过可视化、交互性等多媒体的呈现方式，创造出新型的体育阅读体验作品，增强体育报道的魅力。这一切的实现，呼唤具备新型业务能力的从业者。

《纽约时报》自2007年起就成立了“互动新闻技术部”，这个部门人员是由技术和采编两部分组成的，以“以数据为支撑、以互动为手段”的宗旨制作各类数据新闻专题。2014年 *The Upshot* 栏目上线，又一次整合了采编和可视化技术人员作为专业制作团队，为制作出高水准的全媒体数据新闻提供了人才保障。③

---

① 孟笛．大数据时代的体育新闻报道——以《纽约时报》为例［J］．中国出版，2016（22）：58－61.
② 同①.
③ 同①.

所以说，数据新闻的制作与推广是在媒体管理结构合理、业务流程规范、专业人才优秀以及跨专业人员的协作中完成的，是对媒体及专业人员提出的高标准、严要求。

专栏6-2　欧洲专业足球数据网站——WhoScored.com①

WhoScored.com的总部位于伦敦市中心，网站员工主要包括专业足球分析师和具有丰富经验的软件开发人员。作为致力于向广大足球迷提供深度、专业、全面的数据内容的网站，其优势在于对于足球数据的全面呈现和深度挖掘。该网站利用独特的统计和计算技术，对足球数据进行收集、处理和分析，其数据来源的对象不仅有欧洲的足球联赛，其覆盖范围还包括全世界范围内的500个联赛、15000支球队，此外，还包括大型国际足球赛事的数据，如世界杯、欧洲杯、欧冠等。

首先，数据全面、专业，满足用户对于深度数据的需求。作为专业的足球数据网站，WhoScored.com既提供欧洲五大联赛的全面数据，也会提供其他使用Opat（欧洲最权威的体育数据提供商）的联赛的数据。数据呈现上，不仅直观简洁，还易于用户对于数据的查询。

其次，基于丰富的数据资源，打造专业评分系统。WhoScored.com评分系统是一个基于200多个基础数据的特殊算法，这些基础数据一般都是来自比赛中球员和球队的数据统计，同时，该系统在评分时还会将球队的战绩和球员的位置等因素考虑在内。

举例来说，如果一名球员带球成功突破对方的后卫线，那么对球员的评分具有促进作用。球员在球场上的实时表现会立刻反映到对其评分上。绿色代表评分升高，红色表示评分下降。

评分的打分范围在6~10之间，打分情况在比赛中每30秒会更新一次，网站的数据供应商Opta通常会在比赛结束后5分钟内对数据进行更新和调整，以保证数据的准确性。数据和评分会随着比赛的进行及其他影响球队实力（如球员转会、球员受伤等）和球员发挥（如球员受伤、位置变化等）的因素的变化而发生变化。

最后，发挥数据资源优势，自主生产媒体内容。基于强大的数据系统，WhoScored.com还打造了自己的内容专栏，其中包括比赛预测、比赛直播、赛后评论等内容。

WhoScored.com网站所有的新闻内容都是专家基于网站的数据生产的，这些专家都是一些供职于大型媒体平台的职业写手，如《卫报》、ESPN等。由于其数据的全面性和专业性，不少国内的媒体也经常引用该网站中的统计数据和可视化设计。

① whoscored.com[EB/OL].https://www.whoscored.com/Matches/1284777/Preview/England-Premier-League-2018-2019-Leicester-Liverpool.2020-4-3.

总 结

体育新闻采访权限指的是重要赛事期间对采访记者的数量和资格要求，一般以发放采访证件的数量和采访区域要求为标准。

体育赛事采访权限的具体操作流程一般分为两个阶段：第一阶段是由赛事拥有方和主办方制定并执行采访权限的发放数量以及分配方案，第二阶段是获得注册资格的记者遵守并利用采访权的规定进行工作。

面对采访权限，新闻媒体的常规做法可以从整体和个体两个角度分析，整体角度是提升体育新闻策划能力，个体角度是催生更多的全能型记者的出现。

在规定了新闻机构采访数量和权限的同时，赛事组委会也会提供媒体服务，用来最大限度地确保赛事报道的质量。媒体运行就是为了顺利完成报道任务，赛事组织方帮助新闻媒体在赛会期间搭建起来的工作平台。根据国际奥委会的总结，媒体运行的主要工作包括：信息提供、作为大本营的工作间提供、工作和服务设施提供、场馆工作间（包括媒体工作间、摄影工作间、媒体休息间等）提供、其他设备设施（混合区采访等）提供。媒体服务所涉及的相关业务，包括注册、住宿、交通、技术、收费卡等。

体育新闻背景资料非常重要，体育新闻报道过程离不开背景资料分析。不论是文字报道、电视报道抑或多媒体报道形式，背景资料都是体育内容制作的基础素材，报道经验的具体表现就是对背景资料的积累、搜索、分析与使用的优劣。体育新闻背景资料主要包括事件背景资料、人物背景资料和社会历史背景资料。

体育新闻写作的文学化倾向是一个显著的特征，平铺直叙的体育新闻内容不可能得到体育迷的认可。所谓文学手法就是修辞手法和表现手法的统称。

数据广泛应用于体育新闻报道之中，对于体育记者来讲，对体育数据的敏感程度是衡量体育新闻敏感的重要指标。任何比赛都会有比赛结果，比赛结果在体育新闻内容中是必备要素，不仅如此，比赛结果还是反映比赛过程和队员发挥的标识，对比赛结果数据的分析和挖掘就会反映出当场比赛的精彩瞬间。

数据新闻强调，数据是原始驱动力，是新闻报道的新型方式。从行业领先水平来看，英国的《卫报》和美国的《纽约时报》是进行数据新闻实践最为重要的领跑者，两份大报在体育数据新闻制作方面都有独到之处。

思考题

1. 什么是体育新闻采访权限？为什么会出现这项管理措施？
2. 新闻媒体的应对方法有哪些？举例说明。
3. 什么是赛事媒体服务？举例说明。
4. 体育新闻背景资料有哪些？如何使用？
5. 举例说明什么是体育新闻报道中的文学写作手法。
6. 概述体育数据使用的原则与方法。
7. 如何理解体育数据新闻，关键步骤有哪些？

拓展阅读

1. REINARDY S, WANTA W. The Essentials of Sports Reporting and Writing [M]. New York: Routledge, 2015.

2. 易剑东. 大型赛事报道与媒体运行［M］. 杭州：浙江大学出版社，2008.

3. 罗伯特·麦基. 故事作者［M］. 北京：中国电影出版社，2001.

4. 菲利普·迈耶. 精确新闻报道：记者应掌握的社会科学研究方法［M］. 北京：中国人民大学出版社，2015.

5. 毕雪梅，刘岱，魏琨，等. 美国体育黄金时代“赞美派”与“讽刺派”的新闻写作风格及深远影响［J］. 成都体育学院学报，2015，41（2）：28-32.

第七章　二次体育媒介化与体育媒介产品的诞生

内容提要

当谈到体育新闻内容的时候，人们自然就会联想到电视赛事直播。赛事是体育的代名词，而电视直播让赛事得到了最大范围的普及。

“虽然网络平台瓜分了很多收视率，但中央电视台的品牌优势还在，那就是关于大赛的优势。像这次索契冬奥会，看直播的还是选择电视。体育传播，大家还是喜欢大屏幕、高清晰、集体感，偷偷摸摸一个人看球太憋屈了。去哪儿看、和谁看，这才是世界杯的根本问题。对我们来讲，电视在未来体育传播上还是重要角色”。① 中央电视台资深主持人张斌在索契冬奥会后发表的感慨，道出了电视媒体在体育传播中的优势以及面临的挑战。

传媒与体育的结合，经过了二次体育媒介化过程，这个过程就可以看作体育新闻传播历史。第一次通过创造媒介体育使观赏体育得到了前所未有的激增，第二次体育媒介化对观赏体育与实践体育均有改变。第二次体育媒介化远远还没有结束，或者说，体育与媒介的融合随着技术的更新，会持续性发生着改变。

本章主要介绍体育与传媒融合的过程及结果。第一节介绍二次体育媒介化的起因，以及给大众传媒和体育受众带来的结果。第二节分析体育媒介产品，重点探讨体育媒介产品沿袭媒介产品的特点，以及体育媒介产品的主要内容和分类。

学习目标

了解第一次体育媒介化、第二次体育媒介化以及二次体育媒介化的意义；熟悉体育

① 张斌．对体育报道的解说［J］．大学生，2014（9）：58－59.

媒介产品、公共信号产品和体育视频的制作过程。

关键术语

二次体育媒介化、体育电视、赛事直播、直接体育参与行为、间接体育参与行为、体育虚拟化、体育虚拟网络、体育媒介产品、核心产品、公用信号、赛事媒介产品、体育创意产业、体育创意产品

第一节　体育新闻媒体发展简史：二次体育媒介化

导　入

如何理解和把握体育新闻发展历史？这是进行体育新闻理论学习的一个重要问题。从体育新闻发展的历史脉络分析，技术和产业化是推动体育传媒不断变化的主要动力。因此，本节选取了这一角度，对体育新闻历史进行了简要的梳理。体育媒介化包括了技术和商业两个因素，可以高度概括和提炼体育新闻发展中的重要特征。

在体育新闻传播史上，迄今为止，共产生了两次重要的体育媒介化。第一次是电视的产生，彻底把体育赛事独立出来，迅速成为最具有商业价值的媒体内容之一，这个过程正是观赏体育崛起并与实践体育鼎足而立的过程。当下正在经历的是第二次体育媒介化过程，新媒体的出现打破了已有的电视垄断的格局，更是把体育受众解放了出来，他们不再被动地接受媒体内容，而是在虚拟世界组成了主动的体育关系参与网络。

体育媒介化指的是体育通过大众媒体平台，被塑造为可以观赏和交流的媒介形态的过程。其主要特点是：从内容形态上，体育符号被编码为大众媒介符号文本；对体育受众来讲，摆脱了现场观赛的“束缚”，实现了异地观赏和互动参与的可能性。

一、第一次体育媒介化

（一）20 世纪 70—90 年代的第一次体育媒介化：商业电视造就了新型观赏体育——媒介体育

1. 商业电视和职业体育的不谋而合

（1）商业电视需要独一无二的内容赢得收视。商业电视的出现是媒介体育产生的必要前提。商业电视主要指的是以盈利为主要目的的电视机构，主要依靠广告或者付费内容为重要的收入来源，控制方一般为媒介集团等大财团资本。

在商业电视最为发达的美国，6 家全国性的商业电视网以及附属于它们的数千个地方电视台组成了主要的框架。这 6 家商业电视机构中，美国广播公司（American Broadcasting Corporation, Inc. ,ABC）、哥伦比亚广播公司（Columbia Broadcasting System, CBS）、美国全国广播公司（National Broadcasting Company,NBC）是传统的三大电视网，随着通信技术的发展，开始出现卫星电视和有线电视，新的竞争对手开始出现，其中福克斯广播公司（FOX）属于默多克的新闻集团，号称第四大电视网；美国有线电视新闻网（Cable News Network,CNN）是由时代华纳公司控股的有线新闻网；HBO 电视网（Home Box Office,HBO）是付费的全天候家庭影院频道。商业电视的最大特点就是逐利，以赚钱为最重要的目标。与这样的目标相匹配的是运作方式，商业电视的主要运作方式就是竞争机制。

除了商业电视，全美的电视机构还包括非营利的公共电视网（Public Broadcasting Service,PBS）以及社区电视和教会电视，事实上全部电视机构是在一起竞争观众的。两者的区别是，商业电视依靠竞争盈利得以生存和发展，公共电视网依靠资助得以运转，两者均需要争取更高的收视率。从构成比例来看，90% ~95% 的电视机构是商业属性的，即私营或者民营的。传统的三大电视网曾经占据着美国电视市场的 90% 左右。从 20 世纪 80 年代开始，特别是 90 年代中期，以传播技术发展为基础，美国政府不断出台政策鼓励竞争，打破垄断，使得 FOX 等一大批新兴电视网涌现，成就了美国电视业的繁荣，一般美国家庭可以接收的电视频道，从无线、有线到卫星，有百余个。

在激烈的竞争中，鲜明和独特的个性是电视网以及电视节目取胜的关键，体育演变为树立个性的重要内容。从 20 世纪 60 年代开始，ABC 逐步在体育节目上发力。当时担任体育部主任的鲁尼·阿里基既熟悉体育娱乐又对电视报道技巧了如指掌，他首先创建了慢镜头即时回放技术，这项技术把体育比赛的精彩瞬间放大、延缓，是观众最期待的看点之一。1961 年，在阿里基的带领下，ABC 创办了电视史上第一个在周末播出的体育集锦节目《疯狂的体育世界》（*Wild World of Sports*）。1970 年他还任用了当时重要的体育评论员霍华德·柯赛尔创办了《星期一橄榄球之夜》（*Monday Night Football*），该节目创造了该公司空前的收视率，让长期处于劣势的 ABC 电视台终于可与 NBC 电视台和 CBS 电视台抗争。20 世纪 70 年代后期，其收视率连续几年在三大广播公司排首位。NBC 的节目《周日橄榄球之夜》就是对抗 ABC 的产物，时至今日依然存在。

（2）职业体育需要拓展盈利方式。职业体育又称商业体育，是以商业盈利为目的的竞技体育活动。职业体育参与者是职业运动员及专业管理人员，出售赛事门票是初期最重要的盈利方式。

商业体育和商业电视的共同之处在于追求商业利益的最大化，这种一致的目标使得两者逐步走上了合作共赢的道路。商业电视发现了体育是自带受众群体的特殊内容，并通过专业化手段不断挖掘；商业体育同样确认通过电视转播可以扩大观众，增加更为丰厚的商业利润。从此，两方面通过不断的磨合，已经确立了以转播权交易（商业法律法规）为手段进行共赢合作。

实际上，体育作为媒介内容始于媒介大众化的“便士报”时代，但作为改变体育的“内容力量”发端于电视。20 世纪 70 年代后期商业电视的强势介入给体育带来了巨大的改变，可以说，任何一项大型赛事的商业价值判断标准之一来源于电视转播的出售价格和观众数量。

商业电视和商业体育的合作培植出了具有超级关注度和收视率的赛事，最有典型意义的就是美国超级碗。

超级碗（Super Bowl）是美国职业橄榄球大联盟的年度冠军赛，对阵双方分别是当年国家橄榄球联合会和美国橄榄球联合会的冠军。比赛日一般定在每年 1 月最后一个或 2 月第一个星期日举行，那一天被称为超级碗星期日（Super Bowl Sunday）。

在过去的超级碗转播历史中，1967 年第一届超级碗由 CBS 和 NBC 共同转播，之后，CBS 与 NBC 轮流转播，第 18 届之后轮流转播的电视机构增加了 FOX。①

超级碗的转播权和广告拥有巨大的商业价值，赛事转播权的价格高达 10 多亿美元。其转播权和广告位置基本是绑定销售的，以 2015 年为例，NBC 作为超级碗版权购买方，仅赛事广告收入一项就已经达到 3.6 亿美元，其中长度 30 秒的广告均价高达 450 万美元，这些无处不在体现商业体育的价值。②

商业体育和商业电视的合作，不仅仅是简单的比赛转播，在此基础上，还拓展和创造了新内容。超级碗播出中，就产生了两个固定的收看内容，也是两大收视热点。第一就是前文介绍过的超级碗赛前和中场表演；第二是超级碗广告。

总之，这些内容拓展已经成了商业体育和商业电视共同盈利的手段，随着电视影响力的扩大，带来了巨大的商业利润。

2. 媒介体育催生了“巨无霸”规模的体育产业

在规模巨大的全球体育迷的支撑下，体育产业发展突飞猛进，诞生出一些“巨无霸”型的体育品牌。

美国体育核心产业以职业体育为主，主要包括五大职业体育联盟：职业橄榄球大联盟（NFL）、职业棒球大联盟（MLB）、职业篮球大联盟（NBA）、职业足球大联盟（MLS）、职业冰球大联盟（NHL）和大学体育。其收入主要来自赛事门票、媒体版权、体育赞助与体育特许商品。

根据普华永道的数据统计，2014 年美国体育核心产业的总收入是 605 亿美元（不包括体育附属产业产值），分别为：赛事门票收入 177 亿美元（29%）；媒体版权收入 146 亿美元（24%）；体育赞助收入 147 亿美元（24%）；体育特许商品收入 135 亿美元（23%）。③ 其中，媒体版权占有 24% 的比重，另外三项也与媒体推广有着不可分割的联系。

如前文提到的美国超级碗，2019 年福布斯发布赛事品牌排行榜中，超级碗商业价值达 7.8 亿美元，名列第一。④。拥有超级碗的美国橄榄球大联盟无疑成了全球最贵的体育商业

① 陈国强．版权拥有与技术创新——CBS 的体育转播［J］．中国电视，2016（7）：98 – 102.

② 李广英，苏洁．浅析美国超级碗火爆的原因及其营销策略［J］．甘肃高师学报，2018，23（2）：133 – 136.

③ 环球体育传媒．三分钟看懂美国体育产业商业运作模式及中美对比［EB/OL］. http://www.sohu.com/a/115701294_505667. 2020 – 04 – 03.

④ 吴梦玥．福布斯发布 Fab 40 体育商业价值排行榜：彪马首次上榜、费德勒成最有商业价值运动员［EB/OL］. https://m.jiemian.com/article/3611598.html. 2021 – 07 – 30.

联盟。①

（二）第一次体育媒介化的实质是体育虚拟化以及体育参与方式的改变

1. 体育虚拟化——符号呈现的人造景观

吉登斯在阐述高度现代性动力机制时，涉及了时空分离、抽离化机制两项因素。②

麦克卢汉著名的比喻“媒介是人体的延伸”，即对时空分离的另一种解读：媒介改变了时空关系，受众可以在不同的时空中延续感知能力。

对于前者而言，在传统社会，人们的活动空间总是受“在场”支配，即空间和地点总是相一致的。但在现代社会，地点日益变得不可确定甚至无关紧要，人们的各类活动往往在“缺场”中完成，时空的虚空为社会活动中的时空重组提供了坚实的基础。③大众传播为时空分离提供了平台，而二次体育媒介化正是时空分离的后果，全球体育迷可以在不同的时空中关注同一场比赛，体育明星也早已是全球化的代表，异地球迷数量甚至远远超过本地球迷。

“符号体系”是“抽离化机制”主要的表现形式，指相互交流的媒介将这些符号传播出去，不用过多考虑任何特定情境下处理这些信息的个人和团体的特殊品质，象征标志可以划分为不同种类，如语言、权力、货币等；现代体育作为人工创造的产物，前文已经分析，本身就被赋予了一套“符号体系”，无论是“为国争光”还是“更高、更快、更强”均是这套符号体系的核心价值观，同时又被“体育明星和球队”无限量地诠释出去。

对此，不少学者对这种现象提出了质疑和批评，认为媒介体育腐蚀了体育自身，阻碍了人们亲身参与体育的机会，削弱了体育强身健体等社会功能。但不得不承认，大量电视体育迷的出现，又刺激了体育产业的发展，使得体育电视成了规模庞大的一架“商业机器”，客观上最大限度地普及了体育的社会影响力。

在丹尼尔·戴扬与伊莱休·卡茨合著的《媒介事件》中，作者认为历史性事件的电视现场直播已经成为世界性仪式。它一方面可以把世界各地的观众固定在电视机前；另一方面还具有改变社会的潜能，奥运会即被当作典型的媒介事件。这本对国内学界影响颇深的著作，研究背景是在电视媒体的鼎盛时期，电视直播具备了凝聚全球“注意力”的实力，并在奥运会这类全球娱乐盛宴中充分展示出来。

进入21世纪以来，以互联网为主的新媒体中正在深刻影响着社会的方方面面，也开始了由它引发的第二次体育媒介化过程。

2. 体育参与方式的改变

最初的体育观众指的是现场观众，这是观赏体育的最初形式。当大众媒体特别是电视

---

① BARRABI T. What is the NFL worth? Revenue, team values and other financial facts [EB/OL]. https://www.foxbusiness.com/sports/nfl-worth-revenue-team-values.？2021-07-30.

② 周慧之. 现代性：走出个人行动与社会结构的二元困境——吉登斯现代性思想评论及中国现代性问题探讨[J]. 社会科学论坛，2002 (2)：22-28.

③ 安东尼·吉登斯. 社会的构成：结构化理论大纲 [M]. 李康，李猛，译. 北京：三联书店，1998：233.

直播比赛后，不仅在规模上增加了体育观众数量，更为重要的是延伸了体育参与的方式。过去，人们需要亲身参与到体育比赛之中，无论是亲自参与的实践体育，抑或到现场观看比赛。自从电视出现后，培育出只收看体育比赛的体育迷，这种被动收看的体育行为可以归为间接参与体育行为，壮大了观赏规模。

北京奥运会后提交给国际奥委会关于全球电视和在线媒体的报告中提及，CCTV 在转播开幕式时，有 4.96 亿中国人收看了电视，占全世界观众的 40.5%。另外，有 7.394 亿中国观众至少收看了一分钟开幕式直播，占全世界潜在观众的 60.4%。

不仅是体育受众人数的增加，对于大众媒体而言，体育受众的特征也是需要关注的。

电视与网络是球迷观看体育比赛的主要渠道。根据艾瑞咨询发布的《2010 年世界杯营销研究报告》的数据显示，分别有 87.2% 和 72.6% 的网民选择电视和网络作为观看世界杯的主要媒体①。2018 年俄罗斯世界杯期间，82.3% 的球迷仍会选择通过电视观看世界杯赛事直播，在网络观赛的渠道选择上，手机成为网络球迷观赛的首选，64.9% 的球迷选择通过手机观看世界杯直播。在网络观赛的平台选择上，球迷选择的标准主要是平台直播画面的清晰流畅程度（63.0%）以及平时使用习惯（58.2%）②。

另一方面，由于网络赛事直播版权交易的扩展与规范，以及视频直播平台的迅速发展，收看在线体育赛事直播的球迷越来越多。2016 年，苏宁集团旗下的聚力传媒为龙珠直播注资 20 亿元，龙珠直播获得了英超、德甲、西甲、中超、亚冠、欧冠等赛事的在线直播资源，形成了对比其他直播平台的明显优势。此外，优秀主播、讨论区、弹幕、打赏等互动行为加深了球迷群体的深度卷入，促使直播变现成为可能。

虚拟现实技术（VR）已经是大众传播领域内炙手可热的话题，在 2016 年欧洲杯的开幕式上已经出现了虚拟现实的摄像机。中职篮 2019－2020 年赛季的揭幕战中，中职篮联合中国移动推出了 5G＋VR 赛事直播服务，打造沉浸式观赛“第二现场”，通过赛场内架设的多台 VR 摄像机，拍摄全方位、多角度实时比赛画面，经过 5G 网络向用户实时传输比赛信号。观众可以用第一视角观察比赛中的细节情况，体验超强的比赛临场感③。

体育观众除了可以用第一视角观赛外，还有自由视点技术带来的“上帝视角”。自由视点技术，是一套应用在直播环境中使用的快速动、静态“时间凝结”内容制作系统。该系统通过多相机精确的同步控制，以每秒 30FPS 采集帧率实现不间断采集，从而保证直播精彩画面的同步以及保存，用户在交互模式下点击直播视频可以 360° 自由视角观赛④。2019 年世界武术锦标赛的直播中便出现了“时间凝固”，成为国内赛事直播应用自由视点

① 艾瑞咨询．网民观赛方式因比赛时段以及赛程推进发生变化[EB/OL]．http://report.iresearch.cn/content/2010/07/119613.shtml. 2020－04－03.

② 艾瑞咨询．2018 年中国世界杯球迷观赛数据解读[EB/OL]．http://report.iresearch.cn/report/201807/3249.shtml. 2020－04－03.

③ 南方网．Pico 一体机直播 CBA 揭幕战 领跑 5G＋VR 赛事直播新时代[EB/OL]．http://tech.southcn.com/t/2019－11/05/content_189424939.htm. 2020－04－03.

④ 凤凰网．5G＋实时互动＋自由视角，为体育赛事直播带来多维度观赛体验！[EB/OL]．https://tech.ifeng.com/c/7rKEBxs1grr. 2020－04－03.

技术的第一次尝试。传播通信技术的不断发展，将会推动更加丰富多维的体育观赛体验。

二、第二次体育媒介化

（一）21 世纪至今正在经历第二次体育媒介化：新媒体的出现改变了体育传播现有格局

第二次体育媒介化给体育带来的变化更加剧烈，同时，这场巨变还远远没有结束，在这里只能描述到目前为止所能观察到的现象。

1. 传统媒体式微，传统媒体人纷纷跳槽

随着新媒体的逐步壮大，传统媒体逐渐感到威胁和压迫，即使是第一次体育媒介化时代涌现出来的最有竞争力的电视媒体也不例外。

进入 2017 年，震惊体育传媒圈的新闻莫过于 ESPN 裁员百余人的消息。①

ESPN 可谓是第一次体育媒介化的佼佼者，在美国本土拥有 9000 万用户。其实早在 2015 年，ESPN 就进行过一次 350 人的裁员，但那次针对的是一般工作人员；2017 年的这次裁员，被冲击到的大多是业务骨干，其中不乏“名嘴”“名角”。

ESPN 一直被视作体育传播业的典范，更被中国同行看作学习的标杆，2017 年的裁员足以让业界反思行业现状。

新媒体带来的格局变化是导致 ESPN 缩小阵线的主要原因。特别是伴随着数字化、移动化的技术趋势，体育受众的观赛习惯发生了变化，守在电视机前收看比赛已经不是唯一的选择。这种变化对电视机构来讲，变得异常严峻。里约奥运会期间，斥巨资购置了奥运会电视版权的 NBC 还如往届一般布置了豪华演播室，但同样遭遇了奥运期间的收视率滑铁卢。

对于 ESPN 来讲，最为糟糕的是用户数量的持续走低。根据尼尔森数据显示，在过去的 5 年间，ESPN 共失去了 1134. 6 万订阅用户。就这一项的低迷，导致的结果是 10 亿美元的损失，平均每年流失 2 亿美元。②

在媒体形态发生变化、体育迷观赛习惯随之改变的形势下，ESPN 连续丢失订阅用户，但从世界范围看，这几年体育版权的价格却在急速上涨。据统计，从 2014 年开始，ESPN 用来购买版权的费用从 28. 4 亿美元迅速增长到 46. 9 亿美元。

ESPN 的商业盈利下滑，直接影响到了其上市母公司华特迪士尼在股市上的表现。随之而来的是母公司要求 ESPN 尽快扭转颓势，最快捷的方法就是削减预算。据统计，2015—2017 年，ESPN 的预算投入至少减少 2. 5 亿美元。减少了预算的直接结果就是减少成本，裁员是其中一项措施。

---

① 郭阳. ESPN 大地震！美国体育电视专家谈体育媒体的本质[EB/OL]. http://www.sohu.com/a/13693037 8_415197. 2020 - 04 - 03.

② 同①.

中国的情况与美国的差别在于，中国体育媒体人似乎更能及时有效地迎接新媒体的到来。央视的著名体育主持人纷纷主动离开传统媒体，选择去新兴媒体任职，其中就包括黄健翔、刘建宏、段暄、申方剑、王涛、刘语熙、孙雷……可以说，对于变化的适应方面，中国同行走在了前面。①

2. 新媒体播出平台的优势

时效性、整合性和大众参与是早期的网络媒体对传统媒体的重要冲击，之后进入到视频化、移动化、社交化阶段，② 网络媒体不仅改变了传播格局，还改变了人们的沟通方式和生活方式。

电视转播权一直是大型赛事重要的收入来源。但赛事权利方渐渐发现电视不再是唯一需要进行转播权交易的媒体。从奥运会的运行情况分析，新媒体正在逐步占据越来越多的传播份额。

从表 7 - 1 可以看出，国际奥委会早在 1992 年巴塞罗那奥运会时起就已经建立了赛事官方网站，但 2004 年雅典奥运会之前网络转播权并没有独立出来。

表 7 - 1　历届奥运会的新媒体运行情况

年份/举办地	新媒体运行概览
1992 年（巴塞罗那）	奥运官方网站上进行图文报道
1996 年（亚特兰大）	NBC 将奥运的视频、文字等信息发布到自己的官方网站
2000 年（悉尼）	IBM 公司合办的网站和 NBC 官方网站发布视频、文字等信息
2004 年（雅典）	首次准许十多家广播公司网络在线转播
2008 年（北京）	第一次电视转播权和网络转播权分离，实现网络、手机的奥运会直播
2012 年（伦敦）	首次在官方 You Tube 上建立频道直播

依据 2008 年北京奥运会持权转播商的相关文件可以看出，奥运会首次实施电视转播权与新媒体转播权分离政策。国际奥委会为了保证电视转播商的经济利益，网络转播权只限于卖给已经持有电视转播权的转播商；某些地区可以直接在国际奥委会官方平台（You Tube）上观看视频集锦，但 YouTube 仅仅为那些没有购买新媒体转播权的地方提供网上视频集锦。

（二）第二次体育媒介化的实质仍是体育参与方式的变化，体育也在经历第二次虚拟化过程

至今，新媒体与体育融合经历了两个阶段：第一阶段是以互联网为主的网络媒体阶

① 郭阳 . ESPN 大地震！美国体育电视专家谈体育媒体的本质［EB/OL］. http://www. sohu. com/a/13693037 8_415197. 2020 - 04 - 03.

② 彭兰 . 从网络媒体到网络社会——中国互联网 20 年的渐进与扩张［J］. 新闻记者，2014（4）：15 - 21.

段；第二阶段是以社交媒体为主的社会虚拟网络阶段。在第一阶段仍把网络媒体当成电视的延续；到了第二阶段，新媒体的技术优势被发挥出来，体育参与方式再次被改变。

1. 网络媒体阶段

在此阶段，网络媒体成为新媒体，体育自然是新媒体的主要内容之一。这时的体育网络媒体主要包括：新型电视媒体和电子公告板。

新型电视媒体成为体育新闻节目的播出平台。在数字电视、IPTV、移动电视等新闻电视媒体中，体育节目均有一席之地。手机新媒体也是体育新闻内容的发布平台。手机中的手机短信、彩信，手机报纸、手机电视、广播等体育可谓是首选内容。影响最大的还是网络新媒体，如门户网站中的体育频道，几乎涵盖体育报道的所有形式。总之，这时的网络媒体还没有脱离传统媒体的影响，体育内容只是在新媒体平台上重新发布。体育赛事和体育组织官网的建立，第一次打破了媒体垄断新闻报道的局面，体育品牌拥有方直接可与体育迷沟通。

电子公告板开始把体育迷在网络世界中重新组织了起来，虚拟化的体育社会网络出现了。电子公告板（Bulletin Board System,BBS），又被称为论坛或网络社区，是互联网上著名的信息服务系统之一。一般以匿名的形式向公众提供访问的权利，使得公众以电子信息的方法发表意见。人们可以围绕一个主题展开讨论，用户可以把自己的讨论文字“张贴”在公告板上，也可以读取公告板上的信息，非常适于信息交流。①

1997 年 11 月初，痴迷足球的福州男人老榕带着同样痴迷足球的 9 岁儿子飞到大连金州看世界杯预选赛。兴高采烈的他们最终以失望收场。几天后，他坐在电脑前义愤填膺地写下了一篇几乎让所有球迷落泪的文章《大连金州没有眼泪》，然后贴到了当时四通利方论坛（新浪前身）的体育沙龙上。这个论坛聚集了一批体育迷，也是许多体育记者和编辑寻找新闻线索的地方。这篇帖子旋即传遍了足球界和网络界。在发布两周后，这篇文章被《南方周末》于 1997 年 11 月 14 日整版转载。四通利方连同论坛版主名字“Gooooooal”第一次上了报纸，他就是后来的新浪网第一位编辑，担任新浪全球执行副总裁、总编辑的陈彤。

这次事件让大家第一次感到论坛巨大的力量和网络传播效应的影响，传统媒体第一次关注起这个摸不着边儿、拿在手上没有分量的新媒介。十强赛，老榕和他的文章，四通利方，这几个词语似乎毫无关联，但在 1997 年，它们却成为中国的网络论坛兴起的标志。②

可以说，中国互联网论坛兴起的标志性事件来源于一位体育迷撰写的关于足球的帖子，这个事实充分说明，体育内容具有的持久的影响力，同时更加说明了第二次体育媒介化的到来，体育参与不再是间接收看，而是主动地参与到内容制作之中，并在网络虚拟空

① 刘丹鹤．赛博空间与网际互动——从网络技术到人的生活世界［D］．上海：复旦大学，2004.

② 张瑜．互联网周刊：网络论坛激荡十年[EB/OL]. http://tech. sina. com. cn/i/2007 - 03 - 22/18501429313. shtml. 2018 - 08 - 22.

间中形成新的互动关系。

2. 社会虚拟网络阶段

社交媒体（微博等）出现后，体育组织可以更加直接地与粉丝交流；而体育迷可以直接联系在一起，组成更加紧密的虚拟化的社会网络。

至此，体育社会网络从最初的以面对面人际传播为主的现实体育网络，延伸到互联网中形成的虚拟社会网络。如果把两次体育媒介化过程联系起来分析，可以看出，在第一次体育媒介化过程中，电视拓展了体育参与方式，体育虚拟为媒介内容，并培养了大批异地体育观众。第二次体育媒介化，让这些数量庞大但分散的体育迷，重新回到了早期人际传播的参与方式中。而且，这种虚拟社会网络可以连接间接体育参与（观赏体育），也可以连接真实体育参与（实践体育），参与者在社交媒体中的沟通行为，也可以看作体育再次被虚拟化了（第一次是体育内容的虚拟化；第二次是体育人际传播的虚拟化）。

北京奥运会后，以自愿参与为主的大众健身呈现“井喷”趋势，互联网在其中起到了不可替代的重要作用。

（国内）跑步类的民间组织大都依托网站，没有地域差异，吸引力来自网站定位和价值取向。

跑步圣经网的特色在于对装备、技术、文化的研究，跑步装备党、技术流和文化派大都聚集于此，少量线下活动，大量网上互动。

跑吧是聚集跑步人数最多的跑步组织，在组团参加马拉松赛事上有比较成熟的模式。全国各地区分支很多，是广泛服务于大众跑友的老字号。

豆瓣跑组以文艺青年居多，跑步水平参差不齐，每周都会有丰富的实体活动。活动包括但不仅限于跑步，吃喝玩乐、吹拉弹唱、读书听曲、看电影无所不及，吸引了一大批能跑上几步（单身居多）的小青年。线上活动也不少。近几年迅速壮大，不知是否反映出适龄单身男女的侧影？

乐跑、爱跑步、自由马等都属于地方影响力比较大的组织，会频繁出现在各个马拉松赛场上——因为他们总举着旗帜啊。①

就像上述多种类型的“跑步网”一样，以新媒体为联系平台建立的各类自发性体育社团，将会是中国体育发展最富饶的土壤。由于历史的原因，我国的民间体育社团发展还不成熟，但凭借第二次体育媒介化的时机，体育参与者可以在更加广阔的时空中建立联系，拓展开展体育活动的渠道和方式。

体育的两次媒介化过程见表 7 - 2。

① 王乐. 跑步者需要组织吗[EB/OL]. https://www.tmtpost.com/497452.html. 2020 - 04 - 03.

表 7-2 两次体育媒介化过程

体育媒介化	时间	虚拟化内容	媒体	传播类型	体育参与类型	影响
第一次	20 世纪 70—90 年代	体育内容的虚拟化	电视	大众传播	以收看为主的间接参与	创造了新型的观赏体育形式——媒介体育
第二次	21 世纪至今	体育人际关系的虚拟化	新媒体	人际传播 大众传播	虚拟直接参与	增加了观赏体育的互动；实践体育从线上与线下结合

从表 7-2 可以进一步概括出以下结论。

第一次体育媒介化的时间集中于 20 世纪 70—90 年代，电视是体育媒介化的主要传播工具。媒介化的实质是体育比赛和体育明星被虚拟化为媒介内容，观众可以选择收看比赛作为间接参与体育的方式，从而引发数量庞大的体育受众群开始在全球各地涌现。

第二次体育媒介化时间是从 21 世纪开始，新媒体出现并开始改变人们的沟通方式，参与者在虚拟空间里直接沟通交流，并形成社会网络。其影响是改变了体育传播格局，使得体育的影响力更加“无孔不入”。

这里需要说明的是，两次体育媒介化不仅改变了体育迷的参与方式，也是对体育形式的改变。第一次体育媒介化，彻底改造了观赏体育，通过大众传播创造了媒介体育。第二次体育媒介化，又进一步完善了媒介体育，不仅是大众媒体面向受众的单向传播，体育迷可以通过互联网发表自己的声音和看法；到了移动化阶段，这种互动就更加彻底。同时第二次媒介化对实践体育来讲是革命性的，实践体育依靠新媒体平台不仅可以进行直接推广，还可以实现体育迷之间线上线下结合的互动方式，可以说，赋予了实践体育媒介化的可能性和必要性。

总之，大众媒体塑造了现代社会的各种“人造景观”，体育就是其中重要的组成部分。同时，体育从自娱自乐的活动变身为产业，在欧美国家，甚至成为支柱产业，依赖的正是两次体育媒介化带来的巨变。

第一次体育媒介化凭借电视媒体产生了“时空分离”的效果，无论观赛者“在场”或“缺场”，体育可以把全世界的体育迷连接在一起，纽带就是大众媒体。第二次由新媒体引发的体育媒介化虽然还远未结束，但几乎颠覆了第一次体育媒介化的格局，同时还原和拓展了体育参与方式。在中国，新媒体引领的第二次体育媒介化的影响将会更加深远，它使体育参与者通过互联网联系起来，形成众多的虚拟社会网络，作为尚未完善的民间体育社团的补充，为大众体育的全面普及和广泛开展提供了可能性。

第二节　体育媒介产品

导　入

体育媒介产品的出现具有重要意义。以往体育作为大众媒体内容的一部分，只是从专业报道的角度审视体育传播的效果和影响。当体育媒介产品作为独立产品出现后，体育传媒就成为体育产业中重要的有生力量。时至今日，评价一项成熟的赛事价值，离不开赛事转播权及赛事媒体影响力等重要衡量指标。体育新闻不再是单一的内容，而是成为现代社会中一项重要的文化产品。

一、体育媒介产品是第一次体育媒介化的标志性产物

体育媒介产品诞生于第一次体育媒介化时代。

（一）第一次体育媒介化之前由平面媒体逐步建立了体育新闻报道规范

体育新闻报道是从报纸开始的，不仅如此，以报纸为代表的平面媒体还提供了体育新闻报道的规范模式。

体育新闻报道的规范模式主要包括：体育新闻价值、观赏体育文本的体裁形式、体育报道的主要内容以及专业体育记者。四类体育新闻文本中，观赏体育文本是最先由平面媒体确定的，之后才陆续发展了实践体育文本、体育受众文本。另外，体育社会新闻文本更多地受到新闻规律的限制，处于体育新闻与一般新闻内容的交叉地带。对于体育新闻价值、体育报道体裁在前面章节里已经分析过，这里针对体育报道的主要内容以及专业记者进行重点说明。

专业的体育记者首先出现在平面媒体，当体育赛事逐渐成了社会关注的大事件的时候，专业体育记者被固定化，体育新闻报道也逐步成熟和规范化，平面媒体是其中的中流砥柱。

以奥运会报道为例。1976 年在第 21 届加拿大蒙特利尔奥运会上，诞生了一项特别纪录，记者与运动员人数分别是 7800 人与 6189 人。在奥运会史上，记者人数第一次超过了运动员。1988 年第 15 届冬季奥运会在加拿大卡尔加里举办，运动员为 1700 多人，记者却

有4500多人，接近于运动员人数的3倍多。①

从体育报道的内容来讲，体育报道主要来源于体育新闻实践的特性和读者的需求，可以初步分为综合性报道、预测性报道和评论性报道。

1. 综合性报道

信息量是衡量以文字为主的体育新闻报道的标准之一，体育迷要从每一篇报道中看到更加过瘾的内容，因此，综合性就是纸媒的首选。综合性报道表现在描述比赛的全貌，而不是注重某一点。特别是重要比赛，更是要挖掘事件的方方面面。

1984年7月30日，许海峰夺得洛杉矶奥运会上的第一枚金牌，一时间各大通讯社、报刊、电台、电视台纷纷报道许海峰的夺冠经过和他的个人经历。而《体育报》却独辟蹊径，在8月1日头版头条刊登《中国人获得本届奥运会第一枚金牌》，该文紧紧围绕“中国人零的突破”这个主题，对许海峰的夺冠经过只是一笔带过，而着力于综合萨马兰奇的赞扬、海外华人奔走相告、中国舆论沸腾，该消息一经刊登便激起了读者的强烈反响。

2. 预测性报道

预测性报道又称赛前报道，即根据有关参赛各方的赛绩及可能出现的各种情况进行判断，或做出有倾向性结论的一种报道。在众多体育新闻报道中，预测性报道越来越受读者的欢迎。

3. 评论性报道

作为新闻媒体展现其体育新闻报道的力度和强度的有效手段，体育评论无疑起了举足轻重的作用。体育评论写作主要展现于三个方向，即时效性、可读性和思想性。体育评论的时效性，不仅表现在随着赛事的变化迅速转移论题，而且体现于把握受众的心理变化及时调整视点。

（二）第一次媒介化时代诞生了体育媒介产品

以报纸为代表的平面媒体所探索的体育新闻报道模式被继承了下来，接下来随着科学技术的进步、新兴媒体的不断涌现，体育新闻报道在形式和手段上正在酝酿着更大的突破。

第一次体育媒介化时代最重要的媒体是电视，体育媒介产品也是在电视媒体基础上产生的，其中的主要原因是技术驱动下的媒介形态的创新。

1. 制作技术和呈现形式的创新

体育电视制作是建立在团队紧密合作的基础上，同时，技术是最大的保障和驱动力。以美国的ESPN为例，它是世界范围内最重要的专业体育媒体之一。在硬件方面，电视设备技术的更新为优质体育电视节目制作提供了条件。下面这段文字就是描述ESPN拥有的数字中心及在2014年建成的全新演播室的情况。

为了更好地制作自己的体育新闻节目，ESPN耗资数十亿美元，打造了全新的Sports

① 郗文彬. 奥运会“新闻战”[J]. 体育博览，1988（8）：22-23.

Center 演播室。演播室位于新建的 ESPN 园区 2 号数字中心，该中心占地 18000 平方米，建造历时 3 年，在 2014 年夏天投入使用。2 号数字中心的每个角落都体现着体育与科技的交融：过道布满大型垂直屏幕，墙上挂有巨大的电子记分牌，滚动着体育新闻和赛事比分。Sports Center 演播室是这座建筑内的核心区域，面积达到 900 平方米，用于制作多个频道的多档电视节目。演播室的最大亮点是左右两侧合计超过 100 块的电视屏幕，这些屏幕既能独立显示，也能够协同工作。既可以为观众呈现精彩的视频和图片，也可以帮助主持人在主持节目的同时，同步观看最新发生的比赛实况和新闻片段。而观众无法用肉眼看到的变化是在 2 号数字中心里遍布着总长超过 170000 米的光纤。光纤取代了 ESPN 其他地方所使用的铜芯网线，从根本上改变了网络传输的速度，比原来要快 15 ~ 20 倍，一次就可以传输比原来多达 200 倍的信号。升级后的 ESPN，通过卫星电视或者光纤，可以同时录制 100 个以上的视频流，全部都储存在服务器上，甚至在脚本录制的时候就可以做到实时剪辑。这意味着 ESPN 可以实时地在所有平台上直播比赛。①

在第六章分析过的 ESPN 王牌日播新闻节目 Sports Center，开播于 1979 年 9 月 7 日。目前已经成为体育电视新闻的品牌标志。这样的一档节目，它的优势不仅是硬件设备，更重要的是软件部分，即拥有的团队。Sports Center 的节目宗旨是为“永不满足”的体育迷需求提供答案。这是一项水准要求非常高的任务，因为观众已经收看过直播比赛，对比赛的过程和结果有所了解，因此制作团队的主播和编辑们需要在很短的时间内对比赛有深度解读，无论是体育知识和赛事经验均需达到专家级别才能胜任。可以说，电视通过技术手段创新了媒体呈现形态，给观众带来了全新的视听体验。

2. 具备了独立的商业价值和广泛的社会价值

在众多电视媒体报道类型中，现场比赛直播是受众人数最广泛的内容，也是电视转播权的交易对象。奥运会的电视现场直播比赛被称为电视公用信号，也是国际奥委会拥有的重要信息资源。公用信号的制作与开发代表着体育电视领域高水平的编播能力。

从商业价值看，电视转播权是赛事盈利的主要来源之一。同时，以电视媒体为主的各个持权转播商在付出高额版权费用之后，往往利用赛事报道，一次次刷新电视转播技术和电视新闻报道手段的水平。

众所周知，从社会价值分析角度来讲，电视为大型赛事带来了世界各地的无数观众。在中国，这种情况更为典型，对于中国大多数观众而言，对世界性赛事的了解和喜爱基本源于媒体的转播。

以两届奥运会举例，“2012 年英国伦敦奥运会，中央电视台体育频道直播开幕式节目的收视率高达 0.84%，创下当年同时间段（北京时间凌晨 4 点到 8 点）体育频道节目最高收视纪录。2014 年俄罗斯索契冬奥会赛事期间（2 月 8 日至 22 日），央视体育频道每天的全景式专题报道节目《在索契》平均收视率达到 0.407%，大大超过全年同时段《体育世

① 邢成. 电视体育新闻制作流程再造［D］. 长春：吉林大学，2015.

界》节目的平均收视率0.200%。而2015年2月8日至22日的《体育世界》平均收视率为0.199%，奥运会新闻报道的受重视程度可见一斑”。[①]

二、体育媒介产品的概念

（一）体育媒介产品是一种体育文化创意产品

体育文化创意产业是那些源自个人和集体的创意、技巧及才华，借助媒介平台和技术手段对体育中的相关内容进行一系列创新性的挖掘，通过向社会系统生产、提供体育精神文化产品，满足体育消费者的相关需求，从而创造经济价值和社会效益的部门的集合。这些部门通过产业化、媒介化的方式，将部门成员的创意、智慧融入体育精神文化产品的生产、消费和营销过程中，满足体育消费者高层次的精神需求，从而达到盈利的目的。体育文化创意产品具有以下特点。

（1）体育文化创意产品是一种特殊的知识产品，其生产过程是复杂的脑力劳动过程，凝聚了生产者的创意与智慧。精神生产是一种具有原创性的复杂脑力劳动，在确定价值量时，社会必要劳动时间不再是唯一的标准，因而初始创造成本较高，构成复杂，因此也享有严格的知识产权保护。

以体育赛事媒体转播权为例，在体育赛事转播的过程中，摄像、导演等工作人员的创意、技巧和才华对于产品的生产至关重要，景别与景深的使用，镜头的切换与组接，慢动作的回放，字幕及其他高新技术的使用等，这些环节都融入了创作者的智慧与创意，最终汇聚成为有文化意义的媒介产品。

（2）体育文化创意产品在流通过程中可以在同一时间被多人共享，共享过程中的复制成本低，可以被重复利用，但是，体育文化创意产品的消费具有即时性，其价值会转瞬即逝。例如，体育赛事直播的相关产品，首播权异常重要，一旦赛事结束，其价值就会大大下降，想要创造价值的累积和增值，就必须开发其他相关产品，构成产品组合。

（3）体育文化创意产品附加值高，具有极高的产值，可以创造巨额的经济效益，同时也能带来巨大的社会效益。

国际足联（FIFA）在2013年的总收入为13.86亿美元，其中与赛事相关的收入占88%，达到了12.2亿美元，而在这当中，赛事转播权收入为6.3亿美元，占赛事相关收入的51.6%，总收入的45.5%（图7-1），可谓是半壁江山，赛事转播权的重要性不言而喻。因此，在体育媒介产品的交易过程中，版权所有者会对使用方的权限做出严格的限制。

① 邢成．电视体育新闻制作流程再造［D］．长春：吉林大学，2015.

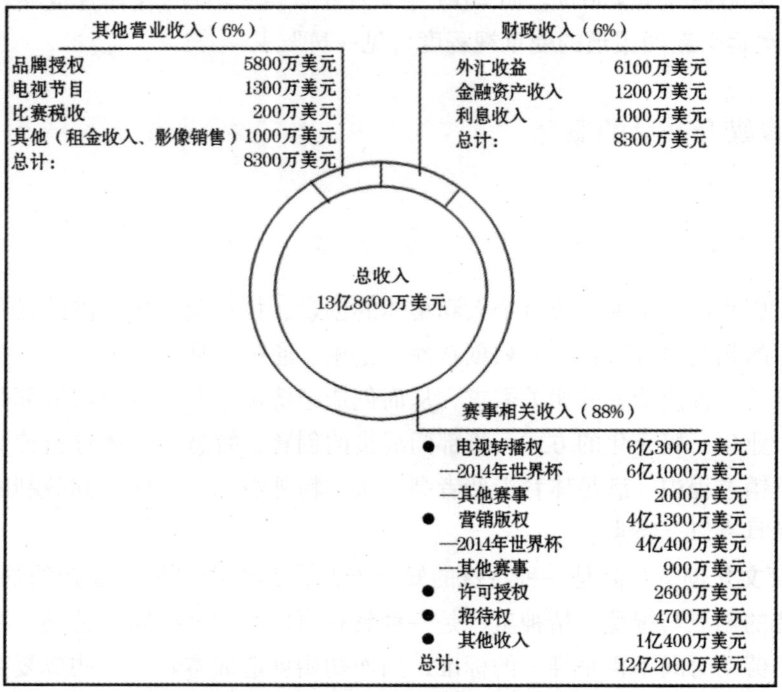

图7－1　国际足联（FIFA）2013年财务收入示意图①

（二）从媒介产品角度理解体育媒介产品

媒介产品也可称为传媒产品，关于媒介产品概念的界定，不同研究学者有不同的观点。

喻国明（2007）认为，媒介产品概念的提出超越了传媒行业以往单纯内容生产的模式。他将媒介载体、资讯内容和关系规则视为媒介产品的三种重要组成部分。其中，“载体”是指承载媒介内容的平台、形式以及这些渠道的相关特性；“资讯”就是媒介平台上传播的信息资源内容；而“规则”指的是各种资讯内容之间、内容与传播渠道之间、传播主题与受众之间互相关联的方式。②

丁汉青（2008）认为，媒介产品由媒介内容及其物质载体共同构成，由媒介组织负责生产，提供给媒介的阅听人使用，具体包含了资讯内容的各种印刷出版物、电磁波、CD、DVD、录像带等物质产品；对于媒介产品的外延，她认为媒介生产过程中，与媒介内容共生的广告空间属于独立的广告产品，不属于媒介产品的范畴，其模式如图7－2所示。

① FIFA Financial Report 2013 [EB/OL]. http://www.fifa.com/mm/document/affederation/administration/02/30/12/07/fifafr2013en_neutral.pdf. 2020－04－03.

② 喻国明．传媒发展：从“内容为主”到“产品为主”[J]．新闻与写作，2007（11）：21.

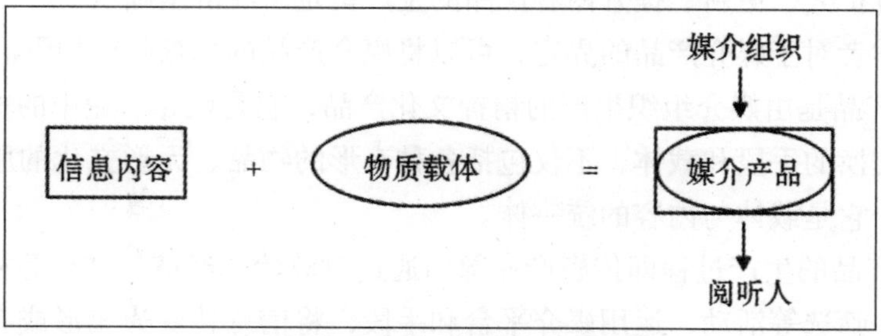

图7－2 媒介产品的内涵①

朱春阳（2004）从经济学的产品定义出发，对媒介产品的概念进行了界定。他认为，传媒组织这个社会子系统需要与社会大系统中的其他组织进行价值交换，而媒介产品正是实现该过程的重要手段和交换载体，媒介产品能够满足消费者的基础需求，还能够创造一些附加价值，因此，媒介产品不仅包括各种有形的物品和无形的服务，还包括其所附加的价值，消费者在使用媒介产品时，这些附加价值往往是造成消费者感知价值差异的主要原因②。

叶乐阳（2003）指出，传媒产业是以新闻出版、广播影视等机构为主要载体、以文化传播的独特优势为依托向产业领域挺进形成的综合性产业，其产业构成包括报业产业、出版产业、广播电视产业、文娱产业和发行产业等大众传媒产业。这些现代大众传媒产业部门通过对政治、军事、科技、经济、文化、环境、教育、社会、生活等无数信息进行捕捉、输入、存储、筛选、归纳、整理、加工、包装、推销、反馈等活动，将信息转变为或是意识形态的无形产品，或是物质形式的有形产品，当它进入市场后便成了商品，以创造价值来获得市场准入的通行证③。

针对媒介文化产品概念的外延，邵培仁（1998）认为，高质量的媒介产品始终是媒介组织生产部门的最终目的，大众传播媒介的产品可以分成两种完全不同的类型：一种可被称为信息产品，即媒介资讯内容；另一种是对这些信息内容进行系统开发，负载了文化符号的媒介产品。其中，媒介资讯内容具有原创性，数量是有限的，但是媒介产品却可以实现批量化的生产，并具备不同的形态特征④。

张辉锋（2005）认为，媒介产品可以分为内容产品及与之共生的广告空间资源两大类型，其中，内容产品是在媒介平台上提供的信息内容，并与平台紧紧相连，密不可分，而广告空间资源则是在信息内容产品生产过程中同时产生的一种可利用的空间资源。两种产品之间存在一种共生共荣的关系，广告资源空间的出现离不开内容产品的生产，内容产品的质量往往决定了广告资源空间的价值，而广告资源空间的合理利用又反哺了内容产品的

① 丁汉青．论媒介产品性质的动态变化［J］．国际新闻界，2008（9）：65－68.

② 朱春阳．成就卓越：传媒产品创新研究——一种行为与能力的分析范式［D］．上海：复旦大学，2004.

③ 叶乐阳．大众传媒产业研究［D］．北京：中央民族大学，2003.

④ 邵培仁．媒介经营管理学［M］．杭州：浙江大学出版社，1998：42，189.

生产，为生产者扩大、更新、提升内容产品的生产奠定了经济基础①。

综合各位学者对于媒介产品的界定，可以将媒介产品的特点归纳如下。

（1）媒介产品是由媒介组织生产的精神文化产品，它是媒介产业中的相关部门与外部系统完成价值交换的手段和载体，不仅包括各种有形的物品、无形文化的服务，还包含其所附加的价值，它是载体与内容的统一体。

（2）媒介产品的生产过程即传媒产业部门通过对政治、经济、文化等社会生活信息进行搜集、存储、筛选等活动，运用媒介平台和手段，将信息转变为无形或有形产品，进入流通环节后，成为信息商品。传媒产品的使用价值在于满足目标受众的特定需求，包括满足传媒消费者的信息需求、广告商的广告需求等。

（3）在界定媒介产品概念外延时，存在一些争论，其焦点就在于是否把受众产品（广告资源）纳入传媒产品的范畴。狭义概念上的传媒产品即指信息内容产品；广义概念上的传媒产品包括了信息内容产品和广告空间资源。在媒介产品的生产过程中，这两种产品同时产生，包括报纸、杂志、广播、电视、网络所提供给广告主的时间和版面，媒介组织通过信息内容产品吸引受众，然后将这些受众出售给广告商。

体育媒介产品属于媒介产品的范畴，因而，它也具备了一般媒介产品所具有的特征：体育媒介产品是由体育组织和媒介组织共同参与生产的精神文化产品，其中原材料由体育组织提供，媒介组织则为产品生产提供平台和技术手段。作为一种独立的产品形式，体育媒介产品是体育组织、媒介部门与社会系统实现价值交换的手段和载体，它不仅仅是有形的物品和无形的服务，而且包含其所附加的价值，它是载体与内容的统一体。

（三）体育媒介产品概念的界定

结合体育文化创意产品与媒介产品的特征，下面对体育媒介产品的概念进行界定。

体育媒介产品是在体育组织和媒介组织的共同参与下，以各种体育赛事、体育明星及其他体育信息等为生产原料，借助媒介平台及技术手段进行开发创造的精神文化商品的总和。体育媒介产品是媒介载体、体育内容及相关规则的统一体，产品创作过程凝聚了生产者的创意与智慧，因而享有严格的知识产权保护，具有较高的附加价值，能够创造巨大的社会经济效益。

体育媒介产品在体育文化创意产业中居于核心位置，它是体育产业部门（体育组织、媒介组织）与社会系统实现价值交换的手段和载体。在表现形态上，体育媒介产品不仅包括物质形态的有形文化产品（体育的大众媒体传播内容对应媒介产品中的有形产品部分），而且包括无形的文化产品或服务及为消费者提供的附加价值。广义概念上的体育媒介产品除了上述的范畴之外，还包括了伴随体育媒介产品生成的广告资源。

① 张辉锋．传媒业的产品及特性分析［J］．国际新闻界，2005（6）：67－69，73.

三、体育媒介产品的分类

（一）体育媒介产品中的核心产品

本书的第二章分析了从新闻传播的视角，体育分为观赏体育和实践体育。德国学者安德烈·布勒和戈登·努夫也持有相同的观点。他们认为，按照人们参与体育活动的方式将体育活动分为注重亲身参与的实践型体育活动和以收看为主的观赏型体育活动。

在实践型体育活动中，人们亲身参与到体育活动中，通过身体运动满足自身的体育需求，大众健身服务业就是体育产业中专门为实践体育活动提供服务的产业；在观赏型体育活动中，体育观众或亲临现场观赏比赛，或借助一定的媒介渠道，间接地参与到某一项体育活动中，从而满足自身的体育需求，竞赛表演业是体育产业中该类型体育活动的代表。对于体育消费者来说，无论是参与体育活动，还是观赏体育比赛，其核心利益是通过独特的体育体验，满足自己的身体及精神需求。事实上能满足这类需求的核心载体是比赛，所以在体育产业部门提供的产品中，最核心的产品就是围绕体育赛事开发的产品。

对于体育媒介产品而言，它是体育组织与媒介组织共同开发的产品，其中体育组织主要提供产品的原材料，最重要的原材料就是体育赛事和体育明星。对于体育组织来说，由于场地的限制，真正能够亲临赛事现场的观众是有限的，绝大部分体育消费者是通过媒介平台去观看体育比赛、关注赛事信息的。像奥运会、世界杯、职业体育联赛（英超、西甲、美职篮）等体育赛事，吸引着全球数十亿体育迷的关注，这样庞大的受众群体蕴藏着巨大的市场潜力，为赛事拥有者——体育组织创造了巨大的盈利空间。因此，他们开始与媒介组织开展各种类型的合作，借助这些媒介平台和技术手段开发体育赛事媒介产品，最终通过产品的营销实现盈利。

在与赛事相关的所有媒介产品当中，视频产品的附加值高、盈利能力最强，与视频产品开发相关的赛事转播权交易屡创新高。例如，在职业足球领域，英超联赛在媒体转播上实现了创纪录的增长，2012 年 6 月，英超联盟宣布，从 2013—2014 赛季开始，之后 3 个赛季英超联赛在英国国内的转播权归英国天空电视台和英国电信共同所有，为了购买转播权，两家机构支付了 30 亿 1800 万英镑的转播费用，较前一周期英超转播权的销售价格提升了近 2 倍。1992 年英超联赛刚成立的时候，平均每场比赛的转播费为 63.3 万英镑，而在 2013—2016 年的周期，该数字翻了 10 倍，上涨为 653 万英镑[①]。在职业篮球领域，2014 年 10 月 6 日，美职篮总裁亚当·萧华、特纳广播公司总裁大卫·莱维及 ESPN 总裁约翰·斯盖普等宣布，ESPN、TNT 快递集团正式同美职篮联盟达成了 9 年新的转播协议，新合同的总价值高达 240 亿美元，年均 26.6 亿美元，是现有合同的近 3 倍，标志着美职

① 英超转播权创纪录 30 亿英镑出售，天空留守 ESPN 被踢出局[EB/OL]. http://sports.sina.com.cn/g/2012-06-14/16236099980.shtml. 2018-08-22.

篮的转播进入了新的纪元①。

综上所述，在体育媒介产品中，开发时间最久、最成熟的就是针对体育赛事开发的视频产品组合。因此，赛事视频成了体育媒介产品的核心组成部分。

（二）体育媒介核心产品的分类

媒介产品是媒介载体和资讯内容的统一体，在讨论体育媒介核心产品的分类问题时，可以从媒介形态、赛事内容两个维度进行分析。

1. 从媒介形态角度的分类

媒介形态可以划分为传统媒介形态和新媒介形态，其中，传统媒介形态包括报纸、期刊等纸质印刷媒体，广播电影电视等电子媒体，新媒介形态包括因特网络、移动互联网及媒介融合后呈现的多媒体形态。在不同的媒介平台上，体育媒介核心产品表现出不同的形态和特征。

体育媒介产品中的核心产品是基于体育赛事开发的视频产品（服务）组合，所以对于报纸、期刊广播等媒体而言，由于媒介平台的限制，无法开发视频相关的产品，所以在这些媒介平台上生产不了体育媒介的核心产品。

对于电视媒体来说，他们是传统媒体时代的龙头翘楚，电视融图像、音频、视频于一体的传播媒介特征，对体育的发展起到了重要的推动作用。在传统媒体时代，体育组织（体育赛事资源的拥有方）与电视转播机构往往处于分离的状态，电视转播机构通过体育中介组织购得体育组织提供的赛事的转播权后对赛事视频进行一系列的开发，形成媒介视频产品（服务）的组合，通过二次售卖的过程实现盈利。新媒体时代，越来越多的体育组织意识到赛事转播的巨大商业价值，纷纷在组织内部成立媒介部门，专门负责赛事视频产品（服务）的开发与营销。例如，英超联盟于 2010 年与美国 IMG（国际管理集团）公司签约，合作成立英超联赛产业制作公司 PLP（Premier League Productions），从 2011—2012 赛季开始向全球 24 小时直播 380 场英超联赛和他们自己录制的电视节目。② 国际足联于 2007 年调整了电视转播的策略，成功将旗下拥有赛事的电视转播全过程的操作纳入组织内部，在位于苏黎世的总部成立了电视部门，该部门由四个小部门组成：销售部（Sales & Distribution）、国际足联影像资料档案部（FIFA Films & Products）、转播机构服务部（Broadcaster Servicing）和转播部（Host Broadcasting Production），将电视、广播、网络和移动终端上的转播权营销纳入组织内部。③ 所以，在电视媒介的平台上，其核心媒介产品是针对体育赛事开发的赛事视频系列产品，在内容构成上包括赛事公用信号、赛事电视直播、赛事视频集锦、赛事电视新闻及其他基于赛事视频开发的电视节目服务，其中最核

① 美职篮总裁宣布 9 年转播新协议，转播价码翻三倍[EB/OL]. http://sports. qq. com/a/20141006/015556. htm. 2018－08－22.

② Img－sports－media－to－produce－the－premier－league [EB/OL]. http: //www. imgworld. com/news/news/2010/mar/img－sports－media－to－produce－the－premier－league. aspx. 2018－08－22.

③ About FIFA[EB/OL]. http://www. fifa. com/aboutfifa/organisation/tv/index. html. 2020－04－03.

心、运作最成熟的是赛事公用信号产品，其他视频产品都以该产品为基础，进行相应的开发。

随着互联网络及4G技术的普及、5G技术的逐步应用，越来越多的体育迷开始通过网络和移动终端关注赛事消息，观看赛事直播，在这当中视频依然是最吸引受众的内容，也是各种媒介竞争的战略阵地，“超级电视”“大视频”等新名词层出不穷。对于网络媒体和移动媒体这些新型传播媒介而言，它们融合了多媒体的传播特征，能够实现多屏之间互动融合，因而成为目前竞争力最强的媒介平台，同时也推动了传统体育媒介组织向全媒体形态发展转型。在媒介转型、融合过程中，传统电视媒体虽然面临着新媒体的挑战，但基于其视频生产中占有的巨大资源优势，以电视媒体为主的全媒体组织在竞争中仍处于领先地位。所以在体育网站、PC客户端和移动客户端等新媒体平台上，最重要的还是针对赛事视频开发的相关产品，具体包括提供赛事视频直播服务、赛事视频新闻服务、赛事视频集锦服务。这些供新媒体平台开发的视频，其最原始的来源是赛事公用信号，所以赛事公用信号产品在媒介融合的新时代仍然占据着核心的位置。

综上所述，从媒介形态的角度对体育媒介核心产品的分类如表7－3所示。

表7－3　从媒介形态角度对体育媒介核心产品的分类

核心产品	媒介平台	具体产品分类
赛事视频	电视媒体	赛事电视公用信号、赛事电视直播节目、赛事视频集锦节目、赛事电视新闻节目、基于赛事开发的其他电视节目
产品组合	网络及移动媒体	以赛事公用信号为基础的各种网站、PC应用程序和移动客户端上提供的视频（赛事视频直播、集锦、新闻，基于赛事开发的其他视频节目）服务组合及平台本身

总之，无论是电视还是新媒体，赛事视频一以贯之地成为占据核心地位的体育媒介产品，这与观赏体育的特性有关，而视频延续了观赏体育的精彩点的同时，也延伸了它的商业价值和社会价值。在赛事视频中，公用信号产品又是其中的基础产品。

2. 从赛事内容角度的分类

体育媒介核心产品是基于赛事开发的视频产品组合，除了从媒介形态角度对核心产品进行分类，还可以从赛事内容角度进行区分。

体育界对于体育赛事内容有多种分类方式，其中，王子朴、杨铁黎（2005）① 根据“周期与主体”交替主导原则将体育赛事分为五种类型，他们的分类原则较全面地考虑赛事性质、项目特征，是目前业界较为认可的分类方式，如表7－4所示。

① 王子朴，杨铁黎．体育赛事类型的分类及特征［J］．上海体育学院学报，2005（6）：24－28.

表7-4 体育赛事分类

类型	依据	案例	特征
周期性综合赛事	周期、项目	奥运会、亚运会、全运会、城运会、大运会等	周期性最为明显，项目多，规模、影响最大
周期性单项赛事	周期、项目	世界杯足球赛、全国田径锦标赛等	周期性、组织的规律性较为明显，项目单一
联赛	模式、区域	意甲、英超、欧洲冠军联赛、美职篮等	常见主客场制、赛事周期长、模式较为固定
临时性赛事	无周期性	常见于商业赛事，如“龙马之战”等	规模、时间、地点、内容、模式等不定
实践体育赛事	赛事各人力因素皆为主体	体育节、登山节、市民保龄球大赛等	亲身参与为主

从表7-4中发现，只有最后一类属于实践型体育赛事，其他类型均是以观赏体育为主。实践型体育赛事是在一定区域内开展的、以娱乐健身为目的的体育活动，从目前发展来看，这类赛事多以新媒体为大本营搭建体育媒介产品。各种临时性赛事与实践体育赛事有相似之处，这些赛事越来越多地以网络媒体作为平台，进行赛事的组织、运行和维护。同时，参与者常常使用自媒体作为手段报道比赛的最新进展。由于这类比赛的观赏价值较低，因此，体育视频制作不是重点，体育新媒体在这类比赛中更偏重使用价值而非观赏价值。

对于英超、欧洲冠军联赛、美职篮这样的职业联赛，由特定的职业体育联盟负责运营，具有极高的商业价值，赛事的发展与媒介组织有着密不可分的关系。基于这样的职业赛事开发的体育媒介核心产品可概括为职业体育联赛视频产品组合。

对于世界杯、网球四大满贯、F1赛车等周期性单项赛事，由国际单项体育联合会负责运营，商业化与职业化程度较高，已形成成熟的体育媒介产品生产、营销模式，基于这样的赛事开发的体育媒介核心产品可概括为周期性单项赛事视频产品组合。

对于奥运会、亚运会等周期性综合赛事，由国际奥委会及各洲际奥委会负责运行，在1984年洛杉矶奥运会之前，奥运会这样的赛事商业化程度较低，媒介产品开发尚不成熟，萨马兰奇和尤罗伯斯的商业化改革将奥林匹克运动从谷底挽救出来，成为具有国际影响力的体育赛事，其体育媒介产品的开发也走向成熟，基于这样的赛事开发的体育媒介核心产品可概括为周期性综合赛事视频产品组合。

将体育媒介形态维度和赛事内容维度综合起来，对体育媒介核心产品进行归类，可以得出如下的矩阵，如表7-5所示。

表 7－5　不同媒介平台上不同赛事的体育媒介核心产品

媒介平台	周期性综合赛事	周期性单项赛事	职业体育联赛
电视媒体（观赏体育赛事为主）	奥运会等周期性综合赛事电视国际公用信号产品、电视直播节目、赛事视频集锦节目、赛事电视新闻节目、其他电视节目	世界杯、F1 赛车等周期性单项赛事　电视国际公用信号产品、电视直播节目、赛事视频集锦节目、赛事电视新闻节目、其他电视节目	英超、美职篮等职业体育联赛　电视国际公用信号产品、电视直播节目、赛事视频集锦节目、赛事电视新闻节目、其他电视节目
网络及移动媒体（观赏体育赛事及实践体育赛事）	各种体育网站、PC 应用程序和移动客户端上提供的视频（奥运会等周期性综合赛事视频直播、集锦、新闻，基于奥运会开发的其他视频节目）服务组合及平台本身	各种体育网站、PC 应用程序和移动客户端上提供的视频（世界杯、F1 赛车等周期性单项赛事视频直播、集锦、新闻，基于单项赛事开发的其他视频节目）服务组合及平台本身	各种体育网站、PC 应用程序和移动客户端上提供的视频（英超、美职篮等职业体育联赛赛事视频直播、集锦、新闻，基于职业联赛开发的其他视频节目）服务组合及平台本身

媒介平台	临时性赛事	实践体育赛事
电视媒体（观赏体育赛事为主）	临时性体育赛事电视国际公用信号产品、电视直播节目、赛事视频集锦节目、赛事电视新闻节目、其他电视节目	实践体育赛事多以网络或移动新媒体为载体生产体育媒介产品，电视媒体参与较少，故这种类型的赛事并不生产电视媒体上的媒介产品
网络及移动媒体（观赏体育赛事及实践体育赛事）	临时性赛事专题体育网站、PC 应用程序和移动客户端上提供的视频（临时性赛事视频直播、集锦、新闻，基于这些赛事开发的其他视频节目）服务组合及平台本身	新媒体平台上的赛事媒介信息服务产品（赛事的规则、进度查询、新媒体报名参与渠道、赛事推广等）

首先，在体育媒介产品的核心产品当中，无论是电视媒体平台还是新媒体平台，无论是奥运会、世界杯还是英超联赛等不同类型的赛事，电视国际公用信号产品的生产始终位于核心位置，在所有媒介产品中排在首位，基于电视国际公用信号不同的媒介组织可以开发出各种不同的视频产品，形成产品组合。

其次，公用信号产品及在它基础上的后续产品的研发，其操作已经较为成熟，在新媒体平台上，也是体育媒介产品中的主力和重点。

最后，新媒体平台上的新型媒介产品，多以实践体育赛事为主，与赛事组织运行结合紧密；观赏性强的那些赛事，其观赏功能还是由视频来完成。因此，体育视频仍然是体育媒介产品的核心，公用信号产品又是其中的基础产品。

由此看来，在体育产业与传媒业迅速发展的形势下，传统的纸质媒体受到介质形态限制无法产生核心的体育媒介产品，但是，体育新闻报道专业理念和手段是从纸质媒体开始的，媒体广告也始于平面媒体，体育图片制作也融入了商业化操作，但无论如何，传统的媒介形态需要融入技术变革之中，在媒介融合的背景下才能发挥其多方面的价值。

专栏 7－1　奥运会电视国际公用信号

奥运会电视国际公用信号是指按照奥运会电视委员会提出的要求和标准制作出来的电视信号。它要完全符合公正和平等的奥林匹克精神，充分展现运动员风采，被世界电视媒体公认的高质量、高水平、男女老少观众都可以接受的电视信号。这里需要解释的是，所谓“电视公用信号”和观众通常所说的“电视转播”是两码事，或者说是两个概念。以雅典奥运会为例，各国观众看到的电视转播画面实际是已经经过各国电视工作者加工过的产品。他们是在公用信号的基础上增加了演播室包装，添加了各种片头和片花甚至广告，配上了各国自己语言的解说等。电视公用信号的工作原理如下：它是由分布在各赛场的电视制作区（TV Compound）的电视信号制作队伍用摄像机和话筒把比赛的精彩场面采集和拾取下来，经过导演对镜头的流畅切换，配上慢动作和字幕，组装成电视信号成品，经过制作区的技术控制中心（TOC），传送到奥运会国际广播中心（IBC）的信号收集、分配与传输中心（CDT），再由它按照预先的约定，把信号传输给各国电视机构，各国电视机构按照各自的需求对信号进行再加工后，再呈现给观众。简单地说，信号到达国际广播中心之前是“制作概念”，各国电视机构加工后向观众播出就是“转播概念”。①

总　结

在体育新闻传播史上，迄今为止，共产生了两次重要的体育媒介化时间节点。第一次是电视的产生，彻底把体育赛事独立出来，迅速成为最具有商业价值的媒体内容之一，成为观赏体育的主体部分；当下正在经历的是第二次体育媒介化过程，新媒体的出现打破了已有的电视垄断的格局，更是把体育受众解放了出来，他们不再被动地接受媒体内容，而是在虚拟世界组成了主动的体育关系参与网络，给实践体育带来了新的活力。

第一次体育媒介化凭借电视媒体产生了“时空分离”的效果，无论观赛者“在场”或“缺场”，体育可以把全世界的体育迷联结在一起，纽带就是大众媒体。第二次由新媒体引发的体育媒介化虽然还远未结束，但几乎颠覆了第一次体育媒介化的格局，同时还原和拓展了体育参与方式。在中国，新媒体引领的第二次体育媒介化的影响将会更加深远，它使体育参与者通过互联网联系起来，形成众多的虚拟社会网络，作为尚未完善的民间体育社团的补充，为大众体育的全面普及和广泛开展提供了可能性。

① 程志明．浅谈奥运会电视国际公用信号制作理念和标准［J］．现代电视技术，2006（10）：16－20.

体育新闻报道是从报纸开始的，不仅如此，以报纸为代表的平面媒体还提供了体育新闻报道的规范模式。体育新闻报道的规范模式主要包括：体育新闻价值、观赏体育文本的体裁形式、体育报道的主要内容及专业体育记者出现。

以报纸为代表的平面媒体所探索的体育新闻报道模式被继承了下来，接下来随着科学技术的进步、新兴媒体的不断涌现，体育新闻报道在形式和手段上正在酝酿着更大的突破。

第一次体育媒介化时代最重要的媒体是电视，体育媒介产品也是在电视媒体基础上产生的，其中主要原因是技术驱动下的媒介形态的创新。在体育媒介产品的核心产品当中，无论是电视媒体平台还是新媒体平台，无论是奥运会、世界杯还是英超联赛这样不同类型的赛事，电视国际公用信号产品的生产始终位于核心位置，在所有媒介产品中排在首位的，基于电视国际公用信号不同的媒介组织可以开发出各种不同的视频产品，形成产品组合。

思考题

1. 如何理解体育媒介化产生的原因？
2. 二次体育媒介化带来的后果有哪些？
3. 平面媒体时代对体育新闻报道的影响有哪些？
4. 如何理解媒介产品？如何理解体育媒介产品？
5. 体育媒介产品的产生背景是什么？
6. 什么是体育媒介产品的核心产品？如何分类？

拓展阅读

1. SHANK M D,LYBERGER M R. Sports Marketing:A Strategic Perspective[M]. New York:Routledge,2014.
2. 张德胜．体育观赏作为体育娱乐休闲的哲学思考［J］．广州体育学院学报，2008（2）：66－69.
3. 魏伟．解读神话：南非世界杯电视转播的符号学研究［J］．中国体育科技，2011，47（2）：47－51，82.
4. 张德胜，张钢花，李峰．媒体体育的传播模式研究［J］．体育科学，2016，36（5）：3－9.

第八章　体育新媒体平台与媒体品牌建设

内容提要

新媒体的出现带来了诸多的变化：传统媒体逐步失去了垄断位置，媒体人纷纷转行；社交媒体的出现不仅改变了人们接受信息的方式，更重要的是为人们提供了交流的渠道，进而改变了人们的交流方式。这种改变随着智能手机的普及，越来越深刻地影响着日常生活。体育作为社会资源，自然加入到这种变化之中。

作为体育新闻从业者，需要一个更加客观和冷静的视角，不仅需要观察这场信息颠覆过程中的变化，还要获取其中不变的东西。只有掌握了变与不变的规律，才有可能把握体育新媒体的发展轨迹，在媒体运行和内容提供中才能立于不败之地。

从体育新媒体的出现及现状分析，其发展道路还是因循体育规律，或者说是体育与大众媒体融合的继续，也就是动态之中的第二次体育媒介化过程。

本章共分三小节：第一节介绍以观赏体育为依托的体育新媒体产生和发展，观赏体育自身就是体育媒介化的结果，因此，在新媒体背景下可以挖掘自身潜力，获得更多机会。第二节分析实践体育新媒体的建设过程，实践体育重在体育迷的亲身参与，可以充分利用互联网虚拟空间的优势。同时也应该看到，实践体育新媒体需要紧密依靠实践体育及拓展资源，在此基础上形成信息推广与交流平台。第三节重点关注以内容提供为主的体育新媒体建设，这是大众媒体在新媒体环境下的延续。

学习目标

了解体育新媒体界定；熟悉观赏体育新媒体建设、赛事 IP 和运动员 IP 的新媒体建设及实践体育新媒体建设；把握体育新媒体品牌运作规律。

关键术语

新媒体、体育新媒体、观赏体育新媒体、赛事IP、体育明星IP、球队IP、媒体版权、实践体育新媒体、运动健康类新媒体、实践体育赛事新媒体、体育场馆、体育新媒体、内容产品、体育自媒体

第一节　体育新媒体内涵及观赏体育新媒体平台建设

导　入

观赏体育导入新媒体平台有着天然的优势，其中赛事知识产权（Intellectual Property，IP）、明星 IP、俱乐部球队 IP 都可以在新媒体平台上得以继续挖掘。体育观赏的可能性被放大了，未来可能具有的丰富性也让球迷充满了想象。只有对观赏体育规律进行更加透彻的把握才能让其在新媒体平台上大放异彩。

一、新媒体是平台型媒体

（一）对新媒体的界定

新媒体是一个逐渐演变的概念，随着计算机技术的发展，新媒体这个词被广泛加以使用。彭兰在《“新媒体”概念界定的三条线索》中对“新媒体”的界定较为全面。她认为，“新媒体主要指基于数字技术、网络技术及其他现代信息技术或通信技术的，具有互动性、融合性的媒介形态和平台。现阶段，新媒体主要包括网络媒体、手机媒体及两者融合形成的移动互联网，以及其他具有互动性的数字媒体形式”。①

新媒体在使用中还具有多重的含义，彭兰的总结如下。

1. 强调传播介质

新媒体依然沿袭媒体概念的内涵，但突出介质的属性。介质对于新媒体而言是非常重要的，不同于传统媒体的单一介质，“万物皆媒”的融合性是新媒体自身的属性之一。如果具体进行分析，把由互联网产生的新媒体称为网络媒体，手机称为手机媒体。

2. 突出传播形式和手段

对于新媒体而言，传播形式或者手段是最受关注的特点，对于受众而言，也是最容易感知与传统媒体差异的方面。从 Web 1.0 时代的新闻组、BBS、电子邮件、搜索引擎，到 Web 2.0 以后的博客、SNS、微博、微信、APP 等。新媒体等同于不断更新的技术应用，

① 彭兰．“新媒体”概念界定的三条线索［J］．新闻与传播研究，2016，23（3）：120－125.

而新的形式和手段将会不断地被创造出来。从这个意义上讲，新媒体是个动态的概念。

3. 强调传播机构

新闻媒体一词有指称媒体机构的含义。同理，新媒体也包括新媒体机构的意思。需要特别说明的是，在中国，新媒体作为传播机构是需要遵守相关法律法规限制与规定的。

国家互联网信息办公室发布的《互联网新闻信息服务管理规定》于 2017 年 6 月 1 日起施行。规定包括通过互联网站、应用程序、论坛、博客、微博客、公众账号、即时通信工具、网络直播等形式向社会公众提供互联网新闻信息服务，应当取得互联网新闻信息服务许可，禁止未经许可或超越许可范围开展互联网新闻信息服务活动。申请互联网新闻信息采编发布服务许可的，应当是新闻单位（含其控股的单位）或新闻宣传部门主管的单位。

因此，在中国，当新媒体指向新闻机构的时候，应该是遵守上述法律法规的新媒体机构。

4. 传播平台

新媒体对传统媒体的颠覆在于它已经不是简单的媒体，而成为一个平台。彭兰认为，新媒体的平台属性包括传播平台，经营平台，工作、生活及社交平台，是一个融合多种功能的综合平台，可以兼顾现实世界和虚拟世界，从而影响并改变了人们的生活。从传播平台的视角理解新媒体，对体育新闻传播来讲尤为重要，所以将在下面的章节中进行重点分析。①

（二）平台型媒体是新媒体最为重要的属性

虽然新媒体的含义可以从媒介介质、传播方式和手段、传播机构、传播平台等不同角度去认识，但对于体育新媒体而言，传播平台是最为重要的属性。作为传播平台的新媒体，可以称为平台型媒体，同时也被认为是未来媒体转型发展的主流模式。②

作为平台型媒体，新媒体与传统媒体存在哪些差异呢？

2014 年 2 月乔纳森·格里克发表了《平台型媒体的崛起》一文，文中创造了 Platisher 一词，这个词是 Platform（平台商）和 Publisher（出版商）两个单词合成后的缩略词。

2014 年 8 月撰稿人 Digiday 把“平台型媒体”定义为：“既拥有媒体的专业编辑权威性，又拥有面向用户平台所特有开放性的数字内容实体。”③

喻国明等在总结平台型媒体的特征时，是从 Digiday 的定义出发的：

第一，平台型媒体有规则，这些规则除了社会规则以外，还包括平台自身的规则，也可以理解为准入资格。这些规则的制定目的是平衡一个多元健康的平台环境，具备自清功能的生态平台是最终目标。

---

① 彭兰．“新媒体”概念界定的三条线索［J］．新闻与传播研究，2016，23（3）：120－125.

② 喻国明．互联网是一种“高维”媒介——兼论“平台型媒体”是未来媒介发展的主流模式［J］．新闻与写作，2015（2）：41－44.

③ 同②.

第二，平台提供一个开放的、整合的、激活的、自产自销的创造环境。每个平台上的个体，也许是普通人，也许是“大V”名人，也许是机构组织，每个个体都可以作出创造性贡献，同时也可以找到所需要的资源。每个个体通过社会关系、社会需求联系在一起，同时良性规则可以自发地去伪存真，使得平台上的每个节点各得其所。

第三，平台提供服务，让平台上的每个个体在遵守共同规则的基础上，共生共荣，营造一个良性有机的多元化的媒介生态环境。

平台的管理实际上是一种服务理念，Twitter的首席执行官迪克·科斯特罗曾表示：“我们要为我们的用户在组织内容方面提供更好的服务。我们不仅要按照时间顺序提供最快最新的内容，还要按照话题、主题、专题来组织内容。”①

“三微一端”（微博、微信、微视频、客户端）及之前的论坛、博客，都是基于这样的初衷营造了一个媒介生态环境。现象级的“淘宝网”更是平台型网站，在虚拟商城中，个体可能是小店主，也可能是大品牌，与顾客建立了一个分销、多方参与和多赢的平台。这正是平台型媒体的基本逻辑和框架。

（三）体育新媒体

体育新媒体可以理解为在数字、网络技术等信息通信基础上，围绕各类体育信息资源而搭建的具有互动性、融合性的开放媒介生态平台。

体育新媒体是第二次体育媒介化的产物，主要具有下面几个特征。

1. 体育信息资源是核心

对于体育新媒体环境来讲，最为重要的特征在于其媒介生态的建造需要紧紧围绕体育信息资源进行。

体育新媒体平台生态建构在自有秩序的基础上，这个自有秩序就是体育信息资源及对它们的保护和利用。具体而言，第一次体育媒介化时期，在电视为主导的媒体环境下赛事IP被挖掘出来，形成了以赛事直播为主的体育媒介产品，以此爆发了体育娱乐业的繁荣。在新媒体平台上赛事IP仍然是最重要的信息资源，并且实践体育赛事作为受到体育迷积极响应的休闲娱乐方式，也成为重要的信息资源被挖掘了出来。明星IP和俱乐部IP在新媒体环境下更加突出，明星IP除了球员外，教练员、著名球队作为体育信息资源也被挖掘出来。除此之外，新媒体平台属性又拓展了资源范围，核心球迷、著名记者及重要媒体等作为意见领袖都会带有IP价值，新媒体平台自身更是重要的信息发布集散中心。

体育信息资源的底层仍然是由体育动作符号和体育规则符号表征的，逐步发展到具有IP属性的程度，就可以归为体育文化符号的范畴了。

总之，如图8-1所示，体育新媒体的生态圈是围绕体育信息资源进行建设的，在这个生态环境里，规则和共识也被统一到对体育信息资源的开发、保护与利用方面，同时应

① 喻国明．互联网是一种“高维”媒介——兼论“平台型媒体”是未来媒介发展的主流模式［J］．新闻与写作，2015（2）：41-44.

该承认，体育信息资源有一个培养的过程，因此更加需要建设一个和谐良性的平台环境去维护其生长。

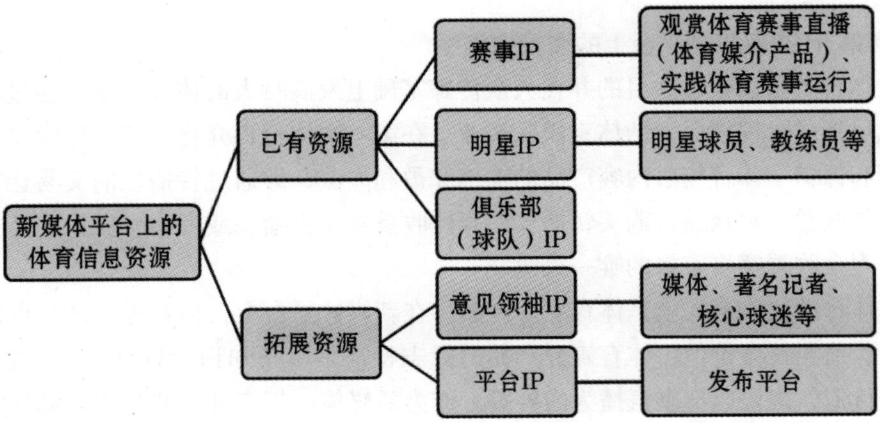

图 8－1　新媒体平台上的体育信息资源

2. 开放的多平台建设

体育信息资源有着多个主体，因此，体育新媒体环境也是个多平台的建设过程。其多平台建设的过程中应该遵循以下原则。

(1) 开放性原则。在同一平台上对所有传播主体全部开放，并建设自产自销的传播通道，信息获取、发布与反馈在平台上一并完成；每个体育信息资源主体都可以建设自身的信息平台，这些平台可以是互联的，也可以是独立的，并形成了体育新媒体完整的媒介生态。

(2) 融合性原则。在多平台的共生状态下，融合性最基本也是最重要的原则就是对体育的共识认同和规则的遵守。体育共识以体育道德为前提，除了比赛场上的规则外，还包括商业规则及法律规定。

(3) 新技术的应用与更新原则。体育传播领域是各类新技术最佳的实验场所之一，在新媒体平台上这一特征被发扬光大。每当重要赛事来临，各类新技术都会被应用在报道中，给体育迷带来了更加丰富的视听享受。

二、观赏体育新媒体平台建设

新媒体平台与观赏体育的关系主要表现在两个方面：一是体育媒介产品的新媒体操作；二是具有体育明星 IP 和俱乐部 IP 在新媒体平台上的内容建设。可以说，观赏体育经过了第一次体育媒介化阶段，已经在商业价值和知识产权（IP）中确立了以赛事、明星为主的核心部分，到了第二次体育媒介化阶段，即新媒体阶段，其重要目的是进一步对已有资源、新拓展资源进行合理有效的挖掘和维护。事实也进一步证明，观赏体育在新的媒体环境下的确释放出了更加巨大的能量。

（一）赛事 IP 的新媒体平台搭建

1. 赛事 IP 在新媒体平台上的多元化传播

观赏体育就是以收看为目的并在大众传媒基础上发展壮大的体育形态，经过第一次体育媒介化后形成了规模巨大的体育娱乐产业。在第一次体育媒介化阶段，体育媒介产品的诞生决定和保护了体育核心内容产品的输出和盈利方法，即通过转播权的交易让赛事组织和媒体获得收益，观众通过购买转播权的媒体收看赛事直播，或者说，获得了转播权的电视机构是观众收看赛事直播的唯一渠道。

观赏体育的代表形式就是体育媒介产品，在新媒体平台上，体育媒介产品可以发挥更大的商业价值与社会价值。体育媒介产品的标志特征是具备知识产权（IP），通过转播权体现商业价值，主要以赛事直播为内容等。作为新媒体，带有开放和自由互动等特点，不仅给拥有赛事 IP 的组织机构更多的信息发布平台，还赋予了体育迷更广阔的选择权利。在第二次体育媒介化初期，电视时代已经探索成型的体育媒介产品播放和收看方式被打破，需要重新制定规则来适应新媒体环境下的所需。体育迷不再是被动的受众，而成为内容的选择者甚至是创造者。

新媒体出现后，这一格局出现了多元化的趋势，一是可以转播的平台渠道多样化；二是体育迷的选择范围多样化和主动参与。

这方面的案例以英超联赛在中国大陆的传播过程最为典型。英超联赛是在超级联盟协调与运作下，由 20 支顶级豪门球队组成的职业足球联赛。超级联盟中的这 20 支球队在联盟、英足总、欧足联和国际足联的章程及英国及欧盟法律内，具有独立的活动范围，联盟可以视作共有的私人公司机构。

英超联赛成立于 1992 年，2013—2014 赛季，英超转播收入高达 10 亿英镑，名列全球足球联赛第一。第二名是西甲，5. 5 亿英镑。从数字上可以看出，英超的盈利是第二名的近乎两倍。如今英超已经成了商业巨无霸，其影响力遍及世界各地。

英超的发展离不开多渠道平台的传播，而球迷的积极参与也是非常重要的原因，在这方面，英超在中国的推广是最为典型的案例。

英超在中国的最早一批球迷来自广东地区。在 20 世纪 90 年代以前，广东球迷通过香港电视接触到英超，他们可以收看香港电视台的英超直播。20 世纪 90 年代中后期，ESPN 购买了英超在亚洲的电视转播权，为了拓展中国市场，ESPN 低价出售给北京、上海、广州等几家地方电视台。由于中央电视台长期没有参与到英超的转播当中，同时地方电视台表现突出，在电视转播时代的英超一开始就被打上了地方台的烙印。对于广东球迷来讲，英超等于陈熙荣和何辉的合作；对于上海球迷来讲，英超等于娄一晨和刘越的陪伴；而对于北京球迷来讲，英超意味着何辉和马德兴的解说。

2007 年，天盛公司竞标购买了英超联赛三个赛季在中国大陆的转播权，并开始实施推广“收费看英超”的计划。但是收费计划遭遇了大量球迷的抵制，而这三年正是英超火爆时期，中国球迷纷纷从互联网中获得收看资源，网络上的各类平台纷纷崛起，迎合了球迷的需求。

2010年天盛公司破产，天盛的投资方IDG与赛迪传媒联合组建了新英体育，通过竞标连续两次获得了英超独家转播权，合同期到2019年。新英体育没有继续采用收费模式，而是继续与地方台合作，同时多平台的网络渠道也已经初具规模，如表8－1所示。

表8－1 英超联赛的多平台新媒体渠道一览表①

传播主体	新媒体平台	特点
英超及各英超俱乐部官方网站	英超联赛中文官网	1. 代表英超官方，权威性强 2. 能提供第一手的比赛数据 3. 资讯更新数量较少，以赛前宣传为主 4. 在新闻更新方面，更倾向于强队和强强对话
	俱乐部中文官网	1. 只有影响力较大的英超豪门俱乐部才有中文官网 2. 代表了俱乐部官方，权威性强 3. 网站内容专注于所属的俱乐部，在俱乐部资讯方面具有相当的深度和广度 4. 主队最新的比赛是资讯更新的重点，资讯内容涵盖从赛前到赛后的一系列相关内容
平面媒体	体坛网等代表	1. 背靠平面媒体，媒体资源雄厚，但网站建设往往并非所属媒体的业务重点，因此网站建设很难得到太多的资源 2. 网站内容专注于像体育彩票这样的体育附加产业 3. 新闻更新速率一般，新闻主要摘选自合作网站，原创度也不高，与强队相关的新闻更多
电视媒体	五星体育等代表	1. 网站定位是作为电视平台的补充，宣传所属的电视台 2. 会提供所属电视台的网络直播 3. 新闻更新速率一般，内容以与比赛相关的资讯为主，与强队相关的新闻更多
综合性新闻网站	人民网、新浪体育等代表	1. 英超只是网站的三级板块，并非宣传重点，因此与英超相关的新闻数量也较少 2. 英超新闻以强队新闻为主，弱队新闻非常少

① 陶永恺．英超联赛在我国的网络传播状况研究［D］．上海：上海社会科学院，2015.

续表

传播主体	新媒体平台	特点
视频转播站	新英体育	1. 拥有英超联赛的网络直播权，这是相对其他网站的最大优势 2. 整个网站以英超联赛直播为核心设置，如将英超直播页面放在首页最醒目处 3. 强队的比赛被特殊对待，每周会有3场强队比赛免费转播，其余比赛若要观看则需要支付3~5元的费用 4. 拥有非常丰富的英超视频资源 5. 新闻更新的频率和原创性较一般，基本采集自合作网站
	优酷网	1. 没有英超转播权，但可以与有转播权的视频网站合作，实现间接的比赛直播 2. 拥有最为丰富的英超视频资源 3. 有关强队的视频资源远远多于弱队
	直播吧	1. 本身不制作和提供视频直播资源，但会搜集网络上的各个体育赛事直播链接 2. 可以提供体育比赛的国外直播链接，作为看不到国内直播时的替代品 3. 网站论坛的活跃度非常高，一天可以数千帖，讨论内容以最新进行的比赛为主，强队的资讯被讨论得更多
门户网站	新浪	1. 英超联赛板块是门户网站的重点建设板块之一 2. 资讯内容丰富、类型多样、更新及时，包括新闻、视频、比赛数据、图文直播等 3. 新闻板块设置以强队为导向，强队的新闻数量也远多于弱队
社交网站	虎扑体育	1. 以论坛作为网站的核心和基础 2. 网民在论坛上的参与度很高，作用很大，论坛新闻的发布和翻译等工作很多都由网民义务完成 3. 强队在论坛有专区，有关强队的帖子也远多于弱队 4. 论坛的活跃度非常高，主题帖的更新速度很快，与英超相关的版面每天更新的主题帖数目可以达到150帖以上，加上回帖的数量则可以达到数千帖 5. 论坛在比赛日的热度会特别高，比赛热线帖和战报帖的回帖量远超论坛的平均值 6. 有大量的翻译文章，这在其他网站上是很难看到的

续表

传播主体	新媒体平台	特点
手机客户端	懂球帝 APP	1. 为手机端做了专门的设计和优化，操作简单，使用感觉良好 2. 资讯更新的频率和数量相当不错，虽然不如虎扑这样的热门论坛，但要超过绝大多数新闻类网站 3. 内容的原创性很高，有很多文章颇具深度，适合资深球迷或者有志于在足球领域深入钻研的球迷浏览 4. 资讯更新偏重强队，但由于更新的内容很多，所以也有一定数量的弱队资讯更新
	听英超 APP	1. 提供有关英超的音频内容，在众多网络媒体中显得尤为独特 2. 提供全部 380 场英超联赛的音频直播，可以作为球迷在特殊情况下观看直播的一个选择

2. 拥有体育媒介产品制作权（体育版权）的电视媒体转型

互联网诞生了多种新媒体平台，其直接结果就是对传统媒体造成了巨大的冲击。对于传统媒体而言，需要加强变革，以适应新的环境。

观赏体育中最为核心的体育媒介产品就是赛事直播，因此，拥有赛事直播资源的电视媒体，更要挖掘潜力，力争在每一次大赛中保持稳定的收视率。在这一方面，电视媒体往往选择在技术上不断更新，期待给观众更加丰富的观赛体验。

美国全国广播公司（NBC）一直是奥运转播权购买方的重要一员，其交易额占了奥委会转播权总收入的 50% 以上。虽然在美国本土，美国全国广播公司、美国广播公司和哥伦比亚广播公司三大电视网都会参与竞标，但美国全国广播公司通过竞争获得了 1988 年夏季奥运会和 2002 年冬季奥运会以后的奥运会转播权。2011 年美国全国广播公司购买的（截至 2022 年奥运会）独家转播权费用为 43.8 亿美元，2014 年购买的独家转播权（延长到了 2032 年奥运会）费用为 77.5 亿美元，其中里约奥运会的合同是 12 亿美元。

在新媒体环境下，美国全国广播公司的转播收益并没有持续增高。2008 年北京奥运会，美国全国广播公司支付独家转播权费用是 8.94 亿美元，当时奥运广告收益 7.5 亿美元；2012 年伦敦奥运会转播费用支付了 11.8 亿美元，广告收入为 10 亿美元，这个数字已经是历史新高。美国全国广播公司看中的是奥运会品牌和声誉，并在全力挖掘播出潜力。①

美国全国广播公司作为传统媒体的典型代表，在面对新媒体冲击时所做出的积极反应，也说明了传统媒体如何通过自身改造，向着平台型媒体逐步转化，初步的转化主要集中在技术的更新和调整。美国全国广播公司在里约奥运会期间充分利用了 Comcast 研发的

① 罗盈盈．奥运转播未必稳赚 投入重金的美国全国广播公司已经亏了好多年[EB/OL]. http://www.jiemian.com/article/349256.html. 2020-04-03.

X1 分线盒，Comcast 是美国本土最大的有线电视运营商和第二大互联网服务供应商，2010年收购了美国全国广播公司。有了 Comcast 的帮助，美国全国广播公司才有可能完成新媒体的转型。X1 分线盒的推出就是最好的例证，“它利用云服务和 Comcast 覆盖广泛的技术网络能够提升有线服务体验，在庞大冗杂的节目信息中，这项技术将个性化应用、社交媒体和传统视频服务的特征集于一身，通过结合线性和数字节目的方式，让用户能够轻松快速地找到自己想看的内容”。①

此外，美国全国广播公司还选择了与新媒体联合，推出个性化内容，如与 Buzzfeed、Snapchat 合作。此外获得了美国全国广播公司数字媒体集团 VOX Media 的积极配合，为奥运期间的数字广告腾出空间。美国全国广播公司通过多个平台转播 4KB 分辨率的超高清节目信号，同时制作 85 个小时的 VR 内容在三星设备上试播。②

美国全国广播公司相关负责人表示，索契冬奥会已有轻微盈利；里约奥运会美国全国广播公司的收视率和四年前相比平均减少了 17%，但卖出了 12 亿美元的广告，而且是在奥运会开赛前就实现了，比四年前的伦敦奥运会进度快了 20%。

总之，传统媒体特别是电视媒体，对于体育媒介产品来讲有着得天独厚的优势，但观众观赛方式的多样性，对电视媒体产生了巨大冲击，发挥自身优势，拓展平台渠道将会是传统媒体的必然趋势。③

（二）体育明星 IP 和俱乐部 IP 的新媒体建设

1. 体育明星 IP

新媒体平台上的体育明星，除了优秀运动员以外，还包括了教练员、著名体育记者甚至著名球迷。应该说，可以带来体育观赏效应的 IP，都具有体育明星的潜质。

体育明星在新媒体平台上的崭露头角是从体育博客开始的。2006 年 5 月，新浪网开设了博客体育频道，下设“博客世界杯大赛”“热点体育博客”“体育博客群”“美眉博客”等若干栏目。同一时期的搜狐博客开设了搜狐体育频道博客群，下设体育明星博客群、体育评论员博客群、体育写手博客群、体育美女博客群、足球宝贝博客群等相关栏目。从这些栏目就可以看到，优秀运动员、著名记者和核心球迷是带有 IP 属性的个体信息资源，前者是自有资源，后两者则是拓展资源。④

明星运动员、教练员是体育传播领域最重要的个体信息资源，除了上述博客外，新浪体育还设有运动员博客名人堂，召集了国内知名的现役和退役的著名运动员开设自己的博

① 德外 5 号. 回顾 | 里约奥运会，媒体玩出了哪些新花样？（下）——NBC 电视新技术大展拳脚[EB/OL]. https://mp.weixin.qq.com/s?src=3&timestamp=1586060191&ver=1&signature=SA2*wEzku9ujhNweDwItafVokPxPAUiHIqr8xuqjF82sPwJdBSogsXYaJW5Q*OjdJFcJ50AfK2xhBR2Jgt9htGEL6jOap35WJEsnM-7g9iypbLqZQ5oP3qetJZst6M1QpJwVWxr1ah3Kc5G1TVHxQH0pgjQVnMEJZtVqxho=). 2020-04-03.

② 同①.

③ 虎嗅. 为什么 NBC 的奥运收视率暴跌了 17%，却卖出了史上最好的广告——将突破 13 亿美元？[EB/OL]. https://www.huxiu.com/article/160969/1.html?f=index_top2). 2020-04-03.

④ 张德胜，张伟，嵇玲. 体育博客的基本特征及其发展趋势 [J]. 新闻界，2007 (3): 107-109.

客。这些运动员在博客中真实又朴实地还原了训练和比赛中的点点滴滴，既有专业的呈现，又不乏亲切的视角，让读者耳目一新。当时运动员博客比较引人注目的有：足球明星冯潇霆、杜威、韩端等，篮球明星刘炜、王治郅等，台球明星丁俊晖等。当时的人气明星是已退役的北京国安足球俱乐部运动员周宁，他在自己的博客中晒出了私藏照片，该照片是他与同时代的国安老队员的合影，激起了国安球迷的怀旧情感，同时他还敢于在博客中发表对足球界各类事件的评价，其观点有理有据，颇为球迷钟爱。

进入社交媒体后，体育明星与新媒体平台的关系更加紧密。在里约奥运会期间，从新媒体平台上诞生的体育明星增加了更多的内涵，从这些现象可以分析出体育网红的某些重要特质。①

（1）竞技成绩是前提保障。运动员成长为体育明星的前提之一就是优异的竞技成绩。2004 年雅典奥运会的刘翔，2008 年北京奥运会的林丹，2012 年伦敦奥运会的孙杨，这些明星 IP 的诞生都是伴随着金牌，进而被赋予了英雄情结。如果成绩下降，则会直接弱化明星的价值。刘翔在冲冠成功之时那句充满豪气的“中国有我，亚洲有我”感动了无数国人，使得刘翔迅速成为国民英雄。随后由于伤病等各种原因，北京、伦敦两届奥运会的退赛，使得刘翔的影响力和商业价值都难以回到巅峰时刻。

（2）高颜值加健美外形。除了挑战人类极限的竞技成绩外，运动明星所具有的健康体魄及俊朗的颜值，符合网络时代的大众审美。阳光、健康、帅气的外在形象已然是体育明星的必备条件。在微博中排名靠前的孙杨、宁泽涛、张继科、林丹均是这类明星的代表。

（3）独特个性和表现力。随着金牌和冠军的渐渐增多，大众更加希望能看到个性鲜明的运动明星，能从他们身上感受运动带来的愉悦。特别是新媒体的社交属性，更能凸显一名运动健将的全部性格魅力。

里约奥运会上，凭借表情包和真实个性爆红的傅园慧，她的新浪微博粉丝数量从开始的 20 万在很短的时间内疯涨至 654 万。同时她的视频在 You Tube 上同样也收获了超高人气。傅园慧的成功主要来自她有血有肉的个性，给人以真实落地的感觉。②

2. 俱乐部 IP

俱乐部 IP 是重要的体育信息资源载体，核心部分是球队、球星及其标志等，俱乐部是职业体育重要的组成部分，在新媒体平台上围绕俱乐部 IP 创建媒体资源，并转化为商业和社会价值。

（1）官方网站的建立。进入 21 世纪，著名俱乐部球队在新媒体平台上纷纷建立自己的官方网站。以英超各个俱乐部为例，英超中的豪门俱乐部利用自身球队信息、球星肖像权、俱乐部各类标志等无形资产建立了面向全球的多语言官方网站。

---

① 全媒派．奥运后秒变千万 IP？浑身是戏的“体育爱豆”，藏着多少 IP 价值？丨全媒观［EB/OL］．https://mp. weixin. qq. com/s? src = 3&timestamp = 1585896986&ver = 1&signature = Pv8qf67hO - AGUJlpgH7eA4RZsoW - OfNHdSaXzCrcr2QMYKpJctemzibnZfRn9JyclS96i - aZhLZl - XZTOxRirkx8mtJI * 3cwwuSYFYsfOCN * qINSB4kIzJ6WAYFxbfkA4zlV * WtrUszoero39EoSclIJBS0 - Jac1Ht2ymkMNP4I =．2020 - 04 - 03.

② 同①.

在20家拥有官方网站的俱乐部中，有7家建立了中文官网，这7家是曼联、切尔西、曼城、阿森纳、利物浦、埃弗顿、热刺。这7家不仅战绩优异、规模庞大，而且还是中国球迷最关注的球队。这7家俱乐部中文官网的建立，可以让中国球迷更加近距离地接触球队，让这些豪门俱乐部加深在中国的影响力。不仅如此，在球迷的努力下，阿斯顿维拉和虎扑足球合作开辟了该俱乐部的球队专区。

（2）建立专属电视频道。新媒体时代最重要的特征之一就是技术的不断创新和应用，其中数字技术和通信技术最为突出。技术的发展使得俱乐部拥有自身的电视频道成为可能。1988年，曼联、天空集团和爱尔兰传媒集团格兰纳达三方合作，建立了全球第一个职业足球俱乐部专属电视频道，曼联球迷可以使用订购的方式收看该频道。在移动平台，2001年阿森纳俱乐部使用了免费的短信服务，之后与爱尔兰传媒集团格兰纳达合作设立了短信订购服务业务。曼联还为球迷提供手机付费点播的数字内容，主要包括新闻资讯、采访和进球集锦等，这项业务由移动通信赞助商沃达丰提供，球迷只要通过支付少量的话费就可以点播收看。

（3）社交媒体。社交媒体给俱乐部IP带来了新的机会，但需要俱乐部进行深耕。这方面的重要代表是皇马俱乐部。[①] 目前皇马的社交媒体粉丝总量达到两亿多。皇马俱乐部在拥有全球球迷的新媒体平台，如Facebook、Twitter、Instagram上面拥有强大的影响力。根据较新的福布斯报道，据统计，2016年Instagram上面的十大体育标签，皇马占据了其中的两个，分别是#RealMadrid和#HalaMadrid。MVPindex是社会媒体的评价平台，其首席执行官凯尔·纳尔逊认为，皇马的社会媒体估值大约为17亿美元，这个价值是职业体育俱乐部中社交媒体指标最高的。

实际上，皇马仅仅使用了两年时间，就让其在Instagram上的粉丝从开始的300万上涨到5100万，这个粉丝数量相当于美国职业体育所有冠军队粉丝总和的5倍。这些冠军球队包括美职篮勇士队700万粉丝、职业橄榄球大联盟新英格兰爱国者队260万粉丝。职业棒球大联盟芝加哥小熊队110万粉丝。美国职业冰球大联盟匹兹堡企鹅队91.8万粉丝。

这些成绩的取得依赖于皇马俱乐部高层的部署。皇马俱乐部的社交媒体战略可以分为两个部分：第一部分是皇马俱乐部自有的APP等平台，第二部分由其他公司运营的、使用俱乐部标志的在线商店、门票销售渠道和授权手机游戏。目前，皇马俱乐部在8个不同的社交媒体拥有自己的官方账号。

（三）拓展资源IP建设

在体育信息资源的拓展资源中，重点分析的是体育记者和核心球迷的IP建设，因为这里的体育记者其实是在利用“业余”时间进行写作，所以这部分内容均属于体育受众新闻文本。

---

① 禹唐体育.20人团队创造了17亿商业价值 皇马要将社媒战略进行到底[EB/OL].https://www.sohu.com/a/165368725_115533.2020-04-03.

1. 著名体育记者博客

体育博客的作者集中在著名记者、电视解说评论员群体，初期体育博客往往被看作传统媒体的补充。记者们会把无法在报纸刊发的稿件和照片，发在自己的博客里。由于体育博客带有个性标签，博客的作者们会倾注更多的情感和热情。他们的表达更自由，资讯更丰富，观点也更鲜明。特别是大赛期间，博客作者们能够更好地把握赛前预测及赛后点评的时效，其个性也与传统媒体风格不太一致，更代表个人倾向性。有的记者在博客里旁征博引，题材和内容不局限于体育，而是深入社会的方方面面，表现了体育记者更加广博的知识和深远的视野。这期间涌现了一批著名博客作者，如足球记者董路，他于 2005 年 10 月在新浪开设博客后，勤奋写作，笔耕不辍。他还充分使用了音频、视频等多介质形态，丰富表现形式；在选题方面，除了体育外，也通过举办博客新年晚会、点评春晚等内容吸引读者。2006 年 6 月德国世界杯期间，董路博客的点击量突破了 1000 万次，受到了国内外媒体的关注。

2. 核心体育迷博客

在论坛 BBS 时代活跃着众多体育迷，他们不仅热爱体育，还富有才华、思维活跃、见解独到、文笔犀利。每当大赛过后这些作者往往会有经典之作问世。前文所引，BBS 的开山之作《大连金州没有眼泪》的作者老榕，就是这类核心体育迷写手的代表。

体育博客出现后，体育迷中的优秀写手转移到博客写作，他们的文章往往被放在首页推荐。由于他们的文章具有鲜明的个性特征，又不乏深厚的球迷文化沉淀，深受众多球迷的喜爱和追捧。可以说，新媒体把体育明星 IP 拓展并更加精细化，使具有个性化的体育 IP 在这个平台上的社会价值和商业价值愈发凸显，并进而促进了平台的建设。

专栏 8－1　体育直播

截至 2017 年，我国较具代表性的网络体育直播平台主要有章鱼 TV、企鹅直播、风云直播。风云直播于 2012 年 6 月上线，以足球、篮球直播为核心，借助传统的直播平台，拥有诸多赛事资源。企鹅直播依托于腾讯体育，以美职篮赛事直播为核心，同时设足球、台球、英文原声等 12 个栏目。2015 年 4 月，章鱼 TV 上线，号称国内最大的原创网络体育直播平台，不到一年时间峰值用户超 500 万。2016 年 1 月，乐视体育以 3 亿元收购章鱼 TV，将用户生产内容与赛事版权结合，目前，章鱼 TV 已经形成了台球、足球、摔跤、户外等 19 个频道。之后失去乐视资本支持，发展受到影响。[①] 第 38 次《中国互联网络发展状况统计报告》显示，网络体育直播平台的使用率达 20.1%。[②]

① 邹昶昊．迷茫的章鱼直播：盗播侵权乱象频出深陷赌球泥潭［EB/OL］. http://finance.sina.com.cn/chanjing/cyxw/2018－05－13/doc－ihamfahx5503934.shtml. 2018－08－22.

② 王真真，王相飞，李进．我国网络体育直播平台的发展现状及趋势［J］．体育文化导刊，2017（6）：21－24，30.

PPTV在原有的基础上整合资源，开拓创新，打造出了一个强大的体育直播平台——第一体育。截至2015年5月25日，英超2014—2015赛季第38轮直播完毕，PPTV第一体育有关英超直播的整体流量达到4.2亿次，独立用户数达到5700万。而据第三方调研机构艾瑞发布的数据显示，将近70%的用户选择PPTV来观看英超赛事直播内容。对于英超球迷而言，PPTV第一体育已然成为观看英超的第一选择。①

目前，国内主要的网络体育直播平台围绕内容生产、内容传播和内容消费，形成了初步的运作架构。

1. 内容生产

网络体育直播平台根据直播内容形成不同的内容生产方式。

一是以版权赛事直播为内容。以企鹅直播为代表，分别凭借腾讯体育在赛事版权上的优势，对体育赛事进行直播。

二是以体育明星直播为内容。网络直播平台催生了明星"网红"，体育明星作为公众人物颇具话题性，更易引发粉丝效应。体育明星作为平台主播主动与用户交流互动，成为直播平台的内容生产者，形成了较具代表性的UGC（用户生产内容）模式。

三是以普通赛事及草根直播为内容（实践体育型赛事）。

2. 内容传播

除了内容制作和生产，国内网络体育直播平台主要通过突出主播的个性和平台的深度交互来实现传播效果的最大化。

一是个性化的主播。首先，网络直播平台注重利用体育明星引发的粉丝效应获取流量。如章鱼TV曾经拥有包括前国脚徐亮、台球女皇付小芳、九球新生代掌门人陈思明在内的超过5000人的个性化主播团队，每天稳定播出的主播有400人以上。其次，直播平台还通过培养个性化的草根"网红"主播吸引粉丝。这些主播中不乏各类"段子手"，部分主播还利用方言进行解说，如章鱼TV在一场中超比赛中，让主客队球迷分别用方言提供两路解说。

二是深度交互。弹幕的使用使得体育主播能够与用户直接对话，在互动的同时能够及时接收用户反馈。用户通过竞猜、答题等多种形式在平台上与主播互动，由旁观者成为真正的参与者，使传统直播模式下的单向交流变为双向交流。

3. 内容消费

我国网络体育直播平台的盈利主要来自B端（商家）用户和C端（客户）用户，具体表现为三种主要的变现渠道。

一是广告。同传统体育直播平台类似，网络体育直播平台通过向B端用户售卖广告变现，主要以开屏广告、退出广告、比赛间隙的插播为主。

① 陈洪鑫. 打造网络直播平台的五大策略——以PPTV第一体育为例［J］. 传媒，2016（7）：62－63.

二是打赏。这种方式的盈利主要来自主播和用户之间形成的粉丝经济。粉丝会为支持的主播“刷礼物”，用户通过购买网络直播平台的礼物打赏主播，成为平台重要的收入来源。以傅园慧映客直播为例，在1个小时的直播中，粉丝赠送的礼物折合人民币31.8万元，而平台分成收入超过21万元。

三是增值收入。增值收入主要来源于版权赛事直播，一般通过单场收费、向会员提供高清画质实现。①

尽管网络直播在短期内获得快速发展，但随着各大平台的崛起，网络体育直播平台在赛事版权、内容制作、主播培养等方面也面临诸多“瓶颈”。

1. 行业秩序混乱，“擦边球”、盗播现象频发，数据造假严重

不同于其他网络直播平台，网络体育直播平台以体育赛事为核心，赛事版权是影响其发展的重要因素。当前，多数热门赛事版权集中在少数平台，网络体育直播平台的版权纠纷频发。此外，多家网络直播平台被爆出直播人数造假，出现用机器人伪造用户的现象，其中不乏一些体育直播平台。

2. 时尚的、小众化的优质赛事资源开发不足

网络体育直播平台发展的初级阶段，一方面是各大平台对有限的赛事资源版权进行激烈争夺；另一方面是各平台对一些新兴的、小众的但深受年轻人喜爱的项目资源开发不足。

3. 传输技术和内容制作水平偏低

体育直播画面的清晰度、流畅度、延迟率成为影响用户选择的主要参考指标，网络体育直播在这一方面的问题主要表现在视频的传输和制作上。同时，一些网络体育直播平台对赛事画面的二次加工过于粗糙，影响用户体验，如章鱼TV在一场德甲比赛的直播中选用俄语解说频道进行二次解说，不仅音质较差，画面也无法切换，引发用户吐槽。

4. 依靠“网红”主播形成的影响力有限

依靠粉丝效应形成的“网红经济”，在很大程度上属于注意力经济的范畴，这就意味着“网红”主播的影响力随时可能随着粉丝注意力的转移而衰退。从这一层面上来看，网络体育直播平台的“网红”主播是一种快消品，生命周期相对较短。②

---

① 王真真，王相飞，李进．我国网络体育直播平台的发展现状及趋势［J］．体育文化导刊，2017（6）：21－24，30.

② 同①.

第二节　实践体育新媒体平台建设

导　入

实践体育属于亲身参与的体育比赛或者体育活动，与观赏体育相比，不具备观赏属性，大众传播价值相对较弱。因此，传统媒体时代，实践体育往往被忽略，无法成为主要传播内容。新媒体的出现为实践体育带来新的契机，即第二次体育媒介化改变了传播模式，由单向传播转向了多向传播。社交媒体的出现，更是把人际传播模式移植到虚拟空间之中。这类传播类型恰好迎合了实践体育的信息需求，实践体育信息内容在新媒体平台上大量涌现出来，并成为新的体育传播现象。

实践体育与新媒体的融合，激活了新型的信息传播方式和信息参与方式，也可以视为对体育社会实践的补充。从信息传播角度来看，传播主体多样化，体育迷主动参与行为从线下延续到线上；融合媒介手段的使用，使得新媒体的媒介形态可以接近甚至模拟实践体育的现实情况；实践体育的新媒体建设更多属于营销平台搭建，无论是体育产业或是传媒业均属于前沿领域。

一、运动健康类体育新媒体建设

新媒体与实践体育的结合实质上是把体育活动或者比赛移植到网络空间中，在这个空间中体育活动或比赛的参与者、组织者和事件都是真实存在的，线上与线下可以无缝对接，对实践体育的推广和宣传能够起到有效的推进作用。在实际操作中，哪些部分可以转化成有效的信息移植到网络空间是核心问题。对于实践体育而言，其新媒体平台的共同特点，即需要依赖于由实践体育引发的行业资源，实践体育的资源主要集中在大健康领域背景下的运动健身服务、运动项目和赛事、体育场馆（地点）休闲与旅游等。体育新媒体平台就是依赖上述资源进行信息传播的创意与策划，搭建起了实践体育的生态信息系统。

2016 年 8 月，习近平总书记在全国卫生与健康大会上首次提出要把人民健康放在优先发展的战略地位，10 月中共中央、国务院印发了《“健康中国 2030”规划纲要》，党的十九大报告中强调了实施健康中国战略，要完善国民健康政策，为人民群众提供全方位、全周期健康服务。健康产业成为新兴产业，作为以大众健身为目的的实践体育也被带入了健康领域。体育新媒体自然成了运动健康信息化建设的主要载体。下面从内容和品牌建设两个方面讨论目前这类实践体育新媒体的发展现状。

（一）运动健康类新媒体的主要内容

对于实践体育来讲，大众健身是重要的传播内容，所以，健康类服务内容是新媒体平台上最先、最快也是最多涌现出来的。

随着移动互联网的飞速发展，智能手机 APP 市场规模急速扩张，应用市场研究公司 App Annie 的最新报告显示，到 2021 年，全球应用经济规模将达 6.3 万亿美元，远高于 2016 年的 1.3 万亿美元。① 另外，根据 THS 的数据显示，自 2013 年 4 月以来，排名前 20 的运动健身类手机 APP 应用下载量高达 2.31 亿次，这个数量超过了所有其他类型 APP 的下载量。这充分说明了以运动健康为主的实践体育已经逐渐成为全民普及的一种生活方式。②

李霞、许叶、黄中校等对 2016 年运动健康类 APP 发展现状进行了研究，对这类 APP 的内容进行了归纳和总结，也对使用者满意程度进行了初步调查。

1. 运动健康类 APP 内容分类

运动健康类 APP 主要指的是智能手机或者可穿戴设备上的第三方应用程序。目前这类应用的主要功能包括指导运动项目的学习训练、记录运动健身数据、引导健康生活方式等。

李霞等的研究围绕市场上线的 366 个运动健康类 APP 展开，并将这个范围内的 APP 分为 4 大类和 6 种类型。③ 从表 8－2 里可以看出，4 大类型包括：运动指导类、运动监测类、运动服务类及其他。

表 8－2　运动健康类 APP 分类④

类别	种类	热门软件
运动指导	运动目的	瘦瘦、Keep、薄荷、轻＋、六块腹肌
	运动方案	每日瑜伽、健身宝典、火辣健身、俯卧撑教练、7 分钟锻炼
运动监测	身体测评	妙健康、体重记录、瘦啦、玩美人生、优伴等
	运动量监测	乐动力、小米运动、虎扑跑步、动动、翼健康

① 思远. 2021 年应用经济规模或 6.3 万亿美元：用户翻番至 63 亿[EB/OL]. http://tech.sina.com.cn/i/2017－06－28/doc－ifyhmtek7868296.shtml. 2018－08－22.

② 腾讯科技. HIS：运动及健身应用越来越火[EB/OL]. http://tech.qq.com/a/20130714/005352.htm. 2018－08－22.

③ 李霞，许叶，黄中校. 运动健康类 APP 发展现状调查及分析［J］. 体育科技，2017，38（2）：32－33.

④ 同③

续表

类别	种类	热门软件
运动服务类	场地预约等	呼啦伴伴、去运动、美腿瘦腿、懒人减肥和跑嗨乐
其他	音乐、时间管理等	运动音乐等

运动指导类分为运动目的和运动方案两类，运动目的类主要包括减肥、塑形、健美及改善亚健康等内容；运动方案类主要为用户提供运动具体方案或方式方法。运动监测类主要分为身体测评类和运动量监测类，身体测评类的主要内容包括监测体重、体脂、血压等的变化，以此作为锻炼效果的评价；运动量监测类可记录步数、心率、热卡消耗、里程等关于用户运动量或运动强度的数据。运动服务类中目前较为集中的服务提供包括场地预约、私教预约、信息资讯、网上商场等。其他类服务包括提供伴随作用的运动音乐、时间管理等辅助工具。以上分类内容多带有社交属性，用户可以根据需求与其他传播主体进行互动，满足各类信息需求。

2.4 大类型 APP 的内容比例

运动健康类 APP 内容分为 4 类，在实际操作中发现，这 4 类的使用比例是不一样的。根据李霞等的研究，运动监测类中的运动量监测使用比例最高占 51.7%，身体测评占 3.8%；其次是运动指导类中的运动方案提供服务占 16.7%，运动目的类占 9.0%；运动服务类占 14.2%；最后是其他占 4.6%。被使用最多的是运动量监测，最少的是身体测评。①

3. 运动健康类 APP 下载量分析

下载量是衡量 APP 影响力的重要标准，把运动指导类、运动监测类、运动服务类三大类 APP 中排名前十的平均下载量进行比较发现，排序前三的分别为运动量监测类、运动指导目的类和运动方案类，这三类的平均下载量均超过了百万。同时，把百万次下载量作为一个标准进行统计发现，这三类中超过百万下载量的 APP 数目也是最多的；排名后三位的依次是身体测评类、服务类和其他。服务类只有 2 个 APP 下载量超过百万，身体测评类和其他均无一例下载量超过百万。

4. 运动健康类 APP 用户满意状况

李霞等还对 366 个运动健康类 APP 进行了用户满意程度的研究。在研究之前，除了前面分析过的 4 种类别（运动指导类包括运动目的和运动方案两类；运动监测类包括身体测评和运动量监测两类），研究者又增加了社交类，这里的社交主要包括分享健身成果、交友、向专家咨询等。在 366 个研究样本中，共有 24 个具备了社交功能。

从图 8－2 可以看出，社交类 APP 用户满意度最高，均分达到了 3.88 ±0.710；其次是运动指导类下面的运动目的类，均分为 3.82 ±0.70；运动指导类下面的运动方案类均分

① 李霞，许叶，黄中校．运动健康类 APP 发展现状调查及分析［J］．体育科技，2017，38（2）：32－33.

为 3.57 ±0.67；运动监测类下面的运动量监测均分为 3.26 ±0.74；运动监测类下面的身体测评类均分为 3.42 ±0.70；服务类均分为 3.32 ±0.57；其他类 APP 均分为 3.32 ±0.61。

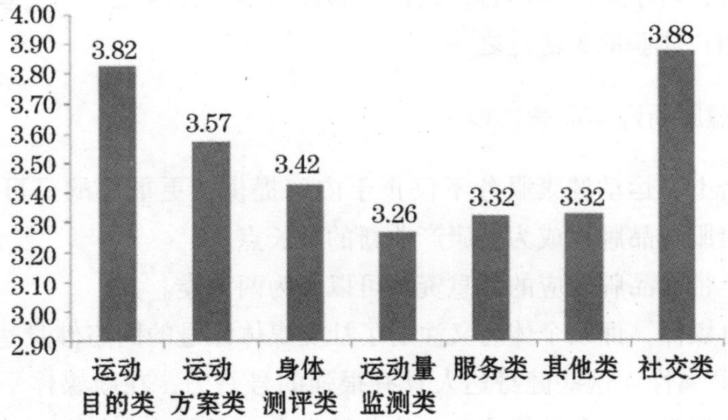

图 8－2　各类 APP 评分情况一览表①

研究者通过单因素方差分析处理以上数据结果，结果显示 F 值为 6.008，$P<0.01$，说明上述不同类型的 APP 得分间有显著差异。多重比较结果显示：社交类、运动指导类下面的运动目的类，这两类平均满意程度最高；这两类还与运动量监测类（$P<0.001$）、服务类（$P<0.05$）有显著差异。运动量监测类平均满意程度最低，它与运动目的类、运动方案类及社交类均有显著差异。

总之，虽然上述只是对所选 366 个样本进行研究的，其结论还需要进一步扩大范围加以验证，但是，从中可以总结出一些一般性的规律，用以说明目前实践体育与新媒体之间的融合情况。

第一，实践体育在新媒体平台上的主要内容为运动健康，其中以运动指导类和运动量监测为主，场馆和私人教练预约等服务类也占有一定的比例。但是，市场上还未见到采用我国国民体质监测标准而设计的个人体质健康水平指导型 APP。重要原因是目前运动健康类 APP 大多是国外公司研发的产品，在欧美上线汉化后直接应用，因此，本土化水平较低。

第二，从下载量看，运动量监测类下载最高。无论是下载量过百万的 APP 数量，还是前十位平均下载量都超过其他类型的 APP。究其原因，绝大部分用户把运动健康类 APP 作为陪伴和辅助工具看待，相对于运动指导类来讲，专业化和个性化要求低；另外，运动量监测类 APP 数据更容易转化为社交类信息使用。

第三，从用户满意程度分析，运动目的类评分最高，运动量监测类评分最低；同时，具备社交功能的 APP，对社交类满意程度最高。这些情况产生的可能性有：运动目的类属于运动指导内容，包括减肥、健身、塑形等，属于刚性需求；另外，运动指导类 APP 中运

① 李霞，许叶，黄中校．运动健康类 APP 发展现状调查及分析［J］．体育科技，2017，38（2）：32－33.

用可视化的运动处方或者运动方案，可操作性强，界面友好，因此用户体验满意程度较高。相比之下，运动量监测类 APP 虽然数量最多，但同质性强，专业化和个性化较低，生命周期短暂。同时，对于新媒体而言，媒体的属性是本质，因此在社交基础上的信息交流就成了获得良好用户体验的关键点之一。①

（二）运动健康新媒体品牌建设

在新媒体平台上，运动健康服务不仅止于内容提供，更重要的是可以与线下服务结合，建立运动健康服务品牌，成为健康产业新的增长点。

新媒体平台上带有品牌效应的信息资源可以分为两大类。

第一大类是自媒体，即以个体名义注册了社交媒体账号的网络健身达人，这些健身达人带有体育明星 IP 属性。这些健身达人具有很强的号召力，在新媒体平台上拥有百万以上的粉丝，并分享健身方法和效果展示，这些健身大 V 是健身行业新兴团队，他们通过网络进行营销，并利用线上线下相结合的方式赢得用户的青睐。

第二大类是提供线下运动健康服务的健身俱乐部。与前者不同的是，具有品牌效应的健身俱乐部发展时间多与互联网发展同步，因此，需要充分利用互联网给予的机会，发展壮大自身的品牌影响力。

根据初步的统计，截至 2016 年 4 月，使用“百度地图”搜索软件随机搜索健身俱乐部，仅在北京地区就能够查询到健身俱乐部或者健身会所总数近 3080 家；另外，查询中国健身网站健身 114 发现，在这个网站上注册的北京市健身俱乐部约 2250 家。北京地区健身俱乐部数量较多，其中大多数俱乐部希望借助互联网进行宣传推广。②

二、实践体育运动项目与赛事新媒体建设

在实践体育与新媒体结合后，还涌现出了围绕着运动项目的内容应用，随着运动项目的不断普及，赛事品牌应运而生了。这方面的成功案例首推跑步运动及随之而起的马拉松赛事的繁荣。

（一）运动项目类新媒体建设

在实践体育领域，跑步无疑是普及速度最快、普及范围最广的大众健身运动项目。前面章节介绍过，在互联网发展的第一阶段，基于 PC 端的跑步网站纷纷建立，集中了全国各地的跑友。

随着第二阶段的移动互联网的到来，跑步 APP 应用出现了，更大限度地满足了跑友们的需求，特别是“晒客”出现及分享成果等参与驱动，社交属性被进一步挖掘，带来了更

① 李霞，许叶，黄中校．运动健康类 APP 发展现状调查及分析［J］．体育科技，2017，38（2）：32－33.

② 刘奕君．北京市经营性健身俱乐部的新媒体传播特征研究［D］．北京：北京体育大学，2016.

优质的用户体验。

2012—2014 年是跑步 APP 纷纷出现的时期，其中首款上线的是“咕咚”，这一时期的跑步 APP 立足于不同的定位和功能，获得了快速的发展。之后跑步 APP 竞争逐渐加剧，版本不断更新，功能逐步完善，同时各个 APP 的市场占有率也发生着变化。

2015 年 6 月“乐视体育白皮书”发布了跑步 APP 的市场占有率，居于首位的是“咕咚”，占有 50.77% 的市场份额。2015 年 8 月比达数据发布了运动健身类 APP 排行榜，排名前三的包括“乐动力”“咕咚”“瘦瘦的月”，这三个 APP 月活跃用户数量均已超过了百万。排名靠后的“动动计步器”“7 分钟锻炼 SEVEN”“肌肉练习”，这三个 APP 月活跃用户数量仅为 40 万左右，与位于首位的“乐动力”219.27 万人的月活跃数量相比，相差了 4 倍。2016 年 3 月，根据各大跑步 APP 官方显示的数据，在用户数量规模方面，悦动圈、悦跑圈拥有 5000 万用户量，占据首位，市场占有率最高。2016 年的最新数据显示，用户活跃度位列跑步 APP 前三名的分别是“咕咚”“悦动圈”“乐动力”。随着大众健身的进一步普及，除了跑步 APP 之外，滑雪、骑行等 APP 也在成为移动互联网的新应用。①

（二）实践体育赛事新媒体品牌

实践体育在新媒体平台上的内容趋势为：从运动项目到品牌赛事的过渡。其中，跑步项目是最为成功的，从 21 世纪初期开始，跑步由一个大众健身项目，逐步过渡到有品牌效应的各类马拉松赛事。

2017 年 3 月 20 日，由人民体育、人民网舆情监测室共同推出的《2016 中国马拉松传播报告》在 2016 年中国马拉松年会上正式发布。

该报告通过统计分析 2016 年与马拉松赛事相关的新闻网站、论坛、博客、报刊、微博、微信、APP 等 200 多万条互联网数据，对马拉松赛事新媒体传播做了较为全面的梳理和概括。

1. 马拉松赛事在互联网上的持续升温

通过人民网舆情监测室的大数据平台上的综合新闻网站、论坛、博客、报刊、微博、微信、APP 等媒介平台数据发现②：

2016 年，“马拉松”相关新闻、贴文的总量达 200 多万，其中网站新闻 88 万、报刊 4.5 万、微信文章 50 万、微博 40 万、客户端新闻 3.6 万。整体上，网络关于“马拉松”的讨论呈上升趋势，以 8 月、11 月、12 月为最多，在春节、“十一”黄金周期间则相对减少。

比较各平台上“马拉松”相关的文章数量，网站新闻仍然是传播主力，占比

① 王相飞，王真真，王婷．我国跑步 APP 发展的现状及对策研究［J］．体育成人教育学刊，2016，32（5）：14－17.

② 人民网．《2016 中国马拉松传播报告》发布赛事舆情应对亟待加强［EB/OL］．http://yuqing.people.com.cn/n1/2017/0329/c209043－29176991.html. 2018－08－22.

41.39%；其次是微信、微博，各占比25.64%、20.72%；另外，新闻客户端上文章占比1.90%，由“两微一端”组成的新媒体平台整体占比48.26%；论坛、博客等占比仅约3%，影响力式微。

以新浪微博为例，话题“厦门马拉松”阅读量20.4亿、“北京马拉松”阅读量9.6亿、“上海马拉松”阅读量2.5亿、“广州马拉松”阅读量1.9亿。虽然这几个话题的固定粉丝均只有几千（固定粉丝意味着能自动接收到该话题下的所有文章），但每逢大型马拉松赛事时，媒体、网民、赛事参与者、主办方、地方政府等发起的分散式传播，使“马拉松”话题浸入各群体。

根据微博2016年第三季度财报显示，2016年9月微博月活跃用户数2.97亿，其中89%为移动端用户。平均而言，每个微博用户几乎都会阅读到一条与“上海马拉松”相关的微博、3~4条与“北京马拉松”相关的微博、7条与“厦门马拉松”相关的微博，且几乎都是通过移动端获取。随着智能手机和移动互联网的发展，移动端已超越PC端，成为“马拉松”赛事和相关信息的主要传播平台。

2. 2016年短视频、VR新技术引领马拉松赛事传播

2016年被称为“网络直播”元年，《2016中国马拉松传播报告》认为，VR、AR等新技术在新闻传播中的使用也得到进一步尝试。这些新技术同样渗透到马拉松传播中，既升级了宣传与发布模式，又有效地导入了流量。部分赛事通过巧妙利用新媒体、新技术，直接提高了赛事参赛者的参与感、观者的现场感及赛事的网络口碑。①

首先，巧妙利用视频宣传片进行赛事预热。例如，2016年，重庆、昆明、南京、无锡、扬州、上海等金银牌赛事均制作了宣传片。宣传效果较为显著的包括：重庆拍摄了国内第一部有剧情的赛事宣传片，从2016年3月开始海选演员，并历经数月精心拍摄和剪辑，由于风格独特，引发了一定的关注度。扬州马拉松宣传片使用了水墨动画效果，南京马拉松宣传片邀请了5位奥运明星助阵，都具备较为独特的创意。

其次，借助移动直播平台直接导入关注流量。宁波马拉松赛事与某移动端平台合作，在其公众号上增加了功能板块，并直接链接到直播平台，参赛者可以一边跑一边直播，每一位参赛者都可以成为主播，增加了更多的参与感。

另外，使用VR、航拍等新技术进行全程记录。VR作为人机交互的新型技术模式，优势是可以自由调整观赏角度和方向，选择不同时段的比赛进行点播，产生身临其境的感受。“北马”“南马”使用VR技术可以更为直观地重温比赛的魅力。

无锡马拉松则采用了航拍。“锡马”在宣传与信息公开上采用了多种形式，一是官方微博上信息丰富，二是利用多元化的传播手段，如赛前的赛事宣传片、赛中的航拍记录等，进一步提高了赛事质量和参赛体验。

---

① 人民网.《2016中国马拉松传播报告》发布赛事舆情应对亟待加强［EB/OL］. http://yuqing.people.com.cn/n1/2017/0329/c209043-29176991.html. 2018-08-22.

最后，配置可穿戴设备跟踪实时信息。可穿戴设备和信息技术被直接使用到马拉松赛事中。“北马”等赛事使用了记录芯片，对运动员的比赛情况进行了实时跟踪与公开。网民只要关注“北马”官方微博或技术方的微信公众号，就可以实时掌握运动员的到达时间、枪声成绩、阶段成绩等。在赛事进行过程中对运动成绩的实时公开，可以有效地减少参赛者在赛后查询成绩时引发争议。赛事相关推广与宣传的时候，尤其要注意官方微信、微博的使用。

3. 马拉松赛事在移动互联网上的传播趋势

中国互联网络信息中心（CNNIC）第38次《中国互联网络发展状况统计报告》中的数据显示：截至2016年6月，中国的网民规模已经达7.10亿，互联网的普及率达到了51.7%；其中移动互联网上的手机网民的规模达到了6.56亿，仅仅通过手机上网的网民占比达到了24.5%，中国网民上网的设备进一步向移动端集中。

从上面的数据可以推断，未来的移动互联网将是影响大众生活的主要信息渠道。马拉松赛事的信息发布与服务应该向移动端倾斜，然而，目前各类赛事在新媒体平台上的建设还未发全力。

2016年，全国各地共举办马拉松328场，其中在中国田协备案的金、银、铜牌马拉松赛事41场，整体形成了官方网站为必备，官方微信、微博为辅助的信息公开模式。但即使是赛事规格最高的41场马拉松，也只有38场开通了官方微信，开通率为92.67%，其中通过认证的官方微信更少，只有28场，占比68.29%；开通微博和通过认证的数量则分别为32场、27场，占比仅78.00%、65.85%。

对于不同等级的赛事，平台完善程度差距较大：等级高的赛事，微信、微博认证较多，各平台信息推送的内容越丰富，利用的多媒体形式越多元，并能始终保持与受众的互动；等级低的赛事，部分没有官方微信、微博，而有些仅在比赛前后不固定地推送若干条赛事信息，没有对该赛事进行主要的引导工作。

从信息的完备度看，各平台分化明显，官网信息最全面、微信次之，微博较弱。41场金、银、铜牌赛事在各类需要公开的赛前信息上的覆盖程度为：官方网站达90%以上，微信公众号为70%左右，而在官方微博上仅约30%。

同样对于赛后需要的信息，如终点区域的分布情况、领取奖牌区、领取完赛物品区、赛后按摩区、赛后撤离终点的交通情况等，41场金、银、铜牌赛事在各类需要公开的赛后信息上的覆盖程度为：官方网站达90%以上，微信公众号为20%左右，而在官方微博上竟不到5%。①

① 人民网.《2016中国马拉松传播报告》发布赛事舆情应对亟待加强［EB/OL］. http://yuqing.people.com.cn/n1/2017/0329/c209043-29176991.html. 2018-08-22.

（三）场馆（场地）+休闲（旅游）娱乐平台

实践体育的开展离不开场地，因此新媒体平台上的实践体育信息是围绕体育运动地点展开的。

1. 运动比赛场馆+娱乐平台

场馆历来是重要的体育资源，场馆品牌是体育场馆运营机构所提供服务或产品的属性、名称、质量、价格、信誉、形象等的总和，优秀的品牌是场馆优良产品品质、完善服务质量、履行社会责任的集中体现，也是顾客信任和价值感知的依据。

体育场馆需要通过体育比赛、社会活动、设备设施服务等扩大影响力，从而奠定品牌效应，并获得盈利。在这些比赛、活动抑或提供服务中，均离不开媒体的宣传推广，特别是新媒体平台上的多介质手段，给消费者带来直观体验，逐渐成为重要的营销手段。

（1）建设立体化的新媒体推广平台。场馆需要建设立体化的网络传播平台，首当其冲就是官网建设。场馆官网的主要内容可以包括以下几个方面：场馆被赋予的文化内涵与经营管理理念；场馆开展业务、运营项目的介绍；场馆各类比赛活动的呈现等；官网不仅是投资者、消费者了解场馆的窗口，更是场馆进行品牌建设的途径。

新媒体平台的互动性可以让场馆与消费者进行沟通，直接了解消费者的最新需求。场馆营销机构通过新媒体搜集到大量真实有效的消费者反馈信息，促进服务质量的提高和改善，增加其满意度。

浙江省黄龙体育中心在官方微博就设置了“留言板”栏目，通过这一功能用户对黄龙体育中心的各类活动、志愿者招募、收费情况、停车场收费标准等进行反馈，必要时还可以进行投诉。黄龙体育中心通过新媒体功能，不仅与消费者进行零距离接触，还了解了在硬件和软件方面的不足之处，并在监控过程中加以改善。不仅如此，消费者还可以针对官方微博营销活动及页面设计提出建议，借以提高新媒体平台自身的传播能力。①

（2）在新媒体平台上强化客户关系管理。新媒体平台上可以建立新型的客户关系，并进行细致入微的过程管理。利用网络媒体和手机媒体，将场馆服务信息软性植入，能让消费者在娱乐的同时了解认同场馆服务，并逐步培养一批忠诚度高的消费者。

2014 年 1 月北京工人体育场在官方微博上发布：为了答谢北京球迷，凡持有“2013 年赛季国安套票”的国安球迷，可以免费参加工体欢乐冰雪嘉年华，此消息一经发布旋即被转发了 1485 次。北京工人体育中心不仅宣传了当年的工体欢乐冰雪嘉华年活动，更拉近了与消费者的距离，为 2014 赛季国安主场套票的出售打下基础，力行了工体利民惠民的理念，对工体中心的服务活动项目、品牌塑造等均起到了积极的作用。②

（3）注重各类社会活动的综合效果。场馆的营销推广，应重视移动互联网的口口相传、相互转发的口碑式传播特点，并结合各类社会活动，产生综合效果。微博作为社交媒

---

① 刘倩．新媒体环境下我国大型体育场馆运营的营销策略研究［D］．武汉：华中师范大学，2015.

② 同①.

体，具有获取信息便捷、多元，传播迅速，互动性强等优势，体育场馆的营销推广可以通过官方微博结合赛事、全民健身活动及文艺演出等各类社会活动发布信息，并伺机策划新颖有趣的创意互动，激发消费者主动积极地参与，让信息快速有效地传播开来，获得最大化的宣传效果。

2. 体育 + 旅游 + 互联网

实践体育对空间地点的依赖性是显而易见的，随着体育在人们生活中的介入越来越多样化，实践体育的空间观念也在变化，体育参与的地点从具体场馆过渡到更大范围的活动区域。体育 + 旅游的休闲方式正在中国兴起。

2017 年 5 月 9 日，国家体育总局发布了《关于推动运动休闲特色小镇建设工作的通知》，自上而下推动运动休闲特色小镇的建设推广工作。据统计，2016 年国内计划建设的体育小镇已经达到 100 个，在这些小镇的规划里面，马拉松、登山、钓鱼、冰雪、自行车等均是热门的运动项目。①

互联网 + 为体育小镇的建设增加了不可多得的助力因素，体育小镇搭建新媒体营销平台，解决了由于空间距离造成的障碍。

（1）建设体育小镇的互联网信息宣传平台，利用自媒体筛选和聚集核心消费者。围绕体育小镇的地缘优势，突出打造以介绍产品内容为主的新媒体平台，给消费者提供长期的信息咨询等多项服务，与消费者建立一种依赖关系。

河北省张家口市的崇礼冰雪小镇已经建立了新媒体宣传系统。例如，利用微信公众号定期抽奖，随机选择消费者体验冰场、滑雪场，并邀请他们把消费体验写成帖子；另外，崇礼小镇的滑雪场纷纷建立了官网、微信公众号、官方微博等，为自己的服务建立推广营销平台。②

（2）利用互联网的技术优势，通过大数据、云计算等科技手段，吸引资金、提高管理和服务质量、规避运营风险。体育小镇是体育 + 旅游的新模式，对管理人才的要求较高，包括对目标消费人群的预测、对产品定位的把握等，都需要更加科学有效的解决方案。

例如，位于美国新罕布什尔州的著名滑雪胜地 Raggecf Mountain 与大数据、云计算服务平台 Liftopia 合作后，通过数据运行成功预测了雪季的游客数量并做好了储备。Ragged Mountain 还实现了依据消费者偏好进行推荐，如当消费者购买了入门滑雪培训课程，系统就会向消费者推送本地适合初学者的滑雪护具打折信息，让消费者有更便捷的消费体验，同时雪场和当地商家也实现了双赢。③

① 丰佳佳. 体育特色小镇　为什么这么火［N/OL］. 中国体育报，2017－05－15（6）. http://read. sportspress. cn/zgtyb/html/2017－05/15/node_7. htm#. 2018－08－22.

② 张潇潇. 互联网 + 视域下的“体育小镇”构建研究［J］. 南京体育学院学报（社会科学版），2017，31（4）：18－22.

③ 同②.

专栏 8 -2　短视频与实践体育

2019 年 5 月中国网络视听节目服务协会发布的《2019 中国网络视听发展研究报告》显示，截至 2018 年 12 月底，短视频用户规模达 6.48 亿，网民使用率为 78.2%，短视频用户使用时长占总上网时长的 11.4%，超过综合视频（8.3%），成为仅次于即时通信的第二大应用类型。① 以抖音和快手为代表的聚合短视频媒介平台，凭借集制作、发布、传播、社交等于一体的优势，强势崛起，头部效应明显。根据抖音发布的《好动大数据》，截至 2019 年 7 月，抖音上的运动类短视频总播放量超过 5000 亿次。② 快手副总裁岳富涛在交流活动中提及在快手社区内，体育运动相关视频每天产生的播放量超过 10 亿次。

"记录美好生活""记录世界记录你"是抖音和快手的推广标语，"记录与分享"成为短视频媒介平台的传播宗旨，在这些数以亿计的流量背后是人和人的生活。以实践体育为内容的短视频展示了体育是如何回归大众，逐渐成为人们的一种生活方式。

"天极街球头盔哥"

"头盔哥"是街头篮球的佼佼者，曾 46 次获得"路人王"比赛的冠军。他发布的作品以街头篮球为主题，主要包括四种类型：（1）花式炫技。展现自身篮球实力的同时突出街头篮球的观赏性和娱乐性，如"小天鹅""多得让你看花眼"等。（2）训练纪实。记录自己参加世界各地训练营的实况和解说，带有一定的教学意味，如"美国的收获""球场脏动作"等。（3）对抗挑战。发布与不同水平的篮球爱好者在街边篮球场的对战情况，如"豪哥 VS 头盔"等。（4）生活周边。分享自己日常的搞笑生活，注重篮球文化渲染和娱乐粉丝，如"键盘侠原型""我可以参加女篮了吗"等。"头盔哥"凭借其运动能力、炫酷技能和真实接地气的运动场景"圈粉"无数。截至 2020 年 1 月 11 日，"天极街球头盔哥"在抖音和快手上合计发布内容 2332 条，拥有粉丝 1004.2 万。

"郭大力健身"

"郭大力健身"的账号主体是威海郭大力体育发展有限公司，以"你的家庭健身教练"为口号。前期的视频作品以通俗易懂的方式将一些实用的健身减脂的动作和技巧分享给大家，针对不同部位或不同人群组织内容并以运动结果为导向，如"闪电瘦身操""瘦腿翘臀操"等，还会推出一些系列视频，例如"减肥基础篇 1，2，3"等；后期的作品一改往常套路，则开始分享"增肥日记"，以夸张搞笑的形式说明食物的热量和对应的消耗热量的运动形式和强度。健身的教学指导吸引了广大健身爱好者，截至 2020 年 1 月 11 日，"郭大力健身"在抖音上发布作品 251 个，收获了粉丝 393.8 万，获赞 1578.4 万。

---

① 人民网 . 2018 年中国网络视听行业呈现 12 大特点及趋势[EB/OL]. http://media.people.com.cn/n1/2019/0528/c14677 -31106115.html. 2020 -04 -03.

② 搜狐网 .《抖音好动大数据》正式发布，开启健康生活的美好新方式[EB/OL]. http://www.sohu.com/a/324971434_120046567. 2020 -04 -03.

“乐旋乒乓小依依”

“小依依”是快手平台上一个主要发布小乒乓球运动员训练日常的账号。视频中的主角小依依是一个只有5岁的小姑娘，却有着超出年龄的专业技术，面对重复又枯燥的训练，小女孩即便汗流浃背，手里的球拍还在挥动。最火的视频就是教练批评时她强忍眼泪，转过身抹掉眼泪后，坚持进行挥拍练习。这条视频拥有3533万的播放量，211万个赞和10.8万条评论。努力的“小依依”收获了大量哥哥姐姐、爸爸妈妈和爷爷奶奶粉。截至2020年1月11日，共发布408个作品，获得了327.1万粉丝的关注。

丰富灿烂的实践体育内容在短视频平台上重回主场，使普通用户也可以拥有自己的粉丝并且能够通过电商、打赏、带货等方式变现。快手高级副总裁马宏彬在接受采访时表示：“过去一年，有150万人在快手发布了与篮球相关的作品，这些篮球用户在平台上获得了6亿元收入。”短视频的内容聚合属性衍生出了商业价值，成为各类运动达人的创业平台。

“军哥篮球·习惯过了头”

“军哥”也是新兴的篮球达人，发布的短视频作品以篮球技能展示为主，带有一定的教学色彩。截至2020年1月11日在快手和抖音两大平台中合计拥有粉丝数量770万。庞大的粉丝基础让他成为体育草根明星的代表与adidas中国签约。“军哥”已经创办了自己的品牌，短视频中使用的篮球和服饰穿搭已经展现出不俗的带货能力。该账户在快手小店中出售以运动服饰及配件为主的25样商品，累计销量1.3万件。相关联的淘宝店铺“JG军哥很认真”中仅军哥同款户外篮球已超过1.5万人付款。

“华美舞动广场舞”

“华美舞动广场舞”是抖音上以发布作者本人的广场舞教学视频为主的账号。通过简单的视频抠图，将视频背景替换为图片场景，一般是蓝天草地等色彩鲜亮的自然景色图片，配以广场舞音乐和歌词字幕，吸引粉丝关注。截至2020年1月11日，账号发布的951个视频作品，共获得367.3万粉丝的关注，赢得97.5万赞。抖音账户的商品橱窗和其淘宝店铺相关联，共出售28样商品包括广场舞运动服、表演服装、舞鞋和布鞋等物品共计销量为3871件，在广场舞盛行的阿姨群体中打开了新的市场。

“JJYOGA瑜伽”

“JJYOGA瑜伽”是拥有“抖音知识分享官”官方认证的个人账户，“JJ老师”通过短视频传播自己的十年专业瑜伽教学经验，以专业性、针对性和完整的瑜伽课程合集吸引粉丝。如“合集·15分钟瑜伽口令练习”“合集·2020零基础学瑜伽”等。截至2020年1月11日，账户发布作品409个，累计粉丝量638.9万。视频内容中偶尔会穿插推销带货视频，并且短视频平台的宣传效果为其创立的JJYOGA瑜伽轮和JJYOGA背书，结合线下培训体系和与抖音店铺相关联的淘宝直营店盈利。

第三节 平台型体育新媒体品牌建设

导 入

体育与体育新媒体平台的融合分为三类，即第一节是以观赏体育为依托的新媒体平台建设；第二节是以实践体育为依托的新媒体平台建设，主要分析以内容为产品的体育新媒体品牌创建；第三节是以体育内容为主要产品的体育新媒体如何进行体育新媒体品牌建设，或者说，体育新媒体如何在互联网中延续媒体特征。

一、体育传统媒体的转型和改造

（一）专业报纸

平面媒体是受到网络媒体冲击最为严重的媒体形态，知名度高的平面媒体纷纷建立网络平台，期望能拓宽传播渠道并挽回影响力。根据 2005 年的统计，在英国的几张久负盛名的大报《泰晤士报》《卫报》《每日电讯报》等的网站上，体育新闻的点击量和下载量长期处于排行榜的前列。

《体坛周报》1988 年在湖南长沙创建，初期隶属于湖南省体委。20 世纪 90 年代中期，《体坛周报》借助甲 A 联赛和欧洲足球联赛等重要赛事，一跃成为国内发行量最大的体育专业报纸。面对新媒体的冲击，《体坛周报》的变革启动较早，2008 年体坛集团全力打造体坛网“TITAN24”上线；2010 年，《体坛周报》手机客户端开通，《体坛周报》从一张单一的报纸，转型成为一个综合型的体育传媒集团。

目前体坛集团旗下拥有专业报纸、专业杂志、体坛网、体坛手机客户端等，已经在多媒体渠道建成了一套完整的传播网络，完成了媒介融合的形态整合。但由于核心部门是平面媒体，缺少体育赛事 IP 助力，体育信息资源还是受到了限制，根据 Alexa 的数据显示，截至 2015 年 2 月 10 日，体坛网在中国大陆网站点击量排第 238 位，距离体育网站中点击量排名第一的虎扑网（第 52 位）还有明显的差距。①

① 陶永恺．英超联赛在我国的网络传播状况研究［D］．上海：上海社会科学院，2015.

（二）主流媒体的体育新媒体报道平台搭建

在主流媒体中，电视报道体育的优势最为明显。特别是拥有赛事版权的电视媒体，可以调配的资源就更加丰富了。但随着新技术的不断发展和快速应用，网络的转播权开始出现，观众的观赛习惯也开始变化。电视媒体的变革也全面展开，前面一节分析的 ESPN 案例就是电视作为传统媒体面临的困境和转型的路径。

早在 2000 年 4 月，天空传媒集团就建立了体育新闻网站 Skysports. com，并将电视中的体育新闻节目资源整合到网络平台。随后 BBC sport 也创建了体育新闻网站，可以提供更全面、快速、有效的体育资讯。

对于国内电视媒体，央视体育频道无疑是最为重要的电视媒体，拥有各类重大赛事的媒体版权，但目前央视体育频道的转型迫在眉睫。

2016 年里约奥运会期间，央视的目标是打造多屏融合的奥运报道。在大屏幕端，央视投入了 CCTV－1、CCTV－5、CCTV－5＋、CCTV－2 四个频道转播奥运会比赛。在新媒体端，除了央视网报道外，移动互联网的“两微一端”实现渠道和内容的全面覆盖。据悉，央视里约奥运会报道，在电视和新媒体平台获得了显著效果，主要表现在：一是引导主流舆论导向，重点报道中国选手比赛情况，积极展示主流观点，引领话题走向；二是获得了较高的收视效果。体育频道的平均收视份额超过了 9%，最高收视份额已达到 11. 46%；三是新媒体平台表现优异，体育频道客户端用户稳定增长，累计用户超过了 455 万，日活跃用户最高超过 150 万。①

在传统主流媒体向新媒体转型中，新华社的体育报道同样获得了显著的成果。2016 年里约奥运会期间，新华社以客户端为载体，通过整合移动终端平台，加强了创意策划及技术创新，实现了奥运新媒体的全息直播态报道。

奥运新媒体报道突出了产品形态。在移动直播成为国际化潮流的情况下，Facebook 推出的“Mentions（直播）”产品、谷歌的“纪实新闻”、Twitter 推出的“闪电”等，这些都是直播态产品。在这样的背景下新华社推出“现场新闻”作为全息直播态报道的全新新闻样式，并与人工智能、AR、VR 等新技术应用相结合，继续发挥主流媒体的引领作用。

奥运新媒体报道抓住移动互联网作为主要传播渠道。里约奥运会被称为第一次以移动平台传播为主的奥运会，也就是说，借助移动终端观看奥运会成为体育迷的重要选择。新华社里约奥运会报道以“现场新闻”为主打品牌，主要的表现为 24 小时不间断地向受众发布信息，在技术上只有移动互联网终端才能够实现。

在移动互联网时代，平台渠道的作用更加重要，需要统筹客户端、微博、微信等新媒体平台，并根据各个终端的特点进行区分定位，建立一个优势互补的立体化终端传播渠道。此外还需要优化技术支持，丰富“现场新闻”的呈现方式等，用全面报道、现场体验、专业知识将线上的受众围绕在可体验的新闻信息环境中，这是“现场新闻”所追求的

① 央视全力报道里约奥运会［J］. 电视研究，2016（8）：6，1.

理念和效果，也是实现新媒体平台更大范围覆盖的关键。①

二、平台型体育新媒体建设

（一）初期的四大门户网站的体育版

我国的四大门户网站分别是新浪网、腾讯网、网易网和搜狐网，这四大网站被看作互联网初期主要的新闻信息承载平台，其主要功能包括提供新闻、搜索引擎、免费邮箱、影音资讯、微博服务等。四大门户网站时期正是第二次体育媒介化的第一阶段。这一阶段，四大门户网站相继建设了体育版，海量信息的存储和提供，极大地满足了体育迷的需求。

博客和微博也是从四大门户网站兴起的。在博客和微博中推出了赛事新闻、体育评论及体育明星动态，更具创新性的是，这些博客和微博的传播者呈现多元化的趋势，有些是官方账号，有些是资深体育迷，多层次的信息提供方式和内容奠定了体育博客和体育微博独特的魅力。

（二）内容主导的平台型网站

1. 虎扑网——体育受众文本＋赛事图文直播

虎扑体育是专业体育报道的垂直性新媒体网络平台。2004 年，虎扑体育的前身 hoopCHINA 篮球论坛在美国芝加哥创立，之后成立了虎扑网站，网站宗旨是建设“最好的篮球网站”，其内容特点是更新迅速、资讯丰富、信息准确。2011 年据艾瑞数据显示，虎扑网的单周用户访问量第一次超过新浪体育，在 Alexa 排名进入了世界前 500，中国名列前 100，成了国内最大的体育网站。

2012 年虎扑体育的安卓、苹果手机 APP 客户端开始上线，正式进军移动互联网领域，宗旨更新为“你的体育全世界”。最初阶段，虎扑自主研发了 4 款 APP 客户端，其中的虎扑看球、虎扑体育在安卓、苹果等应用市场体育类 APP 中的下载排行长期居于前列。2015 年 6 月，虎扑看球与虎扑体育合并统称为虎扑体育，该 APP 结合了两者的功能，是集新闻、论坛、赛事视频、电商导购等为一体的综合性 APP。该 APP 有以下特点。

（1）内容上以社区建设、互动交流加强球迷体验。虎扑体育专注于体育社区的建设，几乎没有参与体育赛事版权的争夺。虎扑体育的服务对象是专业球迷群体，对于这类球迷来讲，观赛是最重要的体验。虎扑体育 APP 对体育赛事内容进行二次开发，确定了图文直播的报道模式。在此基础上，打造以球迷为中心，注重用户间互动，为用户发声创造机会（如赛间竞猜、彩票、热线、评论、留言等），营造出黏性强的氛围。为了优化收看体验，体育视频播放中无广告插播，使得收看更加流畅；近期虎扑体育加大了二、三线城市的开发，举办各种线下比赛，并将这些赛事推进校园和社区，获得良好的反馈。（表 8－3）

① 周继坚．从奥运报道看“现场新闻”引领媒体业态变革［J］．传媒，2016（22）：20－23.

表 8－3 虎扑体育 APP 商业模式框架①

<table>
<tr><th>重要合作</th><th>关键业务</th><th>价值主张</th><th>客户关系</th><th>客户细分</th></tr>
<tr><td rowspan="3">·政府支持
·30 余家战略合作伙伴
·400 余家媒体
·国内外近千家品牌客户
·技术合作</td><td>·国内外体育赛事资源的搜集与整合
·体育赛事文字直播及用户互动
·平台消费（电商导购、彩票运营等）
·运营推广（广告营销等）
·完善用户平台及体验</td><td rowspan="3">·为体育爱好者提供“你的体育全世界”
·免费提供最快，最全面的体育赛事专业报道和数据分析
·打造最优良的用户体验平台</td><td>·通过赛事的直播与用户达到互动（赛间竞赛、彩票、留言和评论）
·共同创作
·个性化自助服务</td><td rowspan="3">·体育爱好者
·苹果、安卓用户</td></tr>
<tr><td>核心资源</td><td>渠道通路</td></tr>
<tr><td>·体育赛事赛况实时动态（文字、图片等）
·强大的数据库，存储、分析和更新功能
·网友高质量的 UGC 内容和互动
·专业解说
·庞大的用户基数
·品牌价值</td><td>·苹果、安卓应用商店
·微信＋二维码
·应用内消费（虚拟币购买、彩票、购物等）
·社会化分享</td></tr>
<tr><th colspan="2">成本结构</th><th colspan="3">收入来源</th></tr>
<tr><td colspan="2">·运营团队及人工成本 ·平台研发、维护费用
·客户端服务器费用 ·运营推广费用</td><td colspan="3">·用户消费 ·品牌广告 ·融资</td></tr>
</table>

（2）篮球图文直播是独到的内容表现。虎扑体育起源于篮球观赛体验的分享，因此美职篮赛事报道正是吸引流量的主要内容。虎扑体育对美职篮赛事内容经营分为两个方面：一是对每场比赛进行同步文字直播；二是对于比赛后续报道。②

文字直播指的是直播员亲临比赛现场或者观看直播视频，并使用文字的方式同步介绍赛况，借助网站平台或移动客户端发布给用户的一种直播形式。

文字直播的使用非常广泛，如会议、访谈及新闻发布会等均可选择这种方式。赛事直播是比较常用的一种文字直播，像美职篮比赛，四大门户网站（新浪网、腾讯网、网易网、搜狐网），还有虎扑网、美职篮中文网等体育网站均有采用文字直播；当然除了篮球比赛，还有足球比赛、网球比赛等也会使用这种直播形式。

在众多的文字直播中，虎扑体育的文字直播的优势在于：涵盖所有场次的美职篮比赛、成本低、节省流量、快于视频直播、直播员更加专业、为球迷营造了更优化的氛围。基于这些原因，虎扑体育的文字直播室，常常会聚集数十万，甚至上百万的球迷观看文字

① 葛璇．虎扑体育 APP 的商业模式评价研究［D］．上海：上海体育学院，2016.

② 苏醒．传播学视角下虎扑网美职篮文字直播研究［D］．保定：河北大学，2016.

直播，开辟了文字直播不逊于视频直播的传播优势。

虎扑体育以文字直播奠定了优质内容的强大优势，将其定位于快速、准确、全面的内容产品的提供者和参与平台，对于体育迷来讲，虎扑体育就代表了免费提供最专业的报道及找到最佳的球迷氛围。

2. 腾讯体育——赛事版权 + 社交

观赏体育的核心看点就是比赛，对于媒介体育来讲，拥有版权的赛事直播是最吸引体育迷的媒体内容。赛事直播版权一直青睐电视媒体，并成为媒介体育的最大引擎。进入第二次体育媒介化以来，网络媒体的竞争焦点开始转向赛事版权，体育新媒体的内容进一步深入到体育新闻传播的核心领域。

腾讯体育在围绕赛事直播创建内容方面脱颖而出。腾讯体育在 2015 年以 5 亿美元的价格购买了美职篮赛事 5 年的独家网络转播权。这一举措，使得腾讯体育拥有了最为重要的独家视频资源。2016 年又被称为直播元年，虽然体育赛事直播早已不再新鲜，但全民直播潮流的到来，也给体育报道带来了新的机会。

（1）体育视频围绕直播 + 赛事 + 社交。首先，体育视频赛事直播。腾讯体育赛事直播的形式可视为“比赛视频 + 网络解说”。网络媒体的解说情绪情感更加饱满，有时还会表达倾向性，与传统媒体的解说有一定的差异。社交方面，设置了“大家聊”板块让球迷进行观赛交流。此外，用户还可以通过“弹幕”形成吐槽通道，满足年轻球迷的观赛心理。其次，以“企鹅直播”为主的体育视频。“企鹅直播”面向解说员、球迷粉丝等，直播的内容丰富多彩，直播风格各异，这些来自自媒体的直播成了“企鹅直播”的主要内容，本身也具有社交属性。最后，赛事转播或者重播的多次点播。赛事的转播或者重播的节目也是重要的资源，球迷可以依据自己的时间和地点随意安排点播收看比赛视频。

（2）聚焦赛事周边内容。腾讯体育的节目除了原有的体育资讯外，在购买了版权的基础上增添了体育直播，同时围绕赛事直播还精心设计了周边的体育内容，这些内容或是原创或是与制作团队合作。

这些赛事周边内容以专题节目为主，因为拥有版权的原因，仍然以美职篮节目最为突出，其次是中超。这两个观赏体育项目是最受球迷喜欢的内容，符合和满足了收看习惯和需求。

总之，腾讯体育视频涉及的体育赛事包括美职篮、中超、中国职业篮球联赛、英超、西甲、德甲、欧冠、国足、亚冠、中甲等大型比赛，除此之外，还涉及了综合性的体育项目，包括国乒、搏击、跑步、冰雪、美国职业冰球大联盟比赛、美国职业橄榄球大联盟比赛、网球、排球等赛事。（表 8 - 4）

表 8－4 腾讯体育视频关于不同赛事呈现的节目①

赛事	设置节目
美职篮	美职篮指数、大话 美职篮、独家专访、TOP 时刻、美职篮快报、巅峰对决、绝对巨星、看球听歌、巨星城记、全景美职篮、美职篮神迹
中超	中超英雄、视界波、鲁能视界、论剑恒大、沪上逐鹿、球真妹、足球万象
英超	英超词典、巅峰足球、腾讯重磅（战术板、夜读、球探、英超议事厅、冠军红魔）
中国职业篮球联赛	全景中国职业篮球联赛
国足	足够有料、国脚下午茶、马前炮、国足官日记
欧冠	全景欧冠、疯狂大足球
综合体育	酷炫体坛、体育原创视频、国乒直通赛、极限视界、功夫搏击、拳力联盟、用武之地、运动地理

三、资本运作背景下的体育新媒体品牌建设

在移动互联网平台上，体育自媒体品牌也在逐步形成。由于资本的介入，这部分自媒体分为两类：一是创业属性的自创媒体；二是资本运行下体育新媒体矩阵的成员。

（一）体育自媒体创建

以内容为主要产品的体育自媒体兴起主要基于两个因素：一是占有内容资源；二是寻找新的体育内容增长点。

（1）占有资源型内容自媒体。著名体育记者是这类资源的天然拥有者，所以体育自媒体的内容创业是从体育记者开始的。其中影响力较大的有“杨毅侃球”微信公众号。杨毅供职于《体坛周报》《篮球先锋报》等报纸，并担任中央电视台篮球解说顾问。丰富的体育新闻制作经历，让他自身就成了体育资讯的集散中心。他创建的“杨毅侃球”微信公众号“主要发布其个人对于美职篮及中国篮球的看法、观点，风趣幽默的语言和鞭辟入里的分析受到球迷热捧，多次创造单条 10 万 + 的阅读量，粉丝进行热烈的评论与打赏，展现出良好的互动性，赢得业界一致好评。”② 2015 年“杨毅侃球”在多个榜单中出现，成了最受关注的体育自媒体大号的代表。

（2）寻找新的体育内容增长点创建的内容自媒体。主要选择的是体育商业信息自媒

① 党新．我国网络体育视频的内容生产研究［D］．北京：首都体育学院，2017.

② 李涛．2015 体育大生意年度评选榜单揭晓 杨毅最佳自媒体［EB/OL］. http://sports. titan24. com/other/2016－01－18/398430. html. 2018－08－22.

体，下面以“体育大生意”和“懒熊体育”为案例，了解一下这类自媒体的现状。

“体育大生意”创立于2014年3月，在官网上自定义为中国领先的体育产业互联网平台——以内容为中心，为体育产业从业者及消费者提供资讯、咨询、数据、营销、产品、活动等领域的全面、准确、快捷的一站式服务。其盈利模式为通过产品服务、数据技术、产业规则和资源为用户和客户赋能，建设“体育媒体、体育数据、体育营销、体育生活、体育金融”产业链。并致力于从“基于内容的垂直领域公司”转型为“基于数据技术的体育互联网公司”。①

“懒熊体育”创立于2013年底，在其官网上定位于第一个商业体育内容提供商并发展为中国体育产业的综合性服务平台。“懒熊体育”的服务在内容的基础上，衍生出了活动、金融和智库三大核心业务板块。在内容方面除了“两微一端”，“懒熊体育”已入驻“36氪”“虎嗅”“今日头条”“知乎”“ZAKER”“天天快报”“一点资讯”“百度百家”“懂球帝”及新浪、腾讯等各大体育门户，目前在各渠道的总阅读量已超20亿。此外，“懒熊体育”还对外输出英文版原创体育产业报道，已经与Leaders、iSportconnect、Flipboard等国外体育商业平台建立起内容合作关系。“懒熊体育”还拥有约20万+B端核心用户，这些用户由创业者、投资机构和投资人组成，共同构成了品牌的一部分。②

虽然以内容为主打产品的体育自媒体多以创业的形式出现，但实际上也与资本有着不可分割的联系。这些内容自媒体的出路，或者赢得资本的投资青睐，或者本身就是投融资的平台，以此促进体育产业的整体发展。

（二）体育商业产品矩阵中的体育新媒体布局

在巨大的资本运作下，体育产业会以超大规模出现，体育新媒体成了布局中的一员。

苏宁体育是苏宁控股旗下的六大产业集团之一。苏宁体育以整合体育资源、打造中国产业链最完整、营收最大的国际化体育集团为目标，正通过战略扩展、投资并购，布局体育全产业链生态圈。③

苏宁体育的体育商业矩阵包括：俱乐部运营管理、体育传媒运营、青少年足球培训、体育赛事版权经营、运动员经纪、商业运营、体育地产开发等。

从上述规模布局可以看到，体育媒体是网络矩阵的有机组成部分。

苏宁旗下自媒体平台“懂球帝”在球迷中具有巨大的影响力。2016年底“懂球帝”又完成了C轮融资近4亿元，作为投资方的苏宁再次投入了1亿元人民币。“‘懂球帝’移动端的装机量达到3000万，月获1000万；在变现上的主要尝试仍然是广告+电商的模式，其中广告为主，每月贡献900万元的收入，电商部分的收入则在500万~600万元之

---

① 体育大生意官方网站．关于我们[EB/OL]. http://www.sportsmoney.cn/site/about. 2020-04-03.

② 懒熊体育官方网站．关于懒熊[EB/OL]. http://www.lanxiongsports.com/?c=abouts&a=index&code=about. 2020-04-03.

③ 新浪体育．苏宁体育简介[EB/OL]. http://sports.sina.com.cn/china/other/2017-05-12/doc-ifyfeivp5644712.shtml. 2018-08-22.

间。”“懂球帝”提供一站式解决问题的体育垂直平台，在资讯方面，为用户提供即时新闻和比赛直播；在电商服务方面，为球迷提供球衣、球鞋等装备及足彩；在社交方面，“懂球帝”集合了众多球迷，设立特定社区让他们进行讨论。有业界人士认为，苏宁缔造的体育帝国矩阵，在已经拥有了顶级版权（英超）、直播平台（PPTV 和龙珠直播）、欧洲豪门（国米）和中超球队后，“懂球帝”填补了连接 C 端用户平台的缺口。①

另外，苏宁作为第一大股东的 PPTV 聚力体育是一个视频播发平台，拥有 2017—2018 赛季欧洲五大联赛全部版权，再加上中超、亚冠、中国之队、欧冠、欧联杯、足总杯、荷甲、苏超和俄超等赛事，PPTV 聚力体育已经成为目前中国乃至亚洲顶级足球版权最齐全的平台之一。

除了拥有众多版权之外，PPTV 聚力体育还将众多知名解说员招致旗下，如黄健翔、董路、李欣、娄一晨、刘越、苏东等，给球迷带来更多的收看体验。除此之外，PPTV 聚力体育在挖掘版权方面还做了许多有意义的尝试：在 PC 端、移动端和智能电视 OTT 端同时进行直播；除了付费直播外，还利用飞猫直播、荐彩直播提供差异化内容服务；线下利用苏宁影城和苏宁广场组织看球活动；线上联合苏宁商场探索赛事版权衍生品售卖和会员权益运营。②

专栏 8－3 2017 年体育头条号

天津网讯 天津日报报道 昨日（2018 年 1 月 22 日），今日头条发布了头条号 2017 年度榜单，作为今日头条的签约作者，天津日报体育新闻中心精心打造的“昊体育”荣登 2017 年度体育头条号榜单。

这份榜单是由头条号平台官方发布的。平台综合账号全年内容发布量、内容质量、阅读/播放量、“粉丝”数、收藏量、分享量、评论量、内容影响力及表现力等各项维度评选得出，共分视频、体育、媒体、“三农”等 21 份榜单，其中，入选年度体育头条号的共有 20 家，入选榜单的要么是搜达足球、乐播足球这样的体育 APP，要么是五星体育、乒乓世界这样的专业媒体，或者是聂卫平、颜强、央视刘思远这样的名人个人号，“昊体育”是榜单中唯一一家由地方传统媒体打造的头条号。

“昊体育”自 2015 年 3 月创办以来，在两年多的时间里，依靠天津日报体育新闻中心强大的采编力量，实现了从无到有，从小到大，从单一平台到全平台覆盖，从本地知名到全国领先的跨越式发展。目前，“昊体育”已经入驻腾讯、今日头条、百度百家、一点资讯、新浪看点、网易、UC 大鱼号、悟空问答等众多内容平台，无论是阅读数、“粉丝”数还是原创度都稳居各平台体育类前列，各平台累计阅读数早已突破亿级大关。2018 年，

① 虎嗅．苏宁再次出手上亿布局体育，懂球帝在帝国中扮演着怎样的角色？[EB/OL]. http://www.sohu.com/a/120750789_115207. 2020－04－03.

② 戴克汉姆说．苏宁体育如何打好手中牌？服务体验升级或是关键[EB/OL]. http://www.dongqiudi.com/archive/396923.html. 2020－04－03.

“昊体育”还将向更加垂直化、细分化进军，向短视频、视频直播等领域扩展，争取更大突破。①

专栏8－4 从体育新闻学的视角如何理解电子竞技？②

“电子竞技”是信息时代人类体育行为的一种演化，它是以电子游戏内容为载体，借助电子交互技术和硬件实现人与人之间竞技比赛的竞技体育活动。

2017年10月，第6届国际奥委会峰会宣布，将电子竞技归为一项“体育活动”（A Sporting Activity）③。

国家体育总局早在2003年11月18日就已经正式批准将电子竞技列为第99个正式体育竞赛项目（2008年又改批为第78个正式体育项目）。电子竞技有可能在2022年杭州亚运会上成为正式比赛项目。

电子竞技的实质是在虚拟环境中重构一个体育世界，其基础是人的智能、人工智能及硬件技术。在这个虚拟体育世界中，网络游戏对应实践体育，人人可以参与，自娱自乐为主；电子竞技对应观赏体育，高水平对决，吸引观众观看为主。维系这个虚拟体育世界仍旧是人与人之间建立和连接的体育关系，当然，这里的体育关系带有交叉属性，既存在于虚拟世界中的虚拟人物之间，还存在于现实人物之间。总之，这个虚拟世界是体育媒介化的更新迭代。

总 结

新媒体是一个逐渐演变的概念，随着计算机技术的发展，新媒体这个词汇被广泛加以使用。彭兰在《“新媒体”概念界定的三条线索》中对“新媒体”的界定较为全面，她认为：“新媒体主要指基于数字技术、网络技术及其他现代信息技术或通信技术的，具有互动性、融合性的媒介形态和平台。在现阶段，新媒体主要包括网络媒体、手机媒体及两者融合形成的移动互联网，以及其他具有互动性的数字媒体形式。”④

体育新媒体可以理解为在数字、网络技术等信息通信基础上，围绕各类体育信息资源而搭建的具有互动性、融合性的开放媒介生态平台。

新媒体平台与观赏体育的关系主要表现在两方面：一是体育媒介产品的新媒体操作；

① 天津网．今日头条发布年度榜单昊体育入选2017年度体育头条号［EB/OL］．http://dy.163.com/v2/article/detail/D8QTRIV80514R9M6.html. 2020－04－03.

② 杨越．新时代电子竞技和电子竞技产业研究［J］．体育科学，2018，38（4）：8－21.

③ IOC NEWS. COMMUNIQUE OF THE OLYMPIC SUMMIT［EB/OL］. https://www.olympic.org/news/communique－of－the－Olympic－summit. 2020－04－03.

④ 彭兰．“新媒体”概念界定的三条线索［J］．新闻与传播研究，2016，23（03）：120－125.

二是具有体育明星IP和俱乐部IP在新媒体平台上的内容建设。可以说，观赏体育经过了第一次体育媒介化阶段，已经在商业价值和知识产权中确立了以赛事、明星为主的核心部分；到了第二次体育媒介化阶段，即新媒体阶段，其重要目的是进一步对已有资源、新拓展资源进行合理有效的挖掘和维护。事实也进一步证明，观赏体育在新的媒体环境下的确释放出了更加巨大的能量。

新媒体与实践体育的结合，实质上是把体育活动或者比赛移植到网络空间中，在这个空间中体育活动或比赛的参与者、组织者和事件都是真实存在的，线上与线下可以无缝对接，对实践体育的推广和宣传能够起到有效的推进作用。在实际操作中，哪些部分可以转化成有效的信息移植到网络空间是核心问题。对于实践体育而言，新媒体平台有个共同的特点，即需要依赖由实践体育引发的行业资源，实践体育的资源主要集中于大健康领域背景下的运动健身服务、运动项目和赛事、体育场馆（地点）休闲与旅游等。体育新媒体平台就是依赖上述资源，进行信息传播的创意策划，搭建起了实践体育的生态信息系统。

体育新媒体如何在互联网中延续媒体特征，或者说，以内容为主要产品的体育新媒体如何进行体育新媒体品牌建设，主要融合方式包括：对传统专业体育媒体的重塑；以虎扑网、腾讯体育为案例的体育新媒体平台建设；资本运作背景下的体育新媒体品牌建设。

思考题

1. 怎样理解新媒体？怎样理解体育新媒体平台？
2. 观赏体育新媒体信息资源有哪些？如何使用？
3. 赛事IP、体育明星IP、球队IP与新媒体开发的关系是什么？
4. 实践体育与新媒体如何融合？路径有哪些？
5. 举例说明实践体育新媒体建设现状。
6. 以内容创新为主的体育新媒体有哪些特点？举例说明。
7. 举例分析体育自媒体的发展路径。

拓展阅读

1. TONEY J. Sports Journalism: The Inside Track[M]. New York: Bloomsbury Publishing, 2013.

2. 彭兰．中国网络媒体的第一个十年［M］．北京：清华大学出版社，2005.

3. 维克托·迈尔·舍恩伯格．大数据时代［M］．盛杨燕，周涛，译．杭州：浙江人民出版社，2017.

4. 凯文·凯利．失控：机器、社会与经济的新生物学［M］．东西文库，译．北京：新星出版社，2002.

5. 魏伟．近年来国际体育传播研究的转向和趋向［J］．体育科学，2016，36（5）：10－17.

第九章　体育新闻从业者

内容提要

职业道德与职业伦理是新闻专业的基石，在实践中，更是衡量专业技能的重要标准，特别在新媒体时代，这部分内容尤为重要。

本章第一节着重介绍体育新闻从业者的职业素养，这可以看成体育报道领域对记者的特殊要求；第二节探讨体育道德与体育法律法规，对体育新闻记者来讲，这部分内容也是必须了解和掌握的；第三节关于新闻职业道德的介绍，其中对中外新闻职业道德均有阐述。

学习目标

掌握体育新闻职业素养和体育新闻敏感的主要内容；熟悉体育伦理、体育道德和体育法规的重要性；了解新闻职业伦理道德和体育新闻职业道德的内涵。

关键术语

体育职业素养、体育新闻敏感、体育新闻专业技能、体育伦理、体育法律法规、新闻职业伦理道德、体育职业道德

第一节　体育新闻从业者的职业素养

导　入

体育新闻从业者的职业素养是一个非常重要的问题。立志从事体育新闻报道的学习者不仅要回答这个问题，还要掌握其中所包括的各类职业技能，只有这样才能适应这个行业的要求。事实上，体育新闻从业者的职业素养是一个动态的概念，随着大众传媒日新月异的变化，体育新闻从业者的职业素养也在“变与不变”中更新着内涵。

体育新闻从业者的职业素养是指将专业知识和经验内化为意识和技能的结果，体现在体育新闻从业者的日常工作之中。对于注重实践积累的新闻工作者而言，职业素养的养成需要一个将知识应用于实践中并逐步感悟的过程。①

对于体育新闻从业者的职业素养，最为关键的是职业要求的特殊性。或者说，除了一般新闻从业者的职业要求外，体育新闻从业者是否需要增加额外的职业要求。

一、从实践中挖掘体育新闻从业者的职业素养

体育新闻是实践性很强的专业领域，体育新闻从业者的职业素养需要从工作实践中挖掘出来。1997 年《中国记者》杂志围绕体育记者的职业素养，曾做过一次规模较大的调查。以《素质的较量》为题刊登在《中国记者》杂志上。②

这次调查的内容是围绕着体育新闻记者的职业素养及其外在表现展开的，主要包括：

第一，体育记者应该具备什么样的新闻敏感？与其他行业记者相比，有哪些特殊素养？

第二，体育记者的社会责任感体现在哪些方面？

第三，如何提升体育报道的深度？体育评论、体育新闻深度报道等体裁的特殊要求是什么？

第四，体育文字记者和体育电视记者如何竞争？各自优势是什么？

① 钟新，杨丽．奥运记者的三种素养与三种境界［J］．新闻与写作，2007（10）：27－28.

② 本刊调查．素质的较量——体育记者工作情况调查（上）［J］．中国记者，1997（9）：48－51.

第五，目前我国体育新闻报道中存在哪些问题？

调查的对象主要是当时活跃在一线并有一定成就的记者，如表 9－1 所示。

表 9－1 调查对象基本情况一览表（1997 年）①

姓名	性别	工作经历
许基仁	男	新华社体育部发稿中心副主任，主任记者，从事体育新闻采编工作 12 年
徐世平	男	主任记者，从事体育新闻工作 15 年，曾任《新民晚报》体育部副主任，《新民体育报》常务副主编，现调任《新民晚报》评论组常务副组长
卢晓峰	男	广东电视台体育部副总监制，主任记者，从事体育新闻工作 18 年
汪大昭	男	主任记者，1982 年北京大学毕业后，在人民日报从事体育新闻工作 15 年
剑杰	男	新华社体育部记者，从事体育新闻工作 6 年
曲北林	男	新华社体育部主任记者，从事体育新闻工作 13 年
陈建奇	男	中央人民广播电台体育部记者，从事体育新闻工作 13 年
左达文	女	北京青年报体育部编辑，从事体育新闻工作 13 年
师强	男	大连人民广播电台记者、节目主持人，从事体育新闻工作 5 年
徐济成	男	新华社体育部英文采编室副主任，主任记者，从事体育采编工作 11 年

基于此次调查，体育新闻从业者应具备的职业素养包括以下方面。

（一）体育新闻敏感和职业素养

1. 体育新闻敏感

对于新闻敏感，学界一致认为，新闻敏感是记者对新闻事实的认识能力。甘惜分在《新闻学大辞典》中认为，新闻敏感“是记者、编辑发现和判断具有新闻价值事实的能力”；赵玉明在《广播电视简明辞典》里把新闻敏感定义为“新闻工作者对客观事物的新闻价值的判断能力”；刘海贵、尹德刚在《新闻采写新编》中则认为，“新闻敏感，通常指新闻工作者及时识别新近发生的事实是否具有新闻价值的能力”等。②

从新闻敏感可以推断，体育新闻敏感指的是体育新闻从业者发现和判断具有体育新闻价值的能力。体育新闻敏感是体育从业者最为重要的专业技能之一，体育新闻敏感的具体表现需要从新闻实践中去挖掘和整理。而《素质的较量》一文中着重调查的正是体育新闻记者的特殊职业敏感。

在调查中，有人指出“体育记者的新闻敏感主要表现在对有社会影响的体育事件、人

① 本刊调查．素质的较量——体育记者工作情况调查（上）［J］．中国记者，1997（9）：48－51.

② 康文久．有关新闻敏感的两点思考［J］．新闻大学，2005（3）：70－71，75.

物、动态、舆论明察秋毫，并有一定的预见性。”① 这句话概括了体育新闻敏感在工作过程中的总体应用。前文提到，体育实践带有规定性，因此，上述体育新闻敏感在体育实践中也可以看到具体表现。

（1）观赏体育是体育新闻价值判断力的最佳表现领域。观赏体育是体育新闻报道中最活跃也是最吸引受众的部分，观赏体育主要由体育赛事和体育明星组成，体育新闻敏感首先表现在体育比赛中，能够发现和辨别有价值的新闻素材，判断这些素材的重要性和影响力。具体而言，就是赛前对比赛形势的预测，赛后对比赛结果的分析，挖掘体育人物的精彩点，发现并推断关键事件对未来趋势的影响力。

在赛事中对体育人物和事件进行判断是对体育记者重要的考验，是体育新闻敏感最主要的组成部分。特别是那些项目繁多、明星荟萃的大型赛事，如果敏感度不够，轻则手忙脚乱，重则“捡了芝麻丢了西瓜”。《素质的较量》一文中，有位记者回忆采访生涯，在1993 年第七届全国运动会上，一名曾在巴塞罗那奥运会获得女子蝶泳冠军的选手未能在她拿手的项目上进入决赛，一位资深记者在他的消息中只字未提这个新闻事件，当编辑询问此事时，这名记者竟然反问道：“第九名有什么可写的?”可见新闻敏感度直接影响素材选择。

（2）需要时刻保持新鲜的敏感状态、能够以小见大的观察分析能力。由于体育实践的规定性，比赛和人物都是事先确定的，重要的赛事也带有“周而复始”的惯性。新闻敏感作为一种特殊的认识能力要求体育从业者具备在惯常和熟悉的比赛中能够以小见大、推陈出新的观察分析能力。

在本次调查中，有被调查者认为：自甘平庸的记者满足于描述比赛，一般的体育记者停留在就事论事，追求卓越的记者则是从习惯性的比赛中跳出来。“从平淡中看到精彩，从精彩中看到精华，永远从最小的地方着笔，永远从最‘亮’的地方起步，这是体育记者的境界”，也是体育记者重要的新闻敏感的体现。②

体育新闻敏感往往随着对项目、比赛和队员的熟悉，而变得习以为常，缺乏新意，流于惯性。一些在从业之初非常有感觉的素材，时间久了往往会变得麻木。“不识庐山真面目，只缘身在此山中”这个天敌的杀伤力是很大的，对体育新闻敏感的降低是致命性的，所以，体育记者需要永远保持对体育的热情和冲动，也是对体育新闻敏感的保护与提升。

2. 职业素养

（1）体育新闻从业者首先需要热爱体育并拥有体育知识储备，外语、计算机等现代化手段对于体育新闻从业者来讲十分重要。

在本次调查中，多位受访者谈到体育新闻从业者的基本条件就是对体育有着浓厚的兴趣，甚至可以理解为一种与生俱来的热爱。除此之外，体育新闻从业者还需要学习和掌握丰富的体育知识，这里的体育知识，不仅是资料性的文字本身，还应该熟悉各体育项目的

① 本刊调查．素质的较量——体育记者工作情况调查（下）［J］．中国记者，1997（10）：47－49.
② 本刊调查．素质的较量——体育记者工作情况调查（上）［J］．中国记者，1997（9）：48－51.

运动规律。只有这样才能挖掘体育现象背后的深刻内涵。

由于体育比赛的国际化程度高，成熟的、有影响力的赛事基本为国外比赛，因此，体育记者是在国际新闻界最为活跃的一股力量，掌握一门外语不仅如虎添翼，更多时候是必备的条件。除此之外，国际大赛均为体育记者提供赛事服务，同时也要求记者掌握计算机等现代化工具，这些已经逐渐成为基本技能。

（2）面对赛场复杂环境的快速处理能力。体育记者的新闻敏感度可以与战地记者相比，一场比赛的紧张激烈程度相当于一场战争。体育比赛往往变化多端，新闻素材和采访机会稍纵即逝。不仅是采访题材本身，体育记者的现场压力还来自多家新闻单位之间同时关注同一比赛的竞争。因此，体育记者在比赛现场的工作状态往往是这样的："许多体育记者在采访时，大脑总是在不停歇地寻找同一题材的不同视角，随后在几乎没有构思的情况下将文稿或影像发出。要寻找独特视角但时间紧迫，这恐怕是所有新闻记者必须面对的困难，而体育记者在这方面所遇到的困难已成常事。常常听到采访别的领域的记者感叹：做体育记者真不容易。这种感叹多数是看过某位体育记者的工作全流程之后得出的。"①所以，体育记者随机应变的反应速度应该比其他记者要快，时间意识更强，出手需要迅速。体育新闻多为急就章，体育新闻采编者需要在观察、取材、思考、判断、下笔等环节上，独立而敏捷地做出处理，等指示、磨洋工多被这个行当所不容。

（3）体育记者还需要兼备激情和冷静。体育记者应该同时兼备激情和冷静，这种职业素养虽然是对记者更多的考验，但也只有二者兼具才能成为一名优秀的体育报道者。

体育记者需要对体育有着满腔热爱，这是事业的基础。体育记者只有成为有激情的球迷，才能感同身受地了解球迷的特殊体验和需求。但是，体育记者不能停留在球迷的程度，只有客观地看待报道对象，才能更加全面、深入地报道比赛。因此，冷静更是体育记者必须具备的职业态度，只有保持冷静的状态，才能保障新闻作品有理有据，任何"捧杀"和"棒杀"的写作态度和方法都应该受到诟病。这方面的原理和重要性在前面的章节里已经有过较为详尽的分析。

（4）身体素质。体育记者的身体素质是本次被访者提及最多的重要方面。有些体育记者甚至认为，身体是体育记者的唯一本钱，身体如果无法支撑，体育记者也做到头了。体育记者的工作强度有多大呢？有人这么描述："一天吃一顿饭，睡三小时觉，还要一天写一万字……20多小时一动不动兴趣盎然地观看比赛之后写稿；或长途跋涉转场报道；能连续作战20天以上，每天只睡三四个小时；还须掌握多种形式的交通工具和通信手段。"②把体育记者类比为战地记者的很多，同时还感慨道，战争不常有，而大型比赛，如全运会、亚运会、奥运会，各类周期比赛等每年都会有。

（二）体育新闻从业者的社会责任

体育新闻属于文化娱乐类新闻，但体育新闻从业者的社会责任却是十分重大的。越是

① 本刊调查．素质的较量——体育记者工作情况调查（下）[J]．中国记者，1997（10）：47－49.

② 同①.

大型的体育事件，越是具有巨大的社会影响力，其影响力早已经不局限于体育领域。

首先，体育新闻从业者同样需要坚持正确的舆论导向，这是体育新闻从业者社会责任感的集中体现。要做到这一点，需要体育新闻从业者具备大局观，坚持实事求是，“为人民健康幸福、为社会繁荣稳定、为国家强盛发展服务”。① 注重自身的学习和提高，了解国家的大政方针，熟悉各项法律法规。在具体工作中，深入调查研究，挖掘更深层次的体育精神，不仅局限于体育比赛的胜负，还要有更加宽广的视野和知识结构。

其次，体育新闻从业者要有一定的正义感，学会全面辩证地看待问题。体育比赛有胜负，记者的笔头褒贬总会带有感情色彩，这是体育新闻从业者最难把握的尺度之一。如何在工作中树立良好的报道口碑呢？需要体育新闻从业者保持观察和思考的一贯性和连续性，一定不要自相矛盾和极端化，对报道对象，特别是队员、队伍和教练员不要以偏概全，把狭隘、过激的言论放到自己的稿件中。体育记者一定要学会用客观、真实、公正、全面的态度报道比赛，这样才会有长久的专业生命力。

（三） 体育新闻从业者对体育新闻文本写作的掌握和突破

体育新闻体裁突破了传统的新闻体裁形式，体现了体育新闻报道的特殊性，在长期的报道中，体育新闻从业者对体育新闻文本应有更加明确的认识。

首先，体育评论是体育新闻从业者们最为推崇的体裁。有的体育新闻从业者甚至认为，不会写评论的记者算不上一名好记者。体育受众已经不满足于平面的、直观的比赛描述，体育评论就成了当代体育新闻报道的主要手段。体育评论的作用是“点睛”，如果仅仅是白描式的比赛过程呈现，体育新闻就成了文字表达的“录像带”。

体育评论的形式也是多种多样的，电视评论就是与画面紧密结合，不论是短评还是夹叙夹议，需要声画合一。另外，数据也可以起到评论的作用，发挥语言文字、图表数据及画面的综合作用。

体育评论不代表“场外指导”，体育记者不是教练，体育评论应是“介乎专家言论和观众议论之间的文字，既让专家理解，又让观众的情感得到宣泄。”②

深度报道也是体育新闻从业者关注的体育新闻文本的载体，有记者认为体育评论就是搞好体育深度报道的主要途径，深度报道需要记者加强调查分析，提高综合业务能力。不能只局限于比赛胜负，还要善于收集、整理和分析背景资料，抓取比赛现场的精彩细节，用老练、精准的语言评论体育事件。体育新闻文本写作的探索才刚刚开始，有待于更多的优秀记者突破和创新。

（四） 不同类型的体育记者的优势

《素质的较量》一文中对体育记者的调查是在20世纪末，当时网络发展还没有现在普

① 本刊调查．素质的较量——体育记者工作情况调查（下）［J］．中国记者，1997（10）：47－49.

② 同①.

及，不同类型记者主要指文字记者和电视记者，探讨两者在专业表现上的各自优势。

表面上看，当时电视的快速发展已经把文字记者逼到了无路可走的地步，但文字记者时刻搜寻着机会，创造了“时间差”“位置差”等竞争优势。所谓“时间差”就是将文章做在电视镜头的前后，所谓“位置差”就是将文章做到赛场外，并充分利用文字的综合分析能力。对于分析性、解释性、背景性新闻，文字记者似乎更得心应手。古人说“力透纸背”，这就是文字的独特魅力。

多数情况下，文字记者是单兵作战，而电视记者是集团作战，各有优势。文字记者可以灵活多变地发挥笔端特色，电视记者则可以制作出更为丰富多彩的视听内容。文字记者和电视记者在相互竞争中共同提高，“这种提高主要表现在报道深度上，文字记者不敢再停留在场面的描写上，而电视记者也试图在文字解说上有所突破，利用电视的综合手段加强报道深度，真正做到图文并茂。”①

（五）我国体育新闻报道对体育新闻从业者提出新的要求

首先，体育受众对体育新闻报道提出了更新的要求。体育受众的需求有着两极化趋向。一是关注世界级别的高水平比赛，如世界杯、欧洲杯、美职篮及世界拳王争霸赛等高端赛事；二是关注身边的比赛，如通过国内职业赛事培养起来的上海、北京等本地球迷等，他们关注国内各项赛事，特别是有本地球队的比赛，这是体育新闻独有的接近性。由此可见，球迷对体育新闻报道内容的需求主要表现在：第一，关注重要的世界级高水平大赛，如奥运会、世界高水平职业联赛等；第二，关注普及程度高的热点项目，如足球、乒乓球等；第三，关注有中国队或者本地球队参与的比赛，如中职篮、中超等；第四，体育受众参与到体育报道中的热情很高，乐于献计献策、发表观点是体育受众的重要特点，体育受众文本就是在这个基础上产生的。

其次，体育新闻从业者自身素养有待提高。体育记者的素质有待全面提升，目前主要的问题是浮躁，“一些素质不高的体育新闻从业人员比受众更喜欢凑热闹”。② 在体育报道的方式上呈现出程式化、单一化和表象化的现象，具体表现是不重视写人。“在这点上，美联社、路透社和法新社的做法值得我们借鉴。他们的体育报道注重个性，注重个人的力量。在足球、篮球等集体项目的报道上，对球星的表现着墨较多。如写巴西足球队和芝加哥公牛队，绝对不会忽视罗纳尔多和乔丹的存在。若他们表现好，费点笔墨理所当然，若表现不好，更是新闻，应说明表现不好的理由。这与我国传统报道思想有差异，我们注重整体，常忽视个人表现，结果造成稿件单薄、干巴或空话连篇。”③

① 本刊调查．素质的较量——体育记者工作情况调查（上）[J]．中国记者，1997（9）：48－51.

② 同①.

③ 本刊调查．素质的较量——体育记者工作情况调查（上）[J]．中国记者，1997（9）：48－51.

二、多媒体环境下对体育新闻从业者职业素养的研究

体育新闻从业者的职业素养与体育新闻教育的人才培养有着密切的联系，因此，有不少学界专家对此进行了分析和论述。随着媒体形态的不断发展变化，体育新闻从业者职业素养也成了常谈常新的话题。

王凯所撰写的《体育新闻专业人才胜任力模型与培养路径探究》是目前较新的关于体育从业者职业素养的研究文章。

从体育媒体招聘要求中不仅能看到用人单位的社会需求，也从一个侧面反映出目前我国体育新闻界对从业者的基本要求，也是体育新闻从业者职业素养的具体表现。

该文通过智联招聘、51job 等招聘平台收集了 2012 年 12 月份的体育新闻专业的招聘信息，发现招聘单位共 31 家，就业岗位主要包括体育编辑（传统媒体编辑、网站编辑等）、体育记者、体育通讯员、体育播报员、体育广告等。（表 9 - 2）

表 9 - 2　招聘信息来源一览表①

单位分类	数量/家	占比/%
传统媒体（报纸、期刊、广播、电视）	5	16. 13
新媒体（网站、微博、论坛、网络视频播报等）	23	74. 19
体育类企业（策划、广告文案、内刊编辑等）	3	9. 68
合计	31	100. 00

从表 9 - 2 可以看出，目前对体育新闻专业学生的需求主要集中在新媒体。

作者对招聘信息进行了统计分析，发现用人单位提出了 7 个方面的要求，这 7 个方面的要求可以理解为职业素养的具体体现。（表 9 - 3）

表 9 - 3　体育新闻专业人才招聘要求分析一览表②

招聘要求	提出要求的单位数量/家	提出要求的单位数量占总数的百分比/%
丰富的体育知识储备	28	90. 3
新闻理论知识	20	64. 5

① 王凯．体育新闻专业人才胜任力模型与培养路径探究［J］．中国体育科技，2013（4）：132 - 138.

② 同②.

续表

招聘要求	提出要求的单位数量/家	提出要求的单位数量占总数的百分比/%
软件应用能力	20	64.5
文字功底和写作能力	22	71.0
策划、创意能力	19	61.3
外语能力	10	32.3
综合素质（工作经验、踏实、团结精神、协作能力等）	25	80.6

由表9－3可知，这7个方面的要求依次包括：体育知识储备（重点是精通1～2个体育项目），综合素质，文字功底和写作能力，新闻理论知识，软件应用能力，策划、创意能力和外语能力。

王凯在文章中结合前人研究，搭建了一个体育新闻专业人才的胜任力模型，如图9－1所示。

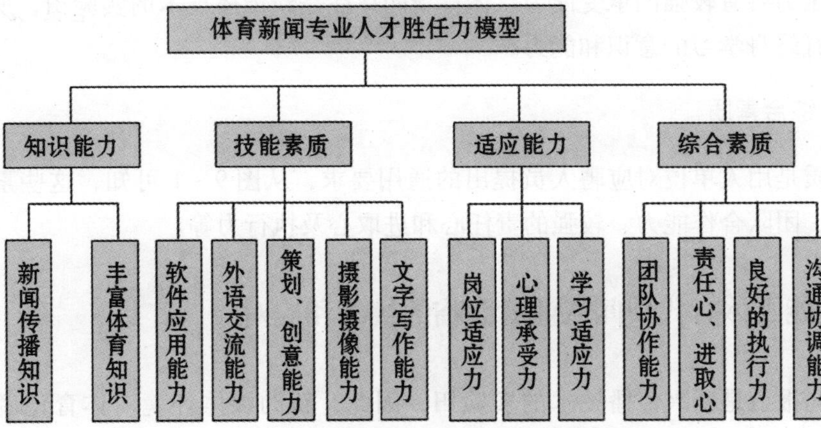

图9－1 体育新闻专业人才胜任力结构模型图①

由图9－1可知，体育新闻专业人才胜任力主要包括知识能力、技能素质、适应能力和综合素质四个方面。

（一）知识能力

知识能力中的“知识”主要指的是体育专业知识。关于体育专业知识最容易理解的是体育项目、体育规则、赛事历史、球队及明星的战绩史。在搜狐、网易、腾讯、新浪的招聘信息中对体育专业知识提出了具体要求，如搜狐体育网络编辑岗位明确提出具备丰富的

① 王凯．体育新闻专业人才胜任力模型与培养路径探究［J］．中国体育科技，2013（4）：132－138.

体育知识，热爱体育，对美职篮、中职篮、国际足球、国内足球等熟悉；腾讯体育频道的要求是：热爱体育，至少熟悉一个比赛项目，有丰富的体育知识积累。

（二） 技能素质

伴随着新媒体的发展，体育新闻的专业技能逐渐增加，也更加清晰：图片软件、视频编辑软件的使用及摄像摄影技术的掌握等。例如，北京风行在线技术有限公司对体育编辑的岗位要求是“熟悉 Premiere、Vega 等非线剪辑软件，会使用 After Effects、Maya 或 3DMax 等影视后期软件的优先”。有两点需要说明：一是传统的文字写作能力不是削弱了，实际上，文字能力仍然是最为重要的基本功，其他的表达方式均是在文字之上的叠加；二是新媒体时代的跨媒体技能需要加强，特别是计算机及网络技术的应用。

（三） 适应能力

体育新闻工作围绕着赛事进行，就决定了在短时间内工作负荷极大，时效性强，适应能力主要针对体育新闻工作的高强度、高负荷、变化快而言的。在用人单位的招聘信息中对招聘对象的适应能力皆提出了一定的要求，适应能力主要体现在能够迅速适应岗位要求，对工作压力要有较强的承受能力。体育新闻往往是新传播技术的实验田，所以要求从业者一定要有终身学习的意识和能力。

（四） 综合素质

综合素质是用人单位对应聘人员提出的通用要求，从图 9 - 1 可知，这些素质包括沟通协调能力、团队合作能力、较强的责任心和进取心及执行力等。

三、智能媒体时代新闻从业者面临的挑战和应对

体育新闻报道是新兴传播技术的实验田，因此，新的媒体环境对体育记者的冲击会加剧。

在 2016 年的里约奥运会上，媒介传播技术第一次冲到了前台，以“媒体实验先锋”的角色进入了体育迷的视野。VR 直播、360°全景视频、8K 超高清、无人机、机器人等前沿技术装备各显神通，特别是新闻机器人的出现，与体育比赛时效性的要求高度契合，给体育受众留下了深刻印象。

华盛顿邮报的新闻机器人叫作 Heliograf，下面是它在 Twitter 上发布的里约奥运会第一条消息：“美国选手弗吉尼亚特拉谢尔在 10 米气步枪比赛中战胜中国选手杜丽获得金牌。”[①] 另外，这条消息也通过华盛顿网站、Amazon Echo、Facebook Messenger 等平台同步进行推送。Heliograf 的主要工作是从数据公司 Stats. com 抓取相关数据，并迅速生成奥运

① 张欣．科技奥运：追求更快与更强的机器人记者［J］．青年记者，2017（1）：44 –45.

会的比赛比分、奖牌榜、战报等简短报道。

除了机器人写手外，机器人解说员也在里约奥运会上亮相了。“度秘”是百度人工智能机器人，奥运会期间它化身体育解说。2016 年 8 月 7 日凌晨，“度秘”实时解说了中国男篮和美国“梦之队”的首战比赛。“阿联上篮，被乔治犯规了！”“阿联罚球，两罚全中！！！666！”“格林上篮，李慕豪犯规阻止”……“度秘”可以准确抓取赛场数据并使用语言描述，会用连续的感叹号表达情绪情感，能及时添加精彩瞬间的 GIF 动图，甚至还能进行预测。例如，“斗胆一猜吧，今天男篮的小伙子最多输 40 分！打得非常棒！加油！”①

“度秘”的工作原理来自研发团队的技术干预，其中不同领域的海量语料的输入是决定作用，另外，利用自然语言处理技术，“度秘”深度学习了大量人类解说员的语料，其中一位“师父”就是篮球解说杨毅。“度秘”不仅学习杨毅的专业术语表达，还学到了他的幽默感。2016 年 8 月 18 日是里约奥运会男篮 1/4 决赛澳大利亚对阵立陶宛队，担当解说的杨毅主动约战“度秘”，首次完成了一次奥运会比赛的人—机合作解说。杨毅的解说激情四溢、旁征博引、滔滔不绝，“度秘”一本正经、有条不紊，两者的合作是一种绝妙的体验。②

在这样的科技媒体大背景下，体育新闻从业者该如何应对呢？

（一）转变思想观念：从制作理念转变为分析理念

祝建华 2013 年撰文分析了哥伦比亚大学 Tow 数据新闻中心（Tow Center of Digital Journalism）的一篇报告，报告中提出了后工业时代记者需要具备的 9 项技能，其中前 3 项属于软技能，后 6 项是硬技能。这 9 条内容一经披露，新闻界和新闻教育界受到了一定的冲击。③

3 项软技能包括：第一，良好的心态和精神状态，成为具有企业家精神的记者；第二，成为网络化的个体；第三，培育具有正直和良好判断力的公众形象。

记者本来被理解为社会活动家、舆论导向的引领者，但被要求具备企业家精神还是第一次；第二条是需要融入互联网环境中，这是必要的；第三条与传统理念一致。

6 项硬技能包括：

第一，具有专业知识，成为专家型记者；第二，熟悉数据和统计知识；第三，了解用户分析工具，更好地理解受众；第四，熟悉基本编码知识；第五，会讲故事；第六，懂项目管理。

在 6 条硬技能里面，具有创新性是第二条和第四条：需要记者懂数据及数据分析方法，还要学会基本的编码和用户分析技术，这些都是在以前的技能里没有被提过的。项目管理的理念也带有新的内涵，这暗示着记者必须有能力带领一个团队去完成采编任务，而

① 张欣．科技奥运：追求更快与更强的机器人记者［J］．青年记者，2017（1）：44 –45.

② 同①.

③ 祝建华．大数据时代的新闻与传播学教育：专业设置、学生技能、师资来源［J］．新闻大学，2013（4）：129 –132.

且任务是多样化的，媒体呈现方式也可以是多样的。①

实际上，新媒体形态、传播技术等改变了媒体的生态环境，给从业者提出了更高的要求，也给新闻教育带来了巨大的压力。体育新闻的变化首当其冲，体育新闻教育的转变迫在眉睫。应对的策略是什么呢？首先是观念的改变。传统的新闻教育注重的是新闻制作理念，以新闻内容最终呈现的结果为标杆，以新闻实践的经验为衡量标准。当技术可以代替更多的新闻实践行为时，作为记者存在的更高价值就被凸显出来。

所以以新闻制作为理念就需要改变为以分析为导向，注重记者为主体的人在新闻实践过程中的分析判断价值。在这个过程中，理性和情感是人独有的成分，也是体育新闻传播中最为珍贵的部分。

以分析为理念的新闻教育过程，可以分解为以数据分析、以质化研究为主的研究方法的学习。通过这两方面的学习提升体育新闻报道中的分析能力，让分析能力成为新闻报道特别是体育新闻报道的核心基础技能。

（二）从数据新闻课程学习中学会分析

数据新闻课程包含数据分析等研究方法内容，可以帮助学习者建立科学的分析逻辑框架。以 Tow 数据新闻中心为例，该中心就是针对数据新闻领域开设课程的机构，这些课程主要面对计算机和新闻双学位硕士生。

表 9－4 列出的是以授课形式为主的数据新闻课程。在课程的安排方面，第 1～3 周着重基础课程的学习，让学生掌握数据新闻基础知识；第 4～10 周，注重数据技术的学习，涵盖信息筛选、数据分析、可视化等技术；第 11～13 周，主要讲授数据的信度和影响力。数据课程内容的学习以实用为主，每周课程的提前预习及课后推荐阅读都是重点。

表 9－4　哥伦比亚大学新闻学院 2014 年秋季计算机新闻学课程表②

星期	第 1 周	第 2 周	第 3 周
标题	基础知识	计算机技术	文本分析
内容	了解计算机科学和新闻的交叉点；讲授数据的概念	了解数据挖掘、语言处理、机器学习、可视化及数据算法	学习基本的文本分析技术、探讨一些被广泛运用的算法，如搜索引擎

① 祝建华．大数据时代的新闻与传播学教育：专业设置、学生技能、师资来源［J］．新闻大学，2013（4）：129－132.

② 陈积银，杨廉．哥大新闻学院数据新闻教学的解读与借鉴［J］．新闻大学，2016（5）：126－133，152.

续表

星期	第 4 周	第 5 周	第 6 周
标题	信息筛选算法	社交筛选	混合筛选、推荐和对话
内容	了解信息筛选在新闻报道中的地位，以 Newslaster（是一款由哥伦比亚大学开发，类似 Google News 的新闻聚合系统）为例，学习如何用纯算法进行信息筛选	学习利用社交信息筛选和新闻传播的工具——Twitter，帮助记者找到信息来源	学习利用机器算法研究个人喜好，如 Google Web Search
星期	第 7 周	第 8 周	第 9 周
标题	可视化	新闻可视化表达	网络分析
内容	介绍可视化是如何帮助人们理解信息的	研究如何将数据、知识进行可视化显现	学习情报网络分析的基本技术和算法
星期	第 10 周	第 11 周	第 12 周
标题	从数据得出结论	算法的信度	隐私、安全和审查
内容	对所有数据通过统计、智能分析之后，从数据得出结论，并验证是否正确	学习如何判断算法	探讨怎样建立数据隐私安全计划
星期	第 13 周		
标题	追踪信息		
内容	结合社交网络中的技术，研究怎样追踪信息。例如，信息是如何在网络生态系统中流动的，话题在社交网络中是怎样传播的		

目前，国内院校数据新闻教学尚处于起步阶段，其重点还是放在了数据新闻的制作和呈现一端。有识之士在进一步呼吁“在大数据时代，数理统计、计算机编程等理工类课程也应纳入数据新闻教育课程体系中来”①。数据新闻的重点应放在分析过程之中，即数据挖掘、数据分析处理、数据可视化等原理和技术培养。

（三）从质性研究方法的学习中学会分析

质性研究方法属于定性研究方法，陈向明在《质的研究就是“体验生活”》中认为，质的研究是强调研究者深入社会现象中，通过亲身体验了解研究对象的思维方式。它是在收集原始资料的基础之上建立“情景化的”“主观性的”一种研究方法。②

① 沈浩，谈和，文蕾．“数据新闻”发展与“数据新闻”教育［J］．现代传播（中国传媒大学学报），2014（11）：139－142.

② 宣晓．从新闻宣传角度看待质的研究方法［J］．宁波职业技术学院学报，2012（6）：99－101，106.

美国 Nebraska – Lincoln 的 John W. Creswell 在著作《质的研究探索与研究方法》中强调，质性研究属于一种世界观、一种哲学假说或可能的理论视角，质性研究从研究问题出发，探索最终归属于社会或者人类问题的个体或群体问题的意义。①

1. 质性研究和新闻报道的共同点

（1）前期准备。第一，确认研究点类似于把握新闻选题。在研究点的确立上，质性研究方法要求在研究点确定方面具有实用性、个体性和探究性。在新闻素材中把握新闻选题也有同样的要求，就是那些能够触及社会共同关心的问题。第二，研究问题的聚焦类似于新闻采访问题的整理。新闻采访前与质性研究之前，需要找到重点问题并把这些问题汇集起来。这是必要的采访或者研究的前期准备。第三，具体研究对象的选择类似于采访对象的确定。在质性研究中，研究对象的选择与新闻报道中的采访对象选择同样会对结果起到关键性作用。

（2）中期处理。深度访谈。在质性研究方法中，深度访谈具有重要的地位，同时对新闻报道的借鉴作用也最为强大。"深度访谈的过程是研究两个主体通过平等对话共同建立的一个'现实'的过程"，② 这个过程也是实现新闻报道探究真相的途径。

（3）后期处理。第一，资料收集和整理。原始资料的获取是质性研究重要的一步，特别是带有描述性特征的细节资料。对于新闻报道而言，新闻当事人及被采访者都可以获得原始资料，对这些资料的分析和表达是研究和采写的关键步骤。第二，书面成稿。在成稿过程中，质性研究方法要求研究者不要提出个人的观点和看法，而是把原始资料中的各种线索提供给读者。新闻报道同样需要客观的过程，不能带有记者的主观色彩，通过新闻事实来还原事件的原貌。第三，理解性解释、社会整体性与新闻报道的社会影响力。质的研究方法的两大基本特征是理解性解释和社会整体性。新闻报道也是通过内容达到社会影响力，这点二者也是相通的。③

2. 相比于新闻报道，质性研究方法有着更加严格的规范

包括质性研究方法在内的社会科学规范体现在四个方面：目标、程序、结论和方法，这四个方面的质性研究有着更加严格的规范。④

（1）包括质性研究在内的社科研究目标是推断。质性研究的目标是通过对原始资料的描述性分析，进而对未知的结果进行推断。而新闻报道重在还原事实，在这一点上，质性研究的目标更具有挑战性。

（2）社会科学研究要求的程序公开。质性研究属于社会科学，需要严格的程序保障，主要表现在数据收集、整理和分析的过程，同时，也要求必须保留编码和数据，用以保障研究的可重复性。对于新闻报道而言，有些程序不是完全公开的，特别是为了保护采访对

---

① 宣晓．从新闻宣传角度看待质的研究方法［J］．宁波职业技术学院学报，2012（6）：99 – 101，106.

② 同①.

③ 同①.

④ 张雯闻，贾娜尔．为什么质性研究不是新闻采访——兼论教育与社会科学的方法学基础［J］．教育学术月刊，2015（8）：26 – 32.

象，必要的保密是需要的。

(3) 社会科学的结论具有不确定性。社会科学的不确定性表现在，通过观察和数据的收集，研究推断是在不确定的基础上做出的理性判断，这是社会科学研究的永恒特征。研究者只有在不确定中不断做出推断，才可能更加接近本质。新闻报道虽然也是在接近和还原真相，但其重点是事实的呈现，而不是在不确定性之上的推断。

(4) 社会科学研究的内容即是方法。社会科学研究对推断的有效性的保障来自一系列的方法，质性研究就是其中之一。可以说，社会科学研究的科学内涵就是来自方法程序。因此，社会科学研究的内容即方法本身。可以说，从推断作为目标、程序的公开抑或不确定性的基础，都是方法程序的一部分。新闻报道没有这么严格的限制，特别是不需要这么完备的程序要求。新闻报道虽然在方法上没有社会科学严谨，正是由于这一点，学习一些包括质性研究在内的社会方法，能够让记者具备更加坚实的方法基础，对于培养、夯实和提升分析能力可以起到决定作用。①

专栏 9-1 体育名记者

格兰特兰·赖斯（Grantland Rice）是“赞美派”（Gee Whiz）体育新闻写作风格的标志性人物，他的名字又被称为美国20世纪20年代体育黄金时代的代名词。“赞美派”记者擅长英雄史诗的写作，报道中使用夸张、比喻等写作手法，辞藻华丽，使用情感和场景渲染，宣扬英雄崇拜，全力塑造体育英雄。时至今日，赞美派所缔造的写作风格对中外体育新闻写作仍然具有深远影响。

赖斯，1880年11月1日生于美国田纳西州的默夫里斯伯勒，1954年7月13日逝世，享年73岁。赖斯求学于蒙哥马利贝尔中学和范德堡大学，并于1901年获得古典文学学士学位，大学期间曾是学校橄榄球队的成员。

在赖斯的职业生涯中，初期他曾供职于南方媒体，如《亚特兰大宪法报》（The Atlanta Constitution）、《田纳西州人报》（Nashville's Tennessean）等，之后进入美国东北地区的《纽约先驱论坛报》（New York Herald Tribune）等媒体担当体育专栏主笔，其职业声望逐步显现。

赖斯擅于使用华丽的辞藻和场景渲染，能够以丰富的情感打动读者。其代表作包括《四骑士》（The Four Horsemen）、《梦想之星》（Shooting Stars）、《高尔夫最伟大的推杆》（Golf's Greatest Putt）等。尤其是1924年10月18日发表于《纽约先驱论坛报》头版的关于圣母队四骑士的报道，是一篇脍炙人口的佳作，被奉为体育新闻报道的经典文本，打动过无数读者。这篇稿件的内容是关于圣母队与陆军队之间的一场大学橄榄球比赛。文章中，赖斯将圣母队的四名后卫描写为代表饥饿、瘟疫、毁灭和死亡的四骑士，将他们的战

① 张雯闻，贾娜尔. 为什么质性研究不是新闻采访——兼论教育与社会科学的方法学基础［J］. 教育学术月刊，2015（8）：26-32.

斗力比喻为极具破坏力的“飓风”，堪称体育新闻写作隐喻和夸张写法的巅峰之作。

赖斯勤奋敬业，他从20世纪30年代开始为全美辛迪加专栏写稿，在他的职业生涯中共创作了2万多篇专栏稿件；此外他还是一位诗人，著有诗集《强健者之歌》。

在赖斯50余年的记者生涯中获得了许多荣誉和赞美。范德堡大学体育场的记者席及哥伦比亚大学新闻学院都保留了以赖斯命名的地方。在他去世后，全美橄榄球记者协会决定以赖斯的名字命名每年的全国大学冠军球队。在他的母校范德堡大学，以他和他同事命名的奖学金项目定期奖励在体育新闻写作方面成绩突出的学生。

第二节　体育道德与体育法律法规

导　入

作为体育记者，其职业规范中自然会增加一个条目：体育道德和体育法律法规的维护和遵守。通过体育新闻价值章节的分析可知体育道德是任何一篇稿件不能违背的原则，这一条也构成了体育新闻从业者职业道德的出发点。体育法律法规带有强制性，在体育产业快速成长的今天，我国体育法律法规需要进一步健全，也需要大众传媒在促进体育法治建设方面发挥作用。

一、体育伦理与体育道德

（一）体育伦理

体育伦理是在体育运动中人们建立起来的一种人伦关系，同时在处理这种关系时应该遵循的原理和准则。根据上述界定，体育伦理面对的是参与到体育运动中来的所有人及人与人之间的关系，所有人包括观赏体育中的运动员、教练员、裁判员、体育迷及工作人员，同时也包括实践体育中的体育参与者、体育社团及工作人员等。可以说，体育伦理涵盖体育运动中的所有人、团体和各类组织，并探究他们之间的关系，其目的是研究人与人之间在体育互动过程中应该遵循的秩序和道德，并以此达到个体人性真、善、美及人们之间和谐良性的状态。

体育伦理由哪些组成呢？蒋晓丽在硕士论文《体育伦理与体育道德的区别研究》中通

过文献检索发现，除龚正伟教授对体育伦理结构进行了划分以外，还没有其他人对此进行划分。龚正伟的划分是体育伦理意识、体育伦理关系和体育伦理活动三部分。在文中，蒋晓丽根据资料分析，最后认为体育伦理意识、体育伦理选择和体育伦理实践三部分更为贴切。①

体育伦理意识是在体育参与中的各种心理过程，并具备善恶的价值判断。体育伦理意识包括体育思想和体育规则意识。例如，在实践体育或者观赏体育中，每个参与者一定会在与他人、社会组织、自然界的互动中，发生人际、法律、经济等联系，为了保障体育活动的正常发展，就需要协调各种关系，这样的长期互动中，就逐步产生了“应当怎样”或者“不应当怎样”等行为准则，这些准则就构成了体育伦理规则。在这个规则下，人们之间的关系就是体育伦理关系。

在体育伦理选择的理解中，首先是体育参与者对体育伦理关系、体育伦理准则和规范具有一定的认知，再者需要把这种认知内化为个人的体育道德修养，这个过程就是体育伦理选择。例如，突出积极进取的个体层面包括为国争光、奋勇拼搏、文明礼让等，突出协调性的关系层面包括合作互助、爱国主义、集体主义、公平竞争等。前者保障了体育活动的质量，后者则保障了体育活动的开展秩序和稳定性。

体育伦理实践是指在体育伦理意识和体育伦理选择的指导下，体育参与者所具备的具有善恶评价的行为。在体育伦理实践中实现了体育伦理由“实然”到“应然”的过程，包括实践动机和效果。

体育伦理意识、体育伦理选择、体育伦理实践是围绕体育参与者而建立的体育伦理的三个实施环节，构成了体育伦理体系的基本框架。

（二）体育道德

体育道德属于特殊的社会意识形态，与道德一样，体育道德的维护是通过传统风俗、公众舆论、个体信念进行的，也是具备善恶价值判断的行为规范，体育道德的功能是维系体育纯粹性的基础保障。

体育道德具体指的是在体育参与的过程中，将体育伦理中所包括的应然准则和行为内化为个体人格品质，并自觉、自律性地在体育活动中呈现出来，由此实现自我超越的主体性精神。

随着体育的职业化，体育职业道德应运而生了。体育职业道德是在体育职业范围内调整组织之间、个人与组织之间、个人与自然之间关系的准则，具有善恶荣辱的判断标准，已经成为体育道德中较为稳定的社会观念、行为规范与习俗的总称。

体育道德面向的是所有体育参与者，分为不同的层次，不仅是体育比赛的行为准则，还扩散到地区、国家及全球范围的行为准则。②

① 蒋晓丽．体育伦理与体育道德的区别研究［D］．重庆：西南大学，2007.

② 同①.

（三）体育伦理与体育道德

体育伦理与体育道德是相互联系、相互依赖的整体。具体而言，体育伦理研究的核心就是体育道德，体育伦理是对体育道德的抽象和概括，二者的存在都是依靠个体内心信念，并凭借着社会舆论监督维系的。体育伦理更加抽象，体育道德更加具体化。

二者的不同之处是：体育伦理关注的是人与人之间的人伦关系及存在的原理，探究人的本性内涵，体育人伦关系的目标、原则及可行性等。体育道德是以个体为中心，探讨如何获得体育道德中的各种规范和美德及其行为的动机、效果等。体育伦理代表着普遍性，是双向性的；体育道德则是个体化的，单向性的，并带有特殊性。①

（四）体育道德与法律法规的关系

法律法规与政治一样，是依靠强制手段来实现的。政治可以通过行政管理、政策制度等形式发挥作用，法律法规可以通过立法、监督、执行等形式来实现，其背后是强大的国家机器。而道德的执行，没有上述的强制形式进行推行。道德只有约定俗成的规则，外部压力来自社会舆论、意识形态，内在依靠个体的信念、良知等精神力量来推动。可以这样说，法律法规是防范人们不去做坏事，而道德是激励人们去做好事。法律法规都有着特定的范围，道德是为政治和法律服务的，起到重要的调节作用，同时道德可以渗透到各个领域，非强制性地调节各类社会关系。②

二、体育法律法规

（一）国外体育法律的立法及特点

在法律领域分为英、美法系国家和大陆法系国家，大陆法系主要是成文法，英、美法系不仅包括成文法，还包括判例法，也就是说，典型的案例会成为后续判案的依据。英、美法系中的普通法是全国适用的在普通法院判决基础上形成的，衡平法是大法官法院申诉案件的判例形成的，因此，英、美法系的体育立法，更加关注社会主体即公民体育参与的权利。虽然法律体系有所不同，在各国的体育法的立法原则上，却有相同之处。主要包括以下几点：③

（1）国家在体育发展、全民健身等方面应发挥的责任、目标和任务；

（2）国家在体育运动方面的组织结构，不同层次级别体育机构的功能和作用；

（3）体育运动所需要的经费支持；

---

① 蒋晓丽．体育伦理与体育道德的区别研究［D］．重庆：西南大学，2007.

② 同①.

③ 杨继旺，代江．国外体育法律规范的借鉴和启示［J］．南方论刊，2007（8）：33－34.

（4）体育管理人员的培养；

（5）体育场馆等设施的建设和利用；

（6）倡导和开展体育科学研究；

（7）精英运动员培养、学校体育开展；

（8）体育产业发展及纳税等。

在总原则的基础上，相对而言，英、美法系的立法特点包括：保证公民和职业体育人员的基本权利，鼓励公民的体育参与；重视体育科学研究，特别是信息研究；关注职业体育中的知识产权、运动员的人身权、公平正当竞争等。

大陆法系只有成文法，并可以有更加严格的执行法律，对国家机构的形成和职权界定较为完善。在法律分类上，体育法位于公法和私法之间，体育法中涉及各类体育组织设立和职能，这属于公法领域；而各类体育主体，特别是经济主体之间又带有民事关系的私法。

大陆法系国家的体育立法特点主要包括对体育组织结构进行规范要求，并强化国家对各类体育组织的监督；加强了体育作为经济和社会因素的地位；强调财政监督、个体体育参与权利及体育安全问题等。

（二）1995—2013 年我国体育法律法规的立法情况①

1995 年我国颁布了《中华人民共和国体育法》（以下简称《体育法》），自从该项法律颁布以来，我国体育法律法规的建设进入了一个新的历史时期。如果从时间分布来看，2014 年是个重要的分水岭。

1. 1995—2013 年体育立法的整体概况

1995—1999 年，《体育法》颁布初期，国家又相继颁布了 39 件体育法规辅助《体育法》，基本可以处理各类体育纠纷。另外，各个省、自治区也相继出台了根据各自的地域特点而制定的体育法律法规和规范性文件，其中 3 个直辖市、9 个省、1 个自治区先后颁布了体育法律法规。2000—2013 年，我国体育整体格局正在全面与国际接轨，更多的体育法律法规出台：国家级别的体育法规文件 67 件；各省级颁布的体育法规文件更是多达 160 件，另外，还有自治区的 33 件，直辖市的 26 件，这些法规文件不仅数量多，专业领域也更加明确，方向也在逐步清晰。

2. 1995—2013 年颁布的体育法律法规重点在体育竞赛方面②

1995 年《体育法》颁布之后，相关竞赛方面的法治化建设进入了正常的轨道。首先，《体育法》中对竞技体育的规范专门设定了一章；1996 年国家体育总局发布了《全国运动员注册与流动管理办法（试行）》，1998 年发布了《全国城市运动会申办办法》。2000 年颁布了《全国体育竞赛管理办法》，用来从宏观方面管理全国赛事，以提高整体的比赛水

① 孟国正，岳晓燕，李莹，等．中国体育法规发展研究［J］．体育文化导刊，2016（7）：1－7.

② 郑慧慧．我国现代竞技体育法律法规的发展研究［J］．当代体育科技，2015（1）：190－191.

平。在全国辅助条例颁布之后，各省、自治区、直辖市也相继颁布了适合不同地区发展水平的运动竞赛条例。1995—2013 年，我国共有 15 个省、自治区、直辖市颁布地方性《体育竞赛管理办法》，不到全国总数的 50%。

在有关体育竞赛的法规中，核心点主要集中于三个方面。

（1）对体育竞赛的全面管理。例如 1995 年的《体育法》中第 31 条规定："地方综合性运动会和地方单项体育竞赛管理办法由地方人民政府制定。"在这项规定的指导下，1996 年北京市人民政府颁布了《北京市体育竞赛管理办法》；1998 年宁夏回族自治区人民政府颁布了《宁夏回族自治区体育竞赛管理办法》；1999 上海市人民政府颁布了《上海市体育竞赛管理办法》等。直到 2000 年国家体育总局颁布《全国体育竞赛管理办法》后，更多的地区开始逐步颁布适合本地发展的体育竞赛管理办法。

（2）关于对赛事参与者的管理，重点针对的是运动员、裁判员、教练员。首先是关于运动员、裁判员、教练员的技术等级判定标准的规范。《体育法》第 30 条的内容是："国家实行运动员技术等级、裁判员技术等级和教练员专业技术职务等级制度。"为了强调管理，2005 年国家体育总局颁布了《运动员技术等级管理办法》，并于 2013 年修订为《运动员技术等级标准》，于 2014 年 3 月开始实施。

在教练员、裁判员管理方面，1994 年颁布了《体育教练员职务等级标准》，2004 年颁布了《体育竞赛裁判员管理办法（试行）》，同时废除了 1981 年颁布的《裁判员技术等级制度》。

其次是关于运动员、教练员奖励方法的规范标准。关于奖励方面的法规全国层级的共颁布了三件，分别是在 1987 年颁布的《授予优秀运动员、教练员体育运动奖章的暂行办法》，1996 年颁布的《运动员教练员奖励实施办法》及 1996 年颁布的《运动员突出贡献津贴实施办法》。这些法规文件规定，凡是获得了世界冠军的运动员，包括奥运会冠军、世界锦标赛冠军、世界杯赛冠军或登上世界最高领奖台者，可以获得运动员荣誉奖章并一次性发放津贴。同时田径、游泳等某些项目在全国比赛中达到世界水平的，也可获得奖励，但不可以与名次奖重复发放。

（3）各个地区颁布的适合本地体育发展的相关法规及规范文件。针对不同地区的体育发展特点，各省、自治区和直辖市都相继出台了有利于本地发展的法律法规和规范文件。例如，上海市的《上海市运动员技术等级管理办法实施细则》、海南省的《关于印发海南省运动员注册与交流管理办法试行通知》、河南省的《河南省运动员技术等级审批规定》、江西省的《江西省体育竞赛裁判员管理办法》和《关于加强我省运动员运动技术等级称号审核审批和授予管理工作的通知》、黑龙江省的《运动员技术等级管理办法》等，都是针对本地区运动员、教练员、裁判员的实际情况而颁布的规范标准。[①]

① 郑慧慧．我国现代竞技体育法律法规的发展研究［J］．当代体育科技，2015（1）：190－191.

第三节　新闻伦理与职业道德

导　入

新闻职业道德是新闻界的立足根本。作为体育新闻记者需要熟悉新闻职业道德的来龙去脉，更要认同、执行和维护道德标准和原则。同时还要自觉遵守各项新闻法规，通过自身的工作成果让新闻价值得以实现。

一、新闻伦理与新闻职业道德界定

与体育伦理的区别在于，新闻伦理研究的重点在于新闻从业者的职业道德。

新闻伦理是调整新闻从业人员与社会关系的道德和原则，它以新闻道德现象、行为作为主要研究对象。

新闻道德主要指的是在新闻实践活动中产生的各类有关职业道德和其他公民道德的现象或行为。新闻伦理与新闻道德是共生关系，目前国内对新闻伦理的研究主要集中在两个方面。①

第一种观点认为，新闻伦理学就是研究新闻职业道德。

浙江人民出版社 1984 年出版的《新闻学简明辞典》中认为：新闻伦理主要是“研究新闻工作者的职业道德产生与形成规范的学科”，具体包括新闻职业道德的产生、发展、主要内容、规范标准、社会作用等。

河南人民出版社 1993 年出版的《新闻学大辞典》的定义是：“新闻伦理学是研究新闻工作者的职业道德和行为规范形成及其规律的学科，是介于新闻学与伦理学之间的边缘学科。”

第二种观点认为，新闻伦理不仅研究新闻职业道德，还应该把其研究范围扩展到整个社会领域，成为一种新闻道德。从这一点出发，涵盖了除了新闻从业者以外，所有在新闻过程中涉及的人，新闻伦理就是研究这些不同类型的人在其中的伦理关系，并阐述行为规范及善恶标准的科学。从当下媒体形态多样化，人们更容易拥有自媒体从而进入新闻实践过程的现状看，第二种观点与实践发展更为贴切。

---

① 闫景芹．中美新闻采写的新闻伦理比较研究［D］．北京：中央民族大学，2005.

1995 年，周鸿书在其所著的《新闻伦理学论纲》中认为“新闻伦理学是研究新闻道德的科学，是一门新兴的学科。新闻伦理学是以新闻道德现象为研究对象，并视其为研究的唯一客体。它是阐明新闻道德的起源、发展及社会作用，揭示新闻道德的本质及其发展规律的学说，是用一般伦理学的原理、原则解决新闻实践活动中人与人的道德关系、行为规范及新闻媒介的社会道德功能的一门科学，还是研究新闻从业人员道德品质和道德修养的一门学问”。因此，第二种观点强调新闻伦理的研究不应该局限在新闻职业道德范围内，新闻伦理还需要突破新闻职业的范围，关注社会道德功能。

二、新闻职业道德研究的发展概况

（一）美国新闻职业道德研究概述①

在大众报刊迅猛发展的时代，美国新闻界诞生了第一个新闻自律规范。1868 年，担任《纽约太阳报》主编的查尔斯·A. 达纳为他的报纸制定了 13 条守则，主要包括：严格区分广告与新闻，未经被采访者许可不可发表采访内容，发表的内容中涉及的材料必须注明出处、来源等。这份规范守则是“便士报”时期唯一的规范条例。1888 年在威斯康星编辑协会的一次演讲中，达纳感慨整个新闻行业竟然没有一套通行的职业道德规范，他所定的 13 条守则只是“一些偶然想到的原则”，除了上面的 3 条外，还包括不允许攻击弱势群体、认可自己的言论有出现偏差的可能性及摒弃狭隘的派系争斗等。

可以说，20 世纪的二三十年代随着新闻行业组织纷纷建立自己的自律规范，美国出现了第一轮制定新闻伦理规范的高峰期。除了地方性行业组织，全国性行业组织也纷纷通过了自律规范，如美国报纸主编协会采纳的《新闻准则》、美国职业新闻工作者协会通过的《道德守则》及美国记者公会制定的《新闻工作者道德律》。

除了报业组织，刚刚诞生不久的广电行业，也自觉加入了这股热潮。1929 年 3 月，美国全国广播业主协会制定了《道德准则》和《商业行为准则》，这是广电界第一批行业自律规章。具有全国性影响力的道德准则是在 1947 年由美国广播电视新闻主任协会制定的《规范条例》，之后多次修订及更名，被广电行业所认可和使用。

（二）我国新闻职业道德研究②

我国的新闻职业道德研究开始于 20 世纪初。1918 年，新闻学研究会在北京大学成立，正式开始了新闻职业道德研究。之后，有关新闻职业道德的文章及专著中的专章专节论述开始出现。1923 年邵飘萍所著的我国第一本新闻实务专著《实际应用新闻学》，其中关于“外交记者之资格与准备”的分析中，作者认为记者的第一素质是“品性”，确定了“品

① 许月溪．中美新闻伦理规范比较研究［D］．长沙：湖南师范大学，2014.
② 许月溪．中美新闻伦理规范比较研究［D］．长沙：湖南师范大学，2014.

性”在“记者资格”各个要素中的重要性。

在这一时期发表的关于新闻职业道德的文章，如陈学昭的《记者的道德》、张季鸾的《新闻记者根本的根本》、范长江的《建立新闻记者的正确作风》、俞颂华的《论报业道德》等，都是对新闻伦理与职业道德的集中阐释。

当代新闻学研究中，关于新闻伦理和新闻职业道德的研究也是一个重要的领域。

首先，在各类新闻学词典和辞典中，新闻伦理学被收录和编辑。由上海复旦大学新闻系余家宏等编写，于 1984 年出版的《新闻学简明词典》，在词条中收录了“新闻伦理学”，这也是我国学者首次对“新闻伦理学”进行阐释。此后，甘惜分主编《新闻学大辞典》、冯健主编《中国新闻实用大辞典》也把“新闻伦理学”纳入了词条中。

其次，新闻伦理学的各类研究成果陆续出现。1990 年以后，我国开始出现新闻伦理学教材及针对某一个新闻道德问题的专著，如陈桂兰的《新闻职业道德案例评析》、徐新平的《新闻伦理学新论》、蓝鸿文的《新闻伦理学教程》等。①

除了科学研究外，新闻职业规范的建立也在新闻单位及管理部门中酝酿。

新中国第一部新闻职业道德规范产生于 1981 年，是由主管部门和首都各新闻单位共同制定的《记者守则》（试行草案）。这部守则共有 10 条，强调了尊重事实、注意党性、注重调查等优良作风。第一次在国内系统地提出新闻职业道德要求的是《辽宁日报》总编辑赵阜，1982 年 6 月他在辽宁省新闻工作者协会理事会全体会议上发言，提出新闻职业道德包括六个方面：忠于事实、坚持真理、为受众服务、言行一致、大公无私、团结互助。

20 世纪 80 年代中国正在经历改革开放的初级阶段，各类商业广告铺天盖地，有些以新闻的形式出现在各类媒体上。新闻业出现的新情况，让业内人士做了进一步的反思。1985 年，中国记者协会召开了全国新闻业务经验交流会，面对新闻界的新问题，一致认为统一新闻职业规范势在必行。1986 年，中共中央宣传部新闻局和中国记者协会着手开始准备职业道德规范的拟定工作。1987 年 9 月，中共中央宣传部、国家新闻出版署和中国记者协会将初步拟定完成的《中国新闻工作者职业道德准则（草案）》发到各个新闻单位征求意见。1991 年该草案获得了通过。该准则共包括了 8 项要求：全心全意为人民服务、以社会效益为最高原则、遵纪守法、维护新闻真实性、客观公正、廉洁奉公、团结协作、促进国际友好与合作。

1990 年以后，有偿新闻成为新闻界的毒瘤。有关部门发出《关于加强新闻队伍职业道德建设　禁止有偿新闻的通知》之后，中央级媒体包括中央电视台、中央人民广播电台、人民日报社等单位相继制定了关于禁止有偿新闻的内部规定。

进入 21 世纪以后，地方新闻媒体、新闻管理部门也把制定新闻道德规范提上议程。其特点是试图依据中外新闻职业规范所制定的结构和内容，让这些规范更加具体、更加具有指导性和可操作性，如要求说明消息来源、尊重采访对象、图片的修改标注等，这些规定突出了新闻专业的理念，可以更加有效地指导和规范采写一线的工作。

---

① 闫景芹．中美新闻采写的新闻伦理比较研究［D］．北京：中央民族大学，2005.

2009 年《中国新闻工作者职业道德准则》再次修订，是历次修改中变动最多的一版。新版的准则使用了二级标题，使得条例更加清晰，对一些具体内容进行了较全面的调整。修改后的准则操作性强，增加了法治观念，对实际工作的指导性更强，也体现了人文主义关怀。(表 9 –5)

表 9 –5 《中国新闻工作者职业道德准则》1997 年版、2009 年版内容对比①

条目	版本	
	1997 年版	2009 年版
第一条	全心全意为人民服务	增加了“保证人民群众的知情权、参与权、表达权、监督权”
第二条	坚持正确的舆论导向	增加了“加强和改进舆论监督”和“采访报道突发事件要坚持导向正确、及时准确、公开透明”
第三条	遵守宪法、法律和纪律	改为“坚持新闻真实性原则”；增加了通过合法方式获取新闻素材、不摆布采访报道对象、及时更正致歉等
第四条	坚持新闻真实性原则	原第五、第六条合为“发扬优良作风”
第五条	保持清正廉洁的作风	改为“坚持改革创新”
第六条	发扬团结协作精神	改为“遵纪守法”；增加了“维护未成年人、妇女、老年人和残疾人等特殊人群的合法权益，注意保护其身心健康”
第七条	—	“促进国际新闻同行的交流与合作”；维护国家利益、积极传播中国优秀文化、尊重各国主权和文化

三、行业自律

新闻职业道德的实施在很大程度上依靠的是行业自律。

行业自律一般包括三个方面的要素：第一，确立适当的法规/规章/条例；第二，实施执行法规/规章/条例；第三，裁定及判定是否确实发生了违规现象，并对违规现象加以制裁。②

一般道德规范维护依靠的是社会舆论的谴责，而职业道德规范还会有具体的奖惩措施，原因在于一旦发生违反道德规范的情况，势必会牵连到所属的单位以至于整个行业的利益与声誉。因此，带有实质性的惩罚措施是必要的。在具体的实施中，职业道德规范依靠的是健全的制度和执行力度。

① 许月溪．中美新闻伦理规范比较研究［D］．长沙：湖南师范大学，2014.

② 许月溪．中美新闻伦理规范比较研究［D］．长沙：湖南师范大学，2014.

（一）成立新闻道德委员会

我国的新闻组织主要是中国新闻工作者协会，是中国共产党领导下中国新闻界的全国性人民团体。

中国记协国内工作部有专门的行业自律处，其岗位职责就是负责新闻职业道德规范的推行及对各类举报的受理，其中对违反职业道德的单位和个人进行通报批评。2013 年 8 月 26 日，中国记协通报了《三湘都市报》《中国商报》《深圳商报》刊发有偿新闻、虚假新闻的事件，但并没有采取实质性的处罚措施。

2012 年 7 月以来，各省、市记协成立新闻道德委员会。新闻道德委员会的工作内容主要包括：宣传新闻工作者中的职业道德方面的先进典型，实施行风测评，受理所属辖区内社会各界对新闻从业者存在的职业道德失范行为的投诉或者举报等。

新闻道德委员会具备一定的处罚权限。根据各个委员会的章程，这些处罚措施包括：责成失范的新闻单位或者新闻从业者个人限期整改；在全行业进行通报；需要时向新闻宣传管理部门、新闻单位主管机构、新闻行业组织及纪检监察机关提出处理建议；必要时对涉嫌犯罪的向司法机关检举。

（二）监督违反新闻职业规范行为

2010 年左右，陈力丹等开展了“北京地区新闻工作者职业伦理状况及自我评价调查”，根据此次调查结果发现，从新闻媒体层面看，对所存在的这些伦理道德规范的执行情况表现出参差不齐的特点。①

越是负责任的媒体对本单位记者的管理就越加严格，如一些媒体内部建立执行和监督机制，如“督查办”“职业道德伦理委员会”等专门负责检查违反职业规范的行为，一旦有违规行为就会处以批评、罚款、降级甚至开除等不同的处罚。

相比于这些规范的新闻单位，不少媒体管理比较松散，甚至没有内部职业规范。另外，有的新闻单位各个部门虽然有不同的规章制度，但部门内部无力进行监督，这些规章就无法执行，形同虚设。

在陈力丹的相关研究中，一位接受调查的华东地区某报的副总编承认，不少媒体的负责人自身对媒体属性的认知就不清晰，继而对一线采编人员的职业道德规范就不会严格管理。另外，如果严格执行规章制度，其结果就会危及一些媒体自身的利益。

在研究中发现，失范行为主要集中在两个方面：有偿新闻和虚假新闻，而且一旦出现这类行为就会牵连到所在新闻媒体，甚至是新闻行业的集体声誉或者利益。同时还发现，即使违反了某些职业规范，如果没有对媒体造成损害，就不会受到严厉的处罚。以记者的兼职情况为例，新闻媒体对记者从事与新闻行业没有关系的兼职或者投资相对比较宽松，

① 陈力丹，王辰瑶，季为民．艰难的自律——我国新闻职业规范的田野观察/深度访谈/理论分析［M］．北京：人民日报出版社，2010.

但如果本单位记者给竞争对手同时供稿或者提供其他帮助往往会有严厉的处罚。

四、体育新闻职业道德

体育新闻职业道德是体育新闻实践中的重要议题。在我国，随着体育受关注程度的逐渐增高，体育受众对体育传媒的要求也越来越高，因此，体育记者的职业道德越发显得重要。

体育新闻职业道德从实践角度讲，特别要注意以下八个方面。①

（一）匿名消息来源和假新闻

美国体育记者协会在体育新闻职业道德规范中写道："对匿名消息的使用，体育记者应当格外谨慎。因为这可能会影响报道的可信度。"②

在实际工作中，体育记者常常遇到的一个难题，受众特别感兴趣的新闻（如主教练在赛前准备会或者中场休息时的言论、俱乐部高层的任免情况，甚至裁判是否有幕后交易等内容），提供这类素材的人会迫于压力不愿意让记者在稿件中写出自己的名字。由此，匿名消息来源的报道会经常出现在体育报道中。

同时由于匿名消息的流行，使得少数记者不再深入采访，而是通过想象写稿子，这样就成了编造新闻，虚假新闻由此而来。有些失信严重的新闻内容，不仅给媒体带来法律纠纷，而且让体育新闻行业失去公信力。

（二）体育记者与新闻来源的关系

记者与新闻来源需要共同营造信息环境，不论是观赏体育还是实践体育，都需要这个环境按照体育的自身规律运行。但是，随着体育新闻竞争的逐渐加剧，记者与新闻来源的关系变得尤为重要，随即出现了两种需要警惕的现象。

一种就是记者与新闻来源零距离。对于体育记者来说，最重要的新闻来源就是运动员、教练员、体育官员和工作人员。当一名记者长期采访同一个项目，就与采访对象建立了良好的工作关系，这是很正常的现象。但记者有时没有了工作界限，把自己当作了啦啦队中的一员，记者与新闻来源的这种零距离现象在中外体育新闻报道中均被认为是丧失了职业定位的表现。这种零距离的危害有很多，如记者失去了部分公正中立的立场，为对方隐瞒或者放大一些消息；新闻来源也会利用零距离的关系操纵记者报道有利于自己的内容；对体育受众也有误导，渐渐让体育迷认为只有零距离的消息才是准确的内部消息。

另一种应警惕的关系就是记者和新闻来源之间的交恶，一些体育管理部门、球队俱乐部与媒体之间的紧张关系不再是新鲜事情，这也同样会带来有偏见的报道。

---

① 许晓煜．体育新闻报道中的职业道德问题［J］．新闻采编，2004（3）：16－18.

② 同①.

（三）避免攻击性的报道

随着观赏体育影响力的不断强大，一方面体育新闻报道成了体育娱乐产业的一部分，具有巨大的商业价值；另一方面体育媒体还具备媒体属性，其内容起舆论引导作用，而且体育评论又是体育报道的重要载体。

对体育运行中的一些负面现象进行了披露，如果论证分析透彻，会起到舆论监督的作用。同时也需要注意，有些媒体评论并没有或者不可能获得大量新闻事实，在这种情况下，所给出的评论观点难免带有偏见，严重的甚至伤害了当事人的个人隐私和名誉权。所以，体育评论应尊重事实，并在负面报道时本着全面、准确的原则进行判断和评价，记者的立场要经得起推敲。

（四）拒绝付费报道

付费报道，顾名思义，就是为了报道独家内容而付给采访对象金钱，又被叫作支票新闻。在 2002 年世界杯足球赛期间，国内的有些媒体就开展了买断新闻来源的争夺。这种以付费的方式进行的新闻垄断，受到了社会各界的批评。喻国明教授认为，“国家队足球运动员在世界杯期间，代表的是国家利益，他们所占有的与比赛相关的信息内容属于公共资源，他们有义务向公众进行无偿披露”。① 付费报道从新闻伦理来讲不仅违背了职业道德，也是在奥运会报道中违背奥运精神并被禁止的。

（五）不能为球队冠名

观赏体育成为产业后，体育赛事营销传播理念得到高度重视，特别是国内球市火爆的中超、中职篮等赛事。早在中超的前身全国足球甲级比赛中，曾经有过某媒体冠名一支本地球队的情况；也有的媒体在本地球队的球衣上打广告，每当比赛时球员都穿着印有“某某报”字样的比赛衣服。虽然这样的情况现在基本绝迹了，但还是需要引起新闻界的思考。媒体需要通过体育比赛与本地球迷建立更加深厚的关系，同时扩大自身的影响力。媒体的这种直接通过球队冠名方式与球队建立的关系，比零距离采访更加不能区分双方的角色定位，势必会影响到客观、公正的报道。

（六）回避免费球票和机票

美国体育记者协会指定的体育新闻职业道德条例中明确表达了体育记者不要向俱乐部索要免费门票，不要接受俱乐部提供的免费球票，认为这同样会影响报道的公正和客观。在国内，几乎所有的体育记者都经历过周围的亲朋好友索要免费球票的情况，似乎这是体育记者自然而然应该获得的福利。

1993 年颁发了《加强新闻队伍职业道德建设禁止“有偿新闻”》的规范性文件，对于

① 许晓煜．体育新闻报道中的职业道德问题［J］．新闻采编，2004（3）：16－18.

体育记者而言，赛事组织方、俱乐部、体育产品厂商等提供的免费机票、免费食宿甚至免费体育场地和设施，以及为体育比赛或者体育相关推广事项做宣传的红包新闻等，这些都可以被视为体育新闻界的有偿新闻，会严重影响体育媒体的公信力。

（七）超越地方主义

地方媒体的生命力在于地域接近性，这一点在体育报道中最为突出。在国内球市火爆的城市，本地媒体在报道本地球队的比赛时，对体育记者来讲不仅是基本功的体现，更是职业道德的考验。

在以往，确实发生过体育记者完全站在本地球队的立场上进行报道和评论的现象。电视直播本地球队的比赛时，本地电视台的体育解说和体育评论的内容，有时让对方球迷很难接受。特别是现场出现意外情况时，本地的体育解说尽力维护本地球队，为自己的队伍呼喊，没有顾忌对方球迷的感受，纸媒中也有类似的情形发生。

当自己的主队出现负面新闻时，或者当裁判明显偏向自己的球队时，或者当场上双方发生冲突时，本地媒体该如何报道呢？实际上，观赏体育的娱乐性就是情绪情感的宣泄，作为记者，首先要了解主队球迷的期待。其次，体育记者应该把情绪和事实分开：一方面从情绪情感上应该理解本地球迷，并能通过报道起到疏导的作用；另一方面在报道时应该从事实出发，把握事件的来龙去脉，评论的观点应该全面和可信。

（八）谨慎与明星合影

体育记者与体育明星的接触是工作关系带来的便利，不应该成为体育记者满足个人愿望的机会，如果这样做，就是有损于体育新闻职业道德。

2002 年 7 月，西班牙皇马足球俱乐部来华访问，引起了全社会关注，大大小小的媒体竞相报道皇马中国之行，有些记者的狂热程度不亚于球迷，其中有些记者利用采访的机会，争相与球员合影，并索要签名，被皇马足球俱乐部的新闻官员和球员菲戈批评缺少职业道德。

体育明星是观赏体育的核心人物，体育明星为体育迷签名、合影，也是明星们职业精神的体现。但体育记者与体育明星在新闻采访中是工作关系，应该完成的只是工作中规定的内容，不应该掺杂球迷行为。

总之，在体育报道领域，同样需要了解和遵守新闻自律原则，并能认真履行职业要求。相比于一般新闻领域，虽然体育报道相对程式化，但对体育记者的职业能力和职业素养的要求却很高，需要具备更高、更强的自律意识指导日常的工作。

总　结

体育新闻从业者的职业素养是指将专业知识和经验内化为意识和技能的结果，体现在体育新闻从业者的日常工作之中。对于注重实践积累的新闻工作而言，职业素养的养成需要一个把知识应用于实践中并逐步感悟的过程。对于体育新闻从业者的职业素养，最为关键的是职业要求的特殊性。或者说，除了一般新闻记者的职业要求外，体育记者是否需要增加额外的规范标准。

体育伦理是在体育运动中人们建立起来的一种伦理关系，同时也指在处理这种关系时应该遵循的原理和准则。体育道德具体指的是在体育参与的过程中，将体育伦理中所包括的准则和行为内化为个体人格品质，并自觉、自律性地在体育活动中呈现出来，由此实现自我超越的主体性精神。

随着体育的职业化，体育职业道德就应运而生了。体育职业道德是在体育职业范围内调整组织之间、个人与组织之间、个人与自然之间关系的准则，具有善恶荣辱的判断标准，已经成了体育道德中较为稳定的社会观念、行为规范与习俗的总称。

虽然法律体系有所不同，在各国体育法的立法原则上，却又有相同之处。主要包括下面几点：第一，国家在发展体育、全民健身等方面的目标和任务；第二，国家在体育运动管理方面的组织结构，不同层次级别体育机构的功能和作用；第三，体育运动所需要的经费支持；第四，体育管理人员的培养；第五，体育场馆等设施的建设和利用；第六，倡导和开展体育科学研究；第七，精英运动员培养、学校体育开展；第八，体育产业发展及纳税等。

对新闻伦理的研究是新闻理论的重要方面，与体育伦理的差异在于，新闻伦理的重点在于新闻从业者的职业道德。新闻伦理，应是调整新闻从业人员与社会关系的条理、道德和原则，它以新闻道德现象、行为作为主要研究对象。新闻道德主要指的是在新闻实践活动中产生的各类有关职业道德和其他公民道德的现象或行为。新闻伦理与新闻道德是共生关系，目前国内对新闻伦理的研究主要集中在两个方面：第一种观点认为，新闻伦理学就是研究新闻职业道德；第二种观点强调，新闻伦理的研究不应该局限在新闻职业道德范围内，新闻伦理还需要突破新闻职业的范围，关注社会道德功能。

体育新闻职业道德是体育新闻实践中的重要议题，对于整体新闻业来讲，体育新闻从业者的职业规范也是重点关注的对象。在我国，随着体育受关注的程度越来越高，体育受众对体育传媒的要求也不断提高，因此，体育新闻从业者的职业道德越发显得重要。体育受众的深度媒体参与是体育新闻报道的特点之一，因此，体育记者与体育受众的区别，在很大程度上依靠职业规范来区分。

思考题

1. 怎么理解体育新闻敏感？
2. 如何理解体育职业素养？
3. 新媒体环境下体育记者如何提高职业素养？
4. 什么是体育伦理和体育道德？两者的关系是什么？
5. 体育法律法规的主要内容是什么？
6. 我国体育法律法规建设的发展趋势是什么？
7. 新闻职业伦理道德建设的简史是什么？
8. 如何提升从业者的体育新闻职业道德？

拓展阅读

1. 史蒂夫·威尔斯坦．美联社体育新闻报道手册［M］．郑颖，译．北京：中央编译出版社，2008.

2. 黄旦．传者图像：新闻专业主义的建构与消解［M］．上海：复旦大学出版社，2005.

3. 陈力丹．新闻从业者对职业道德的无知和淡漠令人愕然——对照《中国新闻工作者职业道德准则》谈近期几起新闻伦理事件［J］．新闻记者，2015（8）：4－10.

4. 魏永征．网络法和传媒法［J］．汕头大学学报（人文社会科学版），2016，32（8）：122－132.

5. 庹继光．公民体育权利实现跨越《体育法》修订——以实然权利保障为分析视角［J］．沈阳体育学院学报，2017，36（1）：49－53.

第十章　体育受众

内容提要

体育迷是现代社会一个独特的群体，媒介体育产生后，体育迷又增加了体育受众的身份。在新媒体平台上，体育迷获得了更多的自由释放空间。体育受众文本就是在新媒体平台上产生的，并由此造就了新兴的体育新媒体品牌。

纵观体育产业六大产业链和五大瓶颈，都是以体育迷消费为基础的。所以，深入认识中国体育迷群体行为特征及参与体育方式，是提升中国体育产业发展的关键。

本章第一节主要介绍体育迷的多种身份及社会网络化的参与方式，这是体育迷与体育受众合流后凸显的特征。第二节探讨体育受众的情绪情感体验和球迷忠诚度，这是体育迷群体最重要的资源，也是体育作为文化产业最显著的特征。

学习目标

了解体育迷的多种身份、观赏体育中的球迷和实践体育中的体育迷；熟悉体育社会网络和体育社会网络化参与；把握体育迷情绪情感体验和球迷忠诚度。

关键术语

体育迷身份、观赏体育球迷、实践体育参与者、体育消费者、体育受众、休闲体育、体育权利、体育社会网络、体育社会网络化参与、体育情绪情感、情绪测量、观赛情绪、球迷忠诚度、球迷忠诚度测量

第一节　体育迷的多种身份与社会网络化参与

导　入

体育迷是一个综合身份，从观赏体育来讲他们是观众，从实践体育来讲他们是参与者；在新媒体平台上，体育迷的创造力被释放出来，体育受众文本就此产生了。体育权利是每个人都拥有的权利之一，孤立的原子化的体育参与行为是稀少的，社会网络化参与是体育参与的重要标识。在体育产业大发展的时代，体育迷又成了体育消费者。

一、体育迷的多种身份

（一）观赏体育中的球迷

中国体育迷是从媒体体育迷开始的。改革开放后，中国观众通过电视逐步了解体育，体育迷的主要参与方式是在家收看电视直播，随着新媒体的发展，上网浏览网页、使用社交媒体的比例在不断提高。

央视索福瑞（CSM）曾在2011年底进行的全国11大城市体育与体育赞助调查时发现，中国体育迷缺乏现场观赛的习惯，电视媒体是最为重要的体育新闻来源。在这次调查的11个大城市15～54岁居民中，曾经去现场看过比赛的只占10%，一年内现场观赛5次及以上的不到1%。这些数据显示的是大城市的情况，在中小城市，现场观赛的比例还会更低。①

究其原因，本质上还是可提供的具有观赏性的本土赛事稀少，导致球迷只能通过媒体观看高水平的国外比赛。电视媒体就成了观看比赛的首选媒体，这也是中国体育市场重要的特征之一。借助电视的传播影响力，一些国内外重要赛事在中国拥有了知名度及数量众多的体育迷，国际赛事如奥运会、世界杯、美职篮、英超、西甲、德甲等，国内赛事包括中职篮、中超等。

① 郑维东．中国体育营销市场的受众分析［J］．声屏世界·广告人，2012（7）：117－118.

由于上述原因，以 CCTV－5 为代表的电视媒体就成了体育迷最为关注的信息来源，同时也聚集了中国最为优质的体育观众，通过分析央视体育频道的观众构成，就可以了解中国体育迷的主要特征。

1. 传统媒体时代的体育迷特征①

2012 年春季央视索福瑞的“体育与体育赞助调查”扩大到全国的 19 个大城市，这次调查发现，有 98.5% 的体育受众通过电视媒体接受体育信息，另外，还总结了体育迷的一般特征。

（1）性别、年龄特征。体育历来被认为是以男性为主的媒介内容。事实的确如此，根据央视索福瑞的调查，2007 年中国男性体育迷收看体育节目的人均总时长是 3025 分钟，女性体育迷收看人均总时长是 1475 分钟，男性观众人数是女性观众的 2 倍。在 2012 年的调查中，男性观众人均收看总时长为 2337 分钟，女性观众则为 1389 分钟，性别之间收看时长的差距没有缩小，反而在加大。

体育节目受众是以年轻人为主，在 2012 年的调查中，15～24 岁年龄段观众最为偏好的节目类型就是体育节目。

（2）教育程度和地区分布。受教育程度越高的受众对体育节目兴趣越高。在 2007 年的调查中，大学及以上学历的体育节目人均收看总时长为 3188 分钟；未接受过高等教育的受众人均收看时长为 930 分钟。2012 年的调查中，大学及以上学历的人均收看时长是 2336 分钟，小学及以下的人均收看时间为 1103 分钟。总之，男性、高学历、高收入的年轻受众是体育迷的总体特征，这个群体高于女性、低学历、低收入群体。

从体育节目受众的地域分布特征来讲，经济文化发达地区相对有更多的体育迷，他们成了最为积极的体育受众，如北京、上海、广州等地的体育受众更加渴望获得体育新闻信息。

（3）奥运会等大型赛事打破了体育迷界限。通过分析体育节目受众群体特征可以发现，体育迷在年龄、性别、地域分布、教育程度等方面都具有自身特殊性。但每逢奥运会等大赛，体育节目就成了全民观赏内容，而不仅局限于体育迷受众群体。

根据央视索福瑞对北京奥运会观赛、收看的调查，在年龄构成方面，“累计有 90% 的 25 岁以下的年轻受众、94% 的 25～55 岁的中青年受众及 89% 的 55 岁以上的中老年受众”。② 这说明，北京奥运会吸引到了不同年龄段的观众。另外，在性别、地区分布及受教育程度等方面，奥运会观众所呈现的特点与一般体育节目有所不同。北京奥运会期间，有 92% 的男性受众和 91% 的女性受众选择收看电视转播，在性别方面没有差异；另外，城市受众为 93%，农村受众为 91%，地区差异也几乎不存在，这样的收视特点在伦敦奥运会期间再一次得到了验证。

2. 新媒体时代的体育迷特征

新媒体兴起后，对于观赏体育的受众来讲，最大的改变就是体育热情得到了充分释

---

① 李金宝．中国体育电视受众收视偏好分析［J］．电视研究，2014（3）：56－58.

② 同①.

放。他们不仅具有前文分析的诸多特征，同时，还是参与度最高的受众群体。一场重要比赛结束后，体育迷们往往还会沉浸在比赛当中，对比赛的评价不吐不快。在新媒体时代，体育受众的参与需求不仅得到了基本满足，甚至演变为受众文本，成了新媒体平台上的重要内容资源。

从体育迷群体特征来讲，新媒体平台上的体育迷没有发生太大的变化。苏醒在硕士论文《传播学视角下虎扑网美职篮文字直播研究》中引用了虎扑网美职篮文字直播的受众情况：

在虎扑网美职篮文字直播的受众群体中，男性占据了绝对的优势，而女性仅占其受众的6%，这与女性普遍对篮球或者美职篮不感兴趣有关。男性更加喜好篮球运动和观看美职篮，因此对虎扑网美职篮文字直播的关注度更高。在年龄分布上，有63%的受众集中于20～29岁之间，在30～39岁之间的受众也有19%，两者相加有82%的受众处于20～39岁这个年龄区间，也就是说虎扑网美职篮文字直播的受众大多数是青壮年。在地域分布上，虎扑网美职篮文字直播的受众主要集中于江苏、上海、广东、浙江、北京、福建、天津、辽宁等地，各省、市的经济发展水平大致与其受众数量成正比。①

这段文字描述的新媒体平台上的体育迷，与传统媒体时代的差别不大，但重要的变化在于参与平台的出现，并进一步形成了参与方式及参与载体——体育受众文本。

下面还是以虎扑网为例，分析体育受众新媒体平台上的参与变化。

（1）论坛版块、新闻资讯、文字直播等内容依靠受众文本填充。论坛版块是新媒体平台最为重要的内容呈现方式，虎扑网将赛后评论的内容创作交给了网友，让体育迷们在赛后畅所欲言，虎扑的采编团队只负责比赛前后新闻发布会及球员采访等内容。

不仅提供内容，虎扑网还邀请资深体育迷作为各个版块的管理者，这些资深体育迷本身就是意见领袖，对所拥护的球队或者球星有着深入的理解，他们去管理自己所热爱的球队或者运动项目的网络版块。这使得球迷、管理者、网站之间拉近了距离，从内容上共享与互动。

在充分利用受众文本的同时，加强管理制度的完善和实施也是网站建设的关键一环。竞技体育就是需要比出输赢，体育迷自然分成了双方的支持者，对立面之间甚至相互大肆攻击。虎扑团队推出了严格的制度并进行了强硬管制，经过一段时间的磨合，开辟了不同球队的专区，将不同倾向的体育迷进行了分流，同时严格执行奖惩制度，维护了网站的正常运行。

球员中文译名和资料库建设也是依靠球迷，“每个赛季开始前，虎扑网的编辑都会向资深球迷发出邀请，邀请他们参加规范球员译名的工作，经过资深体育迷和大多数网友的认可后，虎扑网才将球员的数据加入数据库中，并且要求在新闻中出现球员姓名时，必须使用虎扑资料库里的中文译名”。②

① 苏醒．传播学视角下虎扑网美职篮文字直播研究［D］．保定：河北大学，2016.

② 付晓静，杨格．体育专业网站的成功之道——以虎扑网为例［J］．传媒观察，2013（9）：35－37.

虎扑网是从篮球评论起家的，因此众多外文稿件需要翻译，虎扑网的做法也是采用外包翻译的方式，充分借助球迷网友的力量。这些网友在翻译过程中，不仅体现了专业水准，还往往妙笔生花，挖掘独家新闻，提升了虎扑网的知名度，同时还增加了球迷之间的归属感和认同感。

文字直播是虎扑网受欢迎的特色内容，美职篮文字直播主要分为四类内容：比赛过程、网友互动、图片、竞猜与新闻。这四类内容中，比赛过程的内容所占比例最高，是最为核心的内容；网友内容是最有特色的也是反馈最积极的部分；竞猜内容也是与互动密不可分的。需要说明的是，文字直播的直播员也是来自资深球迷，他们除了时间充裕、计算机操作技能强、文字功力深厚外，还具备了丰富的篮球特别是美职篮方面的知识及让球迷信服的见解。

（2）虎扑网的互动从线上到线下，注重全方位发展。虎扑网关注的运动项目从篮球开始，之后陆续涉及足球、网球、田径等多个项目。除了体育新闻资讯外，虎扑网还有网络游戏，并经营运动品牌。除了线上内容外，对线下活动也十分重视。虎扑网“在全国160多个城市设立虎扑网联络管理人员，协助进行线下公关活动、采访报道、信息调查反馈等多项职能，并于广州、深圳、东莞、厦门、长沙等56座城市、142所高校成立篮球及跑步俱乐部，组织校际对抗赛6538场，全国已有166座城市超过100万球迷参与过至少一次的球迷活动。虎扑网还会邀请美职篮球星到中国参加球迷活动，前休斯顿火箭队球星特雷西·麦克格雷迪就曾多次受邀来中国参加活动，与球迷亲密互动”。[①]

虎扑网作为体育新媒体的代表，在突出球迷特征以顺应参与行为的变化方面同样是突出的案例。

（二）实践体育中的参与者与参与权利

实践体育需要参与者亲身参加到体育比赛或者体育活动中，在我国实践体育重要组成是群众体育或者大众健身。我国有关部门分别在1996年、2001年、2007年和2015年进行了4次全国范围的群众体育普查，所得到的数据不仅具有一定的权威性，更可以从宏观角度了解实践体育的参与情况。杨永钟等在《我国全民健身活动发展特征研究——基于4次全国群众体育调查结果的分析》[②]中对4次调查结果进行了总结，从这些总结梳理中可以清晰地感知实践体育的变化。

1. 实践体育参与者

（1）实践体育参与者人口统计学特征。根据4次群众体育普查的数据，从性别、年龄、教育程度等人口统计学特征了解实践体育参与者。

在性别方面，杨永钟等的研究结果表明，参与锻炼的群体一直为男多女少，女性参与

① 付晓静，杨格．体育专业网站的成功之道——以虎扑网为例［J］．传媒观察，2013（9）：35－37.

② 杨永钟，江瑞，袁锋，等．我国全民健身活动发展特征研究——基于4次全国群众体育调查结果的分析［J］．西南师范大学学报（自然科学版），2017，42（6）：121－128.

者的数量略有提高，女性体育参与人数在同性别群体中的比例也在逐步提升。

实践体育参与者在年龄段方面的分布呈现“U”形，低年龄段和高年龄段参与程度高、中间年龄段参与程度低，16 ~ 25 岁低年龄段占比从 1996 年的 30. 47% 上升到 2015 年的 41. 52%；65 岁以上的锻炼人群，从 1996 年的 12. 48% 增加到 40. 35%，增长幅度最大。

（2）实践体育参与过程特征。实践体育参与过程也是认识了解体育迷的重要途径。这里实践体育参与过程主要通过锻炼项目、强度、时间、地点、方式等展现出来。从实践体育角度发现，在近 20 年的时间里，健身走和跑步是我国健身群体选择最多的运动项目。其他还包括羽毛球、篮球、足球、排球、乒乓球、游泳等项目。2015 年广场舞成了新的实践体育项目。

从体育锻炼的频度来看，1996—2015 年，经常参加健身的人以每周 1 ~ 2 次为主，且人数呈现逐年递增的发展趋势；依据调查结果来看，经常参加锻炼的人群有一半左右以中等运动强度为主；在时间安排上，晚上健身人群的比例最多，其次是早晨；每次健身活动持续时间选择 30 ~ 60 分钟的人数比例最高；另外，锻炼时间保持在 60 分钟以上的人群比例在逐步上升。

在场地选择方面，1996 年和 2001 年的调查结果显示，分别有 69. 6% 和 71. 2% 的人群在非正规体育场所进行健身活动，选择正规体育场所进行健身活动的人群还是相对较少。2015 年的数据显示，城镇居民健身群体主要锻炼场所排在前三位的是在公园、江河湖畔、公路及街道旁；而乡村居民的选择多为公路街道旁和自家庭院。

（3）体育锻炼的形式。在调查中，居民参加体育健身活动的形式主要涵盖了“与朋友、同事一起锻炼”“个人独自进行体育锻炼”“与家人一起锻炼”“参加社区组织体育活动”“参加活动站体育活动”“俱乐部体育活动”“参加单位组织的体育活动”几种形式。在不同的时期呈现不同的特征，但主要以“自己锻炼”“与朋友、同事一起”“与家人一起”“参与社区组织”“参与单位组织”等几种形式。2015 年调查时，在 20 岁以上人群中，参加体育健身活动的形式依然是以“个人独自进行锻炼”（68. 30%）、“与朋友、同事一起锻炼”（63. 70%）、“与家人一起锻炼”（32. 40%）为主。[①]

2. 新媒体平台上的实践体育参与者

实践体育是在现实环境中完成的，需要参与者亲身参加到体育比赛或者体育活动中。观赏体育内容更符合大众媒体的新闻价值选择标准，实践体育往往被忽视。新媒体平台的出现，代表着第二次体育媒介化，核心点是实践体育可以在新媒体平台上虚拟化呈现，即亲身参与的方式同样可以在新媒体平台上展示出来。

如今随着移动互联网的发展，以实践体育参与者为主体的自我展示方式也逐步突出。[②]

常用展示方式之一：晒图片、数据等健身成果。在新媒体平台上，实践体育的参与者

① 杨永钟，江瑞，袁锋，等．我国全民健身活动发展特征研究——基于 4 次全国群众体育调查结果的分析[J]．西南师范大学学报（自然科学版），2017，42（6）：121 - 128.

② 何怀志．身体、交往与空间：移动互联时代的跑步［D］．合肥：安徽大学，2016.

可以自主地选择媒介手段来“报道”健身过程和成果，晒图片、数据等就是常用的方式。这些图片、数据来自运动健康类网站或者功能软件，参与者还可以把它们分享到各大社交平台，这些平台包括微信朋友圈、运动 APP、QQ 群或者微信群。在分享原因调查中，分别是“督促自己坚持”“寻求志同道合的跑友”“获得好友的夸赞认可”“塑造阳光健康的形象”等原因的比例较高。

常用展示方式之二：参与排名。涉及体育比赛就会出现竞争、胜负和排名，实践体育项目也不例外。在移动互联网中，存在运动类 APP 排行、微信运动排行等，这些排行大多以步数或者跑量将社交媒体中的好友纳入同一个排行榜中，而且数据是实时更新的。通过研究发现，越是实践体育项目积极的参与者，越会关心排名的变化。

前面章节分析过，具有社交功能的运动类 APP 较容易获得使用者高评价。那么，实践体育参与者在新媒体平台上这些主动的媒介行为出自何种原因呢？

首先，身体认同可以带来自我认同和安全感。自我认同是任何形态社会中的成员都必须完成的过程，因为社会化过程中每个人都有对身份的自觉意识、对人格统一性的追求以及对某种人生或社会理想的趋同①。新媒体平台让实践体育参与者可以直接、准确、可见地了解自己的身体状态，消除了对自身身体运动的不可控感和无知感，从而获得了一种自我安全感。而健康的身体让参与者归属于“正常人”群体，这是一种基础性的自我认同。同时，文化的身体还具有多种解释，让自我定位不断攀升，参与者可以通过不断健身来塑造更加理想的自我状态。

其次，通过身体的评价比较获得内心的调节和中介作用。除了自我认同，人们的安全感和稳定感还会来自对环境的认知，这方面认知的来源可以从评价和比较中获得。美国社会心理学家费斯汀格提出的自我评价需要，而这种评价又是通过社会比较完成的。社会比较分成上行比较、平行比较和下行比较。体育比赛中的竞争排名就是这样一个可以进行比较的机会，参与者通过比较，可以知道与自己相似的人、比自己优秀的人、不如自己的人的位置和顺序，这样的比较可以给人们认知环境提供一个中介渠道，起到调节人与环境之间关系的作用。②

3. 实践体育中的体育权利

参与实践体育还涉及一项重要的公民权利——体育权利。可以从以下三个方面理解体育权利。③

（1）体育权利具有广泛性。体育权利的广泛性主要表现在“常有一个权利主体的一个行为同时符合数个权利的构成要件，受到数个权利的保障，或者相反地，当公民权利侵害权利主体的利益时，可能同时侵害了多项权利的权利竞合情况出现”。④ 例如，职业运

---

① 赵汀阳．认同与文化自身认同［J］．哲学研究，2003（7）：16－22.

② 何怀志．身体、交往与空间：移动互联时代的跑步［D］．合肥：安徽大学，2016.

③ 田思源．《体育法》修改的核心是保障公民体育权利的实现［J］．天津体育学院学报，2011，26（2）：114－117.

④ 同③.

动员体育权利可以分为体育竞技权、体育劳动权和体育社会保障权等。

由此在权利竞合下公民体育权利反映在法益上就表现出不同的利益衡量和价值体现，从而形成了对于体育权利的权利类型和所保护的法益的不同观点。如“中国公民体育权的宪法权利”包含了“基本人权”“身体健康权”“公平竞赛权”“受教育权”①；“公民体育权利的内容”包括“参加体育活动的平等权”“体育人身权利”“社会经济和文化教育方面的体育权利”“体育政治权利”“监督检查权和请求权”②；“体育权利的现实形式”包括“教育权利中的体育权利”“文化活动自由权利中的体育权利”“生存权中的体育权利”“发展权中的体育权利”“获得权利救济权中的体育权利”③；此外还有“普通公民的体育权利和体育劳动者的体育权利”“公性质体育权利和私性质体育权利”“宪法体育权利和部门法体育权利”“可诉的体育权利和不可诉的体育权利”“物质性的体育权利和非物质性的体育权利”④ 等。

（2）体育权利具有独立完整性。体育权利是一项独立而完整的公民权利，虽然教育权中包含体育权，但体育权不等同于教育权，劳动权中也包含体育权，但体育权不能成为劳动权等。

公民的体育权利应有其质的规定性，应有其权利性质的法律归类（特别是在考察其宪法依据时）。体育权利的属性应以公民普遍的体育权利而不是特定主体的体育权利为限定，以体育权利的基本价值为核心，从整体上而不是从某个侧面来认定体育权利的属性。

（3）体育权利属于文化权利。体育权利是公民的文化权利，是公民文化生活及其自由的一部分。在我国，《宪法》和其他法律并没有“明文”规定公民的“体育权利”，体育权利目前仍为推定权利。由《宪法》第 21 条第 2 款和第 47 条“推定”而来⑤。《宪法》第 21 条第 2 款规定：“国家发展体育事业，开展群众性的体育活动，增强人民体质。”《宪法》第 47 条规定：“国家对于从事教育、科学、技术、文学、艺术和其他文化事业的公民的有益于人民的创造性工作，给以鼓励和帮助。”其中虽然没有关于“体育”的列举，需要结合 1978 年宪法第 52 条“国家对于从事科学、教育、文学、艺术、新闻、出版、卫生、体育等文化事业的公民的创造性工作，给以鼓励和帮助”的规定。在 1982 年《宪法》关于“文化事业”的列举较之于 1978 年《宪法》的规定去掉了“体育”，但“体育”和其他被删除的“新闻”“出版”“卫生”一样，应置于“其他文化事业”中。时任全国人

① 董小龙．中国公民体育权利的法律保护［J］．宁夏党校学报，2009（2）：50.//田思源．《体育法》修改的核心是保障公民体育权利的实现［J］．天津体育学院学报，2011，26（02）：114－117.

② 王洪海．我国公民体育权利的法律分析［J］．体育世界，2008（5）：41.//田思源．《体育法》修改的核心是保障公民体育权利的实现［J］．天津体育学院学报，2011，26（02）：114－117.

③ 胡科，黄玉珍，金育强．作为权利的体育［J］．体育学刊，2007（2）138－139.//田思源．《体育法》修改的核心是保障公民体育权利的实现［J］．天津体育学院学报，2011，26（02）：114－117.

④ 葛卫忠．我国体育权利的分类［J］体育学刊，2007（9）：26－28.//田思源．《体育法》修改的核心是保障公民体育权利的实现［J］．天津体育学院学报，2011，26（02）：114－117.

⑤ 张振龙，于善旭，郭锐．体育权利的基本问题［J］．体育学刊，2008（2）：23.//田思源．《体育法》修改的核心是保障公民体育权利的实现［J］．天津体育学院学报，2011，26（02）：114－117.

大常委会国家法室副主任的许安标也指出：本条规定中即包含了公民享有从事各种体育活动、健康的娱乐活动等文化活动的权利①。所以，我国公民的体育权利源自宪法关于文化权利的规定，依据是充分的。

如今，公民的体育权利的保障很大程度上来自公共体育服务体系的创建及产品的提供。公共体育服务的唯一提供者是政府部门，其功能是保障公共的基本利益，维护社会的公平、公正。在公共体育服务产品的供给中，政府通常也需要对公共体育资源进行强制性获取，并进行合理的分配和配置，以确保功能的实现。

韦伟在《我国公共体育服务绩效评价体系构建及实证研究》中得出的一个结论，即我国公共体育服务评价指标体系的搭建。文中指出，公共体育资源包括投资资源、公共设施资源和人力资源。作为管理部门，政府部门在公共体育服务建设中的重要功能表现在资源配置方面，就是能够在投资资源、公共资源和人力资源中做到合理利用，均衡发展，同时注重利用效率最大化，在公平均等的原则下，满足体育活动人群的体育参与需求。②

（三）体育消费者

体育迷的身份之一是体育消费者，这是针对体育产业而言的。从这个角度分析，体育迷是体育消费的主体，所涉及的体育活动应该属于休闲体育。

1. 体育消费者是休闲体育消费的主体

21 世纪以来，我国学界开始关注休闲体育，体育消费是其中研究的热点之一，主要包括消费阶层、消费文化、消费偏好、消费功能、消费体验等方面，这些研究的主体都是针对消费者的。

休闲体育顾名思义，是在闲暇时间里，体育迷从兴趣和需求出发而进行的各种体育活动，这里的需求包括强身健体、提高生活质量及自我实现等。休闲体育的消费者是具有休闲体育消费能力和需求的人，“通过对客体（休闲体育消费资料）行为依赖，产生能够满足人们需求的消费结果（陈华，2008）。目前我国休闲体育消费主要集中在体育用品、参与运动和体育观赏等方面，并且呈现出逐年上升的态势（李文波，2004）”。③

Pitts 等认为，休闲体育产业是提供运动、健身、娱乐及相关休闲产品的市场，其产品包括运动表现类、运动体验类及运动促销类等多个类别。休闲体育消费包括参与型、观赏型、康复型等类型（张剑渝等，2012），消费的对象包括各类有形产品、服务产品和精神产品。目前，人们参与体育运动已不仅仅是追求感官体验和生理效果，休闲化、时尚化和娱乐化的符号和元素正带给休闲体育消费者更多生活的快乐（李文波，2004）。与此同时，

---

① 许安标，刘松山．中华共和人民共和国宪法通释例［M］．北京：中国法制出版社，2004：166.//田思源．《体育法》修改的核心是保障公民体育权利的实现［J］．天津体育学院学报，2011，26（02）：114－117.

② 韦伟，王家宏．我国公共体育服务绩效评价体系构建及实证研究［J］．体育科学，2015，35（7）：35－47.

③ 汤澍，严伟，张维亚．休闲体育消费者体验对行为意向的影响——以南京奥体中心休闲体育消费者为例［J］．商业经济研究，2017（4）：46－50.

个体的社会地位和价值观念也深刻影响着消费行为，休闲体育消费正逐渐成为一种“符号消费”（张宇等，2012）。从价值判断来看，休闲体育赋予人们的不仅是舒缓压力、身体健康等“外显”功能，精神自由与身心娱乐等“内在”价值更加重要，是人类自在生命的自由体验（石振国等，2008）。研究认为，休闲体育消费具有明显的“体验经济”特征，消费者不是仅仅关注结果，而是更加重视消费行为全过程给个体带来的“美好体验”（张永军，2008）。①

2. 观赏体育中消费者的特点

观赏体育可以分为现场观赛和媒介观赛，与大众媒体息息相关。观赏体育是体育产业重要的组成部分，作为消费者的体育迷也是不可或缺的，与实物类消费不同，观赏体育消费者重在精神体验。

（1）观赏体育消费是高层次的文化消费。观赏体育消费者消费的是体育符号，这个过程中最主要的回报是观赏体验，其实质就是精神层面的需求和满足，因此，观赏体育消费是一种文化消费。

（2）观赏体育消费属于休闲体育消费。上文提及的休闲体育中，观赏和体验都是观赏体育的特点。同时，观赛行为可以产生诸多消费诉求，即使是通过大众媒体收看比赛，观众的注意力也是一种资源，广告内容的介入，让体育迷成为媒介消费者。

（3）观赏体育的消费者具有相对的稳定性，但需要长期培养。作为观赏体育的消费者，其身份还是体育迷，特别是一些资深球迷，都是经过长期看球培养起来的。体育兴趣加之多年的观赛习惯的熏陶，才能形成球迷的忠诚度。一旦养成这种习惯，就会成为稳定的球迷，即消费者。

（4）现场观赛与媒介观赛相辅相成。媒介观赛来源于现场观赛，现场观赛更多吸引的是忠实的本地球迷，而异地球迷多数会选择媒介观赛。从理论上讲，媒介观赛拓宽了比赛的空间和时间，让更多的体育迷能够获得观赛机会。同时，现场观赛体验也是独一无二、不可替代的。因此，赛事经营者往往通过市场调节获得赛事价格的均衡，让两类观赛观众的支出与收益达到最优化。②

以德甲为例来观察观赏体育消费者的实际情形。德甲被德国人当作社会生活不可缺少的一部分，周末又被德国人认为是不可侵犯的休息时间，两者相加造就了大批的德甲联赛观赏体育消费者。德甲基本在周末进行，传统上的开赛时间是周六下午15：30，这个时间商场、超市、餐厅等娱乐场所已经打烊，球迷会早早地来到球场，一边畅饮啤酒，一边等待着比赛开始。据统计，德甲2014赛季共吸引了13038305名现场观众，这个数字相当于

① 汤澍，严伟，张维亚．休闲体育消费者体验对行为意向的影响——以南京奥体中心休闲体育消费者为例[J]．商业经济研究，2017（4）：46－50.

② 孙方．职业体育赛事观众消费的研究［D］．北京：北京体育大学，2015.

德国人口的 16%。[①]

德国电视市场总体的特点是竞争激烈、不够活跃、付费电视规模不大、电视业的竞争一般集中在同类别的企业之间。这些特点与德国电视的“双轨制”和德国有线电视服务业的多重竞争关联紧密，观众能以相对低廉的价格获得电视服务，足球赛事成为主要选择。

近年来德国观众收看电视时间增多，德甲 1991—1992 赛季开始付费收看，2000 年实现 306 场直播。[②]

二、体育参与的实质是社会网络化参与[③]

体育迷的体育行为表现为体育参与，不论是直接参与的实践体育，还是间接参与的观赏体育。了解和认识体育参与的实质是认知体育迷行为的前提。

（一）体育参与规律蕴藏在体育社会网络中

体育参与是体育社会学重要的研究指标，一般认为体育参与指的是为了达到强身健体、娱乐身心、加强人际沟通、丰富业余生活等目的，采用体育比赛、体育活动等方法进行的有目的、有规划的体育行为。

一提及体育参与的研究，常常会与体育人口这个概念进行关联，体育人口指的是在一定时间内、一定区域中，经常从事身体锻炼、体育娱乐、体育教育、运动训练和竞赛及其他与体育有关的、具有统计意义的社会群体。从这个界定分析，体育人口指的是全体参加体育活动和体育比赛的人口总和。它与体育参与概念的不同之处在于，体育参与更多的是指从事业余体育活动的人，而不是以体育为职业的从业者或者通过体育接受教育的青少年。

对体育参与的研究一般是以个体行为作为对象展开的，使用的方法是调查法，最终以研究报告形式呈现，其特点是周期长、规模大、可靠性强。之所以使用调查法，其原因在于研究目的是为商业公司、政府部门决策服务，使他们了解市场情况和消费者倾向。

在美国，全美体育数据（American Sports Data, ASD）每年进行一次名为“体育参与大调查”的全国性调查，所得到的数据再由体育产品制造联合会（The Sporting Goods Manufacturers Association, SGMA）进行分析，最后分门别类出版。除了商业公司以外，政府部门也在做类似的调查。

---

① 根据德甲年度报告测算：Bundesliga Report 2015［R］. DFL Deutsche Fuf3ball Liga GmbH，2015：22//孙方．职业体育赛事观众消费的研究［D］．北京：北京体育大学，2015.

② 同①.

③ 此部分可参见：毕雪梅．体育关系网：基于体育参与的社会网络传播［M］．北京：北京体育大学出版社，2018.

国内对体育参与行为的调查，与国外的做法有相似之处。其中，官方组织的调查较为权威，1997 年国家体育总局群体司开展了第一次中国群众体育现状调查，并于 2001 年、2008 年和 2015 年进行了第二次、第三次和第四次全国性调查。

这类社会调查的局限在于，首先体育参与很难界定，包括参与频次、参与项目等很难有统一客观的标准；其次是调查过程中经常需要依靠被试的主观判断，缺少客观性；ASD 的总裁 Harvey Lauer 曾经感慨：体育参与研究还不能算作科学（“Sports Participation Research:Not Yet a Science”）。①

实际上，体育参与个体行为往往蕴含在社会网络中，或者说，体育参与是一种群体化行动。任何一场体育比赛都是群体化行为过程，一个人的比赛只能在理论上出现，现实中难觅踪迹。

（二） 体育社区、 体育社团是体育社会网络的外在载体

1. 体育社区

社区的英文单词是 Community，但在汉语里却被翻译成了三个词，分别是“社群”“社区”“共同体”。它们的词根是“共同”（Common），可以说，词根是理解其含义的关键点所在。如果进一步区分其差异，“社群”“共同体”“社区”这三个词，它们在内涵上是有区别的。“社群”强调的是具有“共同点”的群体（如是否有共同的居住地点、是否有共同的语言、是否有共同的风俗习惯等），“社区”强调的是地域，即地理意义上群体的共同居住地，而“共同体”则强调的是群体的“共同诉求和共同利益”。②

从体育实践的角度观察，体育活动或体育比赛总是需要在一定的地区或场地才能开展，因此，体育社区的提出是从地域出发。

我国学者的研究大多关注的不是体育社区而是社区体育，主因除了突出地域在体育活动中的重要性外，还受到我国行政管理制度的影响。例如，王凯珍认为，“现阶段我国城市社区体育是指在人们共同生活的一定区域内（相当于基层社区辖区范围），以全体社区成员为主体（并非全体居民），以满足社区成员的体育需求，增进社区成员的身心健康，巩固和发展社区感情为主要目的，就地就近开展的区域性群众体育”。③

总之，从传统的理解上，体育社区研究依赖地域属性，导致对体育社区的理解过于固定化。在新媒体时代，旧有的时空被颠覆，传统的地域限制已经不复存在，同时在互联网中逐渐形成了虚拟空间，不同地域的人们在这些虚拟空间中汇集起来，并出现了一批具有一定认同关系的群体。这些群体不是简单的自然状态的个体与个体之间的松散联合，而是像传统现实空间中的社团和社区一样，具备一定的归属属性。莱茵古德（Rheingold,1993）

① “Sports Participation and Attendance”(2008). *Sports in America:Recreation,Business,Education,and Controversy*[EB/OL]. http://www.encyclopedia.com/doc/1G2-3077800008.html. 2020-04-03.

② 汪民安．文化关键词研究［M］．南京：凤凰传媒出版集团·江苏人民出版社，2007：271.

③ 唐文兵，崔冬冬，谢恩杰．学校体育与社区体育研究的文献综述［J］．消费导刊，2010（3）：163.

界定为 Vrtual Community，中文普遍认可的翻译是虚拟社区。①

在虚拟社区数量和规模已经与传统社区相提并论的今天，体育也已不能局限在地域社区的框架下，而应是关注现实和虚拟的转换关系，以适应当下体育发展的新变化。从前文分析得知，实践体育融合了虚拟空间里的群体体育参与，构成了第二次体育媒介化，在社会体育、大众健身的发展中起到了不可替代的重要作用。

2. 体育社团

体育社团属于社会组织，以往还被称为民间组织、民间非营利组织，现在统称为社会组织。我国社会组织主要包括社会团体、基金会和民办非企业单位三类，它们的主要特征是民间性、非营利性、公益性等。现代政治学理论认为，在一个相对成熟的社会中，往往是三种力量基本均衡的结果，这三种力量分别来自政府、企业和社会组织。20 世纪七八十年代以后，社会组织在世界各国如雨后春笋般迅猛发展，时任联合国秘书长安南曾把“社团的发展”称为影响世界的五大要素之一。②

在我国社会组织的 3 个分类中，虽然基金会和民办非企业单位均涉及体育事业，但从突出群体参与的特征出发，体育社团是最有代表性的民间体育参与的组织形式。

对体育社团的认识及研究，存在一个无法克服的误区：如果按照国内的界定和样本进行分析，则减少了一般社团应有的一些属性；但一旦按照国际通用的标准来研究国内体育社团，就会发现与实际情况不一致。

以体育社团的概念界定为例，有学者总结了 3 种体育社团的界定类型③：

第一种是根据我国现有法律条款确定体育社团的界定。1998 年我国颁布了《社会团体登记管理条例》，被认为是对社团组织权威的官方规定。按照该条例的有关规定，社会团体是指成员自愿参加，有着共同参与目标，依法登记并按照章程开展活动的非营利性社会组织。在这个界定中提及的依法登记，是指较为严格的社团审批制度，如果未经有关部门审批核实且无挂靠单位的体育社团，在法律法规上是不允许的。因此，依照这些规定，体育社团可以界定为，经体育主管部门审批并由国家民政部门依法核准登记，挂靠体育行政部门的非营利体育社会组织，如体育协会、体育学术学会和研究会等。

第二种是依据体育社团的“组织结构和运作模式”定义。该定义是由美国约翰·霍普金斯大学非营利组织比较研究中心的专家提出的。依据定义体育社团需要符合 5 条组织形式：一是组织性，即具备较为可行的内部规章制度；二是民间性，属于非政府的组织形式；三是非营利性，不能以盈利为目的；四是自治性，成员自我管理，不受外部力量控制；五是志愿性，成员均为自愿参加。

第三种定义是根据组织的特征确定的。顾渊彦认为体育社团应具备 6 个特征：一是成员数量需要两人以上并互相认同；二是需要具有共同感兴趣的体育活动内容和目标；三是

---

① 谢静．传播的社区——社区构成与组织的传播研究［M］．上海：复旦大学出版社，2013.

② 廖鸿，石国亮．中国社会组织发展管理及改革展望［J］．四川师范大学学报（社会科学版），2011，038（005）：52－58.

③ 叶国雄，刘远祥．我国体育社团研究述评［J］．山东体育学报，2008（1）：1－4.

成员间保持经常而稳定的互动；四是组织成员间活动需要统一；五是具备成员自觉接受的团队规范；六是成员之间需要具备同伴共识①。

以上3种定义之间的差异较大，第一种法律上的定义主要依据的是我国的法律，无法进行国际的比较研究；第二种定义与中国国情不符，有学者甚至认为，如果严格按照这一定义进行衡量，标准化的体育社团在中国几乎不存在；第三种定义相对中立客观，并能反映研究对象的本质规律，但有意回避了社团功能等核心问题。②

体育迷是主体，是各类体育行为的发出者；体育社区或者体育社团是外在的行为载体，实质是在揭示体育参与是通过社会网络化进行的。在探讨中国体育的规律、体育迷的参与本质和方式及体育传播规律时，应该更加明确体育参与的社会网络化形式。

第二节 体育迷的情绪情感体验和忠诚度

导 入

体育迷情绪情感体验和球迷忠诚度是体育中蕴含的重要资源，无论是体育产业还是体育公益事业，都是以挖掘、调动和满足这类资源为目的的。体育迷情绪情感和球迷忠诚度是重要的科研对象，集中了大量的研究成果，构成了体育新闻理论学习中的重要内容。

一、情绪的定义及概念分析

对于体育新闻制作而言，传播效果无疑是衡量内容质量的主要标准。体育迷的需求满足则是传播效果的来源，其中从体育媒介内容中获得满意的情绪情感体验，是体育受众的内心期待。

既然情绪情感体验对于体育新闻报道如此重要，就要了解和掌握情绪情感的相关知识和研究方法，这样有助于对体育新闻制作原理有更加透彻的理解。

（一）情绪的定义

情绪心理学是心理学中一个逐步显现重要性的分支。由于情绪的复杂性和主观性，使

① 肖嵘，汤起宇，吕万刚．体育社团研究综述［J］．辽宁体育科技，2005（01）：29－31.
② 叶国雄，刘远祥．我国体育社团研究述评［J］．山东体育学报，2008（1）：1－4.

得情绪的研究始终处于缓慢的发展中。

早期情绪的研究集中在生理范围内，早期美国科学心理学之父威廉·詹姆斯提出了情绪体验来自对身体变化的感知，他认为，“情绪是伴随对刺激物的知觉直接产生的身体变化，以及我们对这些身体变化的感受。通常认为我们因失败产生悲伤然后痛哭；遇到熊时因害怕而颤栗逃跑；然而实际上的顺序应该是因痛哭而悲伤，因为颤栗而害怕”。①

20 世纪 60 年代以后，随着认知心理学、信息技术及计算机辅助技术的发展，情绪研究也随之出现了巨大的进展。

目前，主流观点认为，情绪的心理过程来自脑的功能。相对于认知过程，情绪的规律更加复杂多变。“情绪是一种多成分、多维量、多水平整合的复合过程；情绪的每一次发生，都融合着生理和心理、本能和习得、自然和社会诸因素的交叠。在发生学和分类学上，情绪的每种构成因素，本身的变化及各变量之间的交织，或互相加强、或互相抵消、或互相渗透、或互相排斥，这诸多因素的作用和相互影响，科学研究还正在探索”。②

进入 21 世纪以来，对情绪的结构或者本质属性的研究获得丰富的成果，傅小兰在 2016 年的相关教材中总结为 3 个方面③：

第一方面是主导性地沿袭了更多传统视角的情绪分类，首先，认为情绪分为基本情绪和复合情绪，基本情绪是在复合情绪的基础。其次，愤怒、悲伤、恐惧、厌恶和高兴等特定情绪具有天然的生理反应机制，同时也具有独立的、稳定的认知过程和外部表现；最后，从功能和动机角度理解情绪，这也是进行科研设计的基础。

第二方面把情绪看作认知，并集中解释情绪与认知的关系和相互影响。这个方面的研究分为两个阶段，第一个阶段把情绪分为生理和认知两个因素，生理主要指交感神经的唤醒，认知是对这种唤醒的评价，情绪则是生理和认知相互作用的结果；第二阶段补充了情绪的认知评价观点，认为情绪是对意义的反应，并通过评价来完成的。

第三方面脱离了情绪的传统研究路数，引入了社会建构理论。这一理论认为情绪是在社会实践中形成的，虽然情绪的发生有生理和遗传的因素，但社会构建视角强调社会文化系统的作用。在整个社会文化系统中，社会共识的行为反应方式及主观体验和评价构成了情绪的产生过程。可以说，情绪的社会建构理论给包括体育迷情绪情感体验在内的体育传播研究提供了新的研究视角。

（二） 兴趣、情绪、情感等概念解析

兴趣、情绪、情感等概念不仅是情绪研究中的核心概念，而且在理解体育迷情绪情感的学习中也是非常重要的。

彭聃龄对兴趣的界定是人们探究某种事物或从事某种活动的心理倾向，它以认识或探

① 傅小兰．情绪心理学［M］．上海：华东师范大学出版社，2016：3.

② 孟绍兰．情绪心理学［M］．北京：北京大学出版社，2005：3.

③ 傅小兰．情绪心理学［M］．上海：华东师范大学出版社，2016：16－17.

索外界的需要为基础，是推动人们认识事物、探求真理的重要动机。兴趣可以指向具体的对象，如热爱工作、热爱学习等；兴趣还可以指向活动和行为，这时就可以称为爱好，如体育兴趣就是这类爱好类型。兴趣也与情绪有关，当然，兴趣可以引发人们的积极情绪。另外，从分类上，还可以分为个体兴趣、情境兴趣等，从这些分类中可以进一步了解动机、兴趣与情绪的关系，也是可以进一步研究体育兴趣的途径。①

情绪、情感、感情或者感受均是容易混淆的概念，情绪（emotion）原词来自拉丁文，本义包含运动、移动等涵义，强调时间短暂且强烈的体验，侧重于反应过程。情感（affect）可以看作是一个统称，包括情绪、情感或感受，可以指人也可以指动物。感受或感情（feeling）则只限定指人的带有社会性的高级情感，以主观体验的内容为主。②

二、积极心理学、具身社会认知、具身情绪等新近研究

为了更全面的理解有关情绪情感概念，下面介绍积极心理学、具身社会认知和具身情绪三个前沿研究方向。

积极心理学研究主要涉及积极情绪体验、积极人格特征、人才培养及积极心理过程对健康的影响等方面。与之前心理学关注负面问题研究不同，积极心理学研究以一种肯定的、开放的、正面的态度研究人类的动机与潜力等。在积极情绪研究中，主观幸福感研究是比较集中的热点之一。主观幸福感指的是个体本身对自己生活质量、快乐程度等幸福指标的主观感觉判断。研究成果多集中在日常生活事件和个性因素对主观幸福感的影响。③

具身认知研究开始于20世纪80年代，涉及认知神经科学、语言学、心理学及人工智能等领域。具身认知引入到社会心理学中，形成具身社会认知研究这一新方向，代表着进入新千年之后的科研动态变化。具身社会认知也就是社会知觉过程，主要包括个人对自己、人际和群体的知觉，可以分为具身自我认知、具身人际认知和具身群体认知3个层次。④

具身情绪是将具身认知与情绪研究联系在一起，更新了对情绪现象和情绪加工过程的再认识。身体的感觉、活动的方式和体验、解剖学结构等决定了情绪加工过程。⑤ 事实上，从情绪具身观看来，情绪与身体之间是互相影响的。具体而言，情绪的感知、理解和加工等过程会激发身体相应的神经和运动系统；面部表情或身体运动等也会影响情绪加工。当情绪接收者身体表达与情绪发出者信息一致时则促进理解，不一致时则产生消极影响。⑥

以上3个方面的热点研究成果在体育中的研究更多集中在竞技体育和大众健身中，体

① 彭聃龄．普通心理学（第五版）[M]．北京：北京师范大学出版社，2019：347-348.

② 傅小兰．情绪心理学[M]．上海：华东师范大学出版社，2016：6.

③ 李金珍，王文忠，施建农．积极心理学：一种新的研究方向[J]．心理科学进展，2003（03）：321-327.

④ 薛灿灿，叶浩生．具身社会认知：认知心理学的生态学转向[J]．心理科学，2011，34（05）：1230-1235.

⑤ 刘亚，王振宏，孔风．情绪具身观：情绪研究的新视角[J]．心理科学进展，2011，19（01）：50-59.

⑥ 丁峻，张静，陈巍．情绪的具身观：基于第二代认知科学的视角[J]．山东师范大学学报（人文社会科学版），2009，54（3）：94-97.

育传播尤其是观赏体育传播效果中还少有出现。

三、运动心理学对情绪的研究

运动心理学对情绪的研究主要集中在两个方面：一是在竞技运动心理学中，关注赛前焦虑与运动成绩的关系；二是在锻炼心理学中，关注运动锻炼与焦虑、抑郁的关系。①

（一）竞技运动心理学中运动员的情绪问题

竞技体育中的运动员情绪研究，主要以运动员的压力、焦虑、兴奋等外在情绪为突破点，深入研究这些情绪如何决定队员的心理状态并直接影响竞技水平的发挥。

影响体育比赛中情绪变化的主要因素包括：第一，运动项目的特点。研究发现集体对抗类项目容易引起队员情绪的迅速变化。第二，比赛结果。比赛最终的成绩，特别是胜利或者失败，是引起情绪变化的直接原因。第三，身体的变化。运动员完全依赖于身体进行比赛，身体的变化是导致情绪变化的主要原因。第四，运动员自身的态度和特点。运动员的个性特征及临场情绪倾向有差异，会导致情绪变化；同时上述的原因是否会真正影响情绪，也与运动员的态度有关。

总之，各项研究均表明，运动员的情绪体验是影响比赛成绩的重要心理因素，因此，需要在实践中对参赛人员的情绪进行控制、引导和调节。②

情绪研究在运动员和非运动员的研究结果上有明显的不同，运动员具备更积极的情绪状态；另外，研究者发现在使用赛前情绪预测比赛成绩时，需要排除练习类型、持续时间及运动员个体差异等变量；最后，还发现适量的体育练习对改善情绪状态有帮助。③

（二）锻炼心理学中体育参与者的情绪问题

20世纪六七十年代，西方心理学界开始重点关注体育锻炼与心理健康的问题，这方面的实证研究成果渐渐多了起来。其中较为一致的结论是，身体锻炼可以调节消极情绪并对改善内部状态等均有积极的效果。

学术界从认知观的角度来分析身体锻炼调节情绪的机制，其原理是人们通过身体锻炼产生了积极的思维和情绪情感，这些积极情绪情感对抑郁、焦虑等消极情绪有抵制作用。研究还进一步证明，体育锻炼提高的是个体控制感和自我效能感，近期研究还发现了身体锻炼与情绪调节之间的中介变量，这个中介变量就是身体自尊，由于身体自尊的提高从而

① 刘晓茹，段再复．情绪影响认知研究新视点对体育运动心理学研究的启示［J］．沈阳体育学院学报，2009（5）：36－38，51.

② 梅正宗．体育运动中的情绪特征及心理调节［J］．安顺师范高等专科学校学报（综合版），2004（3）：43－45.

③ 洪晓彬，刘欣然．体育运动领域情绪研究述评［J］．山东体育学院学报，2011（9）：66－70.

消极情绪有所下降。①

此外，研究还表明，体育运动可以干预即刻的情绪状态。在具体研究中发现，身体锻炼对大学生被试的“状态焦虑”有明显的降低作用，而长期的体育锻炼对“特质焦虑”有降低作用。与此相反，“特质焦虑”程度与参加锻炼频率呈负相关，停止一段时间的体育锻炼后，“特质焦虑”情绪的干预作用也会出现减弱。②

（三）情绪与教育、教学的结合

学校体育是体育教育中最重要的环节，在体育教学中尝试使用心理学和教育学的研究成果，通过教学中的“知情互动”借以达到“以情优教”的效果。③

情绪调节教学模式理论是体育教学实践中产生的教学经验总结，从认知心理学原理来看，信息加工系统中情绪和认知是两个子系统，也就是说，任何信息加工过程都包含着情绪成分。在这个过程中，情绪的作用有可能是信息加工的启动状态，也有可能是背景状态，这里情绪有积极的也有消极的。

体育教学中的情绪调节模式是指教师在教学目标确定后，有效地管理和调节学生的情绪，诱导学生的积极情绪，让课堂中学生能够达到最佳的情绪状态，完成教学要求。可以说，该模式主要包括兴趣、愉悦和焦虑3个情绪要素，教师起主导作用，使学生发挥3种情绪的积极作用，尽量避免其消极情绪的产生。

四、观赛情绪是体育受众兴趣点的根源

体育新闻的新闻价值来源于体育迷的观赏体验，这种观赏体验的核心就是观赛情绪，它是媒介内容吸引受众的主要原因，也是体育迷之所以迷恋观看体育比赛的主要兴趣点。同时，它还是体育新闻定义的组成要素、体育娱乐性的出发点，以及体育新闻价值重要的衡量标准。

实际上，学者们对观赛情绪的研究非常少，随着体育媒介产品重要性的提高，这方面的研究会有所增加。

有学者认为，体育新闻重点是激情报道方式，特别是那些球迷关注的比赛，报道者渗透在字里行间的情绪及写作手法，可以极大地影响甚至左右受众的情绪反应。赵猛④等认为，由于体育专项的不同及赛场上经常发生的突发事件，造成受众情绪波动大。作者认为，体育新闻报道者应该学会观赛情绪控制方法，也是体育新闻从业者的职业要求。在研究中，作者提出了4种方法以供参考：一是比赛之前要对情绪进行引导，特别是对双方球迷对立情绪进行必要的舒缓，并能对参赛队员起到鼓舞士气的作用；二是在进行现场报道

---

① 陈作松，季浏．身体锻炼对情绪调节的影响机制述评［J］．心理科学，2003（4）：740－737.

② 陈纲．体育运动对大学生焦虑情绪的干预作用［J］．体育世界（学术版），2010（1）：66－67.

③ 王玉秀．情绪调节及情绪调节教学模式理论对体育教学的启示［J］．辽宁体育科技，2005（1）：90－91.

④ 赵猛，朱小亮．浅析体育新闻报道中的情绪控制与引导［J］．中国报业，2012（4）：99－100.

时，现场的记者和解说员尽量减少把自己的情绪直接带给受众；三是比赛结束后，报道者应该及时引导，避免双方球迷之间的情绪激化；四是体育新闻从业者自身需要警醒，避免个人化的好恶流露在工作中从而造成受众情绪波动。总之，这项研究的作者还是把体育中的观赛情绪作为负面因素看待的，这是一种传统意义上的对体育新闻认识的误区之一。观赛情绪是人与体育之间发生联系的必要结果，没有情绪体验就没有观赏体育可言，因此，观赛情绪是观赏体育得以存在的基础，庞大的职业体育产业就是根植于观赏体育之上的产业链条。因此，我们需要更加科学地看待观赛情绪，把它当作研究对象进行细致的分析研究。

《基于情绪感染的赛场观众情绪建模》① 一文是虚拟现实与情感计算研究方向的成果，该文从情感计算的理性角度，对观赛情绪进行了较为客观的分析。这项研究的基础是计算机领域情绪建模研究应用最为广泛的 OCC 模型，该模型根据情绪诱导的原因及观众需求的满足等相关因素共建立了 22 类情绪，并结合心理学实证研究。该研究将观赛情绪进一步分为 6 种，分别是高兴、生气、期望、紧张、放松、失望。该项研究的重要性在于不仅对影响观赛情绪的诱发因素进行了详尽的分析，更重要的是该研究考虑了观众作为个体的基本情绪特征，以及从群体的角度考虑个体之间互动对情绪演变的影响。进而，该研究模拟足球赛事环境，对赛场观众情绪模型进行了仿真实验。

观赛情绪是最重要的体育要素。根据上述研究，将从唤醒度和愉悦度两个维度理解赛场观众情绪。愉悦度与观众支持的主队（或运动员）的赛场表现密切相关。当运动员获得赛场优势时（尤其是比赛得分或排名列前时），观众情绪是正向情绪；反之，当主队失利，对手得分或表现优异时，即为负向情绪。因为典型的体育观众，不论是到达现场还是通过媒介观看，都会带着对比赛结果或参赛队员的预期，所以均具有不同程度的初始唤醒水平，在比赛过程中，当双方的表现和比分的变化把观众情绪高度调动时，即为高唤醒水平。（图 10－1）

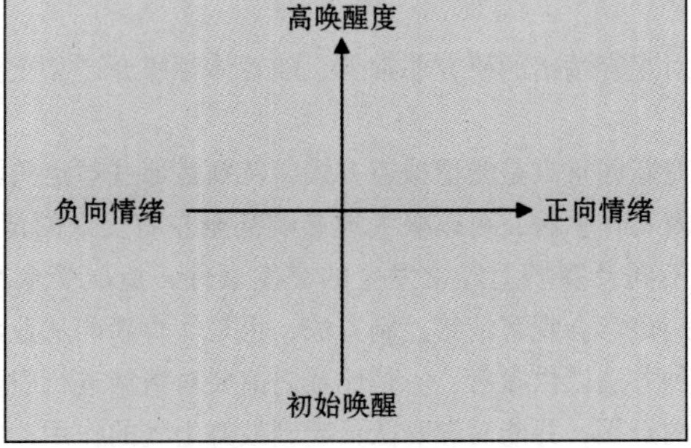

图 10－1　体育观赛情绪分类

① 殷雁君，唐卫清，李蔚清．基于情绪感染的赛场观众情绪建模［J］．计算机工程与设计，2013（9）：3205－3209.

五、体育迷忠诚度是体育受众情感的反应

（一）如何理解体育迷忠诚度

实际上，对体育迷忠诚度的研究是体育营销领域的热点，可以被看作品牌忠诚度的延伸。体育迷忠诚度是体育迷态度和反复购买意愿之间关系的重要因素，对于球队来讲，它是竞争优势重要的指标。对于观赏体育来讲，忠诚的体育迷会反复多次购买球票，这些消费会带来收益。拥有忠诚度高、数量巨大的球迷群体，是一个俱乐部的核心竞争力。另外，对于俱乐部来讲，维持长久的球队与体育迷的关系，不仅要比吸引新体育迷参与成本低，而且效果也是最佳的。

因此，从研究角度来看，如何建立和维持体育迷忠诚度就成了重要的课题，国外学者的研究重点在于从个人因素分析影响体育迷忠诚度的原因，如态度形成与心理因素、体育消费动机等。

（二）体育迷忠诚维度及其测量

一般认为，体育迷忠诚可以分为态度忠诚和行为忠诚两个部分。态度忠诚是指该体育品牌与体育迷的价值观、生活方式一致，体育迷表现出了持续关注并购买该体育品牌产品的欲望。行为忠诚是指体育迷作为消费者，长期重复购买体育品牌产品的行为。对于观赏体育而言，体育迷忠诚度是体育迷对特定球队或者球星长期永久的、甚至难以改变的承诺，这种承诺是影响体育迷消费观、消费行为的重要原因。

前期国外学者的研究重点在于探讨体育迷忠诚度的社会因素，在取得了一定成果后，学者们的研究兴趣转向了体育迷忠诚度的形成及与体育迷个体因素的关系方面。①

1. 态度忠诚与测量

体育迷忠诚的态度维度可以用心理承诺来解释。体育迷的心理承诺一般被认为是对体育品牌情感上或者心理上的依赖。在国外学者的研究中，心理承诺的概念结构由 3 个过程组成：内部依赖、坚持和抗拒改变。从这个研究结果可以分析，对于一名个体体育迷来讲，首先对某支球队产生了情感上的依赖，并能较长时间地关注球队，同时这种依赖不会因为周围负面批评而改变。那么对于这支球队来讲，该体育迷就是一位高心理承诺，同时也是高态度忠诚的球迷。

从测量的角度来看，普里查德（Pritchard，1999）等研发了测量消费者态度忠诚的 PCI 量表，该量表把态度忠诚分成了两个概念：心理承诺和抗拒改变。心理承诺由 3 个因素构成，分别是信息、认同和意志力，共包括了 13 个题目。在该量表中，心理承诺被认为是抗拒改变的预测变量。加威勒（Gahwiler）和哈维特（Havitz）从品牌和产品两个层

① 陈铎．中国足球超级联赛俱乐部球迷忠诚度研究［D］．济南：山东大学，2016.

面使用了 PCI 量表针对体育休闲活动进行了测量，发现 PCI 量表在测量品牌层面的态度忠诚时效果更好。

黑尔（Heere）和迪克尔森（Dickson）研发了球队态度忠诚量表（Attitudinal Loyalty to Team Scale,ALTS），主要的测量范围是美国橄榄球大联盟球队的态度忠诚，这个量表只有一个维度，最终球迷可以获得一个分数进行比较。

对于观赏体育而言，心理承诺已经被认为是态度维度体育迷忠诚的典型因素，研究成果也得到不断延续。尼尔（Neale）和冯克（Funk）采用 3 个题目对心理承诺进行测量，这是该测量中题目较少的一个量表。

2. 行为忠诚与测量

行为忠诚主要是指体育迷重复购买球队产品的消费行为。对于观赏体育而言，球队产品就是比赛，体育迷购买行为就是观看比赛，主要包括现场观赛和媒介观赛。以此为核心进行延伸，体育迷的消费行为还包括媒介消费，如付费收看球队媒介内容，付费对象包括互联网、付费电视等；另外，消费还包括购买球队的周边产品，包括队服、围巾、帽子、服饰等。

国外学者对行为忠诚界定为长期地、持续地关注某支球队或者某位球星的行为，这种关注包括现场观看和媒介观看。忠诚体育迷行为模型是主要的研究成果，其中最为重要的指标是频率。频率是指在特定时间段内体育迷观看比赛的次数，这个时间段是指一个赛季或者某个赛事的特定时间长度。可以说，到场率是衡量体育迷行为忠诚的首要指标。

从具体的研究来看，鲍尔（Bauer）、绍尔（Sauer）和埃克斯勒（Exler）使用了 6 个题目测量行为忠诚，包括现场观赛、媒介观赛、付费收看媒体相关内容、购买周围产品、穿着俱乐部服装、参与俱乐部话题讨论等；冯克（Funk）、菲洛（Filo）、比顿（Beaton）和普里查德（Pritchard）利用前一个赛季观赛率这个题目测量行为忠诚；普里查德（Pritchard）和冯克（Funk）则用 3 个题目测量体育迷媒介观赛行为忠诚。

（三） 体育迷忠诚的影响因素[①]

与一般的消费者忠诚的影响因素相比较，作为特定产品和服务的体育消费，体育迷忠诚有着不同的形成条件和影响因素。

体育情境是众多学者认为决定体育迷忠诚的重要因素。Oliver（1999）认为，体育特殊的消费情境下形成的忠诚不同于品牌、自动售货机或商店情境下的忠诚。之后一些学者的研究结果验证了体育情境下影响体育迷忠诚的变量，成为后续研究的坚实基础。

韦克菲尔德（Wakefield）研究观赛上座率时发现，社会影响、球队认同和感知价值等因素显著影响观众的观看意愿。具体而言，当观众感知其他人认同并赞成观赛时，其他因素也会对球迷忠诚起到促进作用。

詹姆斯（James）对儿童如何对观赛感兴趣并产生依赖感进行了研究。在该研究中使

① 陈铎．中国足球超级联赛俱乐部球迷忠诚度研究［D］．济南：山东大学，2016.

用了 Piaget 的认知发展理论，研究者发现三种（还未成型的、转型中或者已经成型的）操作思维塑造儿童的性格，而且他们身上存在心理承诺、抗拒改变以及其他一些忠诚行为。

格拉登（Gladden）和冯克（Funk）对铁杆体育迷进行了研究，他们是从品牌管理的角度研究了品牌联想中的变量对体育迷忠诚的影响。

在体育迷忠诚的研究中，体育迷卷入（involvement）和体育迷认同（identification）是重要的两个前因变量。体育迷认同分为球队认同和球员认同，球员认同被认为是球迷个体产生并引发的心理依赖。

对球员的感知，体育迷认同度可以理解为球迷对他们个体、球队以及球员之间关系的感知，包括将球队、球员的胜负荣辱视为个体自己的经历体验。

体育迷认同度不仅验证了影响体育迷的购买意向，还可以直接影响行为。体育迷对球员的高认同会产生对球队的有利影响，如防止球迷背叛、预测消费行为等。

总之，体育项目、体育迷卷入和认同等因素均影响着体育迷忠诚，迪克（Dick）和巴苏（Basu）认为，俱乐部的竞争优势就是来自忠诚的体育迷，并能带来市场上的成绩。因此，体育组织需要高度重视体育迷忠诚并以此帮助提高观看频率并维护好体育迷关系。

专栏 10－1　海塞尔惨案及英国对足球流氓的防范

时间：1985 年 5 月 29 日

球场：比利时布鲁塞尔海塞尔球场

对阵双方：欧冠决赛，利物浦 vs 尤文图斯

死亡人数：39 人

海塞尔惨案是足球流氓事件的代表。一年前利物浦队打败了罗马队，这成为海塞尔惨案的一个导火索，在意大利球迷心中埋下了怨恨。比赛还没开始双方球迷就已经发生冲突，加上海塞尔球场本身设施陈旧，在球迷的互相推搡中一堵围墙倒塌，进一步增加了伤亡人数。灾难发生后，所有英国足球俱乐部都被欧足联禁赛 5 年，利物浦被禁赛 7 年，这场惨案也被称为“欧足联史上最黑暗的时刻”。1995 年海塞尔球场被拆除。

英国足球流氓的历史由来已久，英国针对足球流氓的防范，无论从法案颁布或措施实行上均具有代表性。（表 10－1）

表 10－1　英国历年来反足球观众暴力法案的主要内容一览表①

制定时间	法案名称	主要内容
1973 年	《体育安全法案》	体育场地安全，仅仅适用于甲、乙级俱乐部
1975 年	《体育场地安全法》	针对大型运动场安全资格认证
1978 年	《防火安全及运动场地的安全法》	赛场防火及场地安全
1980 年	《执照许可法案》	对足球观众进行资格认证，将某些人排除在赛场之外
1985 年	《体育竞赛（控制酒精）法案》	扩大足球相关犯罪的范围，把与足球比赛有关的酗酒行为、向赛场内乱扔投掷物、扰乱赛场秩序等定为犯罪；并对足球相关犯罪进行定罪和处罚
1986 年	《公共秩序法案》	把妨碍治安行为定为犯罪，授权法院针对国内比赛制定排斥令
1989 年	《足球观众法案》	建议对所有足球比赛观众进行强制性的会员资格认证及身份证检查，授权法院针对国外比赛制定控制令
1991 年	《足球犯罪（修正）法案》	增加了 3 项罪行：向赛场和观众区乱扔投掷物、种族主义谩骂和随意进入赛场，首次将进行种族主义谩骂定为犯罪
1994 年	《刑事审判和公共秩序法案》	倒卖国内足球比赛入场券行为将被定罪并判罚
1998 年	《犯罪和骚乱法案》	将足球流氓不履行报到的行为定为犯罪，并将处罚加重
1999 年	《足球犯罪及骚乱法案》	扩大了法院发布足球禁令的范围，扩展了相关足球观众暴力犯罪的范围，扩大了倒卖入场券和种族主义谩骂罪行范围；加大了对相关犯罪的处罚力度
2000 年	《足球骚乱法案》	把国内足球禁令和国际足球禁令结合起来，形成足球禁令；赋予法院和警方更多的权力，足球禁令的效力范围也扩大了，若干条款的效力期限延长
2001 年	《足球骚乱（效力延续时间）法案》	对个别足球流氓采取更为严厉的打击措施，法案条款效力没有时间限制
2002 年	《足球骚乱（修正）法案》	采取更为严厉的措施来打击足球流氓

除了颁布法案，英国政府还采取了如下措施规制足球流氓行为，包括规定在每场足球比赛中，必须把相互敌对的球迷（一般是主客队的球迷）分开安排座位，而且比赛的场馆

① 李津蕾，石岩．英国反足球观众暴力立法的变迁历程与内容透视［J］．中国体育科技，2005（4）：55－59.

必须全部是座席，不允许有站席票。

除了国内的足球流氓行为综合治理，英国政府还开展了国际合作。在2000年的欧洲杯准备期间，英国内政部长和比利时的内政部长及荷兰的内政和司法部部长就欧洲杯的合作事项签订一份联合申明，三方就国际警察合作、球迷流动的监控、情报交换、国际司法协助等方面达成一致意见。①

总 结

中国体育迷是从媒体体育迷开始的。改革开放后，中国观众通过电视逐步了解了体育，体育迷的主要参与方式是收看电视直播，随着新媒体的发展，上网浏览网页、使用社交媒体的比例在不断提高。

实践体育是在现实环境中完成的，需要参与者亲身参加到体育比赛或者体育活动中。观赏体育内容更符合大众媒体的新闻价值选择标准，实践体育往往被忽视。新媒体平台的出现，代表着第二次体育媒介化，核心点是实践体育可以在新媒体平台上虚拟化呈现，也就是体育参与方式的变化，亲身参与的方式同样可以在新媒体平台上展示出来。

参与实践体育还涉及一项重要的公民权利——体育权利。它具有以下3方面的特征：体育权利具有广泛性，体育权利具有独立完整性，体育权利属于文化权利。

体育迷的身份之一是体育消费者，这是针对体育产业而言的。从这个角度分析，体育迷是体育消费的主体，所涉及的体育活动应该属于休闲体育。

体育迷的体育行为表现为体育参与，不论是直接参与的实践体育，还是间接参与的观赏体育。体育参与规律蕴藏在体育社会网络中；体育社区、体育社团是体育社会网络的外在载体。

情绪是指一系列具有短暂特征的特定的感觉，其强度和持续时间不定，通常包含各种情感。情绪是情感性的心理活动过程，人类和动物都具有这种产生情绪的能力。

在这里需要把情绪和情感加以区分，情感被认为是情绪的本质内涵，具有社会属性、长期稳定等特点。情绪则是外在表现，持续时间短，易发生变化等。因此，体育观众在收看某场比赛时的反应应是情绪表现，体育迷忠诚度则是情感的反映。

思考题

1. 传统媒体时代与新媒体时代的体育受众特点是什么？二者有何差异？
2. 实践体育中的参与者特征是什么？怎么理解体育权利？

---

① 刘永刚．英国对足球流氓行为的法律规制及其启示［D］．湘潭：湘潭大学，2007.

3. 试分析实践体育参与者的媒体使用情况。
4. 试阐述体育消费者特征。
5. 如何理解体育参与是社会网络化参与?
6. 如何理解体育迷情绪情感体验?
7. 什么是体育迷忠诚度? 中外有哪些研究成果?

拓展阅读

1. 郭晴. 解析体育新闻受众——来自成都的实证调查［J］. 当代传播，2005（2）：45－47.

2. 喻国明，何其聪，吴文汐. 传播学研究范式的创新：以媒介接触与使用的研究为例——用户媒介接触与使用的研究范式及学术框架［J］. 新闻大学，2017（1）：85－93，150.

3. 何其聪，喻国明. 移动互联用户的媒介接触：行为特征及研究范式［J］. 新闻记者，2014（12）：35－39.

第十一章　体育新闻的社会与文化功能

内容提要

体育活动或者体育比赛离不开体育情境，即赫伊津哈所说的“间隔的生活”。体育比赛或者体育活动在一个特定的情境中发生，参与者或者观看者暂时隔断了现实生活进入到这个具体情境中。当比赛结束后，人们从这个体育情境中撤离出来，回归到现实身份中。在具体情境中的体育活动，发生过程是一个独立的时空，暂时与外部世界隔离开来。总之，体育作为独立的社会活动被人们创造了出来，同时，体育也会在人们的社会活动中发挥独特的作用。

体育新闻的社会功能和文化功能就是在强调：体育作为独立的社会实践，通过各类媒体被放大或者集中后，产生了哪些社会效果？功能又是怎么实现的？

本章的第一节阐述体育新闻的社会功能，主要表现在三个部分，分别是新闻媒体对体育社会问题的监督报道；社会网络与社会资本的功能实现；体育明星的社会功能实现。第二节分析体育新闻的文化功能，从体育文化的结构组成、价值功能及体育精神内涵；奥林匹克文化与传播大众文化；休闲文化与大众传播等诸方面进行介绍。

学习目标

把握体育社会问题以及体育社会问题涉及的媒体报道案例；理解体育社会资本以及体育明星社会功能与作用；熟悉体育文化内涵、中华体育精神与传播、奥林匹克文化及传播；把握体育与大众文化以及体育休闲文化与消费。

关键术语

体育社会问题、社会问题与媒体报道、社会资本、社会资本测量、体育社会资本、体育明星、体育偶像与粉丝、体育偶像功能、体育文化内涵、体育文化功能、中华体育精神、乒乓精神、登山精神、女排精神、奥林匹克文化传播、体育大众文化、体育休闲文化、大众传播

第一节 体育新闻的社会功能

导 入

体育社会价值只有通过大众传播才能更好地实现，对于新的媒体环境而言，应更多地关注基于个体的社会价值实现。本节重点分析了体育社会网络与体育社会资本的创建，同时还关注了体育明星通过媒体而放大的社会价值。这些都是新媒体介入后，体育社会功能被突出的部分。

体育新闻的社会功能主要表现在3个方面：新闻媒体对体育社会问题的监督报道，社会网络与社会资本的功能实现，体育明星的社会功能实现。

一、新闻报道中的体育社会问题

（一）体育社会问题

由于体育是一个独特的社会现象，因此，把体育作为研究对象的体育社会学科就诞生了。经过了学者多年的努力，已经初步搭建了学科体系和理论体系。体育社会问题是体育社会学重要的研究内容。

在现有的研究成果中是如何界定体育社会问题的呢？仇军等认为，体育社会问题是影响社会成员健康的体育生活，妨碍体育运动良性发展，违反社会主导价值标准和规范标准，引起社会大众普遍关注的一种社会失调现象。朱飞则认为，体育社会问题是一种在体育领域中的病态或失调现象。总之，体育社会问题被学术界一致认为是一种失调现象。①

从体育社会问题的分类来看，卢元镇按照地区不同进行了分解，可以分全球性的体育社会问题、国外体育社会问题以及我国国内体育社会问题；按照体育社会问题产生的原因进行分类，仇军等分为结构性体育社会问题和行为失范性体育社会问题；邹师将体育社会问题分为3类，第一类是变迁性和结构性体育社会问题，第二类是越轨性体育社会问题，第三类是道德性体育社会问题。

① 周进国，黄彦军．我国体育社会问题研究的理论思考［J］．首都体育学院学报，2014，26（5）：399－402，408.

体育社会问题的主要内容是学者们关注的重要方面，归纳起来主要涉及的方面包括：

高水平竞技体育与学校体育、群众体育失衡问题；竞技体育队伍的文化素质偏低的问题；侵占体育场地设施问题；青少年体质健康问题；现有体育设施使用率问题；体育比赛观看人数偏少问题；体育经费来源问题；竞技体育后备力量青黄不接问题；运动员外流问题；运动员和教练员的奖励问题；运动员的安全保险问题；体育暴力和体育赌博问题；大众体育参与率低问题；运动员就业安置问题；滥用兴奋剂问题；运动员行为失范问题；观众行为越轨问题；性别歧视问题；假球、黑哨等竞赛舞弊；假球、黑哨引发的球场上的骚乱；学校体育竞赛中的不公平竞争问题等。①

上面所涉及的体育社会问题，不仅涵盖了传统的竞技体育、学校体育和群众体育，而且涵盖了从新闻传播角度的观赏体育和实践体育，抑或近期提出的竞技体育、全民健身和体育产业三位一体等视角，都有所涉及。

关于体育社会问题形成的原因，研究者所归纳的主要原因包括：制度体制失调、社会结构失调、法律法规滞后、价值观念变迁、个体道德滑坡等。卢元镇认为②，体育社会问题的出现是必然的，主要原因在于：第一，社会基本构成要素之间的关系一旦出现失调情况，体育社会问题在所难免；第二，由于社会关系失调，参与到体育中的各方利益主体（国家、民族、地区、机构、团体、个人）会因为利益的分配产生分歧；第三，制度或者体制失调引发体育问题；第四，我国正处在剧烈转型时期，新的思想不断产生，价值判断多元化，特别是市场经济背景下人们的行为和情感方式正在发生变化。因此，在法律、道德体系不完善的情况下，体育社会问题出现的概率增大。

对于针对体育社会问题的对策，学者们也提出了若干建议。从宏观的角度，主要包括：

建立良好的体育价值取向，大力提高全民体育意识和体育精神文明建设，抵制不良价值观的误导；必须建立社会公平的机制，保障人们参与体育的平等权利；深化体育改革，大力发展体育事业与产业，增加社会体育资源；着眼于体育管理体制的改革与完善；立足建设和谐社会，建立社会“安全阀”机制，发挥体育在社会稳定中的缓解、宣泄作用等。③

从具体的操作层面来看，解决体育社会问题合理有效的控制手段有：体育法律和规章制度的建设，在传统风俗、社会舆论方面加强引导；在兴奋剂、球赛赌博、退役运动员再

① 周进国，黄彦军．我国体育社会问题研究的理论思考［J］．首都体育学院学报，2014，26（5）：399－402，408.

②③ 同①.

就业等具体问题中，建立能够应对复杂情况的长效机制。

（二）新闻报道中的体育社会问题

体育社会问题是新闻报道中的重点内容，其目的是引发更多的社会关注、监督管理和执行效果，并最终能减少、杜绝体育社会问题的发生，以及合理、公平地解决已经产生的问题。

一骑绝尘引发的思考①

文/新华社记者 杨明

中国军团在广州亚运会上飙出“开门红”，首日狂扫19金，显出一骑绝尘的强大实力。由于是主场作战，估计这次中国军团的金牌总数会超过20年前北京亚运会183枚的纪录。若此，我们是该大力赞颂，还是冷静思考呢？

个人认为，一家独大并非好事，会带来不少隐忧。

亚运会的口号是团结、友谊、和谐、发展，是亚洲人民的一场盛大快乐的节日，不能只重金牌，不顾其他。

一家独大看似可以独领风骚，但会导致亚洲体育失衡，使其他参与者感到成为陪衬。举个通俗的例子：本来是请大家做客的，结果鱼翅和熊掌都让主人抢吃了，剩点汤汤水水给人家分，咱好意思吗？生物界和自然界法则告诉我们：只有共存才能共荣。让一个“巨人”和一群“常人”按照相同规则玩角力游戏，场面未必有趣。

另外，这会引导本来就畸形的中国竞技体育走向极端。多年来，我们一直把体育等同于金牌，把体育当作强国符号，这其实是扭曲了真正的体育精神和本质。体育是什么？发展体育运动，增强人民体质。体育是属于大众的运动，是老百姓的健康生活方式，不幸的是，这个属性被漠视了，精英体育一度成为主导。

国内媒体不应一边倒地对中国军团的金牌风暴歌功颂德，金牌拿太多并非好事，会带来副作用，这一点，有关方面需要早做判断。

事实上，北京奥运会后，官方已经英明地给中国体育指出了正确的发展方向：从体育大国向体育强国迈进。我们应该立刻转型和转轨，把重视竞技体育转变成重视全民健身，淡化金牌，强化国人体质和健康，提倡大体育和大健康的概念，让体育理念真正回归。

下面是一组官方数据：目前，中国有1.6亿人患高血压、1.6亿人患高血脂，有2亿人超重或肥胖；城市里，每5个孩子就有1个小胖墩儿，高中生85%以上的学生是“小四眼儿”；和日本孩子比，我们的中学生在身体素质多项数据上差很多；我们参加运动的体育人口只有28%，人均体育设施在世界上排百名开外……在亚洲，我们的体育人口和体育设施人均比绝对排不进前10名，就在中国竞技体育取得辉煌成就的这20年中，中国人的

① 杨明．一骑绝尘引发的思考[EB/OL]. http://yayun2010.sina.com.cn/r/2010-11-15/08305309002.shtml. 2018-08-22.

体质正在明显滑坡！

然而，我们的金牌总数是世界第一，亚洲绝对第一，这难道不是讽刺吗？难道这不令我们汗颜吗？

亚运会上的金牌垄断是历史形成的，和机制与导向有关，只要意识到这一点，在新的体育观念指导下，相信这种现象会有所改观。

最后，提个建议：为了改变亚洲一家独大的失衡局面，是否可以从下届亚运会开始，淡化金牌，从大学或体协中选拔真正的业余选手参赛，少用国家专业队和职业选手，加大非奥项目比例，这样就可以和多数亚洲国家选手处于同一选拔背景，在相近的水平上，实现真正的公平参赛，同时，也能避免延续“巨无霸”现象。

这篇稿件探讨“金牌至上”造成的畸形结果是一边金牌数量可以在亚洲称雄，另一边全民身体素质在下降，用前文提到的学者对体育社会问题的归因分析，就是竞技体育与大众体育的关系失调造成的。

这篇稿子的作者杨明，1983 年开始做新华社体育部记者。像杨明这样的体育记者还有很多，他们通过自己的报道，让更多的人了解和认识体育社会问题的危害，并呼吁通过有效的手段进行控制。从这个意义上讲，对体育社会问题的报道正是新闻媒体社会功能发挥的主要渠道。

二、体育社会网络与社会资本

（一）社会网络与社会资本

一般认为，社会网络与社会资本研究往往被当作一个研究整体看待，社会网络研究的不断深入带动了社会资本研究，而对社会资本的不断挖掘又加深了社会网络的探讨。总之，二者是互相促进、互相影响的关系。

即便如此，社会资本的定义及测量在学术界一直存在不同的争议。在此较为关注的观点是，社会资本的研究不能停留在内涵解释层面，而更应与社会网络理论结合，尤其是需要把它定位于可以进行测量和验证的范围。从这个角度分析，社会资本和社会网络的关系更加密切。

布朗对社会资本提出了微观、中观、宏观 3 个维度，这 3 个维度对后续研究具有较大的启发性。在微观层面，布朗认为社会资本是社会网络中的行动者（个体、组织或团体），通过网络调动社会资源。在中观层面，社会资本是网络成员之间的关联类型以及其网络位置获取社会资源的可能性。宏观层面则讨论文化、制度等网络外因素对网络中成员间关系的影响。布朗进一步认为 3 个层面的因素并不互斥，甚至可以产生交互作用，一个层面的因素会影响另一个层面的因素。①

按照布朗的分类，在具体的研究中，微观个体视角和中观网络视角的数量和成果最多。从微观个体视角研究社会资本的代表是林南，他创新性地提出了社会资源与社会资本的关联理论。他认为社会资本是嵌入社会网络中可获取的社会资源。林南认为，社会资本的概念包括三个因素：嵌入社会结构中的社会资源，个人获取这些社会资源的可能性和能力，如何通过有目的行动者获取这些社会资源。他把社会资本获取中的个体行动分为工具性行动和情感性行动。②

中观网络视角研究中帕特南的成果最为突出。帕特南将社会资本从个人层面上升到中观的群体层面，从志愿社群的参与程度角度来研究社会资本。可以说，帕特南侧重点是挖掘社会网络中的公共属性，并进一步分析其在社会运行中的良性作用。他指出："与物质资本和人力资本相比，社会资本更多地强调社会组织的特征，如信任、规范和网络，它们能够通过推动协调和行动来提高社会效率。社会资本提高了投资于物质资本和人力资本的收益。"③

（二）社会资本测量案例分析

以上的分析是从理论层面梳理和归纳社会资本和社会网络作为研究整体的研究历史。下面，将重点介绍一些较为经典的社会资本测量方法和案例。

从微观个体角度分析，社会资本的测量方式是通过创建具有一定信度和效度的中心网进行的，其中，有两位学者的方法较为典型。

一种是以伯特为代表，强调个体在网络中的位置。他认为在一个社会网络中，某一个行动个体越是处于桥梁的位置，其所拥有的"结构洞"越多，则他的个体中心网的社会资本也越多。

另一种测量社会资本的方法是林南提出的，他使用了 3 个概念来考察社会资本的含义：①广度，即能获取资源的社会关系联结的数量；②高度，即社会关系联结所能达到的最高社会地位；③多样性，即社会关系类型的多少。这 3 项所指的不仅是相互独立的个体间的联结，而且是这些联结在个体中心网中呈现出的网络结构特质。④ 个人中心社会网的网络结构形态决定于嵌入其中的各种资源含量。资源越多，个体所能获取的资源含量就越大，其社会资本就越多。

拜年网对社会资本的测量依据林南、伯特提出的方法，通过在中国传统节日——春节期间以多种互动方式互相拜年的群体所形成的社会网络，归纳了一套在中国本土化的应用性较强的测量模型。这个模型包括的测量指标有：①网络的规模；②网顶，即网络中最有

---

① 罗家德．社会网分析讲义（第二版）[M]．北京：社会科学文献出版社，2010：261 - 262.

② 林南．社会资本——关于社会结构与行动的理论 [M]．上海：上海人民出版社，2005：40 - 53.

③ 张文宏．社会资本：理论争辩与经验研究 [J]．社会学研究，2003 (4)：23 - 35.

④ 罗家德．社会网分析讲义（第二版）[M]．北京：社会科学文献出版社，2010：260.

价值的资源；③网差；④网络异质性；⑤网络的密度。① 经过一定的信效度检验后，这个模型成了较好的测量工具。中国综合社会调查（CGSS）在2003年、2006年、2008年度调查中都使用了此模型。

中观视角的社会资本通过整体网测量，这个视角大多属于跨学科的研究；同时还有一个现象需要关注，就是这类的社会资本研究，其目的往往不局限在测量社会资本的多少，而是通过社会资本和社会网络这一对研究整体，考察社会网络包含的如信任、互惠等维度，并进一步探索变量间的潜在关系。因此，在具体的研究中，除了使用社会网络方法外，研究者还往往配合问卷调查、实验等其他方法。

罗家德对高新技术企业内部的知识分享网研究是个较为经典的案例，他对社会资本的研究更加倾向于把其作为变量操作。罗家德以社会资本概念为出发点，界定社会资本为社群里的人际网络蕴含的信任、合作及良好的关系网络结构，进而产生有益的集体行为。在具体的研究设计中使用社会网络分析法中的整体网络问卷，以及内向中心性、中介性与外向中心性等网络分析方法测量指标，计算出个人网络结构的数值，再结合李克特心理问卷实施研究。罗家德对知识分享网内创新行为的研究有三点主要突出贡献：一是用社会资本理论来解释人际关系网络对网络中知识分享行为的影响。二是提出了社会资本不同维度分别对网络中最主要的某种知识分享行为的影响，可以比较详尽而具体地发现社会资本各个维度是如何发挥作用的。而在以往的研究中，社会资本总是以信任、社群参与或社群意识等单一的指标来笼统界定的。罗家德的研究还创新性地将信任分为对成员的两两信任，以及对网络内的一般信任。三是分析了社会资本不同维度间的因果关系，而不是将社会资本研究中的不同结构及态度变量人为地整合成一个单一变量。②

（三）体育社会资本

在探讨体育社会资本研究之前，需要说明的是体育管理体制和运行方式欧美国家的特性。在许多欧美国家，体育一部分属于商业行为，受到市场的调节和规制；另一部分是非营利性质的社会组织行为，属于民间自治性质，不属于行政管理的范畴。

针对体育关系网络的研究，帕特南是影响力最大的一位。他通过社会资本透视体育社团等民间社会网络、现代社会治理中的作用。可以说，这是对体育关系网或者体育自身社会功能的突破性研究，使得体育超出了自身的范围，在更大的社会领域中发挥作用。

帕特南撰写的《使民主运转起来——现代意大利的公民传统》一书，详细记录了体育社团中蕴含的社会资本如何在社会变革中发挥积极的作用。

从帕特南的研究中发现，意大利人社会生活中的社团种类包括足球球迷俱乐部、合唱团体、户外爱好者俱乐部、鸟类研究组织、文学爱好者协会、猎人俱乐部等。如果除去工

---

① 边燕杰．城市居民社会资本的来源及作用：网络观点与调查发现［J］．中国社会科学，2004（3）：136－146，208.

② 罗家德，郑孟育，谢智棋．实践性社群内社会资本对知识分享的影响［J］．江苏社会科学，2007（3）：131－141.

会不算在统计范围内，体育运动类俱乐部是意大利最普及的民间社团。可以说，以体育社会社团为民间基础的社会形态是意大利北部地区政治改革得以顺利开展的保障。①

帕特南另一部引起广泛关注的重要著作《独自打保龄——美国社区的衰落与复兴》②，该书以美国社会最为普遍的根植于家庭邻里之间的保龄球社团活动的下降为研究问题，推导美国社会资本质量和数量的逐步降低，并通过大量数据分析其原因，力求使美国社会资本能够得到进一步的提高和发展。

保龄球是美国最流行的大众休闲运动之一。打保龄球的人数是慢跑、打高尔夫球或打垒球人数的两倍多，三倍数量于喜欢美式橄榄球的人数，也是网球或滑冰人数的四倍多。

帕特南的研究发现，1980—1993 年，美国参加保龄球活动的人数增加了 10%，而团队保龄球活动反而减少超过 40%。帕特南将不通过团队方式参与保龄球运动的人，形象地称为“独自打保龄”。现实的情形是，团队保龄球确实是一种稳定的社群形态，因为成员必须经常参加团队的比赛并相互熟悉，进而信任和互惠，可以说是一种持续性的社会资本基本组织形式。因此，帕特南认为保龄球队的数量下滑是社会资本正在消失的表现形式。

从帕特南的研究中发现，类似保龄球队这类体育关系网络不仅真实存在，还应该属于活跃而数量众多的社会网络形式之一，同时，它还可以衍生社会资本并发挥社会整合协调的良性作用。国外的一些学者也有类似关于体育社团与体育社会资本的研究。

上文提到，在西方，社会资本更多地产生于非营利性质的体育组织。因此，这类体育组织成了社会资本研究的主要对象。

2008 年由两位体育社会科学学者 Matthew Nicholson 和 Russell Hoye 编辑的《体育和社会资本》一书出版，这是迄今为止较为全面地介绍体育社会资本研究的专题论文集。该书的介绍称：尽管体育作为社会、经济、政治机构设置十分重要，但体育与社会资本的研究还远未得到应有的重视。本书是第一本细致考察这个逐渐变得引人关注的研究领域，它揭示了体育如何创造、发展、维持以及削弱社会资本③。这本书内容突出了体育与社会资本研究的主要课题，如体育发展与社会资本、体育与教育、志愿者与体育俱乐部、体育公共政策与社会资本、种族平等与社会资本等。

此外，挪威学者 Seippel 做了大量关于体育志愿参与与社会资本之间关系的研究。Seippel 研究关注于体育志愿组织如何运行，以及通过社会资本怎样发挥社会治理作用。在理论分析部分，他认为体育志愿组织与社会资本之间存在三个社会维度：一是信息，它为体育志愿组织的参与成员提供了大量社会和政治信息；二是成员受到组织事件和在组织中位置的影响；三是组织内成员间通过互惠形成了认同和整合。通过他的研究发现，体育志愿参与带来的社会资本主要包括一般信任和政治参与④。

另外，由于体育的社会资本有助于善治的实施，许多国家和地区还把其列入公共政策

① 罗伯特·D. 帕特南. 使民主运转起来——现代意大利的公民传统［M］. 南昌：江西出版社，2001：105.

② 罗伯特·D. 帕特南. 独自打保龄：美国社区的衰落与复兴［M］. 北京：北京大学出版社，2011.

③ NICHOLSON M，HOYE R. Sport and Social Capital［M］. London：Routledge.

④ SEIPPEL. Sport and social capital［J］. Acta sociologica，2006，49（2）：169 – 183.

范畴，并进行长期数据统计监测。例如，一项 2005 年英国体育与社会资本的统计发现，体育带来的社会资本包括社会信任、公民参与等各个方面①。

从以上分析可知，体育社会资本的界定比较宽泛，蕴含在体育参与行为、体育社团、体育社区和体育组织中有价值的并发挥出来的社会功能，都可以称为社会资本，另外，研究方法也较为多样，也有学者指出体育社会资本同样存在负面效果②。

三、体育明星社会价值与作用

（一）对体育精神的弘扬是报道体育明星的核心

体育明星之所以受到人们欢迎和爱戴的重要原因之一是他们身上凝聚的体育精神，无论从社会角度还是从个人角度，体育精神都具有不可替代的凝聚、激励等作用。

“现代体育精神是人类社会文化的重要组成部分，是民族文化思想和社会价值观念的释放、传播、体验与发展。体育为世界各民族文化的展示提供了交融互惠的现实平台，多元创造、对话交往更是 21 世纪体育文化精神的核心追求；现代体育精神是人类身体自然特征在精神世界里的提升。这些自然特征是指运动员的走、跑、跳、投、平衡、攀登、钻爬能力以及速度、力量、耐力、柔韧、灵敏等身体素质水平；现代体育精神是人类和平、和谐等人文理念的体现，推动和促进人类灵魂与体魄之间的和谐发展；现代体育精神体现着人类的自由创新与规则约束的完美结合；体现着集体主义的团队协作精神；现代体育精神是人类社会公平公正意识理念的完全体现。”③

具体来讲，体育精神的弘扬可以培养社会成员的意志力、集体合作精神和爱国情操；也可以培养社会成员遵守规则、远离弄虚作假，形成诚实的品格等。④

可以说，体育精神是否能够发挥应有的社会作用，关键是在社会成员中的广泛宣传，而体育明星作为生动的事例，能够打动亿万受众的心灵，从而起到弘扬体育精神的正面效果。其中，体育新闻传播的作用至关重要，它需要报道者深刻领会体育精神的同时，还要善于发现体育明星身上的精神实质，并用受众喜闻乐见的形式表现出来。

第 25 届巴塞罗那奥运会报道中，新华社记者杨明、黄平采写的女子百米金牌获得者、美国黑人运动员德弗斯的文章《从坟墓中爬出来的冠军》，记述了德弗斯与病魔顽强斗争并坚持训练获得奥运会冠军的故事，歌颂了德弗斯敢于与命运抗争的不屈精神。人类之所以有今日的繁荣兴旺，就是因为有这种不屈的精神。这篇报道显示了人的潜能，也显示了

① DELANEY L, KEANEY E. Sport and Social Capital in the United Kingdom: Statistical Evidence from National and International Survey Data [EB/OL]. http://www.ippr.org/uploadedFiles/research/projects/Arts_and_Culture/sport%20and%20social%20capital.pdf. 2020-04-04.

② 仇军，杨涛．体育与社会资本研究述评［J］．体育学刊，2012（5）：14-21.

③ 黄珺，陈正富．对现代体育精神的诠释［J］．体育文化导刊，2005（6）：25-26.

④ 王海龙，崔小良．体育精神对大学生的影响［J］．教书育人，2005（20）：47-48.

体育精神的真谛，读来给人以奋发的力量。

（二）媒体中体育明星的社会榜样作用

《奥林匹克宪章》指出，奥林匹克主义是将身心和精神方面的各种品质均衡地结合起来，并使之得到提高的一种人生哲学，它将体育运动与文化和教育融为一体，奥林匹克所要建立的生活方式是以奋斗中所体现的乐趣、优秀榜样的教育价值和对一般伦理基本原则的推崇为基础的。① 其中的榜样价值主要是通过体育明星来实现的。

1. 大众媒介和体育明星是社会提供榜样的最佳途径和人选

榜样指的是人或者人在被效仿者大脑中的形象，这里的人是社会认可的好人好事。榜样是一种样式，可以让人们争相模仿，起到引领或者矫枉正曲的作用。②

榜样的重要作用就是被模仿和学习，被学习的内容既有外部可以观察到的行为，也有其内部的人格特征。榜样可以是身边的先进人物，也可以是社会所推崇的模范。对于个人来讲，对榜样的选择可以是自身行为，也可以是社会行为。

榜样无疑是一种教育方式或者手段，通过榜样教育可以改变人们的行为习惯提升思想道德水平，其过程就是通过榜样的示范，人们进行模仿，进而改变自身的过程。

在传媒日益发达的今天，通过大众媒介为社会成员提供优秀的榜样是最佳和有效的途径之一；另外也应该看到，青年群体面对灌输型，特别是距离个人生活很远的榜样已经不再照单全收，寻找新型的、真实可见的、乐于被公众接受的时代榜样是包括媒体在内的社会工作者的责任。

体育明星就是这类新型的榜样群体，他们的形象更易被大众接受为榜样，原因有以下两点。

（1）体育明星在赛场上凭借实力取得了辉煌的运动成绩。比赛过程的激烈和残酷程度被媒体全程呈现在受众面前，不带有媒体的包装成分，让受众认为体育明星的实力真实可信。

（2）体育明星可以唤起体育迷情绪情感体验。观赛情绪的满足是体育迷最为重要的需求，体育明星是带给体育迷高峰体验的载体。

首先，体育明星具有高超的竞技能力，欣赏体育明星的场上表演，可以获得一种强烈的美感。特别是运动员完成了高难度动作，或者在强强对抗中胜出，观众可以在瞬间获得超越体验。体育明星一般具备健美的形体、潇洒的气质，这些也是吸引观众的因素。

其次，高水平的竞技比赛总会有胜负，因为比赛结果可以引发体育明星与观众之间强烈的情感共鸣。中国女排获得世界冠军曾使多少国人喜极而泣；2002 年的韩日世界杯上，阿根廷足球队被淘汰时，全世界许许多多的球迷陪同“战神”巴蒂流下了伤心的眼泪。

总之，大众传播使得受众在情感上接受体育明星，进而对他们的行为加以模仿，对他

① 潘霞．奥林匹克教育推广思考［J］．体育文化导刊，2012（7）：146－149.

② 李述永．榜样教育的心理学分析［D］．武汉：华中师范大学，2004.

们的道德情操予以赞叹和学习。①

2. 体育明星的榜样教育是对青少年的价值观教育

在体育偶像的崇拜群体中，最多最忠实的是青少年。美国的一些社会学家认为，对青少年影响最大的是体育明星。例如，世界著名的篮球运动员“飞人”乔丹就是在其偶像“篮球博士”欧文的引导下而成为伟大球星的。世界著名的女子网球运动员纳芙拉蒂洛娃，当她还是小学生时，最崇拜的网球明星是澳大利亚人罗德·拉沃尔。纳芙拉蒂洛娃说：“这个人就是我要去效仿的，以前和现在还没有一个女子能像他这样打球，而我要试一试。”就这样，她走上了网球之路，并成了举世无双的网球选手。②

通过体育明星带来的教育成果，不仅体现在身体教育，达到体魄康健，而且更重要的是价值观教育。价值观教育的内涵是帮助并引导青少年选择正确的价值标准去衡量社会和人生，树立坚定的信念和信仰，具备健全的精神世界，适应现代文明生活。③

上面这些论述的核心与体育对人的教育是一致的。

教育是体育社会功能的重要方面，如以奥林匹克精神为核心的体育精神教育：相互理解与友善、公平竞争积极参与、崇尚“更快、更高、更强——更团结”、顽强拼搏、敢于向人生极限挑战、追求世界的美好与人类尊重等。总之，体育精神是人文精神的重要组成部分，正是这些精神本身，蕴含了重要的价值观教育。④

（三）体育明星与媒体的自我约束

体育明星的社会价值与其商业价值息息相关，只有承认并协调好二者的关系，才能最大化实现体育明星身上的所有价值。

1. 对于体育明星

（1）不要把体育报道仅仅停留在赛场上的竞技展示，而是要扩展到赛场外，提升到道德精神层次。“体育之效，至于强筋骨，因而增知识，因而调感情，因而强意志。”体育明星的魅力最核心的是竞技能力和运动成绩，在此基础上，还要注意提升自身的精神境界，得以展示全方位的素养，担当社会榜样。⑤

（2）体育明星要注意维护自己的社会形象，作为公众人物要自律自爱，不要做有损自己形象的事情。一些体育偶像明星拥有一身精湛的技艺，但在一些言行上却有失水准。一个体育偶像明星的言行已不仅是个人的言行，他们作为公众人物，其一言一行都有社会影响，对喜爱他们的青少年来讲这种影响往往更加明显。

2. 对于体育新闻报道者

在对体育明星进行报道时，要遵循体育规律，谨慎对待所报道的内容。体育明星是重

---

① 刘红兵．刍议体育运动中的偶像崇拜［J］．河北体育学院学报，2004（1）：34－36.

② 同①.

③ 刘济良．论我国青少年的价值观教育［D］．上海：华东师范大学，2001.

④ 栾秀群，董亚臣．高校体育应加强人文与体育精神教育［J］．体育文化导刊，2005（5）：60－61.

⑤ 张大鸣．体育运动学校学生思想品德状况调查及发展对策——体育的迁移价值［D］．重庆：西南师范大学，2001.

要的报道资源，新闻媒体不要为了收视效果，盲目炒作，调动青少年盲目追求，造成负面的社会效果；另外，为了出新出奇刻意编撰花边新闻，不仅有损于体育明星的公众形象，更会阻碍体育明星社会功能的实现。

专栏 11-1　当举国体制遇上“粉丝”经济①

正在青岛举行的全国游泳冠军赛，虽说只是国内水平最高的游泳大赛，但每天观众爆满的场景在以往的国内游泳比赛中还极其少见。每当一名游泳明星上场，观众席上的尖叫声和欢呼声都让人感到了“粉丝”的狂热，这些从全国各地“追星”而来的粉丝，心甘情愿地为看自己的偶像付出金钱、时间和精力，他们已不同于传统意义上的体育迷，因为他们可能完全不参与、不喜欢运动，但他们却把中国竞技体育推向了前所未有的“粉丝经济”时代。

时光回溯 5 年，2012 年伦敦奥运会结束之后的两三个月，中国的奥运冠军们正在抓住四年一次的高光时刻，频频参加各类庆功活动。体育产业专家王奇当时在接受记者采访时曾说，这些中国奥运冠军的“走秀”不会超过 3 个月。果不其然，等到 2012 年底的时候，奥运庆功盛宴曲终人散，社会对奥运冠军的关注度迅速减弱，一切又归于平静。

4 年后，奥运会带来的体育明星效应却不再是昙花一现。现在，里约奥运会落幕已经过去了大半年时间，从 1 个月前在深圳举行的中国乒乓球队“地表最强 12 人”直通赛，到正在青岛举行的此次全国游泳冠军赛，狂热的粉丝对体育明星的热情依然高涨。

“粉丝”群体，让原本对运动员只有竞技成绩要求的中国体育部门和运动队管理者，第一次意识到这是一支不可忽视的力量。

如何面对粉丝甚至引导粉丝，这对于中国体育主管部门来说也是全新的一课。

一方面，现在运动队对运动员都有“善待粉丝”的要求。例如，丁宁应该是国乒女队拥有“粉丝”最多的队员，她在里约奥运会之后开始主动加强与“粉丝”群体间的深度互动，从过去“粉丝”单方面的追星变成了“粉丝”与明星之间的互动交流；另一方面，运动队要求队员学会时间管理，避免因为处理与“粉丝”的关系而影响训练和比赛。

如何理顺明星运动员与“粉丝”的关系，说到底其实是一项对明星运动员的形象维护工作。

在体育经纪市场还处于初级阶段的中国，这个话题也让体育部门感到有苦难言。几年前在某运动员刚刚成名时，他就炮轰过运动队不给自己配备专门的经纪团队，表明了明星运动员把自己的形象维护、商业开发等训练外的工作交由专业的人士管理的愿望。但相关体育部门管理者则向记者吐露了一个苦衷：中国的体育经纪人和经纪团队，绝大多数都是“摘桃派”，都是看到了某个体育明星有了商业价值之后，来攫取最大利益的。有多少会站在运动员健康成长和一个运动项目的长远发展立场上，全面平衡体育明星的训练与训练外

① 慈鑫．当举国体制遇上“粉丝”经济［N］．中国青年报，2017-04-17（008）．

生活，甚至是帮助一个未成名运动员发掘价值、走向成功呢？甚至，有些人还会诱导运动员突破运动队的一些管理原则和底线。

不过，从体育经纪人的角度说，造成中国体育经纪市场多年来在初级阶段徘徊的一个主要原因，正是因为中国的奥运项目运动队都在举国体制内。

体制内的中国运动队，最主要的任务就是夺取大赛成绩，无论是运动员的形象维护还是商业开发，在很长一段时间里都不是运动队特别在意的问题。中国的体育经纪作为一个长期以来都没有开放的市场，显然也不具备进行充分发展的条件。

但“粉丝”经济已经开始倒逼中国体育部门必须重视运动队训练之外的工作。赛场上蜂拥而至的观众、网络上难以控制的点赞或是“口水”，积极的一面是体育产业改革大潮下中国任何一个运动项目都无法忽视的，消极的一面又让体育部门困惑和无奈。怎样双赢和多赢，依然是一个有待摸索的命题。

本报青岛4月16日电　中国青年报·中青在线记者慈鑫

第二节　体育新闻的文化功能

导　入

体育的文化价值与体育迷的精神需求是分不开的。在体育迷的精神诉求部分，情绪情感体验是最突出的。体育情境化过程，导致这种精神需求的满足同样被限定在情境之中，如奥林匹克文化、中国体育精神等。体育文化价值的实现同样离不开大众传媒作为渠道，同时，随着产业化大潮，体育与大众文化、休闲消费文化逐渐产生交集并融合在一起。

一、体育文化的结构组成、价值功能及体育精神内涵

（一）什么是体育文化的内涵、价值与功能

对于体育文化的内涵可以从文化结构组成来分析。

对体育文化结构的分析影响最大的是历史学家庞朴，他在20世纪80年代提出了文化结构的三层次说。他认为文化可以分为三个层次并构成一个立体的系统：外层是物质层；

中间层是心物结合层，蕴含人思想的外物或者人类精神的非物质形式；里层即心理层。文化结构的三层次学说，经过研究者们不断地修正，最后逐步确定为文化结构的“物质、制度、精神”三层次学说，并对体育文化的结构内涵的确定起到了至关重要的作用。①

在此基础上，体育学者们纷纷提出了体育文化的结构组成。易剑东的观点认为，体育文化系统由体育物质文化、体育制度文化、体育精神文化三个子系统构成。②

童昭岗等认为：“在一般情况下，文化包括心理、行为、物质三个方面的要素，或者说三个不同的层面。体育文化也不外乎这三个层面：体育文化的心理要素，也就是文化的精神、观念层面，有时称为精神文化；体育文化的行为要素，也就是体育文化的行为方式、制度规范层面，有时称为行为制度文化；体育文化的物质要素，也是文化的物质的实体层面，有时又称为物质文化，包括凝结体育文化特质的各种物质产品。”③

体育文化的价值存在于能够满足人性发展的需要。体育价值观是一种体育思想，来源于系统化的、稳定的、理论化的体育文化评价。体育价值观固定以后会对体育文化起到影响甚至制约的作用。体育文化价值的评价标准，来自人类对“真、善、美、好”的认知和认可。

“真”是对人的感觉、知觉、直觉和思维能力的评价；“善”是对内在文化的一种肯定，是在人与人、国与国、民族与民族关系间表现出来的一种理想质；“美”是对形式化的质的一种肯定；“好”是对价值的一般化肯定。这些价值表现形态在不同的文化现象评价中有着不同的含义，在对不同的具体文化现象的评价过程中，“真”“善”“美”“好”可以在不同程度上作为评价的标准。对体育文化精神层面的评价，多用“真”和“善”。“真”强调体育文化精神层面对人性真实面的反映，特别是现代社会条件下，对“异化”“物化”了的人性的唤醒，对人性返璞归真的一种暗示和推动，让人重回真实的自我中生活。“善”是强调体育文化精神层面对人性中善良、仁慈、友爱、助人的肯定和发扬，倡导人类团结友爱，和平相处，反对战争和杀戮。“美”和“好”多用于体育文化行为制度层和物质层面的评价；“美”作为一种质的标识，强调体育文化行为制度层和物质层面在人类体育生活中形式化的美感。④ 体育价值观随着社会不断发展，也会发生变化。比如现代社会的法治化要素融入体育文化之后，形成体育立法和法治的观念、体育产业纳入法治轨道的观念、国际体育组织加强自律的观念等。⑤

体育文化的功能 ⑥可以概括为以下三点。

---

① 李红梅．闽台普通高校民俗体育活动比较分析——基于文化结构三层次的视角［J］．厦门理工学院学报，2014，22（6）：96－100.

② 易剑东．体育文化学［M］．北京：北京体育大学出版社．2006：157－171．//龚建林．体育文化生态系统的结构与特性［J］．体育学刊，2011，18（4）：40－44.

③ 童昭岗．人文体育——体育演绎的文化「M］．北京：中国海关出版社，2002：93－94.

④ 同③：169.

⑤ 童昭岗．人文体育—体育演绎的文化［M］．北京：中国海关出版社，2002：178.

⑥ 易剑东．中国体育文化建设三题［J］．上海体育学院学报，2012，36（2）：6－12.

第一，对于个体而言，体育文化的教育和培养功能。在个体的教育经历中，体育文化教育是重要的组成部分。少儿阶段的学习，更多地来自身体动作的学习，从如何走路、跑步学起，父母是第一任体育教师。进入学校以后，体育教师教会他们如何做各类游戏活动、如何参加体育比赛以及如何观看比赛，在体育文化教育中体质得到了加强，情操得到了陶冶。

体育教育也是终身教育的过程，为了保障生命质量的长期性，坚持参与体育锻炼，并把体育培养成为主要的生活方式之一，所以，体育不仅是终身教育的标签，更是终身受益的渠道和方法。

第二，对于民族、国家而言，体育文化的聚合、凝结功能。体育文化的凝聚与整合作用是其他文化类型不可比拟的。对于国家而言，体育文化能够增强民族团结，还可以把不同地区、不同风俗习惯、不同价值观念的人们紧紧团结在一起，共同在赛场遵守体育规则，并肩奋勇拼搏。

对于国家而言，体育文化代表着国家软实力。对内而言，体育公共服务体系的搭建，向每一位国民提供必要的体育健身设施，均等化地保障他们的体育参与机会，这关系到国民利益和国家实力。对外而言，体育文化的普及以及体育竞技成绩的提高，可以树立良好的国家形象，成为国家实力的一种象征。

体育文化的凝聚力还表现在，它具备可以团结全世界、全人类的功能。只有全球化的体育盛会，才有可能把不同国家、不同民族、不同价值观念的人们聚集到一起。在参与比赛的过程中，不同国家和民族的参赛者为了同一个梦想相聚在体育这面旗帜下。这也是体育文化功能中最具特点的一项。

第三，对于群体而言，体育文化有协调、引导社会生活的功能。从群体角度来看，体育文化在协调和引导人们日常生活中起到重要作用。体育社团是重要的社会团体，在社会运行中发挥着重要作用。

体育社团建立的基础就是共同的体育兴趣、体育爱好以及体育理想，这些正是体育文化的具体表现，体育文化的普及和共享，才是体育社团稳定的保障。在中国社会转型的过程中，具有良好体育文化建设的兴趣社团，将会起到协调社会关系、减轻社会压力以及引导人们建立积极健康的生活方式的功能，进而促进社区稳定、社会和谐。从这点来看，体育文化不仅是一种精神文化，更是一种行为文化，可以在日常生活中发挥重要作用。

结合前文所知，体育文化的具体载体是体育符号，在三类体育符号中，体育文化符号又是最为重要的介质，通过各平台的不断传播，体育文化符号中内涵和意义得到共享，并在不同的时代、地域和群体里发挥着作用。

（二）体育精神、中华体育精神及传播

体育精神与体育文化之间的关系密切，体育精神可以看作体育文化最重要的组成部分，没有体育精神，体育文化就失去了灵魂。

“体育精神的第一要义可以理解为是在运动中人的思想和智慧的表现，这里所体现的

是体育精神的经验知识和动机的特性；第二要义可以理解为是一种团队精神或公众精神；第三要义可以理解为是与前述思想、习惯发展相对应的体育本身，即体育价值观、体育道德伦理、体育思维方式等。”①

体育精神或者体育家精神首次出现在1749年英国出版的亨利·菲尔丁的小说《弃儿汤姆·琼斯的历史》中，主要指的是骑手在展示骑术时表现出的特殊能力和技术。现代体育诞生于19世纪的英国，体育精神也随着竞技体育的发展而逐步被挖掘出来。竞技体育不仅关注单纯的身体锻炼和健康，而且融入了社会道德和伦理规范，即现在熟知的公平竞争、尊重对手、团队协作等精神内涵。②

中国学者将体育精神归纳为人本精神、英雄主义精神、公平竞争精神、团队精神四大组成要素。在此基础上，把中华体育精神界定为以爱国奉献、团结协作、公平竞争、拼搏自强、快乐健康为主要价值标准的意识、思维活动和一般心理状态。其内涵主要包括以下几点。

第一，为祖国荣誉而战的爱国主义精神：主要表现在对荣誉与梦想的追求、肩负社会责任感、历史使命感和忧患意识。

第二，自强不息的英雄主义精神：不怕挫折、不畏牺牲、勇于拼搏、敢于胜利。

第三，超越自我的乐观自信精神：自尊自信、超越自我、乐观开朗。

第四，规范有序的公平竞争精神：公平竞争、规则意识、求实创新。

第五，信任宽容的团队精神：协同意识、尊重独特性与发展差异性、追求共同发展等。③④

在中国体育发展的不同历史时期，依据不同的体育项目出现了影响几代中国人的体育精神。这些体育精神的传播与新闻报道也是分不开的。

1. 乒乓精神

1959年4月，第25届世界乒乓球锦标赛，在西德的多特蒙德举行，容国团第一次代表祖国参加这次世界大赛。

团体比赛中，中国男队输给了匈牙利队，痛失决赛权。单打比赛中，容国团以“人生能有几次搏，此时不搏，更待何时”的豪情，一路过关斩将，节节胜利，最后与匈牙利老将西多进行决赛。在先失一局的形势下，大胆采用拉侧上旋的战术，破了西多的加转逼角，以削中反攻的拿手好戏，一鼓作气，连扳3局，终于把中国的第一个世界冠军拿到手。

在获得冠军的时刻，容国团的荣誉和祖国紧紧地联系在了一起：在象征乒乓球男子单

---

① 伯特兰·杜林，学民译．体育精神、体育文化及教育［J］．奥林匹克评论，1993，(3)．//周爱光，宋亨国．对体育文化内涵的思考［J］．体育与科学，2004，(4)：10-12.

② 雷萍．伦理、政治和体育家精神：19世纪英国体育精神的伦理释疑［J］．中国体育科技，2015，51(3)：121-126，130.

③ 黄莉．体育精神的文化内涵与价值建构［J］．体育科学，2007(6)：88-96.

④ 黄莉．中华体育精神的文化内涵与思想来源［J］．中国体育科技，2007(5)：3-17.

打最高荣誉的圣·勃莱德杯上第一次刻上了“Rongguotuan China”16 个英文字母；当容国团身着红色运动服登上领奖台，从国际乒乓球联合会主席蒙塔古手中接过金光四溢的圣·勃莱德杯时，世界的评论是：“中国运动员在运动会上以优秀选手出现，这件事比容国团个人的成就重要得多。”① 而且这样的评价延续到四十多年后，在日本大阪举行的第 46 届世界乒乓球锦标赛上，中国队将 7 座冠军奖杯尽数捧走，国际乒联主席沙拉拉说：“中国的辉煌，世界的尴尬。”② 对于容国团的胜利，多年之后，他同时代的队友徐寅生写道：通往世界冠军之路的厚重而神秘的大门，从此向中国人洞开了。

其实，容国团打开的岂止是世界冠军的大门，他展现的是通过乒乓球运动，并延伸到中华民族其他领域的自信、自强的豪情。

容国团夺冠之时，新华社、《人民日报》等官方媒体都在大力报道和宣传容国团的战绩。《人民日报》1959 年 4 月 17 日刊发了《容国团争夺世界冠军决战记详》，这篇稿件的第一段是这样写的：

本报综合报道　据新华社多特蒙德消息：我国青年乒乓球选手容国团于 5 日下午，在第 25 届世界乒乓球锦标赛男子单打决赛中，以三比一战胜匈牙利选手西多，而荣获世界冠军称号。这是世界乒乓球锦标赛从 1927 年举行以来，中国第一次赢得世界冠军的称号，也是中国运动员在体育比赛的世界锦标赛中获得的第一个世界冠军。③

2. 登山精神

登山精神，中国体育界树立的又一面旗帜。它激发了国人奋发图强建设国家的信心和勇气，也向世界展示出中华民族不畏艰险、勇攀高峰的不屈精神，是新时期中华民族精神的重要组成部分，也是体育人对国家和民族的重要贡献。

1960 年 5 月 25 日，珠穆朗玛峰“不可征服”的神话被彻底打破了。年轻的中国登山队员们仅仅用了两个月的时间，就踏雪蹬冰、飞檐走壁，在英国探险家们称为“死亡的路线”上，踩出了一条通向珠穆朗玛峰顶峰的胜利道路，把五星红旗插上了地球上的最高点。

1975 年，中国登山队决定再次登顶珠峰，进行了一系列科考活动。5 月 27 日，潘多、索南罗布、大平措、罗则、侯生福、次仁多吉、贡嘎巴桑、桑珠、阿布钦 9 名队员于 14 时 30 分全部登上顶峰了。鲜艳的五星红旗飘扬起来了，飘扬在世界屋脊的最高峰，象征着中国无坚不摧的英雄气概，显示着民族的力量和自信！

---

① 人民网．1959 年：容国团获新中国第一个世界冠军[EB/OL]. http://junshi. xilu. com/2009/0820/news_56_10850. html. 2018-08-22.

② 谢琼桓，夏娃．星光为何这般灿烂——为中国乒乓球队成立五十周年而作［J］．体育文化导刊，2002（5）：4-6.

③ 人民日报．容国团争夺世界冠军决战记详[EB/OL]. http://news. gipe. edu. cn/news/hotnews/2008-03-30/0090523. html. 2018-08-22.

“珠峰是中国也是世界的最高峰，中国人必须自己测定高程，而不是引用外国人测定的结果，即使结果都是 8848 米。举一个不一定贴切的例子：自己儿子的名字，不是父母或亲属来取，要一个不相干的外国人来给定，实在不合适。这是前国家测绘总局总工程师、中国科学院院士陈俊勇曾经的感慨。[①] 1975 年 7 月 23 日，中国政府授权新华社向全球公布：我国测绘工作者精确测得世界最高峰——珠穆朗玛峰峰顶的海拔高程为 8848. 130 米 。

对登山精神的传播产生巨大影响力的是两部体育纪录片。

第一部是拍摄于 1960 年的《征服世界最高峰》，该片的摄影是牟森、王喜茂，编辑是吴均、应小英。这部影片在七八千米的高山上摄制，记录了中国登山队员从被喻为死亡路线的珠峰北坡的登山经历，影片中登山队员们不畏艰险的英雄事迹给了全国人民极大的鼓舞，《征服世界最高峰》这部影片提升了民族自信心和自豪感。

第二部纪录片《再次登上珠穆朗玛峰》拍摄的是 1975 年第二次从北坡登顶的壮举，该片编辑是沈杰、叶同荷，摄影是刘永恩、沈杰等人。由于 1960 年第一次登顶是在夜里，摄像机没能拍下登顶的镜头，有些国家提出来不承认这一世界纪录。1975 年的第二次登顶就成了第一次被摄像机记录下的宝贵登顶镜头。

《再次登上珠穆朗玛峰》上映时获得了极高的盛赞。在不到一个月的时间里，上海的观众人数就超过了三十万；另外，这部电影的外语版还在法国戛纳电影节放映长达一个月之久。[②]

3. 女排精神

始于 1981 年的中国女排五连冠，让“团结协作，顽强拼搏，实力和自信”的女排精神激荡了整整一代国人的灵魂。

老女排带给国人的精神激励和示范效应已远远超越了体育范畴，成为全民族的精神财富。时代造就了老女排，“女排五连冠”也由此成为一块无瑕的玉石、一种绝版的珍藏和一首定格的史诗。[③]

央视“感动中国 2003 年度人物”对主教练陈忠和的推荐理由是：“他带着女排姑娘们赢得了久违的胜利，而他对中国女排的贡献不仅在于一座阔别十七年的冠军奖杯（2003 年世界女排锦标赛冠军），更重要的是他使人们真正感受到什么是体育的精神。他使女排姑娘们不论面对成功还是失败总能面带微笑，这种微笑出自内心，也因此更加动人。”[④]

更加震撼的感动还在继续。2004 年雅典奥运会女子排球的决赛于北京时间 8 月 29 日

① 北京青年报．珠穆朗玛峰实际高度起争议 8848 米存在误差［EB/OL］. http://www.cas.cn/zt/jzt/kyzt/zfdqzhkk/kkhm/200504/t20050406_2664691.shtml. 2018-08-22.

② 孟婷，甘险峰．新中国官方体育纪录电影中的政治传播研究［J］．现代传播（中国传媒大学学报），2015, 37（10）：83-87.

③ 许基仁．评论：女排精神的时代延伸［EB/OL］. http://sports.sina.com.cn/s/2003-11-15/191299742s.shtml. 2018-08-22.

④ 新浪体育．陈忠和作客《较量》笑对人生：困难让我坚强［EB/OL］.（2004-07-02）. http://sports.sina.com.cn/o/p/2004-07-02/1929974441.shtml? from=wap. 2018-08-22.

凌晨1点在和平与友谊体育馆拉开战幕，中国女排和俄罗斯女排成为这场赛事的主角。经过两个多小时的艰苦奋战，中国女排以3:2力克俄罗斯队，从而为中国代表团夺得本次奥运会第31枚金牌，也是集体项目的唯一一枚金牌。

赛后，何振梁说："今天晚上我非常激动，因为女排姑娘们拿到了最重的一枚金牌。她们是在以0:2落后的极其困难的情况下，连扳3局，为祖国又一次争得荣誉的，这实在值得庆贺。这就是女排精神的最好体现，这也是一种民族精神，有了这种精神，我们国家面对任何艰难险阻都可以克服，任何艰难困苦都阻挡不了我们前进的步伐。"①

时隔12年后的里约奥运会上，中国女排再次获得了冠军，登上了奥运之巅。女排精神又一次回荡在中华大地上。

在对中国女排和女排精神的报道中，最被后人记住的是鲁光的报告文学《中国姑娘》。鲁光出生于1937年，浙江永康人，原名徐世成，1960年毕业于华东师范大学中文系。鲁光曾经是一名体育记者，任《体育报》记者、编辑，后任《中国体育报》社长兼总编辑、人民体育出版社社长等职。

因长期担任体育专业报纸的记者、编辑，鲁光具备很强的体育新闻敏感。他最早接触到中国女排是在1981年，当时他还在国家体委从事运动队教育等方面的工作，到运动队里做调研就是常规的工作内容。鲁光回忆说："我第一次接触老女排是在秦皇岛训练基地，见到了当时的主教练袁伟民，郎平等队员也在队里。后来我想写一本报告文学《中国姑娘》，就再次走进女排在湖南郴州的训练基地，和队伍同吃同住了半个月，看训练之余也和队员做深入交流。"

鲁光作为记者的敏锐眼光是他成功的关键，《中国姑娘》成稿的时候，恰巧中国女排准备出征日本世界杯前夕。1981年日本世界杯正是中国女排第一次获得世界冠军，通过电视直播看到比赛实况后，全国人民都沸腾了。鲁光的《中国姑娘》一经面世，随即引起了巨大轰动。在中国女排三连冠后，鲁光又创作了《中国男子汉》，两部作品均荣获了全国优秀报告文学奖。②

二、奥林匹克文化与传播

奥林匹克文化是以体育为载体、以教育为核心、以人类文化为主导的积极向上的世界先进文化。③ 奥林匹克文化是体育文化的代表，在百余年的进程中，发挥了重要的作用。

---

① 陈伟胜．何振梁盛赞中国女排：女排精神是中国体育的灵魂[EB/OL]. http://2004.sina.com.cn/cn/vb/2004-08-30/1415112166.html. 2018-08-22.

② 袁雪婧．三代记者见证女排历程 鲁光：女排精神激励中国梦[EB/OL]. http://www.sport.gov.cn/n316/n342/c741358/content.html. 2018-08-22.

③ 孔繁敏．奥林匹克文化研究［M］．北京：人民体育出版社，2005：32. // 罗向东．奥林匹克文化在我国的发展历程研究［D］．兰州：西北师范大学，2010.

（一）奥林匹克文化是体育文化的重要表现

奥林匹克文化的构成可以从体育文化结构三要素进行分解。

奥林匹克文化是人们在参与奥林匹克实践活动中所创造的物质文化、制度文化与精神文化的总和。物质文化主要是指奥林匹克运动对人体自身机能的改造、作用于自然界所产生的各类场馆、器械等物质文化形态及相关的物质文化遗产；制度文化是指奥林匹克实践活动作用于社会，形成了被人们普遍接受和认可的社会行为和社会制度，如奥林匹克运动的组织管理体系、比赛规则、项目设定等；精神文化是指人们在奥林匹克实践中对人的内心世界改造形成的思想、认识、观点、宗旨、精神等，其形式载体，如奥运会标志、会旗、会歌、格言、圣火、开闭幕式以及各项仪式、奥运会期间举行的文化艺术表演、科学报告会以及新闻传播等。①

奥林匹克文化的内涵主要来自精神文化部分。古代奥运会有着上千年的历史，现代奥运也经历了上百年，并发展为辐射全球的现代奥林匹克运动。之所以有这么长久的生命力，其关键之一是精神文化的确定和传承。这些精神特质包含在奥林匹克宗旨、奥林匹克主义、奥林匹克精神、奥林匹克格言中，成为重要的体育文化遗产。通过对上述精神文化载体的分析，可以归纳出奥林匹克文化的主要内涵。

1. 从奥林匹克主义出发强调个体的全面和谐发展

“奥林匹克主义”（Olympism）首先是由顾拜旦提出的，但顾拜旦始终没有给出一个明确的定义。他在许多场合对奥林匹克主义有过不同的描述，如“维护世界和平的强有力的因素”（1896 年），“强壮的身体文化”（1908 年），“建立在某种哲学和宗教理论上的学说”（1929 年），“一种高尚纯洁、耐力和体力的学派”（1931 年）等。另外还包括“一种精神状态”“信条”“青年们崇拜的对象”“奥林匹克主义的基础是推崇奋斗、蔑视危险、热爱祖国、慷慨、骑士精神、熟识艺术与文学”等。

国际奥委会对奥林匹克主义的官方解释，出现在 1991 年 6 月 16 日生效的《奥林匹克宪章》中，这也被认为是给奥林匹克主义所作的第一次定义：奥林匹克主义是将身心和精神方面的各种品质均衡地结合起来并使之得到提高的一种人生哲学。它将体育运动与文化和教育融为一体，奥林匹克主义所要开创的人生道路是以奋斗中所体验到的乐趣、优秀榜样的教育价值和对一般伦理的基本原则的尊敬为基础的。

无论从顾拜旦的表述，还是国际奥委会的官方定义中都可以发现，奥林匹克主义的出发点是追求人在身心方面的全面和谐发展，体育则是给这种发展提供了途径。当然，在参与体育中，体育教育是重要手段。

① 罗向东．奥林匹克文化在我国的发展历程研究［D］．兰州：西北师范大学，2010.

2. 从奥林匹克宗旨和奥林匹克精神中挖掘和平、团结、友谊的文化内涵

奥林匹克宗旨被写进了《奥林匹克宪章》，在“基本原则”中对奥林匹克运动宗旨的解释是：“通过没有任何歧视、具有奥林匹克精神以友谊、团结和公平精神互相了解的体育活动来教育青年，从而为建立一个和平的更美好的世界做出贡献。”

国际奥委会第四任主席埃德斯特隆曾经说过：“奥运会无法强迫人们接受和平，但是它为全世界的青年人像亲兄弟一样欢聚一堂提供了机会。”

奥林匹克运动的目标是使人类社会向着真、善、美的方向迈进。虽然全球化的时代，世界各地经济、文化得到了进一步的融合，但国际问题还是层出不穷。例如，环境、难民、贸易壁垒、核武危险等。在这样的背景下，奥林匹克运动始终为了维护世界和平而努力。其中最为著名的是根据古希腊奥运会神圣休战（Olympic Truce）的做法设计了名为“奥林匹克休战”的国际和平活动。

1993 年，由 184 个国家和地区奥委会联合签署，国际奥委会向联合国递交了奥林匹克休战议案。在当时的联合国秘书长加利的支持下，1993 年 10 月 25 日出席联合国第 48 次大会的 121 个国家一致通过了该提案，要求联合国各成员国在每届奥运会开幕和闭幕前后各一周以及奥运会期间，根据国际奥委会的要求遵守奥林匹克休战。

《奥林匹克宪章》还包括了对奥林匹克精神的解释：奥林匹克精神就是相互了解、友谊、团结和公平竞争的精神。

奥林匹克精神中的了解、友谊和团结意在表述不同的文化差异之间的人们，通过奥运会可以互相了解，消除隔阂，互相尊重，进而互相接纳。

奥林匹克标志即奥运五环，也是团结友谊的象征。在前面章节中已分析过奥运五环属于体育文化符号。在《奥林匹克宪章》的规定中，奥运五环是由 5 个环套结组成的，分别是蓝、黄、黑、绿、红 5 种颜色（也可以是单色）。整个造型为一个底部小的规则梯形，标志着世界五大洲和全球的运动员在奥运赛场上欢聚一堂，表达的是“所有国家——所有民族”的“奥林匹克大家庭”主题，也是对团结、友谊的一种解读。

3. 从奥林匹克精神和格言中发现公平竞争、奋勇拼搏和重在参与的文化理念

奥林匹克精神中包括公平竞争的内涵，可以说，这是一切竞技运动的基础。奥林匹克运动是以体育比赛为平台和手段的一项社会活动，体育比赛意味着对抗和输赢，因而在直接和激烈的对抗中，必须坚持公平和公正的竞争规则才能完成比赛，并达到身心健康、和谐统一的目的。因此，公平竞争是奥运文化的出发点和前提。

奥林匹克格言是领会奥运文化最为直接的窗口。“更快、更高、更强”是最为耳熟能详的一句奥林匹克格言。

这句著名口号来自顾拜旦的好友、巴黎阿奎埃尔修道院院长迪东在一次运动会上鼓励参赛学生时所说的一句话：“在这里，你们的口号是：更快、更高、更强。”

1920 年国际奥委会正式将其确定为奥林匹克格言，并在安特卫普奥运会第一次使用。

这句口号的寓意既是对奥运文化内涵的解释，也概括了体育文化的核心要点。

在体育比赛中，运动员首先渴望着通过激烈的身体对抗获得胜利，其中需要坚忍不拔、不畏强手、不断进取的奋勇拼搏精神，这正是超越自我、挑战极限的体育精神。

奥林匹克口号中还有一句“参加比取胜更重要”也广为流传。这句口号是在1908年伦敦奥运会期间顾拜旦引用宾夕法尼亚主教曾说过的一句话，“对于奥运会来说，参加比取胜更重要”。顾拜旦的解释是，“对人生而言，重要的绝非凯旋，而是奋斗。这意味着不是已经获胜，而是进行战斗，传播这些格言是为了造就更加强壮的人类——从而使人类更加严谨审慎而勇敢高贵”。[①] 参与体育运动是人类的权利和天赋，在参与体育的过程中身心得到了锻炼，冠军只有一个，但除了冠军以外，参与者同样收获了体育带来的物质或者精神层面的改变。

那些获得冠军金牌的运动员，正是具备了奥运精神理念的优秀代表。在现代社会中，成了社会的榜样和典范，引导更多的人参与体育活动，赢得健康和幸福的人生。

（二）奥林匹克文化传播

奥林匹克文化期望发扬光大并顺利地传承下去，离不开传播。在历经上百年的奥林匹克文化传播中，以国际奥委会为核心，探索出了独特的传播实践之路。

1. 奥林匹克文化传播是以奥运会为主要内容的传播实践

奥运文化传播的主要内容是奥运会。作为全球水平最高的体育盛会，奥运会具有很高的观赏性。因此，历届奥运会都会吸引世界各地的观众收看奥运赛事，奥林匹克文化更是借助奥运比赛迅速在全球传播开来。

新华网上海9月5日电（记者 陆文军）来自世界各地的运动健将在已经闭幕的2008年北京奥运会上刷新了多项世界纪录，而北京奥运会的全球电视收视规模也打破了历届奥运会的纪录。

根据全球知名媒介和资讯机构尼尔森在全球37个国家和地区所收集的数据表明，从8月8日至8月24日收看北京奥运会的观众达到了47亿人，约占全球人口的70%。比2004年雅典奥运会的39亿观众人数增加了约21%，比2000年悉尼奥运会的36亿观众人数增加了约31%。

从收视规模来看，主办国中国有94%的观众收看了奥运会，从观众数量来看，中国则遥遥领先，位居榜首。[②]

作为观赏体育的代表赛事，奥运会除了吸引现场观众外，媒体观众在人数、覆盖地区

① 熊斗寅．熊斗寅体育文选［M］．贵阳：贵州人民出版社，1996：240－242.//罗向东．奥林匹克文化在我国的发展历程研究［D］．兰州：西北师范大学，2010.

② 陆文军．北京奥运会创电视收视史新纪录 全球观众达47亿［EB/OL］. http://sports. sina. com. cn/o/2008－09－05/20573923941. shtml. 2018－08－22.

等方面远远超过了现场观众。从上面的报道来看，北京奥运会全球有 47 亿观众收看，等同于有一多半的世界人口领略了奥运文化带来的冲击，让奥运文化在世界各个角落得到传播和传承。

2. 传播渠道的多样化是奥运文化传播的趋势

奥运文化传播依赖于大众媒体作为主要渠道。奥运会作为全球收视焦点，源于电视的转播。但是近年来随着新媒体的兴起，更多的观众选择新兴媒体作为收看平台，传统媒体的收视率受到了前所未有的挑战。多渠道传播成了奥运会文化传播的趋势。

2016 年里约奥运会对电视收视率的统计显示，根据彭博情报机构的数据统计，久负盛名的美国全国广播公司黄金时段奥运体育赛事的收视率下降了 17%，其中，18 ~ 49 岁群体的收视率下滑了 25%，这是 2000 年以来，夏季奥运会美国全国广播公司收视率的首次下滑。

另外是新媒体使用的上升。2012 年的伦敦奥运会被认为是有史以来的第一届社交媒体奥运会，里约奥运会被称为第一次多屏与移动互联奥运会。

根据全球互联网与消费者数据调查机构 Global Web Index 的数据显示，全球观众中有 85% 选择了电视之外的第二块屏幕收看奥运会赛事转播。另外，手机等移动设备也成了收看奥运赛事的第一选择，来自 Global Web Index 的数据，全球估计有 30 亿用户通过移动设备收看比赛。

从社交媒体的分析看，Facebook 里约奥运会官方账号的关注人数接近 200 万，Twitter 官方账户的订阅人数是 40 万；另外，Snapchat 即时社交、Facebook Live 等移动直播及视频网站 YouTube 代表了里约奥运会多屏与移动互联的两大特点。① YouTube 汇集了近 10 年的奥运视频，并累计拥有了 78 亿的点击量。

总之，多渠道的奥运文化传播已经初具规模，并在未来奥林匹克运动的发展中起到越来越重要的作用。

三、大众文化、休闲文化与大众传播

（一）体育文化是大众文化的重要组成部分

20 世纪 80 年代以来，大众文化是一个热门而又有争议的话题。争议之一是关于定义莫衷一是，至今尚不完全统一。基本看法是，大众文化指一种都市工业社会或大众消费社会的特殊产物，是大众消费社会中通过印刷媒介和电子媒介等大众传播媒介所承载、传递的文化产品。这是一种合成的、加工的文化产品，其明显特征是它主要是为大众消费而制造出来的，因而它有标准化和拟个性化的特色。这个界定抓住了大众文化的两个最显著特

① 里约奥运会收视率创新低，“千禧一代”已经被抢走？[EB/OL]. http://www.jiemian.com/article/812223.html. 2020-04-04.

征：一是大众文化与大众传媒存在紧密联系，大众传媒是大众文化的载体；二是大众文化的商品属性，它是为大众消费而生产的。

以竞技体育为主的体育文化作为一种广泛的大众文化，已经深入到大众的日常生活中，主要原因是传媒广泛而有效的传播，而且两者的结合已到密不可分的地步。同时，作为大众文化的体育文化还有其特征：首先，被意识形态化，作为不同国家和政治力量的竞争工具；其次，作为一种教育工具发挥教育的功能，成为推广社会共同价值观的工具；最后，商业化日益广泛，其趋势是竞技体育为商业利益服务，并被左右其发展。①

在体育文化作为消费文化或者商业文化形式而存在的过程中，最大化地释放出了体育的娱乐价值。

没有人能够否认，体育活动和体育新闻带给人们的愉悦，体育新闻和其他的新闻样式之间最大的区别就是，在体育新闻中人们更加自由地享受着更符合人性的种种感受。人们甚至在体育新闻评论尖刻的言辞里，在武侠小说般御风而行的体育新闻文风中，体味着又一种成年人的童话。人们可以在体育直播过程中宣泄着现实生活中的种种不满和期望，表达夙愿和希冀。没有人会把体育新闻中的血腥表达和战争术语当成真实，人们一遍又一遍在游戏中宣泄、沉迷、醒悟和体验，人生也变得“球里乾坤大”“赛场日月长”，人们淡忘了生活中的压力、困境和自身的渺小，在观看体育转播的过程中指点江山，体验着波澜壮阔的成败输赢，暗喜着自己的预见力，埋怨着局面和运气的残酷弄人，在实实在在的比赛中体会着虚虚实实的人生际遇。

体育新闻作为大众文化的组成部分，也会受到大众文化的影响，日益呈现与大众文化同质的特点，使得体育新闻今时不同往日。

（二）休闲文化、生活方式与大众传播

第一次提出休闲概念的是美国经济学家凡勃伦，他在1899年出版了《有闲阶级论》一书，提出休闲不仅是人们的一种生活方式和行为方式，还应该是社会的一种建制。②

1970年联合国通过的《消遣宪章》对休闲的界定是：消遣和娱乐，通过身体放松、竞技、欣赏艺术、科学和大自然为丰富生活提供了可能性，无论在城市还是农村，消遣都是重要的，消遣为人提供了激发基本才能的变化条件，消遣时间是一种自由时间，但在这个时间里人们能掌握作为人和作为社会有意义成员的价值。③

从这个定义出发，可以把休闲体育理解为：以强身健体、娱乐身心为目的的体育参与方式。休闲体育强调的是主体参与行为的娱乐性，而不是以追求优异运动成绩为最重要的目的。④

① 廖勋，周晶．不同社会形态下的竞技体育比较［J］．体育文化导刊，2004（6）：33－35.

② 胡小明，休闲理论与体育的娱乐化［J］．体育与科学，2005，26（4）：1113－1115.//宫新清，尹军．中西方休闲体育文化的比较［J］．首都体育学院学报，2009，21（5）：547－549.

③ 宫新清，尹军．中西方休闲体育文化的比较［J］．首都体育学院学报，2009，21（5）：547－549.

④ 鞠峰，沈纲．休闲体育文化价值的探讨［J］．东方企业文化，2011（14）：214－215.

从休闲及休闲体育的界定出发，可以挖掘休闲体育文化功能和特征。

首先，休闲体育文化与大众文化有着密切的联系，并与大众媒体息息相关。

休闲体育文化与大众文化都强调娱乐性，从这一点来看，休闲体育文化隶属于大众文化，是在大众文化的浪潮中涌现出来的文化形式。大众文化看作全民狂欢，人人在其中享有娱乐的机会。休闲体育文化遵循了这条原则，参与者在体育活动中追求的是乐趣，获得的是兴趣满足。

同大众文化一样，休闲体育文化也与大众媒体息息相关。从休闲体育的定义可知，休闲体育与实践体育、观赏体育都有较高的重合度。从实践体育视角分析，众多的实践体育项目使用新媒体进行推广，让体育参与者能够更加便捷地参与到休闲活动之中。从观赏体育来讲，本身就是大众传播的一部分，参与者就是通过媒介收看到更多的精彩比赛。

休闲体育文化同样也是一种消费文化。休闲体育的参与过程，既是一个体验过程，更是一个消费过程。休闲体育也是娱乐文化产业中重要的分支，在促进体育产业、全民健身及“健康中国2030”等利好政策环境下，休闲体育产业会得到更大的提升和发展。

其次，休闲体育文化作为人们的一种生活方式，发挥着重要的社会功能。

休闲体育文化是一种行为文化，也是精神文化，其功能可以从个体和社会两个层面来考察。

第一，休闲体育文化满足了个体自我完善的需求。从个体层面分析，参与者首先获得了健康的身体，这是一切行为和思想的起点。提升到精神层面，参与者的获得感更加丰富。参与者在休闲体育活动中获得精神解放，更加自由地沉浸在过程之中，没有任何束缚和强制性。在紧张忙碌的工作学习压力之下，休闲体育活动正是一个放松身心的机会，可以宣泄负面情绪，对心理状态能够起到调节作用。

总之，休闲体育属于健康有益的娱乐活动，参与者获得的是积极的正面情绪情感体验。无论是实践体育还是观赏体育，体育参与本质上是一个身心体验过程。在休闲体育活动中，人们往往是凭借着体育兴趣，自发自愿地投入其中，并在体验中满足情绪情感的需要。个体自发自愿地参与到休闲体育活动之中，在这一过程中能够全部投入，释放能量，挖掘潜能，实现愿望，是一个贯穿人生的完善自我的机会。

第二，休闲体育文化代表了现代文明的程度。当一个社会的生活物质条件极大丰富，可以满足人们日常所需的时候，休闲的需要才被显现出来。因此，休闲活动是社会经济发展到一定阶段的产物。改革开放后，我国经济迅猛发展，人们已经初步建立了“生产+休闲+娱乐”的理念，可支配的余暇时间和消费收入逐步增多，为休闲体育的发展提供了可能性。对于全社会来讲，休闲体育还可以克服劳动异化，特别是对脑力工作者来讲，意义就更加重大。休闲体育文化是现代社会文化的代表之一，是衡量生活质量、生活水平的民生指标，因此，它是社会文明的重要标志之一。①

① 鞠峰，沈纲．休闲体育文化价值的探讨［J］．东方企业文化，2011（14）：214－215．

专栏 11－2　融入了斯堪的纳维亚地区冰雪项目属性的冬奥文化

冰雪运动与奥林匹克结缘甚早。早在 1894 年国际奥委会成立大会上，为贯彻奥林匹克运动的宗旨，滑冰运动就已被列入了奥林匹克体育项目，大会还决定在适当的时候吸收冬季项目参加到奥运会里来。奥林匹克最早对冬季运动的兴趣，不是出自雪上而是在冰上。近代冰上运动是一种开放的、涉及欧美大多数国家的冬季活动，尤其是花样滑冰，对欧洲贵族阶级具有极大的吸引力，他们将花样滑冰视为高雅的艺术，从而胜过了对速度滑冰的喜爱。1908 年，第四届伦敦夏季奥运会首先将花样滑冰纳入竞赛规程。当时奥运会增设花样滑冰项目的实践，已经充分说明了奥运会对冰上运动的包容是可行的。人造冰场的发展和普及，为奥运会举办冰上项目的竞赛展现出了乐观前景。1920 年在安特卫普举行的第七届奥运会上，花样滑冰和冰球同为奥运会比赛项目。①

1911—1922 年间，以部分国际奥委会委员为代表的欧美冰雪运动爱好者提议单独举办冬季奥运会，但这些提议遭到了试图维护奥林匹克传统的卫道者和斯堪的纳维亚人的强烈反对。斯堪的纳维亚人认为，冰雪运动是具有民族性的运动，他们不想把这种民族性与奥运会的传统联系在一起。斯堪的纳维亚人的反对，不仅由于他们在滑雪运动上的“家长式”地位，还因为他们认为冬季奥运会将影响他们已拥有的国际性冬季运动会。随着冬季冰雪运动的普及，将其纳入奥运会项目的呼声逐渐高涨。于是，作为 1924 年第八届巴黎夏季奥运会的一部分，法国人将冰雪项目冠名为“1924 年国际体育周”，并在夏奥会前 6 个月在法国著名滑雪胜地夏蒙尼举办。这次体育周非常成功，以至于国际奥委会在 1925 年修改了其宪章，正式设立冬奥会，夏蒙尼“1924 年国际体育周”也被追溯认定为第一届冬季奥运会。②

总　结

体育社会问题是新闻报道中的重点内容，其目的是引发更多的社会关注、监督管理和执行效果，并最终能减少、杜绝体育社会问题的发生，以及合理、公平解决已经产生的问题。

一般认为，社会网络与社会资本研究往往被当作一个研究整体看待，社会网络研究的不断深入带动了社会资本研究，而对社会资本的不断挖掘又加深了社会网络的探讨。总之，二者是互相促进、互相影响的关系。

即便如此，社会资本的定义及测量在学术界一直存在争议。本书较为关注的观点是，

① 崔乐泉．奥林匹克运动通史［M］．青岛：青岛出版社，2008：294－296.

② STEPHEN E, BRIAN C. Mega－sporting events in urban and regional policy: a history of the Winter Olympics [J]. Planning Perspectives, 2004; 19(2), 201－204.

社会资本的研究不能停留在内涵解释层面，而更应与社会网络理论结合，尤其是需要把它定位于可以进行测量和验证的范围。从这个角度分析，社会资本和社会网络的关系更加密切。

体育社会资本的界定比较宽泛，蕴含在体育参与行为、体育社团、体育社区和体育组织中有价值的并发挥出来的社会功能，都可以称为社会资本，另外，研究方法也较为多样，也有学者指出体育社会资本同样存在负面效果①。

体育明星社会价值与作用包括：体育明星之所以受到人们欢迎和爱戴的重要原因之一是他们身上凝聚的体育精神，无论从社会角度还是从个人角度，这样的精神都具有不可替代的凝聚、激励等作用。体育明星就是这类新型的榜样群体，他们的形象更易被大众接受，原因是体育明星在赛场上凭借实力取得了辉煌的运动成绩；体育明星可以唤起体育迷情绪情感体验。体育明星榜样教育重要的实施对象是青少年，重要的内容是对青少年的价值观教育。

为了充分实现体育明星的社会价值，对于体育明星而言，不要把体育报道仅仅停留在赛场上的竞技展示，而是要扩展到赛场外，提升到道德精神层次；体育明星要注意维护自己的社会形象，作为公众人物要自律自爱，不要做有损自己形象的事情。对于体育新闻报道者而言，在对体育明星进行报道时，要遵循体育规律，谨慎对待所报道的内容。

体育文化系统是由体育物质文化、体育制度文化、体育精神文化三个子系统构成。体育文化的功能可以概括为以下三点：第一，对于个体而言，体育文化的教育和培养功能；第二，对于民族国家而言，体育文化的聚合、凝结功能；第三，对于群体而言，体育文化的协调、引导社会生活的功能。中国学者将体育精神归纳为人本精神、英雄主义精神、公平竞争精神、团队精神四大组成要素。在此基础上，把中华体育精神界定为以爱国奉献、团结协作、公平竞争、拼搏自强、快乐健康为主要价值标准的意识、思维活动和一般心理状态。

奥林匹克文化期望发扬光大并顺利地传承下去，离不开传播。在历经上百年的奥林匹克文化传播中，以国际奥委会为核心，探索出了独特的传播实践之路。

体育文化是大众文化的重要组成部分，同大众文化一样，休闲体育文化也与大众媒体息息相关。从休闲体育的定义可知，休闲体育与实践体育、观赏体育都有较高的重合度。从实践体育视角分析，众多的实践体育项目使用新媒体进行推广，让体育参与者能够更加便捷地参与到休闲活动之中。从观赏体育来讲，本身就是大众传播的一部分，参与者就是通过媒介收看到更多的精彩比赛。

① 仇军，杨涛．体育与社会资本研究述评［J］．体育学刊，2012（5）：14－21.

思考题

1. 怎么理解体育社会问题？媒体如何报道体育社会问题？
2. 什么是社会资本？如何测量社会资本？
3. 什么是体育社会资本？举例说明体育社会资本的研究成果。
4. 如何认识体育明星的社会功能？媒体报道时应该避免哪些问题？
5. 怎么理解体育文化内涵和功能？如何通过大众传播实现？
6. 举例说明中华体育精神及媒体传播。
7. 试分析奥林匹克文化及传播特点。
8. 试分析体育与大众文化、休闲文化的关系，大众传播在其中的作用是什么？

拓展阅读

1. DELANEY T, MADIGAN T. The Sociology of Sports: An Introduction[M]. North Carolina: McFarland & Company Inc, 2015.

2. KAREN D, WASHINGTON R E. Sociological Perspectives on Sport: The Games Outside the Games [M]. New York: Routledge, 2015.

3. 魏伟. 西方体育文化研究的流派辨析 [J]. 成都体育学院学报，2014，40 (1)：12 – 14.

4. CASHMORE E. Sports Culture: An A – Z Guide[M]. New York: Routledge, 2003.

5. JARVIE G, THORNTON J, MACKIE H. Sport, Culture and Society: An introduction[M]. New York: Routledge, 2017.

第十二章 体育新闻的经济功能

内容提要

知识付费风起云涌之际，不免联想到国内体育内容付费模式的命运多舛。大众媒体是体育产业化的重要基石，对于从免费媒介观赛环境成长起来的中国球迷来讲，内容付费始终是一道屏障。在新媒体环境下，体育媒体如何寻找到新的增长点是核心问题之一。

本章第一节介绍体育版权，这是传统意义上体育产业通过大众媒体盈利的手段。第二节是从媒介视角，探讨体育内容的营销方式：广告、公共关系及内容付费。

学习目标

熟悉体育知识产权、媒体转播权及体育版权贸易的运作；把握体育广告、体育公关关系的基本概念及内容付费的趋势。

关键术语

体育版权、体育媒体版权、体育广告、体育赞助、体育公共关系

第一节　体育版权

导　入

“腾讯体育1月25日讯（文/赵宇）2018年1月19日，中超公司股东大会通过决议，同意对中超版权合同的费用和时间进行调整。1月23日，中超公司就调整中超版权合同一事发出征询函，主要内容是将原本5年的版权合同延长为10年，价格也在80亿元的基础上增加到110亿元，这也得到了中超公司股东代表的认同。根据新的协议，体奥动力公司前5年（算上之前已支付）要支付给中超公司版权费用50亿元人民币，每年10亿元，后五年总共支付60亿元人民币。”①

近期的这条新闻传递着中国国内最为重要的媒体版权交易的再一次改革。体育版权始终左右着职业赛事的商业收入，国内具有版权交易价值的成熟赛事较为稀少，所以中超版权交易的调整对赛事良性发展能够起到积极的促进作用。

一、体育版权辨析

体育版权是当下体育营销中讨论的热点。归纳学者的研究发现，体育版权的核心是媒体转播权。北京奥运会等大型赛事在国内的成功举办使得业界对体育产业结构升级有了更多的期待，作为文化产品形态出现的体育媒介产品处在体育产业业态的顶端，是最具商业价值和社会影响力的体育产业产品类型，其中，大众媒体是这些价值的主要创造者，而维系这条价值生产链良性有效运转的就是体育版权。

（一）体育版权属于体育知识产权的范围

根据1967年在斯德哥尔摩签订的《建立世界知识产权组织公约》的规定，知识产权包括对下列各项知识财产的权利：文学、艺术和科学作品；表演艺术家的表演及唱片和广

① 赵宇．中超版权费扩充至十年110亿体奥动力前5年付50亿[EB/OL].（2018－01－25）. http://sports.qq.com/a/20180125/007784.htm? pgv_ref=aio2012. 2018－08－22.

播节目；人类一切活动领域的发明；科学发现；工业品外观设计；商标、服务标记及商业名称和标志；制止不正当竞争及在工业、科学、文学或艺术领域内由于智力活动而产生的一切其他权利。

传统的知识产权主要由工业产权与版权两大类构成。工业产权又包括专利权、商标权与禁止公平竞争权；版权又包括著作权与作品传播权（又称邻接权）。20 世纪 50 年代产生，60 年代进入商品市场的计算机软件，又使工业产权与版权发生交叉，出现“工业版权”这种适用于软件专有权的财产权。①

图 12－1 所示，在体育知识产权的研究中，对商标权研究的结论最为一致，普遍认为体育标志权具有与商标权同等的法律效力，即体育标志权受商标法的保护。体育标志指的是：“能够进行市场运营并获得经济效益的，在知名度和规模较大的体育组织和体育活动中以名称、徽记、吉祥物等为表现形式的，反映体育文化特质的专门记号。”② 北京奥运会期间，对奥林匹克知识产权的保护加深了对体育知识产权的认识，基本集中于体育标志权。在《奥林匹克宪章》中规定，奥林匹克标志、奥林匹克旗、奥林匹克格言和奥林匹克会歌的产权属于国际奥委会专有。任何以广告、商业或盈利为目的而使用奥林匹克标志、奥林匹克旗、奥林匹克格言和奥林匹克会歌的权利为国际奥委会专有。2002 年 2 月，发布了《奥林匹克标志保护条例》，明确规定了受保护的奥林匹克标志、有关权利和保护程序。③

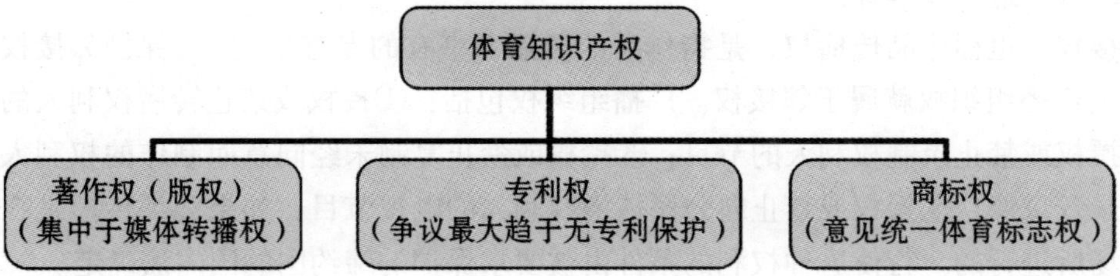

图 12－1　体育知识产权组成

专利权的研究说法不一，其中较为普遍的提法是，体育活动作为公有领域，无论是运动竞赛表演、最新的技战术还是科学训练方法等都不应受到专利保护，体育运动需要推广和普及，过度保护违背体育精神和伦理。

最后是体育著作权或体育版权部分的研究，这部分研究结论也存在争议。有学者引用我国《著作权法》相关条例认为，体育比赛具有不可复制的唯一性、不确定性，同时体育比赛不是文艺作品，因此，体育比赛本身不具备版权。

同时，《中华人民共和国著作权法实施条例》第四条第十一款规定：电影作品和以类

① 郑成思．知识产权与知识产权法［J］．科技导报，1991（2）：55－58.

② 张春燕，张厚福．体育知识产权的研究进展［J］．成都体育学院学报，2005（1）：14－18.

③ 温震．奥林匹克知识产权的海关之恋［J］．中国海关，2004（11）：33－34.

似摄制电影的方法创作的作品，是指摄制在一定介质上，由一系列有伴音或者无伴音的画面组成，并且借助适当装置放映或者以其他方式传播的作品。因此，现场录制的体育比赛符合“版权作品”的客体范围要求，因此，体育比赛转播具有版权。

（二）体育版权重点在于媒体转播权

体育版权重点在于媒体转播权，并在相当长的时间内，电视是体育赛事转播无可争议的第一媒体，因此，媒体转播权基本上是电视转播权。

体育赛事电视转播权以内容划分，主要有三类：新闻报道权、赛事画面集锦使用权和赛事转播权。一般而言，在新闻节目中使用赛事信号不得超过 3 分钟，且播出间隔不得少于 6 小时。在节目中使用赛事信号超过 3 分钟就需购买赛事画面集锦权，要转播整场比赛则需购买赛事转播权。只有购买了相应范围和内容的转播权的电视机构，才能获得赛事采访权和公用信号使用权。

21 世纪以来，互联网等新兴媒体的出现，打破了电视垄断的格局。由此，从转播方式来看，媒体转播权可以分为电视转播权和新媒体转播权。电视转播权又细分为无线频道转播权、有线频道转播权、卫视频道转播权；新媒体转播权又可分为互联网转播权和移动媒体转播权等。

学者赵豫早在 2003 年就对电视转播权的权原及性质进行了梳理，① 可以引入领接权和广播组织权来进一步解释。

邻接权，也称作品传播权，是指作品的传播者享有的专有权利。《保护邻接权罗马公约》中的广播组织权就属于邻接权。广播组织权包括：①授权或禁止转播权利人的广播节目；②授权或禁止录制权利人的节目；③授权或禁止复制未经同意而制作的权利人的广播节目的录音录像；④授权或禁止向公民传播权利人的电视节目，如果此类传播是在收门票的公共场所进行的。行使这种权利的条件由被要求保护的缔约国的国内法确定。

在我国，2001 年新修订的《著作权法》中明确了广播组织权，第 44 条规定广播电台、电视台有权禁止未经其许可的下列行为：将其播放的广播电视节目转播；将其播放的广播电视录制在音像载体上及复制音像载体。这就明确将媒体的版权（著作权）与邻接权区分开来。另外，《著作权法》第 17 条还规定，受委托创作的作品，著作权的归属由委托人和受托人通过合同约定。合同未作明确约定或者没有订立合同的，著作权属于受托人。

由此可知，体育赛事直播信号的原始版权归体育组织所有，转播商或体育媒体通过委托购买等方式获得现场直播信号的广播组织权，是一种邻接权；一旦电视台等体育媒体对直播信号进行了加工制作，该媒体就享有对其的著作权而非广播组织权了。

---

① 赵豫．关于体育竞赛电视转播著作权问题的探讨［J］．体育科学，2003，23（3）：6－10.

二、体育版权贸易

体育版权贸易横跨了两个行业：版权贸易和体育产业。体育版权贸易属于跨行业的细分，但由于缺少跨行业的统计和有关研究，目前属于体育产业中的一种统计方式和研究维度。通过上文分析得知，体育版权只是媒体传播权，因此体育版权贸易特指以体育内容为主的版权贸易。

体育版权贸易的整体体量不大，均在百亿级别，与其他产业相比，属于比较小的。

图 12－2 中是根据普华永道统计的全球体育市场的收入，体育版权贸易占体育产业总体收入超过 20%。

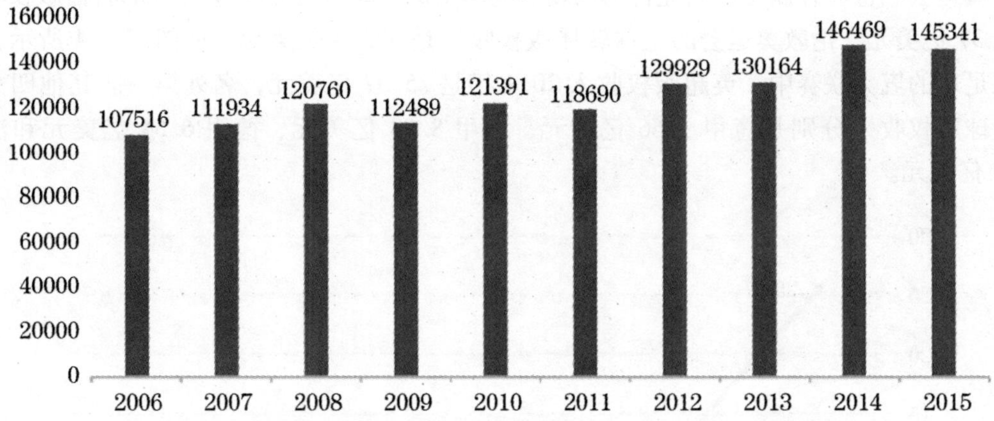

图 12－2　2006—2015 年全球体育市场总收入统计（单位：百万美元）①

图 12－3 中版权收入是国内贸易与国际贸易之和。可以看到，体育版权贸易总量均为百亿美元的体量。

体育版权具有稀缺和集中的特点。体育版权贸易虽然整体体量小，但能够参与到版权贸易的赛事均具有稀缺性，有些赛事甚至是唯一的，也可以说，体育版权贸易集中在稀缺的赛事上。因此，与其他版权类型相比，体育版权贸易的单价相对较高。

① 李颖．新媒体时代下我国体育版权贸易的现状和主要问题［D］．北京：对外经济贸易大学，2016.

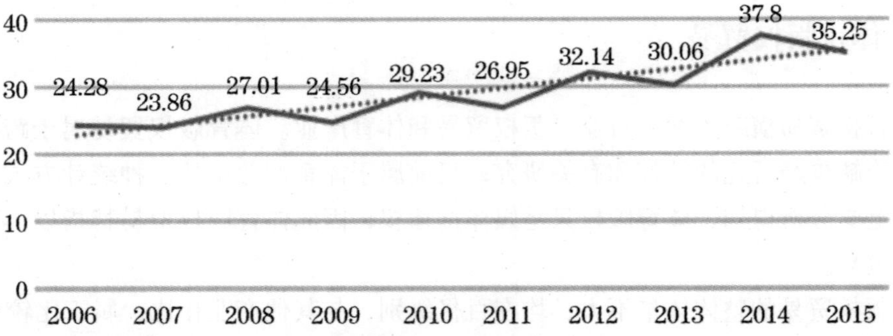

图 12－3 2006—2015 年全球体育版权收入统计（单位：十亿美元）①

奥运会和世界杯属于高商业价值的顶级赛事资源。2014 年巴西世界杯的转播版权收入是5.37 亿美元，伦敦奥运会的全球转播版权收入是 39.14 亿美元。如图 12－4 所示，在欧洲足球的五大联赛中，英超版权收入 2014 年是 25.37 亿美元，名列第一。其他四大联赛全球版权收入分别是意甲 9.66 亿美元、西甲 8.58 亿美元、德甲 6.54 亿美元和法甲 5.28 亿美元。

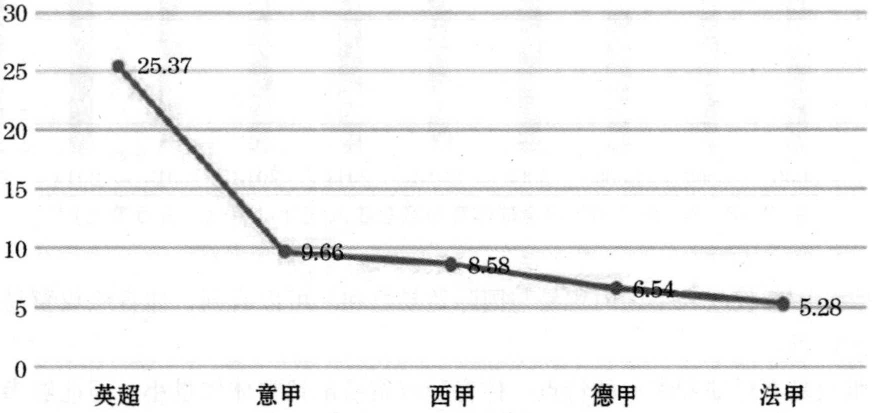

图 12－4 2014 年欧洲五大联赛版权收入（亿美元）②

拥有体育赛事的体育组织是体育版权的权利所有者，即版权方。在体育版权贸易的交易中，版权方可以直接参与销售权利，也可以委托授权第三方中介机构进行分销。

购买方大多是各国媒体或者媒体组织。传统媒体时代，购买方以电视为主；新媒体时代，体育版权分为电视版权和新媒体版权。根据接收终端的差异，新媒体版权又分为电脑端、移动端、互联网电视端等不同平台的版权。

① 李颖．新媒体时代下我国体育版权贸易的现状和主要问题［D］．北京：对外经济贸易大学，2016.

② 同①.

体育版权贸易还属于进出口贸易，体育版权方所在国家是出口国，购买方属于进口国，本国所在经营机构以 B2B 的形式完成交易。当版权方直接销售给多家媒体机构时，可以看作是一国与其他国家的直接贸易；当版权方把销售权委托第三方中介机构的时候，由于第三方中介的随机性，这种情况下就可能形成三个国家以上的版权交易。

体育版权贸易合同是授权合同，支付的是授权费用，版权方规定使用方式和使用范围。总之，版权方起到主导作用，是规则的制定者。①

三、体育版权的发展趋势

20 世纪 80 年代以来，随着大众媒体的发展，赛事转播权渐渐成为体育赛事营销中的核心部分，也是组织者主要的收入来源。进入 21 世纪后，特别是新媒体的出现，打破了赛事电视转播权固有的操作模式。总之，电视媒体的繁荣使得体育版权得以确立；而新媒体的出现，又一次丰富了体育版权的交易范围。

（一）体育组织的主导作用愈加重要

体育版权的主体是体育组织，它们拥有赛事和体育明星。在体育媒体转播权的交易中，体育组织渐渐成为主导力量。体育组织指的是拥有某赛事的组织方和管理方，一般来讲，高水平赛事很少单独由某一个俱乐部或者项目协会举办，而是多个俱乐部或协会联合起来，在一定的自治条例下，共同开发、共同获益。当下的体育组织大多是这种类型的商业联合体，如美国的四大职业联盟，以及欧洲的各个体育协会或联盟。

国际奥委会奥运会电视转播权的操作被称为经典案例。1984 年洛杉矶奥运会，国际奥委会授权美国商人尤伯罗斯开创了商业经营奥运会的先例，其中，电视转播权的销售收入也呈现几何级数增长，收入高达 3.6 亿美元。自此，电视转播权成为奥委会的主要收入来源。国际奥委会自 1988 年汉城奥运会开始逐步掌握了销售电视转播权的主动权。

通过多年摸索，体育版权交易已经形成了一套较为完整的操作模式。主要原则是以体育组织为主体，依靠商业法规进行可持续开发。表 12 - 1 是世界重要体育组织进行电视转播权交易的手段和方式。

① 李颖．媒体时代下我国体育版权贸易的现状和主要问题［D］．北京：对外经济贸易大学，2016.

表 12－1　体育组织营销赛事电视转播权的模式一览①

类型	体育组织	营销方式	存在条件	优点与不足
与电视台合作经营模式	阿根廷足协	成立赛事公司，并与一电视台合作，面向全国，实施统一营销	经济不发达国家，开发销售初期	有电视媒体做后盾，保证了发展事业和获得经济利益双收益
直接销售给电视机构模式	奥委会	将奥运会举办权与电视转播权分离，奥委会将电视转播权直接销售给电视机构	赛事影响较大，具有许多固定的大型企业客户	明确归属，把握销售，能够保护自己组织的利益
中介机构缴纳保证金代理销售模式	国际足联	由国际大型中介机构代理销售	销售初期，企业客户少；专业包装，再创高价值	专业运作，提高效益；需慎重选择中介机构
体育组织联合销售模式	美职篮	享受反垄断豁免，集中体育队伍，统一销售，规模经营	充分的信任、团结的组织、高额的收益、合理的分配是其存在的必要条件	保证不同水平运动队的共同利益；分配不适宜时，容易在不同水平的队伍间产生矛盾

以奥运会为例，在《奥林匹克宪章》中明确提出，国际奥委会拥有有关奥运会的一切权利，包括利用奥运会从事商业经营的权利。在 1958 年的《奥林匹克宪章》中首次提出电视转播权的问题，明确划分了奥运比赛作为“新闻”和“娱乐”的区别，规定奥运会比赛电视转播的权利所属。第 49 条规定：作为娱乐，现场直播奥运会比赛的权利须经国际奥委会承认，由奥运会组委会售出，所得利润按既定方案分配；电视或电影播放奥运会新闻时，节目引用奥运会有关内容每日不得超过 3 分钟，电视台或电影在 24 小时内可以在新闻节目中插播奥运会内容 3 段，每段 3 分钟，段与段之间至少相隔 4 小时。②

（二）体育组织逐渐拥有自主制作能力和自办媒体

在电视时代，体育组织过分依赖于电视台的内容制作。进入 21 世纪后，拥有职业联赛的体育组织纷纷成立自己的制作团队，在版权管理上更加规范，商业价值也得到更大的提升。

英超联盟自 1991 年成立以来，其电视转播权一直被默多克新闻集团旗下的天空电视台所垄断，转播限制较多，在转播权开发上面临许多障碍。为了摆脱电视台的层层转播限制，英超联盟决定成立自己运营的英超电视台。2010 年 3 月，英超联盟与具有资深体育电

① 张立，石磊，黄文卉，等．体育赛事电视转播权的研究［J］．体育科学，1999（6）：5－8，12.
② 同①.

视节目背景的美国国际管理集团（American International Management Graup，IMG）公司签约，合作成立英超联赛产业制作公司（Premier League Productions，PLP），从2011—2012赛季开始向全球24小时直播380场英超联赛和他们自己录制的电视节目。

PLP并不是独立的制作机构，它属于IMG，是IMG集团Sports Media部门旗下的一部分，签约后，PLP作为IMG的代表负责掌控英超联赛国际节目的制作与传送，其中包括380场赛事直播信号和期刊杂志节目的制作。此外，PLP还负责英超电视台的日常运行，为英超联盟的授权转播商提供每周7天全天候的电视台自制节目内容，其中包括每周6场的赛事直播、日常新闻节目、杂志节目、听众来电节目和国际比赛。总体来讲，通过PLP这一平台，IMG掌握了英超联盟核心赛事资源的生产，并面向国际市场提供第一手的内容服务。①

在自主制作方面，体育组织主要是通过制作公用信号的方式来完成的。F1赛车是商业化操作程度非常高的项目。FOM（Formula One Management）是隶属于Formula One集团的子公司。F1赛车最初的公共信号由赛事举办地的当地电视转播机构（Host Broadcaster）来制作，如法国站的比赛由TF1来制作，由此引发了报道不客观，过分关注本土车队车手等现象并受到诟病。之后渐渐过渡到由FOM统一提供每场比赛的公共信号（World Feed）。2012赛季，除摩纳哥站大奖赛的公共信号由Télé Monte Carlo制作外，其他所有场次的比赛均由FOM统一提供。2011赛季，FOM首次向电视转播商提供高清信号。②

体育组织自行内容制作和自办媒体增强了体育组织在版权交易中的主动性，也增加了体育赛事的商业价值；对于媒体来讲，应审时度势，利用媒体自身传播优势，营造新的增长点。

（三）新媒体版权的出现

以互联网为起点的新媒体的出现给体育赛事转播注入了新的活力。拥有版权的体育组织主要集中于两种做法。一是界定新媒体版权，并与相关新媒体签订播出合同，在选择新媒体时，主要原则是保护原有电视转播商的利益；二是体育组织通过自办官网等方法，建立新媒体传播和使用渠道。

2012年伦敦奥运会，国际奥委会首次在You Tube上提供直播和点播相结合的方式。但是提供的地区也只是亚洲和撒哈拉以南非洲等没有购买奥运电视转播权的63个地区。③（表12－2）

---

① IMG. Img Sports Media To Produce The Premier League[EB/OL]. http://www.imgworld.com/news/news/2010/mar/img-sports-media-to-produce-the-premier-league.aspx. 2018-08-22.

② WIKIPEDIA. List of Formula One broadcasters[EB/OL]. http://en.wikipedia.org/wiki/List_of_Formula_One_broadcasters. 2020-04-04.

③ IOC. IOC Marketing Media Guide 2012[EB/OL]. http://www.olympic.org/Documents/IOC_Marketing/London_2012/IOC_Marketing_Media_Guide_2012.pdf. 2018-08-22.

表 12－2　2012 年伦敦奥运会新媒体转播情况一览表

新媒体	转播情况
YouTube	直播和点播相结合（63 个地区）
移动媒体	直播和点播相结合（拥有新媒体转播权地区）
互联网	直播和点播相结合（拥有新媒体转播权地区）

在我国，已经购买了电视转播权的中央电视台同时购买了网络转播权。央视国际网站除了全程转播 CCTV－1、CCTV－2、CCTV－5、CCTV－7 的奥运赛事节目外，还专为网民开设了 28 个项目直播频道。① 也就是说，将对伦敦奥运会全部 5600 个小时、所有项目的赛事进行直播，其中包括在国内电视上无法看到的 4300 个小时的奥运比赛信号。②

四、国内体育媒体的启示

国内体育版权交易市场现状是：国内拥有自主品牌的高水平赛事较少，还没有形成真正意义上的体育版权交易市场；经济效益较大的赛事集中在国外的职业联赛、奥运会和世界杯等大型赛事，可以说，国内的体育版权交易基本是围绕国外赛事进行的。在这样的背景下，体育转播权交易的发展空间相对较小；另外，央视作为“巨无霸”型的免费频道和国家级电视台，在转播权购买中处于绝对的优势；新媒体的大量涌现，不仅吸引了越来越多的年轻受众，还加入争夺赛事转播权的行列中。

从世界发展的规律得知，体育与媒体的发展始终是相辅相成的，面对全球以及我国体育转播权竞争的现状，体育媒体可以获得以下启示。

（一）内容制作方面关注公用信号制作

前文提到体育组织提升了自制内容的能力，如国际奥委会就在 2001 年成立奥林匹克广播服务公司（Olympic Broadcasting Services，OBS），马诺罗・罗梅罗担任 CEO。OBS 是负责制作公用信号的机构，而具体制作公用信号时则是由 OBS 向全世界的电视机构公开招标，实际上公用信号的制作仍然是由多个国家的电视机构和自由职业者共同完成的。例如，游泳比赛由最擅长此项目的澳大利亚人进行转播，田径的电视信号由瑞典人和芬兰人共同提供，乒乓球、羽毛球则由中国央视团队转播。

2008 年，OBS 与北京奥组委合作成立了北京奥林匹克传播有限公司（BOB），进行公用信号制作。我国电视台利用了天时地利的优势，在乒乓球、羽毛球等项目上参与了公用

① 北京娱乐信报．奥运赛事网络电视直播[EB/OL]．http://news.163.com/08/0729/00/4HVT4NS00001124J.html. 2020－04－04.

② 东方网．奥运会独家转播权和分销权 国内门户网站高价购买[EB/OL]．http://sports.cqnews.net/html/2012－07/21/content_17787305.htm. 2020－04－04.

信号的内容制作。（表 12－3）

表 12－3　2008 年奥运会公用信号制作团队①

制作团队	制作项目
中央电视台	羽毛球、篮球、现代五项（击剑、马术、跑步）、乒乓球、网球、排球预赛和决赛
北京电视台	足球决赛、男子足球半决赛、女子足球决赛、排球预赛
浙江电视台	羽毛球
天津电视台	男子足球预赛
广东电视台	男子足球预赛
上海电视台	男子足球预赛、网球
江苏电视台	乒乓球
澳大利亚 7 台	游泳、花样游泳、跳水、水球、现代五项（游泳）
韩国 KBS	射箭、垒球
芬兰 YEL	开闭幕式、田径综合、径赛、投掷
瑞典 SVT	跳高、跳远
古巴 ICRT	棒球
巴西 TV Globo	沙滩排球
加拿大 CBC	拳击、马术
斯洛文尼亚 TV	赛艇、皮划艇、山地自行车
BOB 自由职业者	场地自行车、小轮车、帆船、射击、飞碟
匈牙利 MTV	击剑
日本 NHK	体操、蹦床
丹麦自由职业者	手球决赛
日本富士电视台	柔道、跆拳道
英国 BBC	激流回旋、10 公里马拉松游泳
波兰 PTV	摔跤
希腊 ERT	举重
比利时 VRT	公路自行车、铁人三项、马拉松、竞走

在伦敦奥运会上，OBS 不再与伦敦奥组委合资，转而独立在英国注册名为“奥林匹克广播服务伦敦分公司”（OBSL）负责赛事信号的制作。由于我国在优势项目方面的制作经验，

① BOB. Production Guide Beijing 2008. 2008.

2012 年伦敦奥运会的羽毛球、乒乓球和体操等项目仍然由中国制作团队负责。(表 12－4)

表 12－4 2012 年伦敦奥运会中国制作团队负责的项目

负责团队	项目名称
中国制作团队	体操、羽毛球、乒乓球、射箭、现代五项

由此可知，体育媒体应该关注和参与公共信号的制作，这是体现当今世界体育赛事转播水平的最佳平台，特别是中国优势项目，更应该由中国制作团队做出规范和标准。

(二) 应关注多媒体平台版权的开发

体育赛事报道已经不拘泥于单一媒体，而是多媒体的报道组合。其中，赛事电视直播是核心组成，围绕比赛本身，新媒体特别是互动性更加灵活的社交网络将是更加有效的传播交流平台。

国内新媒体平台版权开发比较突出的有新英体育、腾讯体育。新英体育经营英超在中国大陆地区的赛事转播权，并逐渐尝试付费收看的平稳落地。腾讯体育购买了 5 年美职篮的中国大陆地区网络独家赛事转播权，推出了付费和免费收看双轨制，正在逐步探索新媒体平台的版权开发方式。①

第二节　广告赞助、公共关系及其他

导　入

体育广告、体育公共关系是通过大众媒体进行体育营销的主要手段，在新媒体背景下，传统手段需要更新和发展；另外，内容付费始终是中国体育营销难以突破的瓶颈，寄希望于未来体育内容产品有更多的创新。

① 郑少甫．逐渐被认可的“付费”：网络体育直播新趋势［D］．合肥：安徽大学，2017.

一、体育广告[①]

从本质上来讲，体育广告属于一种特殊的行业广告。潘肖钰认为最早的体育广告出现在18世纪的环法自行车赛，当时的商家利用自行车比赛中运动员骑行的流动性，将广告印在运动员服装上吸引沿途观众的关注。[②]

体育广告一经产生，因为其商业功利性弱同时对受众的吸引力强大而备受青睐。20世纪六七十年代以来，体育广告蔚然成风。曾兰平提出，体育产业、商业赛事、职业运动员是商业广告大举进入体育领域的前提条件，受众基础来自体育运动的普及程度，大众化和全球化是重要的特征，传播通信技术的发展为大众传播提供了坚实的技术保障。[③]

随着体育广告的不断涌现，对体育广告的界定也日臻完善。潘肖钰认为，体育广告是"广告主用付费的方式，以体育活动为载体所发布的有关商品、劳务、观念等信息的传播活动。"[④] 曾兰平则认为："广义的体育广告指广告主以付费的方式有目的性地通过体育赛事或者与其相关的体育活动在媒介上向公众传递产品、提供劳务等方面的信息，以达到良好的大众传播效果；狭义的体育广告指体育经营单位或非体育经营单位支付一定费用，以不同的主客体方式，通过一定的媒介向市场传播信息以促销产品和劳务的营销传播活动。"[⑤] 中国传媒大学广告研究所认为，体育营销是指广告主利用体育赛事、体育媒体、体育组织或体育明星，以目标消费者为对象，围绕产品、服务或品牌开展的一种市场营销活动。[⑥] 体育广告就是体育营销的重要方式之一。

关于体育广告的体系，罗兰秋等认为，体育广告体系由广告主、中介组织、广告媒体、广告信息内容及目标受众5部分构成。[⑦] 苏秀华在《体育产业经营与管理》一书中认为，一个较为完整的体育广告体系包括5个部分，分别是企业、体育媒介、中介组织、媒体和受众，这5个部分之间的关系不固定，广告主来自社会领域的各行各业，良好的广告效果是通过这5个部分之间的有效互动达到的。[⑧]

对于体育媒介的理解，中国台湾师范大学体育系副教授、美国科罗拉多大学运动管理研究所客座教授程绍同和美国学者 John Smith 认为，体育本身也是一种媒介，或者说体育是以媒介化的状态存在着。[⑨] 所以，体育的广告媒体应包括体育媒介自身，潘肖钰就认为体育赛事、体育组织、体育明星等均可以称为体育媒介。在对体育媒介的研究中，体育明

① 魏琨．媒介环境视野下体育广告的运行体系研究［D］．北京：北京体育大学，2015.
② 潘肖钰．体育广告策略［M］．上海：复旦大学出版社，2004：22.
③ 曾兰平．体育广告学［M］．北京：北京体育大学出版社，2012：37－40.
④ 同②.
⑤ 同③.
⑥ 黄升民，杜国清，邵华冬．中国广告主营销传播趋势报告［M］．北京：社会科学文献出版社，2013：142.
⑦ 罗兰秋，顾春先．体育广告教程［M］．北京：人民体育出版社，2013：8.
⑧ 苏秀华．体育产业经营与管理［M］．北京：北京体育大学出版社，2008：202.
⑨ 同②.

星广告研究较多。体育明星有着广泛的体育迷基础，可以建立体育迷对产品的长期忠诚关系，吕敏总结了体育明星选择与企业品牌定位、广告创意、媒体选择及营销传播之间的关系及影响因素。[①]

对于体育广告的分类，罗兰秋认为体育广告主要分为产品广告、体育赞助和冠名、企业形象广告、商业赠品广告及体育公益广告等几大类。[②] 其中对体育赞助的研究较多。赵长杰、蔡俊五等就总结了体育赞助体系内部的相互关系，认为在体育赞助体系中，赞助商、体育组织、传媒和中介四方呈现出共赢关系。[③] 另外，在赞助动机、赞助选择及赞助影响等方向上也有一定的研究成果。

体育广告效果评估也很重要。从策划创意角度，获得体育广告效果最好的时机是大型赛事举办期间，体育明星是最佳媒介，体育精神是体育广告内涵，体育元素是体育广告的表现手段。[④]

乌多·瓦格纳（Udo Wagner）博士等对体育赞助效果产生影响的因素进行了分析[⑤]，并归纳出三类主要因素，分别是赞助的交互因素，即赞助商与赞助对象的相关度；赞助活动本身的因素，即活动自身形象、质量及曝光度等；赞助商自身因素，即品牌形象及市场影响力等。多重因素整合并共同作用于体育赞助的效果。另外，李屹松博士的研究也对体育赞助的效果因素进行了分析[⑥]。

阿兰·费朗（Alain Ferrand）分析了赛事形象与企业品牌形象的迁移过程[⑦]。米纳汉（Meenaghan）在 2001 年分析了体育赞助对消费者产生影响的过程，这项成果被广泛使用。[⑧]

体育明星广告的效果研究也是成果集中的领域。布什（Bush），马丁（Martin）的研究发现，体育明星代言可以让年轻人对产品的口碑和忠诚度产生促进影响。[⑨] 霍尔托（Holtowo）等研究发现，形象正面的体育明星与品牌的结合对界定并提升品牌形象起到积极作用，同时形象负面的代言运动员对品牌形象产生不利的影响。[⑩]

劳伦·克里斯汀·希菲（Lauren Christine Heaphy）运用内容分析对体育广告中的性别

---

① 吕敏．我国体育明星广告传播现状研究［D］．北京：北京体育大学，2012.

② 罗兰秋，顾春先．体育广告教程［M］．北京：人民体育出版社，2013：12－14.

③ 赵长杰，蔡俊五．体育赞助的体系［J］．武汉体育学院学报，2001，45：33－35.

④ 曾兰平．体育广告学［M］．北京：北京体育大学出版社，2012：146－174.

⑤ WAGNER U. Assessing the Effectiveness of Sport Sponsorships – An Empirical Examination[J]. Schmalenbach Business Review,2004,56:119－138.

⑥ 李屹松．体育赞助关键成功因素研究［M］．北京：北京体育大学出版社，2014.

⑦ FERRAND A,PAQES M. Image sponsoeship:A methodology To match event and sponsor[J]. Journal of Sport management,1998(10):203－215.

⑧ MEENAGHAN. Understanding sponsorship effecs[J]. Psychology Marketing,2001,18(2):95－122.

⑨ BRIGHAM C M. Sport Website Advertising:The Impact of Congruity and Endorsement Banner Advertising Effectiveness [D]. Department of Kinesioiogy University of Central Missouri:2011.

⑩ 同⑨.

差异进行了研究，对比了目标消费者分别是男性或者女性的体育产品广告。[①]

在涉及体育广告法律及道德领域的研究中，埋伏营销是近年的热点。M. Hiestand 在 1987 年提出了埋伏营销的概念。[②] 埋伏营销开始时被当作了新兴的营销手段，它有着成本低、收益高的特点。但埋伏营销对相关利益主体权利存在损害的可能性，因此，围绕埋伏营销展开了体育广告伦理的议题讨论。

体育广告受众研究也是重要的研究领域。关于体育广告受众的特征分析，罗兰秋认为体育广告受众具有专业性、倾向性、娱乐性与不稳定性等特征。体育广告受众的需求包括期待从广告内容中获得产品或者服务信息、从广告表现形式和内容获得愉悦感及认同感。[③]

体育受众调查属于市场调研的重要组成部分。一般而言，在进行广告策划之前，首先要通过受众调查，明确体育广告目标消费者的需求，其次在广告创意的实施中，要在广告主题、表现形式、体育明星代言的选择等方面，贴近体育受众的特征。[④]

国内体育广告的教材编写体例基本围绕着广告体系与广告运作展开。武汉体育学院曾兰平老师主编的《体育广告学》中按体育广告概论、体育广告的发展变革、体育广告与企业、体育广告与媒介、体育广告与受众、体育广告策划创意与表现、体育广告媒介、体育明星广告、体育广告与体育发展、体育广告的监督管理等章节进行阐述。[⑤] 成都体育学院罗兰秋老师主编的《体育广告教程》的章节主要包括体育广告概论、现代奥林匹克营销与体育广告、体育赛事与品牌广告策划、体育广告创意、体育广告的表现、体育明星广告、体育广告的媒体整合传播及体育广告受众等部分。[⑥] 两本教材的撰写内容均包含了体育广告体系、体育广告的策划创意、特定类型的体育广告及体育广告的发展及监督问题等。[⑦]

二、体育公共关系[⑧]

公共关系的实践早于公共关系学的科学研究。1904 年，艾维·李在纽约建立了第一个“宣传顾问事务所”，这个事务所的诞生宣告现代公共关系的开始。从公共关系开创到如今，该领域注重实践的传统一直延续。20 世纪 90 年代开始，市场营销经历一个范式转变，即从交易型营销转向了关系型营销，也就是从短期的销售提升转变为长期的关系维持和巩固。在这样的背景下，公共关系得到了高度重视，公共关系理论也需要进一步地发展以适

① HEAPHY L C. Gender Difference in Sports Advertising: Quaiitative Content Analysis Comparing Sports Product Advertising Targeting Men Versus Women[D]. University of Florida: 2007.

② How New Zealand plans to protect sporting sponsors[EB/OL]. http://www. Managingip. com.

③ 罗兰秋，顾春先. 体育广告教程 [M]. 北京：人民体育出版社，2013：237.

④ 曾兰平. 体育广告学 [M]. 北京：北京体育大学出版社，2012：140 - 145.

⑤ 同③.

⑥ 同②.

⑦ 魏琨. 媒介环境视野下体育广告的运行体系研究 [D]. 北京：北京体育大学，2015.

⑧ 张薇. 媒介融合进程中体育公共关系的发展研究 [D]. 北京：北京体育大学，2015.

应实践的需要。①

在了解什么是体育公共关系之前，首先需要知道公共关系的定义。公共关系的定义众多，其中有代表性的来自美国公共关系研究和教育基金会的哈洛博士。他认为公共关系是"一种独特的管理职能，能够帮助一个组织与其相关公众建立起交流、理解、认可和合作的关系；并参与各种问题和事件的处理；帮助管理部门了解公众舆论并做出反应；明确管理部门服务于公众利益的责任；帮助管理部门监测环境变化，并预测其变化趋势，使组织与社会变化达到同步发展；并且使用符合职业道德的传播技术和研究方法。"②

国内研究公共关系的学者居延安在其所著的《公共关系学》一书中给出的定义是："公共关系是一个社会组织或公众人物，在一定职业伦理规范的指引下，为谋取有关公众的理解和合作而从事的一种信息交流、意义沟通、价值劝说活动。"③ 居延安的定义把公共关系看作为一个传播过程。

对于体育公共关系的理解，可以说是综合了上述公共关系的定义，并进一步结合体育规律。从现有资料来看，国内外相关研究分别从传播学、管理学和营销学三个方向，对体育公共关系给予了界定。

潘肖钰在《体育公共关系》一书中对体育公共关系的界定是"一个社会组织在运行中，为使自己与公众相互了解、和谐发展而进行的体育传播或体育沟通行为。"④ 体育公共关系的特点是高关注度、全球化程度高。潘肖钰从传播学的视角，将体育公关传播类型分为四类：大众传播、组织传播、人际传播和实物传播。大众传播针对社会大众，组织传播针对体育组织内部，人际传播特指体育明星代言，实物传播指的是各类实物展示活动。从体育公共传播的内容来看可以分为两类：一是告知属性的内容，二是说服性内容。从公共传播效果分析，可以分为四个层次：信息层次、情感层次、态度层次和行为层次。这四个层次贯穿了受众从接受信息、态度改变并实现购买行为的整个过程。

从管理学角度对体育公共关系进行定义来自 G. Clayton Stoldt，Stephen W Dittmore 和 Scott E. Branvold 编著的《体育公共关系——组织传播管理》一书。书中将体育公共关系定义为"一种以沟通为基础的管理功能，目标在于认定体育组织的关键公众，评估其与公众的关系，鼓励体育组织建立与这些公众的合意关系"。⑤ 这本书将体育公共关系看作一种管理功能，同时认为公共关系只有纳入组织的整体管理之中才能发挥作用。这本书进一步探讨了体育公共关系中的媒体关系、社区关系、员工关系、投资者关系、客户关系、捐赠者关系及政府关系，并对媒体关系和社区关系进行了重点分析。在书中还对互联网在体育公共关系中的应用进行了说明，并阐述了网络公关的 7 项优势，分别是覆盖面广，辐射

① 张薇．媒介融合进程中体育公共关系的发展研究［D］．北京：北京体育大学，2015.

② 居延安．公共关系学［M］．上海：复旦大学出版社，2008：6.

③ 居延安．公共关系学［M］．上海：复旦大学出版社，2008：10.

④ 潘肖钰．体育公共关系［M］．上海：复旦大学出版社，2005：11.

⑤ STOLDT G C，DITTMORE S W，BRANVOLD S E. 体育公共关系——组织传播管理［M］. 易剑东，王晓禹，谢敏，等译．沈阳：辽宁科学技术出版社，2008：3.

全球；用户选择方便快捷；具备多媒体形态；能够支持交易；具备计算功能；强大的互动性及能够满足顾客的个性化信息需求。

在市场营销学中，特别是体育营销领域，体育公共关系被看作促销组合的一个重要的组成部分。美国学者马修·D. 尚克在《体育营销学——战略性观点（第2版）》中认为体育营销是“把营销原理和过程专门运用到体育产品和那些借助于体育来营销的非体育产品上”。① 因此，体育营销被分为两大类：一是体育产品的营销，二是借助体育而进行的非体育产品的营销。作者认为体育产品是：“任何一种旨在惠及体育观众、参与者或赞助商而设计出来的产品、服务抑或是两者的结合。”② 体育产品又分为核心产品与衍生产品，核心产品指的是体育赛事自身，衍生产品则是指与赛事相关的其他产品与服务，如转播权、特许商品及比赛现场的各类服务等。

戴维、希伯里、谢恩·奎克和汉斯·韦斯特比克的《体育营销学（第2版）》，在前人研究的基础上，将体育营销的特殊性概括为5个方面. ③

第一，体育产品与服务市场。体育组织之间的关系特点是既竞争又合作，体育比赛需要对手，而且是旗鼓相当的对手，这样的比赛才会吸引更多的观众收看。一家独秀只能让观众觉得平淡，只有强手如林、波澜曲折的竞争才会体现竞技比赛的魅力。

第二，体育产品。体育往往会诱发强烈的认同感及情感依附，这是体育产品与一般产品的不同之处；另外，由于体育比赛结果的不可预知性，也使得体育营销将重点放在了衍生产品，而不是核心产品上。

第三，体育产品的定价。体育产品的定价并非由成本决定的，往往取决于消费者愿意支付的钱数；另外，转播权售卖等间接性收入也要大于门票等直接运营的收入。

第四，体育产品的促销。大型体育赛事已经成了全球性的社会文化焦点，这种高曝光度让很多企业期望自己的品牌与这些体育赛事联系在一起。

第五，体育产品的分销系统。在体育领域，众多体育产品的生产、销售和消费往往是同时同地进行的。

一般来讲，体育营销组合也等同于传统的4P组合，即体育产品、价格、分销和促销。在这个过程中，体育公共关系、广告赞助、人员销售、销售促进等同属于促销工具，或者说，公共关系作为促销组合的要素之一，其功能是辨识、形成并维持体育组织与体育迷之间的多重利益关系。④ 因此，体育公众宣传就是最为常用的重要公关工具，如定期举办新闻发布会。

---

① 马修·D. 尚克. 体育营销学——战略性观点［M］. 董进霞，邱招义，于静，译. 北京：清华大学出版社，2003：4.

② 马修·D. 尚克. 体育营销学——战略性观点［M］. 董进霞，邱招义，于静，译. 北京：清华大学出版社，2003：264.

③ 戴维·希伯里，谢恩·奎克，汉斯·韦斯特比克. 体育营销学［M］. 燕清联合，译. 北京：清华大学出版社，2004：6.

④ 马修·D. 尚克. 体育营销学——战略性观点［M］. 董进霞，邱招义，于静，译. 北京：清华大学出版社，2003：399.

综合以上体育公共关系的研究，可以得出如下界定：体育组织及其相关公众通过双向传播构成的关系网络，关系网络中的各方通过资源交换实现共赢。体育公共关系的要素包括公共关系主体——体育组织，公共关系客体——相关公众及公关关系过程的双向传播，目的在于为组织构建并维护良性的关系网络，为关系网络中的各方实现共赢。

从这个界定可以分析出，首先，体育关系的主体是体育组织，非体育组织借助体育进行的公共关系不在此类；其次，体育公共关系的客体是与体育组织相关的各类公众，在具体操作时，不能孤立地把各类型公众的体育公共关系进行分类，如媒体关系、社区关系、赞助商关系、政府关系、雇员关系等，而是将它们整合到一个关系网络中加以研究。[①]最后，公共关系过程是一个双向的传播互动，并且以体育资源的交换为基础以促进各方价值的实现。早在1952年美国学者卡特利普和森特在《有效公共关系》一书中就提出了“双向对称”的公共关系模式。[②] 这一观点打破了之前“单向沟通”模式，使得公共关系不仅需要组织将信息传达给公众，还需要将公众的观点反馈给组织。公共关系这种双向沟通的特点，也让公关与广告、宣传区别开来。

对体育公共关系的个案研究也积累了一些成果，主要集中于对成熟的体育组织公关实践的分析，特别是美国职业体育组织。谢振华的论文《美职篮公共关系运作及对中职篮的启示》（2009）梳理了美职篮公共关系个案，总结了5个特征：一是美职篮公关活动主旨是“世界上最成功、最受尊敬的职业体育组织”，所有活动始终围绕该主旨；二是整合营销特点显著；三是具有程序性、系统性；四是全球化特征突出，并统筹从社区、全国直至全球公共活动；五是联盟整体性。[③] 另外，安福秀的《美国橄榄球大联盟及其俱乐部的公共关系传播》（2008）、王永顺的《美国全国赛车联合会的公共关系研究》（2010）等，研究不仅梳理了国外体育组织公共关系的简史，还从公关理念、组织框架及公关事件等视角加以分析，提升了对体育公共关系理论和实践的认识和理解。[④]

三、内容付费模式

（一）国外成熟的内容付费方式

付费收看体育比赛的模式在欧美等体育发达国家已经较为成熟。例如，ESPN长期是美国体育迷观看比赛的重要选择。2016年初，ESPN在美国拥有超过9400万的家庭付费用户。目前，ESPN已经覆盖了全球超过200个国家和地区。

在英国，体育赛事转播主要由英国广播公司、英国独立电视台等公共服务类媒体承担，这类媒体主要依靠执照费获得收入。2013—2014年度，在英国广播公司总收入的50

① FERRAND A, MCCARTHY S. Marketinethe Sports Oreanisation[M]. New York: Rou fledge, 2009: 17.
② 胡建新．公共关系理论在美国的历史演进及其启示［J］．湖南大学学报（社会科学版），2007（5）：114.
③ 谢振华．美职篮公共关系运作及对CBA的启示［D］．北京：北京体育大学，2009.
④ 张薇．媒介融合进程中体育公共关系的发展研究［D］．北京：北京体育大学，2015.

亿英镑中，有73%来自电视执照费。在英国，天空体育是内容付费频道的代表，1992年天空电视用超过3亿英镑的价格购买了英超最开始五年的英国本土版权，这是天空电视付费频道崛起的开端。

但是，随着新媒体的迅猛发展，体育迷特别是年轻一代的收视习惯渐渐发生了变化。随之而来的结果是卫星电视及有线电视的家庭订阅用户数量的快速下滑。①

全球著名媒体投资管理集团群邑的报告显示，2016年，电视收看人口的统计数据持续发生变化，这些变化主要集中在16~24岁群体人数的流失方面。这份报告中还指出，在传统电视人口减少的同时，全球人口用在新媒体上面的时间却在增加。群邑报告预期2017年数字媒体广告将会持续增长，具体而言，每新增1美元的广告投入，电视占17美分，而数字广告将占到77美分。②

（二）国内市场亟待开拓

体育内容付费收看在国内还处于探索阶段。2007年，当时的天盛体育用5000万美元购买了英超3年在中国的独家转播权。雄心勃勃的天盛体育没有再分销，而是将全部比赛改为了付费频道播发，当时付费的价格是单月188元，整个赛季1880元。天盛体育的付费尝试，并没有取得预想的效果，球迷们纷纷抵制。由于付费用户数量少，2008年天盛体育亏损1.9亿元。之后，天盛体育虽然自行调低了付费价格，又将转播权卖给电视台免费直播，但亏损的结果已经不可挽回。③

新英体育随即购买了英超转播权直至2019年。为了挽回球迷，新英体育向电视台、网站分销转播权，并陆续形成了开路电视、有线电视、卫星电视、互联网及移动互联的全媒体播发平台。2014年开始，新英体育开始尝试温和的付费策略：出售版权的60%免费直播+40%付费直播的模式，具体而言，新英体育平台上的380场比赛中，230场免费收看，余下的150场付费收看直播。根据新英体育公布的数据，2015年11月，新英体育付费用户已经接近200万。但同时还应该看到付费直播收入所占比例还是有限的。④

2015年随着顶级体育IP在中国市场的强力角逐，体育版权价格一路飙升，各大转播平台也纷纷登场。2015年初，腾讯用5亿美元购买了美职篮5年在中国大陆地区的网络独家转播权，PPTV以2.5亿欧元购买西甲在中国的5年版权，体奥动力出资80亿元人民币购买5年中超版权，除了传统版权分销、广告收入外，付费收看就是重要的盈利手段。

腾讯已经尝试付费与免费并行的模式，球迷除了可以免费收看当天的比赛外，还有1到2场比赛，会员需要交费才能看到。

---

① 禹唐体育．体育付费媒体竞争惨烈的时代　中国的体育收费时代终将到来？[EB/OL]．http://www.ytsports.cn/news-9697.html? wd=体育付费媒体竞争惨烈的时代%20中国的体育收费时代终将到来？2020-04-04.

② 李林旭．ESPN的挣扎[EB/OL]．http://www.sohu.com/a/168908146_482792.2020-04-04.

③ 天盛5000万美元再赌英超转播权 收费模式或转型[EB/OL]．http://news.sohu.com/20100310/n270700501.shtml.2021-01-25.

④ 新英体育续约6年英超版权 携手众媒体创辉煌[EB/OL]．https://sports.qq.com/a/20121030/000675.htm.2021-01-25.

新媒体平台为内容付费提供了可能性。艾媒咨询的数据报告，中国 2016 年内容付费的用户规模已经达到 0.98 亿人，并进一步预测 2018 年付费用户规模可以达到 2.92 亿人。①

移动互联网的用户需求注重垂直化和个性化，知识付费就是这类需求的一种表现。目前，在知识共享、移动音频、社群电商、网络原生内容、移动直播等风口产品下知识内容付费应运而生。在这样的背景下，得到、知乎、喜马拉雅 FM 等利用知识付费模式，不仅在短时间聚集了大量用户，还实现了知识的变现，知识付费成了新的盈利产品。

专栏 12 -1 危机公关

体育危机是指在体育领域中突然发生的对体育组织和体育公众的利益、体育基本价值和行为准则架构及正常关系具有严重威胁的，在时间压力和不确定性极高的情况下必须对其做出关键决策的重大事件，具有突发性、影响大、急迫性、难以预测性、不可避免性的特征。

体育公关危机的产生和发展过程包括：危机酝酿期、危机爆发期、危机扩散蔓延期和危机减弱消失期四个阶段。②

体育明星危机公关主要是指体育明星自身或是管理部门针对可能发生的或是已经发生的损害体育明星形象的且引起社会广泛关注的突发危机公关事件而采取正面的、积极的、纠错的，以达到减轻伤害、消除影响、恢复形象为目的的处理方式及行为。③

在危机的不同阶段，危机传播的具体技巧有所差异。

（1）危机爆发期：掌握舆论控制权。这一时期由于危机原因不明，损害结果不确定，信息处于真空状态。因此，掌握舆论控制权对建立顺意的、合作的、谅解的舆论环境，为顺利地解决危机奠定良好的基础是非常有必要的。

（2）危机扩散蔓延期：及时处理，多用事实说话。危机的控制和管理更多地体现在危机的扩散蔓延期，这一时期的传播工作直接影响到危机处理的结果。

①尽快准备好消息准确的新闻稿，告诉公众发生了什么，尽快公布有关的背景情况和组织的反应、态度及采取的行动。

②“第一领导”与公众面对面，即组织领导人亲自出马，展现有能力、有决心、有社会责任感、有诚心地解决问题的形象。

③及时宣传处理危机的实际有效行为，事实胜于雄辩，多用事实说话。

④让“第三方”说话，即争取公众、社团、权威机构的合作，有他们出面讲话一般会给人公正的感觉，容易得到公众的信任和舆论的同情。

---

① 艾媒咨询．2017 年中国内容付费专题研究报告[EB/OL]. http://www. iimedia. cn/50548. html. 2020 -04 -04.

② 李万来．体育公共关系概论 [M]．北京：人民体育出版社，2005. 221 -222.

③ 李沐子．新媒体时代体育明星危机公关研究 [D]．成都：成都体育学院，2014.

⑤对于失实的报道及时要求媒体更正，应在成熟的时机召开新闻发布会。

（3）危机减弱、消散期：多刊登正面消息。如有可能，做好危机的“导势”工作，借助媒体将危机引导到有利于组织的方向上去，多刊登正面消息，将负面影响降低到最小程度，树立正面形象。①

专栏 12-2　社交媒体使用与危机传播中的修复策略

随着媒体技术的不断发展，处理危机公关的专业人员需要将在线技术整合到修复策略中。互联网在线社区的形成，增加了相关组织有效进行危机公关管理的复杂性。②

互联网已经把人们变成了积极的信息者和传播者。随着这种主动寻找信息的趋势，社交媒体的使用不断增长。社交媒体带来的“人人可以是记者”的可能性给危机应对增加了变数。③一方面，在危机应对过程中，人们更倾向使用社交媒体收集信息，因为它具有即时传播信息的独特能力。④另一方面，社交媒体已经成为展示粉丝身份的可行机制，许多体育迷使用社交媒体与其他粉丝、运动员和记者互动。⑤

传统上，当自己喜爱的运动队或运动员面临危机公关时，体育迷可能会采取修复策略维护所认同的运动队或运动员的声誉，从而成为体育组织或个人应对指控危机的帮手。新媒体时代，体育迷通过社交媒体成为体育组织危机反应的代理人。

经研究，危机传播中声誉修复策略主要包括9种：（1）攻击原告，攻击对某组织提出指控的人；（2）否认，发言人声称本组织没有面临危机；（3）替罪羊，发言人将危机归咎于组织外的其他人；（4）借口，发言人声称，尽管本组织有良好的意图，但本组织无法控制导致危机或发生危机的事件；（5）辩护，发言人称已经尽量减少危机期间发生的损害；（6）唤醒，发言人宣传本组织以往的良好工作；（7）迎合，发言人赞扬本组织的利益相关者的支持行动；（8）赔偿，组织试图给予受害者某种形式的利益以补偿损害；（9）道歉，发言人承认组织对导致危机的行为承担全部责任，并请求利益相关者的原谅。⑥

2011年美国大学生体育协会（NCAA）对迈阿密大学的一系列违规行为进行调查，通过对迈阿密大学球迷在调查期间Twitter使用情况的研究发现：球迷最常使用的三种声誉修

① 李万来．体育公共关系概论［M］．北京：人民体育出版社，2005. 221－222.

② COOMBS W T. Ongoing crisis communication：Planning，managing，and responding［M］. Thousand Oaks，CA：Sage，2012.

③ VEIL S R，BUEHNER T，PALENCHAR M J. A work－in－process literature review：Incorporating social media in risk and crisis communication［J］. Journal of Contingencies & Crisis Management，2011，19（2），110－122.

④ WIGLEY S，FONTENOT M. The Giffords shootings in Tucson：Exploring citizen－generated versus news media content in crisis management［J］. Public Relations Review，2011，37（4），337－344.

⑤ SANDERSON J. How social media is changing sports：It's a whole new ballgame［M］. New York，NY：Hampton Press，2011.

⑥ 同②.

复策略分别是迎合（34.6%）、唤醒（23.1%）和攻击原告（15.1%），共占整体样本的近73%。随着时间的推移，声誉修复策略也会有所调整。此外，体育迷们会通过转发链接、创建有组织的标签及转移注意力等行为挽回迈阿密大学的声誉。①

总 结

在体育知识产权的研究中，对商标权研究的结论最为一致，普遍认为体育标志权具有与商标权同等的法律效力，即体育标志权受商标法的保护。体育标志指的是能够进行市场运营并获得经济效益的，在知名度和规模较大的体育组织和体育活动中以名称、徽记、吉祥物等为表现形式的，反映体育文化特质的专门记号。

专利权的研究说法不一，其中较为普遍的提法是，体育活动作为公有领域，无论是运动竞赛表演、最新的技战术还是科学训练方法等都不应受到专利保护，体育运动需要推广和普及，过度保护违背体育精神和伦理。

《中华人民共和国著作权法实施条例》第四条第十一款规定：电影作品和以类似摄制电影的方法创作的作品，是指摄制在一定介质上，由一系列有伴音或者无伴音的画面组成并且借助适当装置放映或者以其他方式传播的作品。因此，现场录制的体育比赛符合“版权作品”的客体范围要求，因此，体育比赛转播具有版权。

体育广告属于一种特殊的行业广告。体育广告一经产生，因为其商业功利性弱同时对受众的吸引力强大而备受青睐。对于体育公共关系的理解，可以说是综合了多种公共关系的定义，并结合体育规律。从现有资料来看，国内外相关研究分别从传播学、管理学和营销学三个方向，对体育公共关系给予了界定。

付费收看体育比赛的模式在欧美等体育发达国家和地区已经较为成熟。体育内容付费收看在国内还处于探索阶段。移动互联网的用户需求注重垂直化和个性化，知识付费就是这类需求的一种表现。目前，在知识共享、移动音频、社群电商、网络原生内容、移动直播等风口产品下知识内容付费应运而生。在这样的背景下，得到、知乎、喜马拉雅、蜻蜓FM等利用知识付费模式，不仅在短时间聚集了大量用户，还实现了知识的变现，知识付费成了新的盈利产品。

思考题

1. 怎么理解体育版权？怎么理解媒体转播权？
2. 体育版权贸易有哪些特点？

---

① BROWN N A, BILLINGS A C. Sports fans as crisis communicators on social media websites[J]. Public Relations Review 39(2013)74－81.

3. 体育版权对国内的启示有哪些？
4. 如何理解体育广告？
5. 如何界定体育公共关系？请举例说明体育危机公关。
6. 体育内容付费模式中外差异有哪些？

拓展阅读

1. 樊志育. 广告学原理［M］. 上海：上海人民出版社，1999.
2. 大卫·奥格威. 一个广告人的自白［M］. 林桦，译. 北京：中信出版社，2015.
3. 格伦·布鲁姆，艾伦·森特. 有效的公共关系［M］. 明安香，译. 北京：华夏出版社，2002.
4. 宋扬. IP 热背景下体育版权价值全产业链开发策略［J］. 中国出版，2017（19）：55－58.
5. 李军，张大朴，李木子，等. 互联网体育广告有效传播的媒介生态因子与路径选择——基于媒介生态学的视角［J］. 沈阳体育学院学报，2013，32（6）：25－29.